JN424286

자기개발 기반의 취업과 진로

이 종 호 저

도서출판 상 학 당

이 책의 머리말

이 책은 학생들이 합리적인 진로탐색으로 성공적인 취업에 이를 수 있도록, 그리고 직장인들에게는 경력개발의 방향성을 정립하는 데 도움을 주고자 집필하였다.

모든 대학들이 취업 관련 부서를 두고 한 사람이라도 더 입사시키기 위해 경쟁하듯 취업·진로 교육을 강화하고 있다. 많은 학생들이 저학년 때에는 시간을 낭비하고 방황하다가 졸업 무렵에 이력서와 성적증명서를 들고 동분서주하는 모습을 보이곤 한다. 상식적이고 당연한 이야기이긴 하지만, 가능하면 저학년 때 진로·취업 문제와 관련하여 정확한 현실 인식과 함께 다양한 측면에서 성찰의 시간을 갖게 된다면 상당 부분 진로·취업과 관련한 비효율을 줄여나갈 수 있을 것이다. 이 또한 집필 동기로 작용하였다.

각 장의 논의 구조 및 전개와 관련하려 기존 진로·취업 관련 도서들과의 차별성을 염두에 두었으나 현실적 제약, 즉 구성에 있어 나름 확고하게 정형화된 기존 프레임의 존재를 무시할 수도 없어 절충을 시도하였다. 즉 진로·취업 강의 시 필수로 등장하는 구성요소를 중심으로 논의를 전개하되, 자기개발을 바탕으로 기존의 관련 내용을 순차적으로 살펴보았다. 특히, 진로와 취업 문제는 독자들의 몫이라는 생각에 독자 스스로 생각을 정리하도록 필자의 생각을 최소화하였다.

진로·취업 문제는 너무나 보편적이고 일반적인 주제이기 때문에 전혀 새로운 주제가 될 수 없다. 다만, 대내외 환경 변화에 따른 진로·취업 부문의 변화상을 이해하고, 이에 효과적으로 준비하고 대응해 나가야 한다. 학생들의 경우에는 취업을 준비하는 시점부터 구직자의 입장이 아닌, 예비 직장인의 입장으로 취업을 준비해야만 실질적 효과를 거둘 수 있다. 대학 시절 취업 준비, 더 나아가 개인의 성장을 위한 진로개발 역량에 대한 필요성은 느끼지만, 막상 무엇을 어떻게 해야 할지 모르는 경우가 많다.

이 책은 주로 진로탐색과 취업전략에 관한 기초적이고 전반적인 내용을 학습할 수 있도록 구성하였다.

우리 삶의 과정 중 대학 생활은 가치관을 구체화하고 균형 있는 인재로 다듬어지는 시간이며 또한, 미래 대비 역량을 개발하는 중요한 기간이기도 하다. 많은 수의 학생들이 대학 입학 과정에서 진로나 직업에 대한 충분한 고려 없이 입학하는 것이 현실이다. 그렇지만 이 중 일부 학생들은 대학 생활에서 뚜렷한 목표와 진로를 설정하고 철저히 준비하는 반면에 그 밖의 학생들은 체계적이지 못한 상태로 목표와 진로를 고민하다가 성과 없이 대학을 졸업하기도 한다.

따라서 진로와 방향을 명확히 설정한 후, 이를 계획대로 실천하는 것은 나름의 성과로 이어지는 열쇠이기도 하다.

각자 자신의 삶과 인생을 설계하고 실천해 가는 데 있어 모범답안은 없다. 많은 사람들이 가치 있고 행복한 삶에 대하여 나름의 철학과 방법을 제시했지만, 중요한 것은 자신이 이를 어떻게 받아들이고 실천하느냐에 달려 있다. 즉 합리적인 의사결정이 중요하다.

이 책 역시 이러한 의사결정에 조금이나마 도움을 주고자 집필하게 되었다. 정답을 제시해 주는 것이 아니고 진로 · 취업의 문제를 결정하는 데 있어 각자에게 걸맞은 길이 무엇인지, 그 해법을 찾는 데 도움이 됐으면 한다.

이 책은 총 14장으로 구성하였다. 굳이 구분한다면, 1장에서 3장까지는 변화의 물결이란 주제로 진로 · 취업 부문의 변화상을 다루고 있으며, 본론에 해당하는 4장에서 12장까지는 취준생을 대상으로 자기개발을 바탕으로 한 진로 · 취업 문제를 살펴보았다. 그리고 13장에서 14장까지는 전 생애적 진로개발이란 차원에서 직장인의 경력개발과 함께 자기개발을 원하는 모든 취준생과 직장인에게 전해주고 싶은 메시지를 선별 제시하였다. 집필 시 기존의 진로 · 취업 관련 도서는 최소한으로 참고했으며, 최신 흐름을 반영하기 위해 상당 부분 인터넷 자료를 활용했다.

아무쪼록 이 책이 진로 · 취업 때문에 고민하고 스트레스받는 취준생과 경력개발을 위해 수고하는 모든 직장인에게 실질적인 도움, 특히 문제의식 속에 사고의 지평을 넓힘으로써 실효성 있는 의사결정을 하는 데 도움이 되길 기대한다.

끝으로 이 책의 출판을 흔쾌히 허락해 주신 도서출판 상학당의 남승우 사장님 이하 출판사 관계자분들에게 깊은 감사를 드린다.

2022년 11월
저자 올림

이 책의 차례

제 I 편 들어가며 : 변화의 물결

제1장 변화의 시대를 맞이하여 — 11

제1절 4차 산업혁명과 미래 핵심역량 ······ 12
제2절 4차 산업혁명이 가져올 미래사회의 모습 ······ 14
제3절 4차 산업혁명과 일자리 ······ 15
제4절 4차 산업혁명은 4.0 인재를 원한다 ······ 17
제5절 4차 산업혁명에 따른 직업세계의 변화 ······ 20
제6절 4차 산업혁명에 따른 직업능력 ······ 23
제7절 4차 산업혁명 시대, 직업 선택 방법 ······ 25
제8절 코로나 시대 취업 시장의 이해 ······ 27

제2장 자기개발과 진로 · 취업에 대한 단상 — 32

제1절 자기개발의 개념 ······ 32
제2절 자기개발계획 수립과 자기개발전략 ······ 39
제3절 취업도 전략이 필요 ······ 45
제4절 '구직 게임'에서 승리하는 법 ······ 46
제5절 '마인드 세팅'이 중요 ······ 50
제6절 진로를 어떻게 선택해야 할까? ······ 52

제3장 기업의 채용 동향 — 54

제1절 개 관 ······ 54
제2절 채용문화의 변화 : 채용 트렌드 10대 키워드 ······ 55
제3절 채용 시장 분석 및 동향 ······ 61

제Ⅱ편 본론 : 자기개발 기반의 진로 및 취업

제4장 행복한 삶과 진로 설계 ---- 73

제1절 행복의 정의와 삶의 의미 ······ 73
제2절 진로 설계의 함의 ······ 78
제3절 행복한 삶과 직업 ······ 83

제5장 자신에 대한 이해 ---- 85

제1절 자아인식의 의미와 방법 ······ 85
제2절 나의 이해 ······ 91
제3절 흥 미 ······ 93
제4절 적 성 ······ 97
제5절 가치관과 성격 ······ 103
제6절 신체적 조건과 자신이 속한 환경 ······ 113
제7절 나의 종합적인 이해와 진로 ······ 117

제6장 직업 및 직무정보 탐색 ---- 122

제1절 직업과 진로 ······ 122
제2절 직업 바라보기 ······ 126
제3절 직업정보 탐색 ······ 137
제4절 직무정보 탐색 ······ 141

제7장 기업과 직무 이해 ---- 144

제1절 기업에 대한 이해 ······ 144
제2절 기업은 어떤 사람을 채용하는가? ······ 145
제3절 지원 기업과 직무에 대한 이해 ······ 147
제4절 기업문화의 이해 ······ 149

제8장 직업인의 세계 탐색 ---- 153

제1절 다양한 직업인의 역할 모델 탐색 ······ 153
제2절 성공한 직업인의 사례 ······ 166

제9장 직업과 학습 174

제1절 학력과 직업 174
제2절 취준생을 위한 경력개발 178
제3절 경력개발계획서와 학습 포트폴리오 180
제4절 자기관리의 시대 185

제10장 의사결정 연습 193

제1절 의사결정을 위한 활동 193
제2절 진로 장벽과 갈등 202

제11장 구직서류 209

제1절 이력서 209
제2절 자기소개서 215

제12장 면 접 225

제1절 면접에 대한 이해 225
제2절 면접이 왜 어려운가? 227
제3절 면접 잘 보는 준비 229
제4절 면접관의 짧은 조언 232
제5절 면접 합격 전략 235
제6절 AI 면접 239

제Ⅲ편 나오며 : 취업은 또 다른 시작

제13장 경력개발 245

제1절 경력개발과 관리 245
제2절 직장인의 초기 경력개발 247
제3절 경력개발 스스로 하기 248
제4절 경력개발 어떻게 해야 할까? 252

제14장 자기개발을 원하는 모든 사람들에게 ——— 255

제1절 실패를 두려워하지 말자 ········· 255

제2절 자신감 있는 사람이 되자 ········· 256

제3절 패배주의에 묻힌 청년들에게 고함 ········· 256

제4절 다시, 장인이다 ········· 258

제5절 '스펙'만큼 중요한, 아니 더 중요한 인문학 ········· 262

- 참고문헌 • 267
- 찾아보기 • 273

제 I 편

들어가며 : 변화의 물결

제1장 변화의 시대를 맞이하여

제2장 자기개발과 진로 · 취업에 대한 단상

제3장 기업의 채용 동향

제1장 변화의 시대를 맞이하여

제 2 장	자기개발과 진로 · 취업에 대한 단상
제 3 장	기업의 채용 동향

4차 산업혁명은 2016년 클라우스 슈밥(Klaus Schwab)이 의장으로 있는 세계경제포럼(WEF : World Economic Forum)에서 주창된 용어이다. 4차 산업혁명은 정보통신기술(ICT)의 융합으로 이루어낸 새로운 산업혁명 시대를 일컫는다.[1)]

그렇다면 4차 산업혁명 시대의 흐름을 잘 타기 위한 전략은 무엇일까? 임춘성 연세대 산업공학과 교수가 말하는 키워드는 바로 '연결', '통제', '통찰'이다.

임 교수는 "세상은 직선이 아니라 기하학 곡선을 그리며 변화하고 있다"고 말했다. "우리는 4차 산업혁명이라는 새로운 시대의 앞자락에 있습니다. 1차부터 4차까지 역사 속 산업혁명[2)] 주기도 점점 빨라지고 있습니다. 특히 기술 변화는 가속도가 붙어 점점 더 빨라질 겁니다."

그는 4차 산업혁명의 메커니즘을 '기술 간 상보(상호 보완) 효과'로 설명했다. 예컨대 자율주행차가 도로를 달리려면, 근거리 사물을 감지하는 센서 시스템이 필요하다. 여기 쓰이는 게 IoT(사물인터넷) 기술이다. 그 기반이 되는 게 빅데이터 처리 기술이고, 이는 다시 클라우드, 5G 기술과 상호보완 관계다.

이제는 모든 능력과 자원을 직접 갖추기보다, 외부의 능력과 자원을 매개하는 '플랫폼'이 뜨는 시대다. 임 교수도 '연결 역량', 다시 말해 나의 능력과 남의 자원을 활

---

1) 4차 산업혁명은 '초연결성', '초지능화', '융합화'에 기반하여 '모든 것이 상호 연결되고 보다 지능화된 사회로 변화'한다는 특징이 있다. 4차 산업혁명은 인류가 전혀 경험하지 못할 만큼 빠른 속도로 획기적인 기술의 진보와 전 산업 분야의 혁신적인 개편을 불러일으킬 것이다. ▲초연결성 : ICT를 기반으로 하는 사물인터넷(IoT) 및 만물인터넷(IoE : Internet of Everything)의 진화를 통해 인간-인간, 인간-사물, 사물-사물을 대상으로 한 초연결성이 기하급수적으로 확대, ▲초지능화 : 인공지능(AI)과 빅데이터의 결합 · 연계를 통해 기술과 산업구조의 초지능화가 강화, ▲융합화 : '초연결성', '초지능화'에 기반하여 기술간, 산업간, 사물-인간 간의 경계가 사라지는 '대융합'의 시대 전망, 이와 관련하여 http://teachingsaem.cmass21.co.kr > download > 21_진로 교육_4차 산업혁명 시대의 이해, 참조.

2) ▲1차 산업혁명 : 증기기관 기반 기계화 혁명으로 증기기관의 발명으로 기계적인 장치에서 제품을 생산, ▲2차 산업혁명 : 전기에너지 기반 대량생산 혁명에 따른 전동기의 발명으로 대량생산이 가능해지고 노동력이 절약, ▲3차 산업혁명 : 컴퓨터, 인터넷 기반 지식정보 혁명으로 정보통신 기술의 발달로 생산 라인이 자동화되고, 사람은 생산 라인의 점검 및 관리를 수행, ▲4차 산업혁명 : 인공지능, 바이오 기반 CPS(Cyber Physical System으로 가상세계와 현실 세계가 통합되는 가상 물리 시스템) 혁명으로 인공지능, 빅데이터 등 기술의 융합으로 사람-사물-공간이 초연결성, 초지능화, 융합화.

용하는 능력을 강조했다. "'하늘은 스스로 돕는 자를 돕는다'는 태도가 중요하던 시대는 갔어요. 나만 잘해선 성공할 수 없습니다. 중요한 것은 남의 능력을 '연결'하는 역량입니다."

전 세계적으로 뜨는 구독경제[3] 등, "소유하지 말고 통제"하는 시대의 흐름에도 주목하라고 했다. "더 중요한 것은 꾸준히 세상의 변화를 관찰하고, 스스로를 들여다보고 통찰을 끌어내는 것"이라고 말했다.[4]

이제 4차 산업혁명의 시대에 우리가 인식하고 고려해야 할 사항에 대하여 좀 더 살펴보기로 하자.

제1절 4차 산업혁명과 미래 핵심역량

우리의 일상생활에 조금씩 스며들고 영향을 미치고 있는 제4차 산업혁명이 다가왔다. 제4차 산업혁명은 인공지능, 사물인터넷, 빅데이터, 모바일 등 첨단 정보통신기술이 경제·사회 전반에 융합되어 혁신적인 변화가 나타나는 차세대 산업혁명으로 인공지능(AI), 사물인터넷(IoT), 클라우드 컴퓨팅, 빅데이터, 모바일 등 지능정보기술이 기존 산업과 서비스에 융합되거나 3D 프린팅, 로봇 공학, 생명공학, 나노기술 등 여러 분야의 신기술과 결합되어 실세계 모든 제품·서비스를 네트워크로 연결하고 사물을 지능화한다. 기계가 인간의 관리·감독이 없더라도 스스로 업무를 처리해낼 수 있는 능력이 생겼다는 것이다. 다시 말하면 더 이상 인간의 노동력이 필요하지 않는 분야가 늘어나고 있다는 것을 나타낸다.[5]

---

3) 구독경제(Subscription Economy)란 일정 금액을 먼저 지불하고 정기적으로 제품이나 서비스를 구독해서 사용하는 경제모델을 말한다. 그렇다면 지금 회자 되는 구독경제는 이전과는 무엇이 다른 것일까? 구독경제 모델은 정기 배송형, 렌탈형, 무제한 이용형으로 크게 3가지로 분류할 수 있다. 일정 금액을 내고 마음껏 영화를 보는 넷플렉스, 음악을 맘껏 듣는 음원 사이트가 대표적인 무제한 이용형 구독경제 모델이다. 요즘 미세먼지가 심하다 보니, 어쩔 수 없이 공기청정기를 써야 하는데 필터 갈기도 번거롭고 해서 매월 일정액을 내고 빌려서 쓰는 가정들이 많이 있는데, 이것이 렌탈형 구독경제 모델이다 우리가 흔히 정수기, 비데, 공기청정기 등을 렌탈해서 쓰는 것도 구독경제이다. 우리가 매일 또는 매주 생필품을 배달받거나, 신문이나 잡지를 받는 것 역시 배송형 구독경제 모델이다. 듣고 보면, 우리가 무제한 사용하는 미디어 및 음원 사이트, 내가 쓰는 정수기 렌탈, 매일 받아 보는 신문 등이 다 구독경제임을 알 수 있다. 그렇다. 이미 우리 일상생활 자체가 구독경제인 것이다. 그런데 놀라운 것은 바로 이 구독경제가 글로벌마켓을 흔들 메가트렌드라는 사실이다. 상당수 비즈니스 모델들이 구독경제로 빠르게 편입되고 있다. 이와 관련하여 미라클어헤드(mirakle.mk.co.kr > view), 구독경제란 무엇인가?, 2019.02.27. 참조.

4) 여성신문(2021), 4차 산업혁명 시대-남의 능력 활용하는 '연결 역량' 키워야, 2021.04.16.

5) 출처 : 네이버 지식백과

제4차 산업혁명 시대를 대비하여 인간은 지금처럼 한 가지만 잘 아는, '특정 지식을 얼마나 많이 알고 있는지' 이 생각으로 살아가면 뒤처지게 된다. 우리는 로봇보다 빠르게 전 세계의 변화를 읽어내고, 필요할 때 원하는 지식을 바로 꺼낼 수 있으며 이것을 활용할 수 있는 능력, 그러니까 지금처럼 수업을 듣고, 시험을 치기 위해 암기하는 그런 공부가 아닌 '역량'을 키우는 공부와 융합 사고력을 기를 수 있는 공부를 해야 한다.6)

그렇다면 제4차 산업혁명 시대를 살아가기 위해 여러분은 미래에 어떤 역량을 가져야 할까?

미래 인재에게 필요한 핵심역량은 총 4가지가 있다고 한다. 그것은 바로 '창의력(Creativity)', '의사소통능력(Communication)', '협업능력(Collaboration)', '비판적 사고력(Critical Thinking)'이다. 이 모든 것을 갖추기 위해서 여러분은 지금과는 다른 수업 방식으로 공부를 하고, 창의력과 융합 사고력을 키우기 위해 노력해야 한다.7) 각각의 영역은 다음과 같다.

- 창의력 : 새로운 생각이나 개념을 찾아내거나 기존에 있던 생각이나 개념들을 새롭게 조합해 내는 것이다.8)
- 의사소통능력 : 언어 · 몸짓이나 화상(畵像) 등의 물질적 기호를 매개 수단으로 하는 정신적 · 심리적인 전달 교류이다.9)
- 협업능력 : 협업(Collaboration)은 '모두 일하는', '협력하는 것'이라는 의미로 공동 출연, 경연, 합작, 공동 작업을 가리키는 말이다.10)
- 비판적 사고력 : 비판적 사고는 단순히 오류를 찾아내는 일변도의 사고방식이 아니라, 목적 · 의식적이며 반성적 판단 과정으로, 특히 참이라고 주장되는 진술이나 명제에 대해, 그러한 진술의 의미를 파악하고, 제공된 증거와 추론을 검사하고, 사실들에 대해 판정을 내리는 과정을 거치게 된다.11)

---

6) 씽크매스스쿨(m.blog.naver.com > thinkmath_school), 제4차 산업혁명 시대…미래 인재를 만드는 4C에 대해 알아보자, 2018.04.06.

7) OECD에 이어 미국에서는 주요 경제계 인사와 교육 리더, 정부의 정책결정자들이 주축이 돼 2002년 P21(The Partnership for 21st Century Skills)이라는 연합체를 결성했다. 이들은 학생들이 성취해야 할 역량과 지원시스템을 '21세기 학습 프레임워크'라 명명하고, 학교 현장에 적극 설파했다. 이들이 제시한 주요 역량 가운데 바로 4C(Creativity, Critical thinking, Communication, Collaboration)가 포함돼 있다. 이와 관련하여 교육부 공식블로그, 우리 교육계는 왜 '역량'에 주목하는가?, 대한민국 교육부, 2017.12.19.

8) 출처 : 위키백과

9) 출처 : 네이버 지식백과

10) 출처 : 위키백과

11) 출처 : 네이버 지식백과

제2절 4차 산업혁명이 가져올 미래사회의 모습[12)]

4차 산업혁명은 우리의 미래를 어떻게 바꿀까? 아무도 정확히 예측할 수는 없겠지만 기술 발전과 트렌드 변화를 관찰하면서 미래사회의 큰 방향을 가늠해볼 수 있을 것이다. 변화를 관찰할 때 주의할 점은 좋은 점만 보는 것이 아니라 변화에 따른 부작용도 고려해야 한다는 것이다. 이 점을 유의하며 미래사회의 모습을 좀 더 자세히 살펴보기로 하자.

1. 미래사회에 가장 큰 변화가 일어날 '일자리, 산업, 경제 영역'

4차 산업혁명의 핵심 기술들로 인해 자동화, 지능화가 빨라지고 인공지능, 빅데이터 등 4차 산업혁명 관련 일자리는 점점 늘어난다.

- 긍정적인 면 : 교육 분야-에듀테크, 금융 분야-핀테크 등 기술 융합으로 인한 신산업 및 일자리 탄생
- 부정적인 면 : 자동화, 산업구조 개편 등으로 인한 일자리 감소, 고용불안 등 사회문제 발생

2. 인공지능, 빅데이터, ICT 기술의 발달로 인한 '초지능화'

제품 생산 공장들이 '스마트 팩토리[13)]'가 되면서 생산력이 높아지고 행정, 교육 등 모든 분야가 지능화로 변한다.

- 긍정적인 면 : 데이터, 정보, 지식의 축적과 발달 속도 상승으로 풍부한 지식과 정보 습득 가능
- 부정적인 면 : 깊은 성찰을 필요로 하는 인문학적 지식 감소 우려, 인공지능 의존으로 인한 기억력, 인지능력 등 하락 우려

3. 모든 것이 서로 연결되는 '초연결사회'

최첨단 스마트 디바이스들이 연결되고 업무 또는 사람 간 소통이 더욱 편리해질

12) 정책브리핑(www.korea.kr > news > policyNewsView), 4차 산업혁명이 가져올 미래사회 모습 4가지, 2021.04.19.

13) 스마트 팩토리 : 생산 전 과정에 4차 산업혁명 기술이 적용되는 공장

것으로 기대된다.14)

- 긍정적인 면 : 원격교육, 재택근무, 원격진료 등의 일상화로 공간 제약 완화
- 부정적인 면 : 해킹, 사생활 침해 등의 위험 상승

4. 접속과 공유를 기반으로 하는 '공유경제, 공유사회'

'소유'라는 개념이 중심이 되었던 기존 사회경제의 기본질서가 점차 '접속'과 '공유'라는 개념으로 대체되고 있다.

- 긍정적인 면 : 렌탈, 카셰어링 등 굳이 물건을 소유하지 않아도 필요할 때 언제나 편리하게 빌려서 사용 가능
- 부정적인 면 : 변화의 과정에서 이해당사자 간 사회적 갈등 발생 또는 가치관의 혼란 야기

제3절 4차 산업혁명과 일자리15)

산업의 테두리에서 보면, 4차 산업혁명의 주안점은 기존 기업들의 일자리 확대와 신생기업의 일자리 창출이다. 누군가는 만들고 누군가는 혜택을 보아야 하는 식의 논리로서, 4차 산업혁명의 또 다른 대명제인 먹거리 문제와도 크게 다르지 않은 논지이다. 그러나 혁명적으로 야기되는 일자리의 변화 양상은 훨씬 복잡하다.

그 복잡성을 해부하기 위해 일자리를 '일'과 '자리'로 구분해서 생각해 볼 필요가 있다. 먼저 '일'부터 살펴보자. 현대경제학의 거두 존 메이너드 케인스는 이미 1930년에 이렇게 경고했다. "노동력의 사용을 최소화하는 방법이 새로운 노동력의 사용을 찾아내는 속도를 앞지를 것이다." 기술의 발전으로 일이 급격히 줄어들 것은 당연하

---

14) 모든 사물들이 거미줄처럼 인간과 연결된 '초연결 사회'로 가고 있다. 다양한 기술의 발달로 많은 데이터들이 수집되고 개인을 둘러싼 네트워크는 점점 더 촘촘해졌다. 이로 인해 그간 따로 개발됐던 기술들은 하나가 돼가는 중이다. 개별 기술은 '발전'하지만 동반 기술은 기하급수적으로 '변화'한다. 혁명의 시대라고 할 수 있는 변화의 양상, 기술개발은 시사점이 많다. 이러한 초연결 사회의 도래는 소셜 네트워킹 서비스, 증강 현실(AR)과 같은 서비스로까지 이어지고 있다. 하지만 새로운 윤리, 규제 완화와 같이 풀어야 할 숙제도 함께 늘어났다. 여전히 기술을 개발하는 데 있어 우리의 정부 규제와 사회적 인식은 벽에 가로막혀 있다. 손목시계형 심전도 기술을 개발하고도 한동안 실용화시키지 못하거나, 단체의 반발로 '카풀' 사업이 좌초되기도 한 것을 들 수 있다. 이와 관련하여 공학저널(2019), 4차 산업혁명-본질적 이해 필요, 2019.03.12.

15) 임춘성(2017) 연세대 산업공학과 교수, 4차 산업혁명과 일자리, 매일경제, 2017.10.11. 참조.

다. 정확히 말해서는, 일이 줄어드는 것이 아니라 기존의 일에서 인간이 해야 할 노동력이 줄어드는 것이다.[16)]

'자리'로 생각을 옮겨보면 고민의 골은 더욱 깊어진다. 이 부분에서는 로봇과 인공지능과의 경쟁이 관건이 아니다. 정규직이라는 타이틀로 직업과 자리의 안정성을 갈구하는 고용자(雇傭者)의 입장에서는, 그들을 고용하는 고용주의 상반된 시각을 견제해야 한다. 계약직과 프리랜서를 고용하면 산술적으로 30~40%의 비용을 절감한다는 주장은 잘 알려져 있다. 생존게임으로 치열한 기업에 더불어 사는 사회의 사회적 책임을 강조하며 독려하는 데에는 분명 한계가 있다.

4차 산업혁명의 가장 확실한 전제는 그것이 '연결 경제'에 기반하고 있다는 사실이다. 다양한 사람과의 연결, 모든 자원과의 연결이 용이해진 시대에서 프리랜서와 아웃소싱, 계약제 직원과 주문형 직원이 대세가 되고 추세가 될 것은 불 보듯 빤하다. 기실 플랫폼[17)]이라는 것도, 생태계라는 것도 지속적이고 정규적인 관계와는 엄연하고 엄청난 거리가 있는 개념이다.

미래를 위한다면 미래지향적인 발상이 필요하다. 새로운 세상을 기대한다면 새로운 준비도 해야 한다. 기업이 일자리를 늘리고, 창업으로 일자리를 만드는 것만으로는 부족하다. 신산업과 신사업만으로는 모자란다. '일'로 보아도 '자리'로 뜯어보아도 만만치가 않다.

4차 산업혁명 기술의 가장 확실한 전제는 그것이 '스마트 신인류'를 목적으로 하고 있다는 사실이다. 누구나 손쉽게 기술을 활용하고 인공지능을 이용하고 로봇을 사용하는 시대가 온다. 어차피 인공지능과 로봇과 경쟁하는 데에 힘이 달린다면, 그들과 협업해야 한다. 이러한 세상에서는 최소한의 '기술지식'을 익히고, 꾸준한 '평생교육'으로, '자기고용'[18)]을 추구해야 함이 맞다. 평생직장을 남에게서 찾기보다는 스스로에게서 찾는 사고의 전환이 요긴하다. 또한 안정성보다는 자율성을 우선시해야 한다. 택시 운전사들이 언제, 얼마나 일할지를 스스로 결정하는 우버[19)] 운전사로 자발적으

16) '일자리'는 '일'과 '자리'의 합성어이며, 이 둘은 합해지기 전에도 각각 엄청난 존재감을 뽐내는 단어이자, 사실 마냥 합하기에는 서로 어색한 이질감이 스며 있는 단어이다. 4차 산업혁명의 유행에서 분파된 인공지능과 로봇의 득세로 일자리가 사라질 것에 대한 담론이 끊임없지만, 사라지는 것은 '일'이 아니다. '일'은 줄어들지 않고 오히려 없었던 일이 생겨난다. 줄어드는 것은 '자리'다. 인간의 정신적인 작용을 대체하는 인공지능, 인간의 육체적인 기능을 대신하는 로봇으로, 어떤 일들을 수행하는 인간의 '자리'들이 사라진다는 뜻이다. 사라지기에 앞서서는, 이런 일들을 부여잡는 인간의 '자리'는 헐값으로 전락할 것이다. 매일경제(2022.05.17.) 참조.

17) 디지털 플랫폼은 온라인에서 생산 · 소비 · 유통이 이루어지는 장소다. 또한 플랫폼은 비즈니스 용어로서 (수요자와 공급자를 매칭 하는 등의) 동일하거나 유사한 목적의 서비스들을 취합 · 분류 · 통합하여 관리함으로써 이용자들의 이용 기반이 되는 유 · 무형의 공간과 그런 형태의 비즈니스 모델을 말한다.

18) 한 예로 청년 자기고용이라고 하면 청년창업을 의미한다. 한편 자영업자의 경우 자기 노동으로 자영업을 하는 자기고용노동자로 볼 것인지, 아니면 엄연히 자기자본을 가진 자본가로 볼 것인지, 여러분 생각은 어떠한가? 이와 관련하여 이규화(2018), 자영업자가 '자기고용노동자'라니, 디지털타임스, 2018.07.29. 참조.

19) 우버 : 2009년 3월 미국 캘리포니아주 샌프란시스코에서 창립된 운송 네트워크 회사이다. 대리운전+콜택

로 전환하려 한다고 하지 않는가.

정부의 정책도, 기업의 전략도, 사회의 인식도 이 방향으로 가야 한다. 은퇴 세대나 전업주부도 '자리'는 없지만 '일'은 한다. 회사의 일자리는 없지만, 나의 일자리는 있다. 그것이 우리가 4차 산업혁명으로 꿈꾸는 진정한 일자리 혁명이자 멋진 신세계가 아닐까.[20]

배우, 코미디언, 뮤지션, 작가를 두루두루 거치며 다양한 '일'을 섭렵하다가 어쩌다 할리우드 감독 '자리'까지 오른 가슨 카닌은, 현실적인 명언을 많이 남겼다. 그 하나를 살짝 각색하면 이렇다. '아마추어는 자리를 바라고, 프로는 일을 바란다.'[21]

제4절 4차 산업혁명은 4.0 인재를 원한다[22]

우리가 일반적으로 알고 있는 4차 산업혁명은 결국 기계혁명이며 기술혁명이다. 그러나 과거 모든 산업혁명이 그랬듯이 그 혁명적 상황이 발생하면 결국 인간과 기술과의 쟁패가 일어난다. 따라서 기계혁명으로 접근되는 최근의 혁명적 변화 또한 뒤집어보면 결국 인간혁명, 인재혁명의 형태로 다가올 수밖에 없다.

1. 왜 지금 인재 전쟁인가?

모든 변혁은 양극화를 기본속성으로 한다. 열려 있는 자와 닫고 있는 자, 적응하는 자와 도태되는 자, 기회를 잡는 자와 위기를 맞는 자 사이에 말이다. 우리는 흔히 부의 양극화만 생각하지만, 기술혁명의 진전에 따라 지식의 양극화, 가치관의 양극화, 능력의 양극화가 진전된다. 이른바 '사람의 양극화' 다시 말해 '인재의 양극화'가 펼쳐진다. 21세기 들어 바야흐로 제2차 인재 전쟁이 일어나고 있는 것이다. 새로운 시

시+택배 비슷한 것으로 생각할 수 있다. 자사 소속의 차량이나 공유된 차량을 승객과 중계하여 승객이 이용할 때 승객이 요금을 지불하며, 기사를 통해 그 회사에서 수수료 이익을 얻는 라이드 헤일링(Ride Hailing) 서비스를 제공한다. 쉽게 말해 일반인이 제공하는 택시를 중개하고 수수료를 떼간다고 생각하면 된다.

20) '일자리'의 주인인 개인에게 주는 시사점은 일자리를 원한다면 보다 '일' 자체에 집중해야 한다는 것이다. 맡겨질, 맡겨진 일을 잘하는 능력을 계발해야 한다. '일잘러'의 역량을 증진해야 한다. '자리'가 얼마나 덧없고, '자리'의 유통기한이 얼마나 짧은지 명심해야 할 것이다.

21) 매일경제(2022.05.), 일자리, '일'과 '자리'를 구분하자, 2022.05.17.

22) 신태균(2018), 한국뉴욕주립대학교 석좌교수, 사람인(www.saramin.co.kr), 제4차 산업혁명은 4.0 인재를 원한다, 2018.08.31.

대는 새로운 인재를 원하기 때문이다. 변혁이 지속되면 인재의 비틀림 현상이 일어난다. 과거 시대의 패러다임에 의해 육성된 인재는 시간차를 두고 구조조정 되는 반면, 새로운 시대가 필요로 하는 인재는 턱없이 부족해 인재 대란이 일어난다. 인재양성의 기간이 아주 길기 때문이다.

이러한 수요공급의 불일치 현상을 극복하기 위해 '채용의 시대'가 오고 있다. 따라서 채용부서는 자신의 기업 인재풀에 병목현상이 생기지 않도록 미리미리 준비해야 한다. 특히 제4차 산업혁명이 진행되면 채용방식의 변화가 시작되는데, 그것이 바로 채용 과정에서의 AI 투입이다. 대규모 채용의 경우처럼 단순히 면접 운영의 효율상 이점을 넘어서 실제로도 기계가 면접하는 것이 더 정확할 수 있다고 본다.

2. 우리 기업이 원하는 인재 : 인재상 4.0

그러면 이 시대는 어떤 인재를 요구할까? 20세기 말 이후 기업이 필요로 하는 인재상은 변화를 거듭해 왔다. 과거 적극적이고 성실한 인재(인재 1.0)라는 전통적 인재상에서 특정한 기술을 가진 유능한 인재(인재 2.0)로, 다시 풍부한 전문지식을 가진 역량형 인재(인재 3.0)로 발전해 왔다. 바야흐로 제4차 산업혁명을 맞는 이 시대의 인재는 다시 변화될 수밖에 없다. 미래사회를 주도할 4.0 인재는 어떤 모습일까? 미래형 인재는 바로 문제해결형 인재이다. 문제해결형 인재는 환경변화의 패러다임을 지속적으로 추적하면서 조직과 자신의 문제를 명확히 정의해 스스로 해결방식을 찾아가는 개척형 인재이다. 그렇다면 4.0 인재에 요구되는 핵심역량은 무엇일까? 그것은 다시 자질과 역량으로 구분해 볼 수 있는데, 필요 자질은 다음의 네 가지로 요약할 수 있다.

- 첫 번째 자질로 인성을 꼽았다. 이 시대에 인성이 가장 중요한 이유는 제4차 산업혁명이 첨단적 기계문명이라는 점에 착안한다. 기계와 가장 구별되는 사람의 특징은 인성이다. 인성은 한마디로 인간다움이다. 인간다움은 무엇일까? 여러 측면이 있을 수 있겠으나 인간적 감성이 주된 포인트일 수 있다. 기계문명의 시대에 풍부한 인간적 감성과 공감 능력은 인성의 핵심 요소이다.
- 다음이 전문성이다. 당연히 하나 이상 분야에 대한 경쟁력으로 타인에 대한 차별적 자질이다. 특별한 일을 남들보다 특별히 잘할 수 있다면 그것은 경쟁력이 기본이 될 수밖에 없다. 물론 이 단계도 비전문가에서 전문가로 전문가에서 다시 초전문가로 초전문가에서 탈전문가로 이행하는 지난한 과정을 겪게 된다. 특히 AI와 그 전문적 재능에 있어 중첩도가 떨어질수록 강력한 자질이 될 것이다.
- 세 번째는 창의성이다. 미래에는 지금까지 한 번도 해 보지 않은 일, 불확실한 일, 규정화되지 않은 일, 해답이 없는 일 등의 비중이 늘어날 수밖에 없다. 그럴 경우

한 번도 경험하지 못한 업무를 능숙하게 처리할 수 있는 창의성에 의존할 수밖에 없다. 그래서 창의성은 미래에도 여전히 중요한 덕목이다. 어떤 일을 할 때 필요한 풍부한 영감과 상상력, 통찰력 등을 포괄하는 개념이다.

- 네 번째는 영성(Spirituality)이다. 여기서 영성이라 함은 종교적 차원에서의 신비한 경험 감각을 말하는 것이 아니라 도전정신이나 위험감수성, 그리고 기업가정신과 같은 한마디로 정신적 풍요로움이다. 영성은 그 인재가 가지고 있는 풍성한 정신세계의 합이다. 시대를 읽는 힘이나 역사의식은 영성의 근간이 된다.

3. 4.0 인재의 필요역량

이러한 자질과 관련해 4.0 인재의 필요역량을 살펴보기로 하자.

- 첫 번째로 개념설계 능력이다. 개념설계 능력은 추상화 능력이며 어떤 사상이나 아이디어를 구체화해 다른 사람들에게 설명할 수 있는 능력이다. 한마디로 생각을 그려낼 수 있는 아키텍처 엔지니어링 능력을 의미한다.
- 다음은 플랫폼 능력이다. 여기서 플랫폼 역량은 여러 자원들을 포괄해 이를 하나의 생태계로 구성하는 네트워킹 능력이다. 과거의 선형 프로세스 능력이 인과관계적 단순 진행 능력이라면 플랫폼은 전체를 공간으로 보고 전후좌우를 묶어 생각하는 입체적 사고를 필요로 하기에 고도의 공간해석 능력을 필요로 한다.
- 마지막으로 질문 능력은 스스로 사고할 수 있는 능력을 의미한다. 우리는 스스로 머리를 쓰지 않아도 상대방이 한 이야기를 제대로 받아들이고 수용해 내재적 지식으로 만들 수 있다. 그렇지만 그것은 그것으로 끝나는 정태적이고 고전적이며 비역동적인 학습 능력이다. 질문 능력이란 스스로 어떤 문제에 대해 끊임없이 생각을 보태 가는 과정이며 마지막 단계에서는 그 문제 자체도 파괴해 버리면서 스스로 자기주도적 질문을 던지고 그 부분에 해결책을 제시할 수 있는 통합능력을 의미한다. 한마디로 말한다면 자문자답 능력인데 스스로 문제를 인식하고 기존에 없었던 다른 솔루션을 만들어가는 능력이다. 이런 불확실성 시대에 대한 무한한 자문자답이 이 세상에 많은 경우의 수를 시뮬레이션할 수 있게 만들어 개별적 직접경험의 한계를 극복할 수 있는 구체적인 솔루션을 만들 수 있다.

4. 4.0 인재가 세상을 바꾼다

또다시 세상이 뒤집어지고 있다. 기술혁명의 가속화에 따라 산업이 재편되고 직업군이 이동하고 사회와 조직이 필요로 하는 인재 집단이 바뀐다. 과거 무한노동 투입 시대에 필요했던 열정과 성실성, 회사에 대한 충성심과 헝그리 정신과 같은 것이 매우 중요한 인재 항목이었다면 주 52시간 근로 시대에는 무엇보다도 짧은 시간에 일을 효과적으로 할 수 있는 능력이 현실적으로 매우 중요하게 대두되고 있다. 일하는 방식이 달라지면 일하는 능력도 달라진다. 이렇듯 시대가 필요로 하는 인재를 남보다 빨리 확보하고 양성하는 국가, 기업, 조직이 미래를 주도하게 될 것이다.

제5절 4차 산업혁명에 따른 직업세계의 변화[23)]

4차 산업혁명으로 직업세계의 불확실성이 커지면서 직업 선택과 미래 준비에 대한 불안감도 커지고 있다. 그러나 4차 산업혁명이라는 큰 흐름 속에서 어떤 자세로 변화를 맞이하느냐에 따라 기회가 될 수 있다. 따라서 4차 산업혁명에 따른 직업세계 변화를 예상해보고 미래의 변화에 대응하여 적극적으로 도전해나가는 것이 중요하다.

1. 기계와 인간이 더 비슷해진다

"인간에게 어려운 일은 로봇에게 쉽고, 인간에게 쉬운 일은 로봇에게 어렵다"라는 '모라벡의 역설'은 이제 옛말이 되고 있다. 로봇이 인공지능(AI)과 결합하면서 점점 똑똑해지고 정교해지고 있기 때문이다. 최근에는 로봇이 인간의 신체적 기능을 대신하는 것은 물론 인지능력(지식, 이해력, 사고력, 문제해결력, 창의력 등) 영역까지 넘어오는 사례가 등장하고 있다. 앞으로 인공지능의 적용은 교통, 공공안전, 제조, 의료, 금융 · 보험 · 주식투자, 교육, 사무행정 및 경영, 법률 등으로 더욱 확산될 것이다. 최근에는 인간만의 영역이라고 믿었던 화가, 작곡가, 상담, 기자 등의 영역까지지도 인공지능 로봇이 진출하고 있다.

2. 정형화된 업무는 자동화와 로봇으로 빠르게 대체된다

기술이 발전하면서 사람이 하는 일을 로봇이나 컴퓨터, 인공지능 등의 기술이 대체할 가능성, 즉 '기술 대체 가능성'이 높아지고 있다. 이러한 '기술 대체 가능성'이 높은 일자리의 경우 해당 일자리가 감소하거나 사라질 수 있다. 그러나 명심할 것은 업무가 자동화와 로봇으로 대체될 수 있다고 해서 직업 자체가 곧바로 사라지거나 일자

23) 김동규 외(2019), 4차 산업혁명 시대 내 직업 찾기, 한국고용정보원, 2019.04.03. 참조.

리가 급격히 축소되지는 않는다는 것이다. 인공지능 등 특정 기술이 완성되었다고 해도 다양한 검증을 통과해야 하며, 경제성, 사회적 합의와 윤리, 정부 정책 등에 따라 복합적으로 결정되므로 기술 대체 가능성을 성급하게 속단해서는 안 될 것이다.

3. 디지털 기술을 잘 활용하는 사람이 성공한다[24)]

기술 발전으로 동일 직종 내에서도 양극화가 심화될 것이다. 동일 직종 내 양극화란 기술과 지식, 노하우 등 '직업능력의 격차'와 임금 등 '소득의 격차'를 말한다.

2016년 처음으로 미국 로펌에서 인공지능(AI) 변호사 로스(ROSS)가 업무에 투입되었다. 로스는 초당 1억 장의 판례를 검토해 의뢰한 사건과 가장 유사한 판례를 추천했다. 최근 우리나라 로펌에서도 인공지능 변호사를 활용하기 시작하였다. 인공지능을 사용한 변호사는 더 빨리 업무를 처리할 수 있게 되었다. 인공지능 변호사가 더욱 일반화되면 판례를 조사해 기초 보고서를 작성하던 초급 변호사들은 생계의 위협을 받게 될 것이다. 반면에 경제 · 사회 제도의 복잡화로 논리적 전략을 세우고 사람들을 설득하고 공감할 수 있는 변호사에 대한 수요는 더욱 증가할 것이다. 이렇듯 디지털 기술을 활용한다면 전문성과 생산성을 높이게 될 것이고, 이는 소득의 격차로 나타나게 될 것이다.

4. 로봇과 협력, 디지털 지식의 활용이 중요해진다

4차 산업혁명으로 근로자의 일하는 방식과 도구에 또 한번 변화가 예고되고 있다. 4차 산업혁명의 핵심기술이 빠르게 발전하면서 산업현장과 직업 현장에 반영되어 근로자의 일하는 내용도 빠르게 바뀌고 있다.

부품조립이나 창고관리, 일상적 행정사무 등의 단순 반복적인 일은 로봇과 무인운반차, 자동화컴퓨터가 맡게 되고, 근로자는 생산시설의 유지관리나 품질관리, 보수, 데이터분석, 대인 서비스 등의 종합적이고 통제적인 일을 주로 할 것이다. 또한 기계화나 로봇화가 어렵거나 비용 문제로 남겨진 일도 사람의 몫으로 남게 될 것이다.

---

24) 산업 전반에 디지털 옷이 입혀지고 있다. 제조업계는 제품의 개발과 생산, 활용에 이르는 전 공정과 단계를 ICT와 융합하는 디지털 매뉴팩처링이 적용돼 생산성을 높이고 있고, 보안과 신기술의 적극적인 확보가 중요해지고 있는 국내외 유통사들과 금융기업들 역시 디지털 트랜스포메이션이 곧 경쟁력이 되고 있다. 경제에도 디지털 바람이 불고 있다. 전자상거래와 e-Business로 대표되는 디지털 경제는 가상재화, 데이터 무역이라는 신조어를 양산하며 국제무역의 패러다임을 바꿔놓고 있다. 핵심은 4차 산업혁명이 몰고 온 이런 디지털화는 필연적으로 디지털 인재(디지털 트랜스포메이션에 최적화된 인물)의 필요성을 요구하고, 디지털 인재 확보가 곧 시장에서의 승자와 패자를 결정짓는 요인이자 경쟁력이 되고 있다는 점이다. 이와 관련하여 인더스트리뉴스(http://www.industrynews.co.kr), 4차 산업혁명-디지털 인재가 경쟁력 된다, 2018.11.01. 참조.

미래 근로자들은 업무 수행을 위해 각종 소프트웨어와 디지털 장비를 능숙하게 다루고, 기계에 대한 기본적 유지보수를 할 수 있어야 한다. 이렇듯 업무에서 첨단기술의 활용도가 더욱 커지면서 IT, 전기, 전자, 기계 등 다양한 분야에 대한 기초지식과 기술을 요구하게 될 것이다.

5. 직업의 등장과 소멸이 더욱 빨라진다

4차 산업혁명은 인공지능과 빅데이터를 중심으로 한 첨단기술과 융·복합이라는 특징을 기반으로 새로운 산업과 비즈니스가 등장할 수 있는 토양을 제공하고 있다. 기술 발전으로 근로자가 하는 일이 기계나 컴퓨터로 대체되면 필연적으로 어떤 직종은 일자리가 줄어들고, 반면에 어떤 직종은 일자리가 증가한다. 이러한 직업구조의 변화는 4차 산업혁명으로 더욱 빨라지고 있다.

6. 아이디어가 더욱 쉽게 사업화된다

IT 기술이 발전하면서 개인이 창업하거나 자신의 재능과 노동력을 팔기가 더 쉬워지고 있다. 예전에는 창업을 위해 많은 돈과 복잡한 사업화 과정을 거쳤으나, 이제는 IT 기술로 단순화되었다.

예를 들면, 개인이 집에서 온라인 쇼핑몰을 창업하거나 자신의 재능(캐리커처 디자인, 사업 노하우 자문, 맞춤형 여행 일정 설계, 문서 작성 등)을 판매할 수 있게 된 것이다. 최근, 1인 미디어 창작자(크리에이터)가 핫이슈로 떠오른 것도 온라인 플랫폼과 오픈마켓이 있었기 때문이다.

앞으로 4차 산업혁명으로 새로운 시장과 일자리가 더 많이 만들어질 것이다. 4차 산업혁명 기술을 이해하고 활용할 수 있는 능력을 갖추고 창업가 정신으로 무장한다면 더 많은 기회를 획득할 수 있을 것이다.

7. 사람 한 명 한 명의 가치와 역할이 더욱 커진다

통계청의 장래인구추계 자료에 따르면, 우리나라 전체 인구는 지금부터 10여 년 후인 2031년(5,295만7천여 명) 다음 해부터 감소할 것으로 전망되고 있다. 현 상황이 계속된다면 생산가능인구와 학령인구 감소는 피할 수 없으며, 이에 따라 사람 한 명 한 명에 대한 역할 기대가 커지고 교육·훈련 투자도 증가할 것이다.

앞으로 반복적인 업무는 로봇과 컴퓨터로 대체될 것이나 소프트웨어 개발과 빅데이터 분석, 로봇 관리, 콘텐츠 기획 등의 고급 직종에서는 인력 수요가 더욱 증가할 것이다. 또한, 감성, 배려 등의 사회성과 인간에 대한 종합적 이해가 필요한 서비스나 디자인 직종에서도 수요가 꾸준할 것이다. 따라서 산업현장에서 요구하는 역량을 충분히 준비한다면 중요한 역할을 하는 미래 인재로 인정받을 것이다.

8. 평생직장, 평생직업의 시대에서 평생학습의 시대로

평생직장에서 평생직업의 시대로, 이제는 평생직업이 아닌 평생학습의 시대가 되고 있다. 4차 산업혁명 시대에서 기술 발전은 가속화될 것이고 동시에 불확실성은 더욱 커질 전망이다. 기술 발전의 가속화는 한번 배웠던 지식과 기술의 수명이 더 짧아진다는 것을 의미한다. 오늘 배웠던 지식과 기술이 몇 달 후에는 낡은 것이 되고, 새로운 지식과 기술을 온라인 공개강좌나 유튜브 등을 통해 빠르고 쉽게 접할 수 있다. 특히 첨단기술 분야는 평생에 걸쳐 지속해서 지식과 기술을 새롭게 습득해야만 한다. 또한, 인간의 수명 연장으로 더 오랜 기간 일을 해야 하고, 평생에 걸쳐 지금보다 더 많은 직업을 갖게 될 것이다. 새로운 직업으로 전직하기 위해서 새로운 지식과 기술을 습득해야 하므로 평생학습은 당연한 것이 되었다.

제6절 4차 산업혁명에 따른 직업능력[25)]

4차 산업혁명으로 기술과 산업이 발전하고 직업 현장에서 수행하는 일의 내용이 바뀌면서 필요한 직업능력도 점차 변화한다. 4차 산업혁명 시대에는 기술과 사회발전 속도가 더 빨라지고 그만큼 변화와 불확실성도 커질 것이다. 앞으로 펼쳐질 4차 산업혁명 시대에는 어떤 직업능력이 중요할지 알아보고 4차 산업혁명 시대의 인재에게 필요한 역량을 준비해 보기 바란다.

1. 디지털 문해력

앞으로 컴퓨터와 IT 기술을 이해하고 활용할 수 있는 디지털 문해력(Digital Literacy)은 필수가 될 것이다. 디지털 문해력은 실제 소프트웨어를 개발하거나 프로그래밍할 수 있는 기술적인 능력을 말하는 것이 아니라, 컴퓨터와 IT 기술에 대한

25) 김동규 외(2019), op. cit.

높은 이해와 활용 능력을 말한다. 즉, 컴퓨터 소프트웨어와 하드웨어의 특징을 이해하고 이를 업무에 활용하고 적용할 줄 아는 능력이다.

2. 창의력 및 융·복합 능력

4차 산업혁명 시대를 맞아 기술, 산업, 학문 간의 융합이 더욱 활발히 일어나고 있다. 산업현장의 변화에 맞춰 대학 학과도 타 학문과 융합되고 있으며, 기업의 업종 간 경계도 모호해지고 있다. 미래 유망산업으로 주목받는 분야는 모두 다양한 기술이 융합되어 가능해진 것이며, 더욱 발전하기 위해서는 창의성이 반드시 필요하다.

4차 산업혁명 시대에는 누가 먼저 새로운 아이디어로 새로운 제품과 서비스를 개발하고, 새로운 산업을 선도하느냐가 매우 중요해지고 있다. 4차 산업혁명으로 인한 불확실성의 증가는 기회의 증가를 의미한다.

3. 창업가 정신

4차 산업혁명 시대에 창의력 및 융·복합 능력과 더불어 필요한 것이 창업가 정신(Entrepreneurship)이다. 4차 산업혁명 시대에는 빅데이터, 3D프린터, 공유플랫폼 등의 기술 발전으로 개인이 창업하거나 재능을 팔기에 더욱 쉬워지고 있다. 이제 4차 산업혁명 기술을 활용하여 누구나 새로운 사업을 창업할 수 있는 기술환경이 마련되었다. 4차 산업혁명 기술을 이해하고 활용할 수 있는 능력을 갖추고 창업가 정신으로 무장한다면 더 많은 기회를 잡을 수 있을 것이다.

4. 문제해결 능력

기술의 진보와 세계화, 세대와 계층 간 갈등 등으로 인해 사회와 산업현장에서 발생하는 문제들은 매우 복잡해지고 있다. 하나의 상품과 서비스를 개발하거나 시스템을 구축하고 정책을 기획하기 위해서는 기술 검증, 국내외 제도와 문화 간 충돌 여부 확인, 다양한 이해관계자의 협력 등이 필요하다. 또한 디지털 세상은 편리하지만, 문제가 발생하면 상상도 할 수 없는 큰 피해를 줄 수도 있다. 따라서 불확실하고 복잡한 문제를 창의적이고 능동적으로 해결할 수 있는 능력이 더욱 필요하다.

5. 협업 능력

이제 전문지식과 기술이 복잡하고 복합적이기 때문에 하나의 제품을 만들거나 프로젝트를 수행하려면 다양한 분야의 전문가들이 참여해야 한다. 또한 세계 각지에 경쟁자들이 있으므로 좀 더 빠른 시간에 제품이나 프로젝트를 완성해야 한다. 따라서 구성원들 간의 원활한 협업을 위해서는 다른 전문가들이 사용하는 기술과 언어를 이해하고, 그들이 일하는 방식과 생각하는 방식을 이해할 수 있어야 한다.

6. 공감 및 소통 능력

우리 사회는 인터넷과 SNS, 가상현실 등으로 연결된 초연결 사회로 나아가고 있다. 기업은 제품개발 단계에서부터 소비자의 의견을 반영하고 정치인이나 연예인 등은 대중과 소통하려고 노력한다. 스마트폰 등 모바일 기기의 확산과 SNS의 영향이 커지고 있기 때문이다.

디지털 세상에서는 우리의 생각과 행동이 전 세계에 실시간으로 공유되고 영향을 미치기 때문에 다른 사람과 공감하고 소통하는 능력은 매우 중요해졌다. 최근에 1인 미디어콘텐츠 창작자(1인 크리에이터), 유튜버 등의 영향력이 점점 커지는 이유는 이들이 대중과 공감하고 소통하는 능력이 뛰어나기 때문이다. 결국, 사람들의 욕구(Needs)를 이해하고 공감하며 소통할 수 있는 사람이 성공할 수 있을 것이다.

7. 자기주도학습 능력

4차 산업혁명 시대의 기술 진보 속도가 매우 빨라져 기술과 지식의 수명이 점점 짧아지고 산업현장에서 요구하는 직업능력도 점점 고도화되고 있다. 4차 산업혁명이라는 거친 변화의 바람을 이겨내기 위해서는 자기주도적인 학습 자세와 마음가짐이 필요하다. 스스로 지식과 기술을 찾아 습득하고 자기주도적인 학습 태도를 몸에 익히며, 기초직업능력을 갖추기 위해 노력해야 한다.

제7절 4차 산업혁명 시대, 직업 선택 방법

시대 흐름과 가치관의 변화로 직업 선택의 기준도 달라졌으며 최근에는 빠른 기술 진보로 인해 특정한 직업이 사라지고 한편으로 새로운 직업이 생겨나고 있다. 또 산업현장에서 수행하는 일도 많이 바뀌게 되어 근로자에게 요구되는 직업능력도 달라지고 있다. 이렇듯 직업 세계가 바뀌면 진로 준비와 진로 선택도 달라져야 한다. 다음 내용을 통해 미래의 변화에 대응하기 위해 어떠한 활동이 필요한지 알아보고 활용해 보기 바란다.

1. 미래 직업 세계 변화를 이해하고 자신의 진로 계획에 적용하기

미래에는 기술 발전과 산업현장의 빠른 변화, 현장실무능력에 대한 중요성이 강조되면서 진로와 직업이 이전 세대보다 훨씬 더 다양해질 것이다. 또한 수명과 근로생애 연장으로 여러 개의 직업을 차례로 경험하거나 동시에 갖게 될 수 있다. 따라서 평생동안 진로·직업 선택의 기로에서 미래를 내다보는 폭넓은 시야와 종합적인 사고를 갖고 의사결정을 할 수 있는 능력을 키워야 한다.

2. 다양한 진로가 있음을 이해하기

사회가 복잡해지고 다양한 가치관이 존중받는 사회가 되면서 직업 가치관도 변화하고 있다. 디지털 기술의 발전과 급속한 사회 변화로 인해 직업을 갖는 방식과 일하는 모습도 다양해졌다. 앞으로 정규교육과정 외에 다양한 경로(경험, 훈련, 자격 등)를 통해 직업 세계에 진입하는 사례도 증가할 것이다. 이에 따라 학력보다는 직업훈련, 자격, 경력의 중요성이 높아지고, 취업 외에 창업, 전문직 프리랜서 등 다양한 형태의 진로 설계도 증가할 것이다. 이러한 변화를 이해하고 능동적으로 진로를 탐색해보기 바란다.

3. 다양한 직업체험을 통해 자신의 적성과 흥미 찾기

진로 선택 시 먼저 희망하는 직업에 대해 깊이 알기 위한 노력이 필요하다. 또한 평소 잘 아는 직업 외에도 새로운 직업에 대해서도 알아보고, 체험해 볼 기회를 만드는 것도 좋다. 이러한 경험을 통해 알지 못했던 자신의 적성과 흥미를 발견하고 진로를 정하는 데 도움이 될 것이다.

4. 메이커[26] 활동 등을 통해 창의력 키우기

자신만의 아이디어를 3D프린터, 레이저커터 등을 이용해 제작하거나 동영상 제작,

26) 메이커(Maker)란 디지털 기기와 다양한 도구를 사용하여 창의적인 만들기 활동을 통해 자신의 아이디어를 실현하는 사람을 말한다.

스토리 창작을 할 수 있는 공간인 무한상상실은 각 지역에 설치되어 있다. 이 공간을 활용하여 아이디어 구상과 실제 '만들어 보기'에 도전해보기 바란다. 또한 창업 과정을 미리 모의 체험해 보는 것도 좋다. 이러한 과정을 통해 문제해결력과 도전정신을 쌓고, 새로운 아이디어와 생각의 깊이를 더할 수 있다. 무한상상실은 3D프린터나 동영상 제작 장비 등을 갖추고 있으며, 창의력 향상을 위한 각종 교육이나 행사에 참여할 수 있다.

제8절 코로나 시대 취업 시장의 이해27)

코로나19(COVID-19) 팬데믹(Pandemic, 세계적 대유행)의 발생 이후 우리 사회의 많은 영역에 큰 변화를 일으켰다. 이로 인한 가장 큰 변화는 비대면 활동이 일상화된 것이었고 이것은 4차 산업혁명을 급속도로 앞당겼다. 이제 코로나19의 장기화에 따라 코로나19를 예방하며 일상생활을 해야 하는 위드코로나(with Corona) 시대를 맞았다. 위드코로나 시대에 있을 변화와 취업 시장의 모습을 예측해보고 취업 준비 전략을 세워 보기 바란다.

1. 코로나19의 발생 이후, 변화 이해

코로나19(COVID-19)가 전 세계적으로 장기화됨에 따라 전문가들은 앞으로도 많은 부분에 영향을 줄 것이라고 예측하고 있다. 최근의 급격한 변화는 다양한 분야에 영향을 주었고, 이것은 기업의 채용 인원 축소, 수시 · 상시 채용의 정착, 비대면 채용 전형으로의 변화 등으로 취업을 준비하는 구직자들에게도 영향을 주고 있다.

(1) 비대면 문화의 일상화

코로나19의 확산으로 점차 사람과의 접촉을 최소화하는 비대면 문화가 하나의 사회적 트렌드로 자리 잡았다. 비대면 문화의 확산으로 '콘택트(Contact : 접촉하다)'에서 부정의 의미인 '언(un-)'을 합성한 '언택트(Untact)'라는 신조어가 만들어졌고 온라인 구매가 급증하고 원격교육과 재택근무가 확산되었으며, 화상 면접과 같은 비대

27) 워크넷 참조.

면 채용 절차 등 다양한 분야에 영향을 미치고 있다. 한편, 기존의 대면 활동이 비대면 활동으로 바뀌면서 비대면 활동에 익숙하지 않은 취약계층이 생겨나고 이로 인한 갈등과 문제도 발생하고 있다.

(2) 디지털 시대로의 전환

코로나19의 확산으로 재택근무와 화상회의, 온라인 수업 등이 선택이 아닌 필수가 되어 일상화되기 시작했다. 코로나19에 대응하는 과정에서 사물인터넷(IoT), 빅데이터, 클라우드, 인공지능(AI) 등 4차 산업혁명의 핵심 기술로 꼽히는 디지털 기술이 중요한 역할을 했고, 이는 4차 산업혁명 기술의 성장을 앞당겼다. 디지털 시대로의 전환은 코로나 이후 경제성장을 이끌 핵심 동력으로 우리나라도 이 같은 움직임을 지원하기 위해 '한국형 뉴딜' 정책을 앞세워 노력하고 있다.

(3) 홈코노미 시장의 급성장

홈코노미는 홈(Home)과 이코노미(Economy)의 합성어로, 집이 단순히 주거 공간이 아닌 휴식 · 여가 · 레저를 즐기는 공간으로 확대되면서 집안에서 이뤄지는 다양한 경제활동을 이르는 말이다. 코로나19의 확산 이후로 외출을 자제하고 집에 머무르는 시간이 늘어나면서 홈코노미 시장이 급부상했다. 이는 다양한 가전제품과 인테리어, 가구 관련 매출과 온라인 쇼핑, 배달앱 이용의 증가로 나타났으며 앞으로도 홈코노미 분야에 대한 인기는 지속될 것으로 전망하고 있다.

(4) 주목받는 바이오산업

코로나19가 장기화되면서 건강관리와 신약 개발에 대한 관심이 높아지면서 바이오산업에 주목하고 있다. 특히 우리나라는 코로나19 진단키트의 우수성이 세계적으로 알려지면서 수출에 큰 성과를 이루었고 앞으로 코로나19를 이겨내더라도 새로운 바이러스들이 계속해서 나타날 가능성이 있으므로 바이오산업은 지속해서 성장할 것으로 보인다.

2. 비대면 시대 취업 준비

코로나19의 발생 이후 채용 일정이 연기되거나 취소되고, 대면 활동의 제약으로 인해 구직자들의 취업 준비는 더욱 어려워졌다. 이후 일부 기업은 비대면 채용방식을 시행했고, 구직자들은 온라인을 통한 취업 준비로 바뀌갔다. 코로나19의 영향으로 빠르게 증가한 비대면 채용방식과 취업 준비는 2021년과 2022년에도 영향을 줄 것으로 보인다.

(1) 비대면 채용방식의 보편화

코로나19의 발생 이후 기업들의 채용방식이 온라인 지필시험과 화상 면접, AI 면접(AI 역량검사) 등의 비대면 방식으로 빠르게 변화하였다. 비대면 채용방식은 감염 우려 없이 채용을 진행할 수 있는 것은 물론, 채용 전형이 간소화되면서 면접 비용도 줄일 수 있어 코로나19가 안정화된 이후에도 비대면 채용의 활용이 더욱 보편화될 것으로 보인다.

(2) 비대면 취업 지원 서비스 활용

구직자들은 코로나19의 발생 이후 오프라인 취업 준비 활동에 대한 제약이 커짐에 따라 온라인을 통한 취업 준비 활동의 비중이 훨씬 높아졌다. 이러한 흐름에 맞춰 온라인을 통해 각종 취업 정보를 제공하거나 온라인 교육, 온라인 채용박람회를 진행하는 등 비대면 취업 지원 프로그램을 기획하여 구직자의 성공적인 취업을 돕고 있다.

1) 온라인 취업 콘텐츠

취업 준비 시 온라인상의 각종 취업포털 사이트, 블로그, 영상 등은 구직자들에게 채용 정보를 얻는 좋은 매체가 되고 있다. 나에게 필요한 정보나 서비스는 무엇인지 생각해보고 다음 내용을 참고하여 활용해보기 바란다.

- **워크넷** : 워크넷은 고용노동부와 한국고용정보원이 운영하는 사이트로, 믿고 신뢰할 수 있는 구직 · 구인 정보와 직업 · 진로 정보를 제공한다. 2011년 7월부터 민간 취업포털과 지자체 일자리 정보를 워크넷 한 곳에서 쉽고 빠르게 검색할 수 있도록 통합일자리 서비스를 제공하고 있다.
- **고용노동부 공식블로그** : 최신 고용노동 소식을 빠르게 전달하고, 구직자와 근로자에게 필요한 각종 정보를 제공하는 블로그이다. 특히 사례로 보는 노동법을 통해 궁금하지만 잘 몰랐던 노동법 지식을 알려주고, 정책기자단을 통해 올라오는 다양한 분야의 정보를 확인할 수 있다.
- **취업 정보 유튜브 채널** : 이전부터 취업 관련 전문가들이 유튜브 채널을 운영하여 다양한 정보를 제공하고 있으며, 각 기업에서도 기업과 직무에 대한 구직자들의 이해를 돕기 위한 콘텐츠를 제작해왔다. 또한 라이브 방송으로 쌍방향 소통을 하여 비대면 매체의 한계를 보완하고 있다.

취업 관련 유튜브 채널 소개	
워크넷	각 분야 전문가 인터뷰, 강소기업 탐방기, 취업 특강 등의 영상 콘텐츠를 제공한다.
한국직업방송	최신 고용동향, 서류 · 면접 특강, 강소기업 소개, NCS 문제풀이 교육 등 취업준비에 필요한 다양한 분야의 정보를 제공한다.
기아자동차 채용	현직자 직무소개 영상과 입사에 필요한 정보를 전달하는 라이브 방송 직무 토크쇼를 제공한다.
CJ채용	현직자가 나오는 직무소개 영상, 직무 브이로그 등을 통해 기업과 직무를 이해할 수 있는 정보를 제공한다.
SK Careers	SK의 채용 정보와 기업복지, 현직자가 직접 직무를 소개하는 영상 콘텐츠를 제공한다.

- **비대면 취업 관련 교육 및 프로그램** : 각 지역 고용센터[28]나 대학의 일자리센터는 다양한 비대면 진로지도 및 취업 지원 서비스를 제공하기 위해 노력하고 있다. 이제는 직접 찾아가지 않아도 취업 특강, 실시간 화상 멘토링 등에 참여할 수 있다.

비대면 취업 지원 프로그램 예시	
서경대학교 취업지원센터	Dream Camp 프로그램 진행 개인별 맞춤형 비대면 방식으로 진행 (취업진로진단검사 · 아우란트검사, 이력서 · 자기소개서 작성 비대면 특강 및 개인 첨삭 지도, 비대면 멘토링, AI 모의면접)
세종대학교 일자리사업단	진로 탐색 및 취업역량 강화 프로그램 진행 비대면 강의로 진행 (현직자 간담회, 랜선 기업탐방, 기업 선호 인재상의 변화)
영남대 일자리센터	온라인 멘토링 프로그램 진행 (기업체에 재직 중인 대학 동문 선배와 실시간 화상 상담)

- **청년정책사용설명서** : 청년과 관련된 정책과 정보를 제공하는 블로그이다. 청년 구직자들을 위해 취업과 창업에 관련된 각종 정보는 물론, 청년들이 활용할 수 있는 주거와 학자금, 문화생활 관련 정책과 최신 알짜 정보를 제공한다.

28) 각 지역 고용센터 : 구직자 취업역량 강화 프로그램 (실시간 화상 강의실시)

- **온라인청년센터** : 유형별 청년정책과 취업 준비나 스터디 모임 등을 할 수 있는 지역별 청년 공간을 소개하고 청년상담실을 운영하여 맞춤형 상담 서비스를 제공한다.
- **잡아바** : 경기도일자리재단에서 운영하는 일자리 플랫폼으로 경기도민은 물론 다른 지역 구직자들도 이용할 수 있다. 취업역량을 강화할 수 있는 각종 컨설팅과 인적성 · NCS 대비 강의, 채용 정보와 교육 · 행사 정보 등을 제공한다.

2) 온라인 채용박람회

코로나19의 발생 초반 대거 취소되었던 채용박람회가 비대면으로 열리면서 구직자들의 큰 호응을 얻고 있다. 온라인 채용박람회에서는 참가 기업과 채용 정보를 온라인으로 확인할 수 있으며, 관심 기업에 지원하여 화상 면접을 볼 수 있다. 또한 취업 특강, 이력서 · 자소서 컨설팅, 면접 코칭, AI 면접 등 기존의 채용박람회 현장에서 대면으로 진행되던 부대행사들까지 원하는 시간과 장소에서 이용할 수 있다. 현장 박람회보다 효율적인 온라인 채용박람회의 장점이 나타나면서 앞으로도 온라인을 통한 채용박람회는 더욱 증가할 것으로 보인다.

- **온라인 채용박람회 정보 찾기** : 먼저 다양한 채용박람회 중 자신이 준비하는 산업군 또는 관심 기업이 참여하는 박람회를 찾는 것이 중요하다. 지원하고자 하는 분야의 채용박람회가 언제 있는지 미리 일정을 확인하고, 사전에 입사 지원을 위해 필요한 준비를 한다면 취업 성공을 앞당길 수 있을 것이다.

채용박람회 일정 소개 사이트	
워크넷 채용박람회	고용센터, 중앙부처, 자치단체 등 공공채용박람회 또는 고용노동부가 후원하는 민간채용박람회 등의 행사 일정을 제공한다.
취업박람회 일정 플랫폼	각 지역별 채용박람회 일정 정보를 제공한다.

- **온라인 채용박람회 참여 시 고려 사항** : 온라인 채용박람회의 다양한 장점을 활용하기 위해서는 무엇보다 채용박람회 참여 목적을 명확히 해야 한다. 채용박람회 참석 목적으로는 크게 취업 준비를 위한 정보 수집 및 취업 컨설팅 체험과 관심 기업에 지원하여 취업 기회를 얻는 것으로 나눌 수 있다. 참석 목적을 정했다면 참여할 채용박람회를 탐색하고 필요한 취업 특강이나 서비스를 체크하고, 입사 지원을 하고자 한다면 입사지원서를 지참하고 면접 방식 등을 사전에 숙지해야 한다. 명확한 목적을 가지고 충분한 사전 준비를 한다면 온라인 채용박람회를 통해 원하는 결과를 얻을 수 있을 것이다.

제 1 장	변화의 시대를 맞이하여
제2장	자기개발과 진로 · 취업에 대한 단상
제 3 장	기업의 채용 동향

제1절 자기개발의 개념

1. 자기개발능력의 정의 및 필요성

자기개발능력은 직업인으로서 자신의 능력과 적성, 특성 등을 이해하고 목표성취를 위해 스스로를 관리하며 개발해 나가는 능력을 의미한다. 직업인이 조직 내에서 조직의 목표를 잘 수립하고 달성하기 위해서는 먼저 자기개발능력을 함양해야 한다.

지식의 생성, 소멸 주기가 짧아지고 있으며 평생직장이라는 말이 사라져 가는 오늘날 우리는 자신을 꾸준히 계발하여 가치를 높여야 하는 압력을 받고 있다. 또한 AI, IoT, 로보틱스. VR 등의 첨단기술로 대표되는 4차 산업혁명 시대에는 전통적인 일자리가 사라지거나, 새로운 방식으로 업무를 처리해야 하는 일자리로 바뀌고 있다. 수많은 서적들이 자기개발, 처세술, 자기경영, 4차 산업혁명 대비 일자리 지키기 등에 대한 내용을 담고 있으며, 많은 자기개발 성공사례들이 각종 매체를 통해 쏟아지고 있다. 그만큼 요즈음에는 자기개발, 자기개발능력의 중요성이 강조되고 있으며 변화하는 시대에 적응하기 위한 자기개발을 하지 않는 직업인은 대체되기 쉽다.

20세기 후반부터 사용하기 시작한 자기개발이라는 용어는 이제 우리 주변에서 쉽게 들을 수 있다. 자기개발은 자신의 능력, 적성 및 특성 등에 있어서 강점과 약점을 찾고 확인하여 강점을 강화시키고, 약점을 관리하여 성장을 위한 기회로 활용하는 것이며, 직업기초능력으로서 자기개발능력은 직업인으로서 자신의 능력, 적성, 특성 등의 이해를 기초로 자기 발전 목표를 스스로 수립하고 성취해 나가는 능력이다.

2. 자기개발은 왜 하는 것일까?

자기개발의 필요성을 이해하기 전에 먼저 변화의 필요성을 인식할 필요가 있다.

사람들은 관성의 법칙에 따라 현재 하고 있는 일을 지속적으로 하길 원하며, 새로운 변화에 의해 자신이 안주하고 있는 환경이나 상태가 불안정해지는 것을 원치 않는 경우가 많다. 그러나 변화는 낡은 습관을 버리고 끊임없이 새롭고 좋은 습관으로 바꾸는 것으로, 삶의 과정이다. 상황에 맞게 성장, 변화할 때 우리는 성공하는 삶을 살 수 있다.

과거 자기개발이 단순히 자신의 취미를 영위하고 자신의 만족을 위해 행하는 행동이었다면, 오늘날의 자기개발은 사회에서 요구하는 인재상을 충족시키기 위한 필요충분적 요소로서 커다란 가치의 의미를 가진다. 우리는 미래에 다가올 직업, 기술들의 행방을 예측할 수 있을지언정 정확하게 알 길은 없다. 하지만 다가오는 미래를 항상 준비하고 대처해야 한다. 따라서 자기개발은 우리가 현재 영위하고 있는 삶 혹은 더 나아가기 위한 삶을 위한 필수 불가결의 요소가 되었다.

이제 자기개발의 이유를 요약 · 정리해보자.

- 자기개발은 변화하는 환경에 적응하기 위해서 이루어진다. 우리를 둘러싸고 있는 환경은 끊임없이 변화하고 있으며, 그 변화의 속도는 점점 빨라지고 있다. 우리가 가지고 있는 지식이나 기술이 과거의 것이 되지 않도록 환경 변화에 따라 지속적인 자기개발 노력이 요구된다.
- 직업생활에서의 자기개발은 효과적으로 업무를 처리하기 위하여, 즉 업무의 성과를 향상시키기 위하여 이루어진다.
- 자기개발은 주변 사람들과 긍정적인 인간관계를 형성하기 위해서도 필요하다. 자기개발에 있어서 자기관리는 매우 중요한 요소이다. 자신의 내면과 시간, 생산성을 관리하는 등의 자기관리는 좋은 인간관계의 형성과 유지의 기반이 되기도 한다.
- 자기개발은 자신이 달성하고자 하는 목표를 성취하기 위해서 해야 한다. 자기개발을 하기 위해서는 자신의 비전을 발견하고 장단기 목표를 설정해야 한다. 이와 같이 자기개발은 자신의 목표를 발견하고 성취하도록 도와준다.
- 개인적으로 보람된 삶을 살기 위해서 자기개발을 한다. 자기개발을 하게 되면 자신감을 얻게 되고, 삶의 질이 향상되어 보다 보람된 삶을 살 수 있다.

3. 자기개발의 특징은 무엇일까?

자기개발 및 자기개발능력을 이해하기 위하여 이와 관련한 몇 가지 특징을 정리하면 다음과 같다.

- 자기개발에서 개발의 주체는 타인이 아니라 자기 자신이다. 자기를 개발한다고 하는 것은 스스로 계획하고 실행한다는 의미이다. 이와 더불어 자기개발의 객체도 자기 자신이므로 자신의 능력, 적성, 특성 등을 이해하고, 목표성취를 위해 스스로를

관리하며 개발하는 것으로 이해될 수 있다. 따라서 자기개발에서는 자신을 이해하는 것이 첫걸음이라고 할 수 있다.

- 자기개발은 개별적인 과정으로서 사람마다 자기개발을 통해 지향하는 바와 선호하는 방법 등이 다르다. 따라서 개인은 자신의 이해를 바탕으로, 자신에게 앞으로 닥칠 환경 변화를 예측하고 자신에게 적합한 목표를 설정하며 자신에게 알맞은 자기개발 전략이나 방법을 선정하여야 한다.
- 자기개발은 평생에 걸쳐서 이루어지는 과정이다. 사람들은 흔히 자기개발을 학교단계에서 이루어지는 교육이라고 생각하거나 어떤 특정한 사건이나 요구가 있을 때에 일시적으로 이루어지는 과정이라고 생각하기도 한다. 그러나 우리의 직업생활을 둘러싸고 있는 환경은 끊임없이 변화하고 있으며 우리에게 지속적으로 학습할 것을 요구한다. 우리는 날마다 조금씩 다른 상황에 처하게 되며, 학교 교육에서는 원리, 원칙에 대한 교육이 이루어질 뿐이므로 실생활에서 적응하기 위해서는 지속적인 자기개발이 필요하다.
- 자기개발은 일과 관련하여 이루어지는 활동이다. 우리의 인생은 일과 밀접한 관련이 있으며, 현재 직업을 가지고 있지 않더라도 직업을 탐색하고 이를 준비하는 과정을 거친다. 우리는 대부분 일과 관련하여 인간관계를 맺으며, 일과 관련하여 우리의 능력을 발휘하고 개발하고자 한다.
- 자기개발은 생활 가운데 이루어져야 한다. 자기개발을 위해 특정 교육훈련기관에서 교육프로그램을 이수할 수도 있다. 하지만 자신이 현재 하고 있는 직무 혹은 지향하는 직업세계와 관련하여, 자신의 역할 및 능력을 점검하고 개발계획을 수립하며 시간을 관리하고 대인관계를 맺고 감정을 관리하고 의사소통을 하는 것도 자기개발이라 할 수 있다.
- 자기개발은 모든 사람이 해야 하는 것이다. 사람들은 흔히 자기개발이 특정한 사람만이 하는 것이라고 생각하거나 매우 어려운 일이라고 생각한다. 그러나 자기개발은 자신을 개발하여 효과적으로 업무를 수행하고, 현대사회와 같이 급속하게 변화하는 환경에 적응하고자 하며, 자신이 설정한 목표를 달성하고, 보다 보람되고 나은 삶을 영위하고자 노력하는 사람이라면 누구나 해야 하는 것이다.

4. 자기개발의 종류와 방법 29)

(1) 자기개발의 방법

자기개발30)은 자신이 발전하고자 하는 목표상, 즉 자신이 이루고자 하는 미래의

29) 고백(gobback.tistory.com), 자기계발 도대체 왜 하는 건데?, 2020.03.08.

모습을 떠올리며 목표를 잡는 것이 좋다. '나는 왜 이 일을 하는가'의 저자 사이먼 사이넥은 이렇게 말했다. "우리는 무엇을 어떻게 하는지에 집중하지 않습니다. 결국은 왜 이 일을 하는가에 집중을 하죠."

우리는 단순히 배고픔을 달래기 위해 밥을 먹거나 남들이 영양제를 먹는 것 같기 때문에 그것을 먹지 않는다. 밥을 먹고 힘을 내서 무엇인가를 하기 위해 밥을 먹고, 미래에도 건강한 삶을 살고 싶기에 영양제를 챙겨 먹는 것이다.

우리가 만일 단순히 남들이 밥을 먹기에 밥을 먹고, 남들이 담배를 피우기에 담배를 피운다면, 당장은 괜찮을지 몰라도 우리의 생활 패턴은 잃어버린 채 단순히 무엇을 하는 행위 중독자가 되어 살아가게 될지도 모른다. 그렇기에 왜라는 질문을 스스로에게 던지는 것은 굉장히 중요하다. 자기개발의 중요한 방법은 스스로 해야겠다는 마음을 먹는 것이다. 스스로 다급해지는 것이다.[31]

(2) 자기개발의 종류

자기개발의 종류는 아래와 같이 많은 장르가 있다.

운동	악기	자격증
명상	취미	독서
여행	언어	하고 싶었던 것
스펙	사랑	기타

하지만 자기개발을 위해 시간을 내는 것은 정말 힘든 일이다. 그래서 많은 시간을 할애하는 자기개발은 처음부터 도전하기 어려운 일일 수 있다. 자기개발은 자신이 당장 필요하거나 시간이 많은 학생이라면 자신의 취미 분야를 발전시키는 것이 좋다.

(3) 자기개발의 효용

자기개발을 통해 우리가 얻을 수 있는 것은 다음과 같다.

---

30) 자기계발과 자기개발의 차이점 : 국립국어원의 '표준국어대사전'에서는 구분의 실익이 없는 비슷한 말로 본다. '개발'은 '지식이나 재능 따위를 발달하게 함'의 뜻이 있고 '계발'은 '슬기나 재능, 사상 따위를 일깨워 줌'의 뜻을 나타내는 말이다. '개발'은 '발달시키는 것'이고 '계발'은 '일깨우는 것'으로 둘 다 자기를 발전시킨다는 의미에서 일맥상통하다. 따라서 여기에서도 논의 전개상 자기계발과 자기개발을 혼용해서 사용하고 있음을 밝혀둔다.

31) 자기개발의 중요성에 공감하더라도 자기개발을 실행하는 일은 쉽지 않다. 자기개발을 방해하는 여러 가지 장애요인이 있기 때문인데, 장애요인에는 내재적 요인과 외재적 요인이 있다. ▲내재적 요인 : 게으름, 소극적 태도, 방법을 몰라서 ▲외재적 요인 : 금전적인 이유, 거리가 멀어서, 직장환경 등

- 자신감이다. '내가 해냈다'라는 성취감과 함께 남들이 가지지 못하거나, 남들이 가진 것을 나도 가졌다는 자신감을 키울 수 있다.
- 자존감이다. 노력하는 과정 중 끈기를 갖고 꾸준히 해낸 자신에게 믿음이 생긴다.
- 나의 능력이다. 학교에서 알아야 한다고 누구에게나 가르쳐주던 지식이 아니라 내가 성취해낸 나만의 전문분야가 생기는 것이다.
- 나의 시간을 보내는 능력이다. 이젠 주말에 뭐하지? 라는 생각보다 한 예로 주말에 '기타라도 쳐야겠다'라는 생각을 갖게 된다.

5. 마무리

우리는 결국 어떻게 됐든 자기개발의 시간을 가지게 된다. 우리가 한평생 살아가며 느끼는 감정, 성취감, 무료함 모두 나에게 자극을 주는 자기개발의 원천이기 때문이다. 하지만 자연적으로 느끼는 자기개발의 정도로는 우리가 현재를 살아가기에 터무니없이 부족하다. 우리는 우리를 성장시켜 경쟁력 있는 사람이 되어야 하는 현실에 놓여있다. 물론 이러한 이유가 아니더라도 우리가 자기개발에 힘을 써야 하는 근거는 너무 많다.

[생각해보기 1] 나에게 투자하는 일, 자기개발 32)

자신을 가꾸고, 무엇인가를 규칙적으로 실행하며 성취감을 얻는 이들이 많은 세상이다. 여전히 서점 베스트셀러에는 자기개발서가 빠지지 않는다. 특히, 요즘 자기개발은 변화의 물결을 빠르게 따라하기보다는 자기의 고유 능력을 개발하는 데 가치를 둔다. 햇살 좋은 어느 날, 야외쉼터에 모여 자기개발에 관한 이야기를 나눈 제천지원 직원들을 소개한다.

▌자기개발의 가치

빠르게 변화하고 다양한 능력을 요구하는 사회에 진입하면서 자기개발은 이제 필수 요소가 되었다고 해도 과언이 아니다. 한 설문조사에서는 직장인 10명 중 9명이 '자기개발의 필요성을 항상 느낀다'라고 답하기도 했다. 제천지원 직원들 역시 개인의 삶을 더 가치 있게 만들기 위해 시간이 있을 때마다 자신만을 위한 투자에 집중한다.

---

32) 이원복(2021.09.), [맛있는 시간] 나에게 투자하는 일, 자기개발-제천지원 직원들, (www.scourt.go.kr > portal > gongbo > PeoplePopupView), 법원&사람들-테마법원, 2021.09.04.

많은 재판을 담당하면서 다양한 분야의 사건을 접해온 김새미 판사는 지식의 범위를 더 넓힐 필요가 있다는 생각에 책을 읽으며 자기개발을 한다. 독서를 통해 다양한 세계를 경험하고 이해력을 키운다.

"지식을 얻는 것도 중요하지만, 법원에 오는 사람들의 마음과 행동을 이해하면 더 좋은 판결을 내릴 수 있다는 생각이 들었어요. 직접 경험해서 견문을 넓히기엔 한계가 있으니, 여가를 이용해 책을 많이 읽으려고 합니다. 최근에는 가즈오 이시구로의 장편소설 『클라라와 태양』을 읽었어요. 가까운 미래에 일어날 법한 이야기를 그린 소설인데, 우리의 인간성에 대해 다시 한번 생각해 볼 기회가 되기도 했죠."

이순화 참여관은 영어 원서를 국문처럼 편안하게 읽을 정도의 실력을 갖추기 위해 꾸준히 공부한다. 명확한 목표가 있다 보니 매일매일 틈나는 대로 원서를 읽는다. 더불어 최근에는 건강 관리를 위한 운동도 게을리하지 않는다.

"몸이 아프고 나서부터는 건강 관리의 중요성을 깨달았죠. 한두 부위에 통증이 생기더니 생각하지 못한 곳에서도 이상 신호를 보내더라고요. 더 미루면 안 되겠다 싶어서 식습관도 개선하고 홈트레이닝을 시작했어요. 생각만큼 꾸준히 하는 게 쉽지 않지만, 최소한 일주일에 3일은 운동을 합니다."

"기초체력의 필요성에 동의한다"며 고개를 끄덕이는 이건 실무관. 자신도 운동 부족으로 건강이 좋지 않았던 때를 돌이켜보면 동료들과 민원인을 대하는 태도가 평소보다 불친절했다고 입을 열었다.

"몸이 좋지 않으니 이유 없는 짜증과 불만이 생기더라고요. 가족에게도 신경질을 내던 제 모습을 보면서 자존감도 떨어졌어요. 내 몸과 정신이 건강해야 더 나은 인간관계를 맺고, 더 좋은 대민 서비스도 제공할 수 있겠다고 생각했죠. 지금은 매일 정해진 시간에 달리기를 합니다. 저녁 9시부터 10시 사이, 비가 오거나 날씨가 추워도 상관없습니다."

임재철 실무관도 지금 가장 필요한 것은 체력 향상이라고 말한다. 아무래도 앉아서 일하는 시간이 많고 때때로 야근을 하는 날도 있다 보니 더욱 체감한다.

"볼록 나온 배보다는 쏙 들어간 탄탄한 배를 가지고 싶어요. 그래서 운동을 시작했어요. 우선 하루에 100개 정도 팔굽혀펴기를 합니다. 생각보다 꾸준히 하는 게 어렵지만 조금씩 발전하는 모습에 성취감을 느낍니다."

▌나를 움직이는 유쾌한 자극

바야흐로 자기개발의 시대. 운동과 독서처럼 예전에는 취미 활동에 그쳤던 일들이 이제는 자아실현을 넘어서 사회적으로도 인정받는 일이 되고 있다. TV 프로그램이나 온라인에서는 취미로 시작한 일을 직업으로 삼는 사람도 심심치 않게 보인다. 누구나 성공사례를 보면 자극을 받는 법. 제천지원 직원들은 이런 사례를 보며 발전의 의지를 끌어올리기도 한다.

이순화 참여관은 자녀교육 전문 작가이면서 유튜버, 강연가 등 여러 가지 직업을 가진 친구로부터 자극을 받는다.

"지금은 누구보다 잘 지내고 있지만, 그 친구에게 한동안 힘든 시기가 있었어요. 그 동안 할 수 있는 것이라곤 독서밖에 없었다고 하더라고요. 그런데 그렇게 읽은 책이 작가로서의 새 삶을 열어주었대요. 그 친구가 항상 자기 채널 구독자에게 하는 인사말이 있는데, 바로 '운동하셨어요? 책은 읽으셨나요? 칭찬은 하셨나요?'라는 질문이에요. 그 말을 들을 때마다 새로운 도전 의식이 생겨요."

김새미 판사는 자신이 좋아하는 분야에 열정을 불태우고 몰두하는 사람, 일명 '성공한 덕후'를 보면서 자극을 받는다. 최근에는 유튜브 채널 '겨울서점'의 김겨울 작가처럼 좋아하는 취미를 깊게 파고들어 직업으로 삼은 사람들이 참 대단해 보인다고 말했다. 이어 자기개발의 의미를 새롭게 생각해 보기도 했다. 좋아하는 일을 열심히 하면서 자신을 돌보고 스트레스를 해소하는 것도 자기개발이라고 말이다.

이건 실무관과 임재철 실무관은 사랑하는 이에게 부끄럽지 않은 존재가 되고 싶을 때 모든 의지가 솟아오른다며 의견을 모았다. 영화 〈이보다 더 좋을 순 없다〉에 등장하는 주인공 멜빈 유달(잭 니콜슨 분)의 대사를 언급하며 이건 실무관이 먼저 입을 열었다.

"영화에서 이기적이고 비관적인 성격의 주인공이 사랑하는 여인에게 '당신은 내가 더 좋은 사람이 되고 싶게 해요(You make me want to be a better man)'라는 말을 합니다. 사실 우리의 삶은 좋아하는 것이나 사랑하는 사람이 없으면 공허해지고 무기력해지기 쉽잖아요. 반면 내가 좋아하는 사람이 생기면 그 사람에게 더 나은 모습을 보여주고 싶은 자극을 받죠."

임재철 실무관 역시 이 말에 동의하며 말을 이었다.

"여자친구 앞에서 스스로 더 당당한 사람이 되고 싶어질 때 괜히 운동을 더 열심히 하게 되더라고요. 부모님께도 마찬가지죠. 자랑스러운 아들로서 좋은 옷이나 음식을 사드리고 싶을 때 일에 대한 열정이 활활 타올라요."

▌자기개발의 핵심은 '극복'

자기개발에 기름을 붓는 요소가 있다면, 반대로 이를 방해하는 것들도 분명 존재한다. 시간 부족이나 금전적 문제도 큰 장애물이지만, 게으름이나 귀찮음 등 마음의 적은 우리의 의지를 무엇보다 빠르게 잠식하곤 한다.

제천지원 직원들은 이를 어떻게 이겨내고 있을까.

이순화 참여관은 '자신의 의지'를 가장 중요한 요소로 꼽았다. 목표 달성을 다짐하고 계획까지 세워놓고도 의지 부족으로 흐지부지되거나 실패하는 일이 있었기 때문이다.

"의지가 약해질 때마다 저와 가족들의 미래를 그리면서 다시금 힘을 얻기도 합니다. 가끔은 작심삼일의 연속일 때도 있고, 생각한 만큼 실천하지 못하지만, 그렇게라도 꾸준히 이어간다면 언젠가는 성공이 찾아오지 않을까요."

김새미 판사는 시간 부족을 가장 큰 방해 요소로 꼽았다. 바쁠 땐 자기를 돌아볼 시간조차 없는 경우가 많기 때문이다. 그럼에도 자기개발을 할 수 있으려면, 자신이 진심으로 좋아하는 분야를 찾아야 한다고 강조한다.

"좋아하는 마음만큼 큰 동력은 없어요. 가끔은 온전히 좋아하는 일에 시간을 쏟아보고 싶다는 생각을 해요. 그걸 같이 공유할 동지가 있으면 더 큰 힘을 얻을 수 있어요."

"뭐하러 그런 걸 하니?"라는 말을 들을 때면 힘이 빠진다는 이건 실무관은 부정적인 말과 사람들을 주의해야 한다고 강조했다. 목표를 이루기 위해 부단히 노력하고 있을 때 주위에서 들려오는 부정적인 한마디에 큰 영향을 받는다고.

"훼방이 들어올 때는 저만의 규칙적인 생활 습관을 만듭니다. 자기개발을 습관화하는 것이죠. 시간과 목표량을 미리 정해 두고 차근차근 시행하다 보면 외부의 영향에도 흔들리지 않을 수 있어요."

임재철 실무관은 내부적 요인이 가장 크다고 말했다. 외부의 영향을 받기보다는 스스로 더 나은 사람이 되고자 하는 마음이 약해지는 것일 뿐이라고. 이를 극복하는 방법으로 복잡한 생각을 하지 않고 일단 시작해보기를 추천했다.

"가끔은 '오늘도 운동해야 하는 이유가 있을까?', '하루 정도는 쉬어도 괜찮을까?' 같은 마음의 소리가 들려요. 이런 생각이 짙어질수록 지혜로운 결론을 내리기는커녕 오히려 운동을 하지 않게 되더라고요. 복잡한 생각 말고 훗날 더 발전해 있을 자신의 모습만 그려보길 바랍니다."

생각보다 많은 시간과 노력이 필요하지만, 우리가 자기개발에 몰두하는 이유는 인간의 가장 기본적인 욕구 중 하나이기 때문이 아닐까. 우리가 자기개발을 통해 자기존중과 자아실현을 이루고 싶어 하는 것은 너무나 당연한 일이다. 더 나은 내 모습을 이루고 싶은 순간은 누구에게나 찾아온다. 그 순간에 온전히 집중한다면 제천지원 직원들처럼 더 발전한 자신을 만나게 될 것이다.

제2절 자기개발계획 수립과 자기개발전략

직업인들은 매일의 반복적인 업무 속에서 자신의 미래에 대한 아무런 소망이나 계획 없이 살아가는 경우가 있다. 그러나 미래에 대한 명확한 청사진이 있는 사람은 자신을 개발하기 위해 부단히 노력하게 된다. 자기개발 계획을 수립하기 위해서는 어떻게 해야 하는지 알아보자.

새로운 길을 찾아가기 위해서는 지도가 필요한 것처럼 우리가 살아가기 위해서는 인생의 청사진이 필요하다. 미래의 계획을 세우고 이를 달성하기 위하여 끊임없이 자기를 개발한다면 누구나 성공할 수 있다. 그러나 자기개발 계획을 구체적이고 실현가능하게 세우기란 쉽지 않다.

1. 자기개발 설계 전략

자기개발에 대한 계획을 수립한다고 해서 모든 목표를 달성할 수 있는 것은 아니다. 자기개발 목표를 성취하기 위해서는 다음과 같은 전략을 고려하여 목표를 수립하고 방법을 선정하여야 한다.

(1) 장단기 목표를 수립한다

장단기를 구분하는 기준은 생애전환기(결혼, 취직, 이직 등)에 따라 바뀔 수도 있으나 보통 장기목표는 5~20년 뒤를 설계하며, 단기목표는 1~3년 정도의 목표를 의미한다. 장기목표는 자신의 욕구, 가치, 흥미, 적성 및 기대를 고려하여 수립하며 직장에서의 일과 관련하여 직무의 특성, 타인과의 관계 등을 고려해야 한다. 단기목표는 장기목표를 이룩하기 위한 기본단계가 되며, 이를 위해 필요한 직무 관련 경험, 개발해야 할 능력 혹은 자격증, 쌓아두어야 할 인간관계 등을 고려하여 수립한다.

(2) 인간관계를 고려한다

우리는 가족, 친구, 직장동료, 부하직원, 상사, 고객 등 많은 인간관계를 맺고 살아가고 있으므로 이러한 관계를 고려하지 않고 자기개발 계획을 수립한다면 계획을 실행하는 데 어려움을 겪게 된다. 또한 다른 사람과의 관계를 발전시키는 것도 하나의 자기개발 목표가 될 수 있다.

(3) 현재의 직무를 고려한다

직업인이라면 현재의 직무와 관계된 일을 계속하든, 전혀 새로운 일을 탐색하여 수행하든 현재의 직무상황과 이에 대한 만족도가 자기개발 계획을 수립하는 데 중요한 역할을 담당하게 된다. 따라서 현 직무를 담당하는 데 필요한 능력과 이에 대한 자신의 수준, 개발해야 할 능력, 관련된 적성 등을 고려해야 한다.

(4) 구체적인 방법으로 계획한다

애매모호한 방법으로 계획을 세우면 어떻게 해야 하는지 명확하게 알 수가 없어서 중간에 적당히 하게 되거나 효율적이지 못해 노력을 낭비하게 된다. 자신이 수행해야 할 자기개발 방법을 명확하고 구체적으로 수립하면 집중적이고 효율성 있게 노력할 수 있고, 이에 대한 진행과정도 손쉽게 파악할 수 있다. '영어 공부하기'라는 추상적인 방법보다 '1시간 일찍 출근해서 매일 영어 공부하기'처럼 구체적인 방법으로 계획하는 게 좋다. 다만 장기목표는 경우에 따라 구체적인 방법을 계획하는 것이 어렵거나 바람직하지 않을 수 있다.

(5) 자신을 브랜드화 한다

나를 브랜드화 하는 방법은 단순히 자신을 알리는 것을 넘어 자신을 다른 사람과 차별화하는 특징을 밝혀내고 이를 부각시키기 위해 지속적인 자기개발을 하며 알리는 것(PR : Public Relations)을 말한다. 자신을 브랜드화하기 위해서는 남들과는 다른 자신만의 차별성을 강조해야 한다. 자신을 알리는(PR) 구체적인 방법으로는 소셜네트워크와 인적네트워크 활용, 경력 포트폴리오를 구성 등이 있다.

2. 자기개발 계획 수립이 어려운 이유

학생이나 직업인 모두 자기개발 계획을 수립하는 전략을 알고 있다고 하더라도 자기개발 계획을 구체적으로 설계하는 일은 어려운 일이다. 이는 자기개발 계획을 수립하는 데 많은 장애요인이 있기 때문이다. 장애요인으로는 다음과 같이 자신이나 작업에 대한 정보가 부족, 의사결정에 대한 자신감의 부족, 주변 환경의 문제가 있을 수 있다.

- 자기 정보의 부족 : 자신의 흥미, 장점, 가치, 라이프스타일을 충분히 이해하지 못함
- 내부 작업정보 부족 : 회사 내의 경력기회 및 직무 가능성에 대해 충분히 알지 못함
- 외부 작업정보 부족 : 다른 직업이나 회사 밖의 기회에 대해 충분히 알지 못함
- 의사결정 시 자신감의 부족 : 자기개발과 관련된 결정을 내릴 때 자신감 부족
- 일상생활의 요구사항 : 개인의 자기개발 목표와 일상생활(예 가정) 간 갈등
- 주변 상황의 제약 : 재정적 문제, 연령, 시간 등

[생각해보기 2] 직장인 10명 중 4명은 '샐러던트'[33)]

직장인 5명 중 2명은 공부하는 직장인, 즉 '샐러던트'인 것으로 나타났다. 이들은 월 평균 17만1,000원을 자기계발비로 지출하고, 일주일에 4시간 48분을 자기계발을 위해 투자하고 있었다. 잡코리아가 아르바이트 포털 알바몬과 함께 직장인 1,907명에게 자기계발을 주제로 설문조사를 실시한 결과를 2019년 3월 11일 전했다.

자기계발의 필요성에 대해 물었다. 질문 결과 직장인 72.1%가 '항상 자기계발을 해야 한다'고 답한 가운데, 27.3%는 '부족한 부분이 있을 때만 공부하면 된다'고 답하는 등 직장인 대다수가 자기계발의 필요성을 절감하고 있었다. '자기계발이 필요치 않다'는 응답은 0.6%로 채 1%에도 미치지 못했다.

특히 자기계발을 하지 않으면 불안하거나 뒤처진다고 느끼는 등 자기계발 강박증을 느끼는 직장인도 적지 않았다. 잡코리아-알바몬이 자기계발을 하지 않을 때 불안 또는 낙오되는 기분을 느끼는지 물은 결과 직장인 58.9%가 '가끔 그렇게 느낀다'고 답했으며, '항상 그렇다'는 응답도 35.9%로 상당했다. 반면 '그렇지 않다'는 응답은 5.1%에 불과했다.

실제로 적지 않은 직장인들이 자기계발을 하고 있었다. 설문에 참여한 직장인 중 40.0%가 '자기계발을 하고 있다'고 답했다. '자기계발을 하려고 계획 중'이란 응답은 54.1%, '하지 않고 있다'는 응답은 5.9%였다. 자기계발을 하고 있다는 응답은 여성(35.7%)보다는 남성(46.6%)이 높았으며, 연령이 어릴수록 높았다(20대 44.0%, 30대 40.4%, 40대 이상 32.9%). 직급별로는 ▲과 · 차장급이 50.9%로 자기계발 비중이 가장 높았고, ▲대리급도 48.2%의 높은 비중을 보였다. 이어 ▲부장급 38.7%, ▲사원급 36.5%의 순으로 조사됐다.

이처럼 많은 직장인들이 자기계발을 하고 있거나, 하려고 계획하는 이유는 내일에 대한 불안감 탓이 컸다. 자기계발을 하고 있거나 계획 중인 직장인 중 절반 이상이 '고용에 대한 불안감과 퇴사 후를 대비하기 위해(51.2%, 응답률)' 자기계발을 한다고 답했다. 2위는 '일을 하며 부족하거나 필요한 부분이 있어서(42.0%)'가, 3위는 '개인적인 흥미, 자기만족을 위해(35.7%)'가 각각 차지했다. 여기에 '승진, 연봉 협상 등 직장 내에서의 발전을 위해(31.0%)', '이직 준비를 위해(27.8%)', '스트레스 해소를 위해(17.1%)', '자기계발을 하지 않으면 불안해서(14.3%)', '노후를 위해(12.4%)' 등의 응답이 뒤따랐다.

직장인들이 자기계발을 위해 가장 많이 준비하는 것(복수응답, 이하 응답률)은 모든 직급에서 ▲직무 분야 자격증 취득(47.0%)이 1위에 꼽혔다. 그러나 2위부터는 직급에 따라 순위가 갈려 눈길을 끌었다. 먼저 사원급이 가장 많이 하고 있는 자기계발 2위는 ▲취미생활(37.9%)이었으며, ▲영어 회화/말하기(33.0%), ▲컴퓨터/SW활용능력(28.1%)

33) 베리타스알파(2019), 직장인 10명 중 4명은 '샐러던트'-자기계발비로 월 17만1,000원 지출, 2019.03.11. 참조.

등이 차례로 뒤를 이었다. 반면 대리급은 ▲영어 회화/말하기가 39.3%로 2위를 차지한 가운데 ▲취미생활이 30.6%로 그 뒤를 이었다. 과 · 차장급도 ▲영어 회화가 35.8%로 2위를 보였으며 ▲노후 대비 자격증 취득이 30.2%의 높은 응답률로 3위를 차지해 눈길을 끌었다. 부장급은 ▲노후 대비 자격증 취득이 40.7%로 전체 응답군 중 가장 높은 분포를 보였다.

[생각해보기 3] 뉴노멀시대, 퍼스널 브랜딩으로 경쟁력 높이기[34)]

▌'퍼스널 브랜딩'이란?[35)]

최근에 이곳저곳에서 '퍼스널 브랜딩'이라는 말이 많이 들려오고 있다. 그리고 각종 인스타그램, 유튜브, 블로그 등 다양한 SNS에서 퍼스널 브랜딩을 하는 이들을 쉽게 찾아볼 수 있다. 혹시 '브랜딩은 기업들만 하는 거 아니야?'라고 생각하고 있다면 주목해보자.

퍼스널 브랜딩은 말 그대로 자기 자신을 브랜드화하는 것이다. 우리는 한국 사회에서 살아가면서 관계주의와 집단주의에 익숙해져 있다. 즉, 자신을 하나의 개인이 아닌, 어느 집단에 속한 구성원으로 인식하는 경향이 있다는 것이다.

과거 사회에서는 하나의 집단에 정착하여 자신을 정의하는 것이 익숙했다. 그러나 현재 우리는 퇴사, 이직, N잡이 익숙한 뉴노멀 시대에 살고 있기에, 어디에 속하지 않더라도 자기 자신을 그 자체로 정의하고 표현할 수 있는 자신만의 콘텐츠를 가지고 있어야 한다. 이것이 우리가 살아가고 있는 시대에서 경쟁력을 갖추는 힘이다.

▌퍼스널 브랜딩으로 채워지는 나만의 콘텐츠

퍼스널 브랜딩을 하기 위해서는 자신만의 페르소나를 정립해야 한다. 그리고 그 페르소나에 부합하는 나만의 콘텐츠를 하나, 둘 모으고 그것을 SNS를 통해 세상과 공유하며 자신과 같은 가치를 추구하는 사람들과 만나 지속해야 한다.

우리는 퍼스널 브랜딩을 하기 위해 어느 하나의 분야에 고도의 전문성을 가지지 않아도 된다. 내가 되고 싶은 나의 목표를 설정하고, 그것에 도달하기 위해 노력하며 성장하는 모습을 나누는 것 자체가 나의 콘텐츠가 되기 때문이다.

---

34) 소비자평가(http://www.iconsumer.or.kr), '퍼스널 브랜딩'이 뭐길래 다들 난리야?, 2022.03.29.

35) 추가적인 설명은 최효진(2011.12.), 퍼스널 브랜드: 끝없이 관리해야 할 나의 경쟁력, DBR 94호, 2011년 12월 Issue 1. 참조.

▌ 나만의 브랜드 만들기 전략[36]

- '가장 잘하는 일'을 파악하라 : 자신이 가장 잘할 수 있는 일을 파악한 이후에는 여기에 모든 에너지를 쏟아야 한다. 스스로를 돋보이게 하는 건 자신의 재능이기 때문이다.
- 콘텐츠와 브랜드를 꾸준히 업데이트하라 : 성공한 사람들은 절대 안주하지 않고 꾸준한 학습으로 전문성을 넓혀간다. 스스로의 콘텐츠와 프로필이 정체되지 않도록 해보라. 가끔이 아닌 주기적인 실천이 중요하다.
- 나만의 브랜드를 홍보하라 : 나만의 브랜드를 개발했다면 기업의 마케팅 활동처럼 다양한 수단으로 표현하는 게 중요하다. 단, 직접적인 언급보다는 나의 브랜드와 관련한 정보를 자주 언급하는 것이 효과적이다.
- 내 브랜드에 부합하게 행동하라 : 나만의 브랜드를 만든 이후에는 그에 일치하는 행동을 해야 한다. 프레젠테이션 전문가라고 홍보한 사람이 실제 그 결과가 다르다면? 그 순간 브랜드의 힘도, 신뢰도 잃게 된다.

▌ 성공적인 퍼스널 브랜딩 사례

59만 유튜버 '일주어터'는 일주일과 다이어트의 합성어인 '일주어터'라는 키워드를 중심으로 매주 1가지 다이어트 방법을 실천한 후 그 과정을 영상으로 촬영하고 편집하여 업로드한다. 그녀는 '버섯 다이어트', '계란 다이어트', '수박 다이어트', '샐러드 다이어트' 등 다양한 다이어트 방법을 소개하며 다이어트에 관심이 있는 이들에게 관련 정보를 전달하고 공감을 불러일으킨다.

337만 유튜버 '솔라시도'는 자신의 아이돌 그룹의 예명인 솔라와 시도하다의 시도를 합친 '솔라시도'라는 이름으로 자신의 새로운 도전과 그 과정을 유튜브에 업로드한다. '피겨 스케이팅', '복권 긁기', '타로점', '가방 만들기', '수능 문제 풀기' 등 자신의 본업인 연예인과 관련이 없는 다양한 분야에서의 도전을 나누며 많은 이들에게 재미와 용기를 선사하고 있다.

▌ 퍼스널 브랜딩으로 나라는 기업에 투자하기

팬데믹 상황으로 인한 경제 불황으로 주식, 비트코인 등의 투자시장이 과열되고 있다. 우리는 예상치 못한 상황으로 인해 큰 리스크를 안게 되지 않을까 불안해하며 투자를 지속하고 있다. 그러나 리스크가 적은 투자가 있다. 바로 나 자신이라는 기업에게 투자하는 것이다.

더 이상 거대 기업의 일원으로서 살아가는 것이 삶의 행복을 보장해주지 않는다. 우리는 나 자신만 할 수 있는 스토리텔링이 있으며, 나 자신만 가진 콘텐츠가 있다. SNS만 있으면 모든 것이 자신 소유의 콘텐츠가 되고, 그것이 돈이 되는 세상에서 퍼스널 브랜딩을 통해 자신을 세상에 알리고 가능성을 발견해보자.

36) 효성 블로그(blog.hyosung.com), 나의 가치, 탐색 완료 : 진짜 나를 완성하는 퍼스널 브랜딩, 2021.07.26.

제3절 취업도 전략이 필요[37]

전략이 전반적이면서도 방법론에 주안점을 둔다면 전술은 지엽적이면서도 세부 실행에 주안점을 둔다. 따라서 전략은 최종 목표를 달성하기 위한 전제 조건이 될 수 있다. 또한 전술은 전략을 추진하기 위한 도구라고 할 수 있다.

그렇다면 여러분은 “취업”이라는 목표를 두고 적절한 전략을 가지고 있는가? 라는 질문을 곰곰이 생각해 봐야 한다. 과연 자신이 취업전략을 보유하고 있는지? 아니면 뚜렷한 전략도 없이 오로지 자신이 희망하는 막연한 목표와 지엽적인 스킬에만 빠져 있는 것은 아닌지… 이러한 문제는 직장인이라고 해도 예외는 아니다. 과거 기업에서 타사로 이직하거나 전직한 직원들의 경우를 보면 상당한 비율의 인원들이 별반 다르지 않다.

왜냐하면 이들의 경우 현 직장 또는 직무에서의 불만을 이직 또는 전직으로 해결하려고 하기 때문이다. 진정 자신이 원하는 목표를 달성하는 경력개발 단계로서의 이직 또는 전직이기보다 현 상황의 어려움이나 불편함을 회피하기 위한 방법으로서의 이직 또는 전직을 선택한다. 당연히 시행착오를 겪는다.

여러분들의 목표는 무엇인가? 대기업 또는 공기업 취업인가? 본인이 좋아하는 직무의 전문가인가? 아니면 또 다른 무엇이 있는가? 목표가 명확해지면 당연히 해당 목표 달성을 위한 전략 수립이 동반되어야 한다. 그러나 애석하게도 대다수의 사람들이 해당 전략이 없다. 애매모호한 목표와 전술만이 존재한다. 명확한 목표와 전략이 없다 보니 어렵사리 취업하고도 과연 자신의 선택이 올바른지 고민하며 조급해한다. 결국 남는 선택은 이직이다. 하지만 앞에서도 언급했듯이 이직이 모든 것을 해결해 주지 못한다.

취업 또한 마찬가지다. 본인이 목표로 한 기업 또는 직무를 획득하기 위한 전략이 필요하다. 단순히 취업 스펙을 향상시키기 위해 영어를 비롯한 외국어 점수를 높이고, NCS 필기시험 학원을 다니고, 자소서와 면접 스킬을 익히는 것이 전략이 아니다. 자신의 달성하기 위한 전반적이면서도 큰 그림이 필요하다. 그것이 전략이다. 경우에 따라서는 자신의 목표 달성을 위해서는 취업을 하더라도 몇 년이 걸릴 수도 있다. 단순히 취업이 목표라면 일할 곳은 얼마든지 있다. 하지만 이러한 곳은 당신이 목표로 하는 곳이거나 일은 아닐 것이다.

제일 안타까운 일 중 하나가 현재 지원자가 보유한 역량과 스펙으로는 취업 가능성이 희박함에도 계속하여 유사한 지원을 하는 경우이다. 때로는 아무리 좋은 스펙

---

37) 슈퍼루키(www.superookie.com > contents), 취업도 전략이 필요하다, 아이스맨.

을 지녔다 하더라도 필수조건에 해당 없으면 뽑지 않는 경우도 있다. 가령 특수한 직무의 경우 전공이 대단히 중요한 선발 기준이 될 수 있다. 그럼에도 이를 무시한 채 묻지마 지원을 하곤 한다. 한마디로 전략도 없고 현실 파악도 안 되는 경우이다.

취업전략이란 거창한 것이 아니다. 자신의 취업 목표(구체적이어야 한다. 막연히 대기업 같은 막연한 목표가 아니다.) 달성을 위한 전반적이면서도 장기적인 큰 그림이다. 그러나 불행히도 우리 주위에 취업전략에 대해 제대로 아는 이가 별로 없다.

전략이란 What to, 효과이다. 그리고 전술은 How to, 효율이다. 다시 말해 본인이 해외사업 관련 직무를 희망한다면 당연히 전략은 한 축이 해외 관련 경험의 보유이다. 즉 무엇을 할지 먼저 정해져야 한다. 그리고 해외 관련 경험 보유를 어떠한 방법으로 할 것인지는 본인의 역량과 환경을 고려하여 정하여야 한다. 예를 들어 Koica 활동을 할 수도 있고, 해외 인턴십을 수행할 수도 있다. 또 이외의 여러 방법이 있을 수 있다.

지금까지의 이야기를 요약하면 취업 목표를 달성하기 위해서는 전략이 수립되어야 하며, 전략 수립은 내가 해당되는 취업 목표를 달성하기 위해 무엇을 해야 할지를 정하는 것이다. 이때 주의할 점은 단순히 내가 하기 쉬운, 하고 싶은 것을 정하는 것이 아니라 채용을 하는 그들의 입장에서 무엇을 요구하는지를 파악하고 그에 적절한 것을 정해야 한다는 점이다.

끝으로 여러분들은 취업을 준비함에 있어 반드시 전략을 수립할 것을 권고한다. 이는 미지의 먼 항해를 앞두고 해도와 나침반을 준비하는 것과 같다. 어렵더라도 조금씩 차분히 준비하자.

제4절 '구직 게임'에서 승리하는 법[38)]

신문에 나온 구직광고를 보고 지원을 해서 취직에 성공하는 확률은 얼마나 될까? 미국의 한 통계에 의하면 수차례 시도해서 성공한 사람까지 포함해도 4% 미만이라고 한다. 매우 확률이 낮은 게임인 셈이다. 이 게임의 확률을 높일 수 있는 방법은 없을까. 한 가지 있다. 당연하게 들리겠지만 준비를 철저히 하는 것이다. 그러면 과연 어떻게 준비해야 할까?

38) 매일경제, 2003.04.19. 참조.

미국에서 700만 부라는 경이적인 판매고를 올린 책 '당신의 파라슈트는 어떤 색깔입니까?(What color is your parachute?)'[39]는 창조적 구직방법을 담은 책이다. 현실에 사뿐하게 내려앉을 수 있는 자신만의 낙하산을 마련하는 방법을 가르쳐 준다.[40]

창조적 구직방법 기초는 자신이 세상에 내놓을 게 무엇인지를 확실하게 정해 두는 일이다. 쉬운 것 같지만 사람들은 의외로 무엇을 세상에 내놓아야 할지 잘 모른다. 관념적으로 생각하거나 남들 하는 대로 따라가는 게 대부분이다.

자신의 소질과 적성을 무시하고도 취직을 쉽게 하고 행복한 인생을 살 수 있을까. 그런 경우는 드물다. 취직을 했다 하더라도 꾸준한 자기 계발을 통해 그 직장에서 성공할 확률은 거의 없다.

이 책은 정말 자기가 하고 싶은 일이 무엇인지를 찾는 전략 열 가지를 소개한다.[41] 한 가지씩 범위를 좁혀보자. 우선 타이틀을 생각하지 말아야 한다. '나는 XX자동차회사에 들어갈 거야'라고 생각하는 게 아니라 '나는 자동차 만드는 일을 하고 싶어'라고 생각해야 한다. 그다음 자기가 시간적인 여유가 있을 때 했던 일을 생각한다.

다음엔 남들이 나에게 잘한다고 칭찬했던 일들이 무엇인지 기억한다. 그리고 자신이 신나서 했던 일도 기억한다. 또 일과 연관 짓지는 않았지만, 취미로 했던 일들도 연상한다.

그다음 내가 무엇과 연계된 일을 좋아하는지 판단한다. 사람과 관계된 일인지, 기계와 관계된 일인지, 정보나 지식과 관계된 일인지를 판단하라는 뜻이다. 다음엔 자신만이 갖고 있는 뛰어난 감각이 있는지 생각해 본다. 냄새를 잘 맡는지, 소리를 잘 듣는지, 음감이 뛰어난지, 손의 감각이 좋은지, 온도나 색깔에 민감한지, 기억력이 좋은지 등을 평가해본다.

그리고 흔히 쓰는 동명사 중 순간적으로 '내 것이다'라는 생각이 드는 단어를 찾아본다. 예를 들면 달성하기(Achieving), 세우기(Building), 분류하기(Classifying), 중재하기(Mediating) 같은 단어들이다. 책에서는 약 250개의 단어를 예로 들어준다.

그런 다음 과거에 했던 일 중 나름대로 잘했던 일과 못했던 일을 분류한다. 그리고 마지막으로 가장 매력 있다고 생각하는 직업이 무엇인지를 생각한다. 이 과정을 메모해가면서 점검하다 보면 자연스럽게 가닥이 잡힌다.

이 책은 세상에 내놓을 장점을 찾은 다음 구직에 임하는 자세에 대해서도 충고한다.

---

39) 리처드 N. 볼스(2002), 당신의 파라슈트는 어떤 색깔입니까?, 조병주 역, 동도원, 2002.12.31.

40) 이 책 속의 마음을 무찌르는 글귀가 궁금하다면 오미경(2013), No. 23, 당신의 파라슈트는 어떤 색깔입니까?, 구본형 변화경영 연구소, 2013.10.07. 참조.

41) 흔히 진로 결정은 자신에 대한 이해와 직업 세계에 대한 이해를 통해 이루어진다고 한다. 자신의 소질이 무엇인지를 알아내고, 그 소질을 사용할 수 있는 선호 분야를 찾아내는 것뿐만 아니라, 자신의 소질과 선호하는 분야의 지식을 활용할 수 있는 직업을 찾는 방법을 아주 구체적이고 명쾌하게 서술하고 있다.

구직을 시작하면 '구직도 하나의 직업'이라고 생각해야 한다. 나는 실직자가 아니라 '직장을 구하는 일을 하고 있는 사람'인 것이다. 그리고 지지그룹을 가지고 있고, 소문을 내야 한다. 당연한 이야기 같지만 나에게 10명의 지지그룹이 있다면 나는 두 개의 눈이 아니라 20개의 눈으로 직업을 찾는 것이다. 전화 자동응답기에 '저는 회계 관련 일을 구하고 있는 산드라입니다'라는 녹음을 해서 취업에 성공한 경우도 있다.

당장 빈자리가 없더라도 사람을 보고 뽑는 기업이 많다는 걸 명심해라. 마음에 드는 기업이 생겼을 때 '저 회사는 공채만 하니까'라는 안일한 생각을 하지 말고 한 발을 걸쳐 놓아야 한다. 그리고 구직활동에서 가장 중요한 것은 끈기와 희망이다. 적당히 해서 되는 일은 없다.

요약하면 볼스가 강조하는 천직(天職)을 찾는 '창조적인 취업 과정'은 다음과 같다.

- 자기를 직장에 맞추지 말고 자기에게 맞는 직장을 찾아라.
- 구직 공고가 나지 않았더라도 가고 싶은 회사가 있다면 계속 관심을 갖고 채용 일정이 있는지 물어보라.
- 대기업만 고집하지 말고 중소기업을 물색해보라. 대기업 갈 기회는 나중에도 온다.
- 이력서는 구직으로 가는 지름길이다. 어떻게 하면 인상적으로 쓸 수 있는지 고민하라. 해당 기업 지인에게 물어보면 효과적이다.
- 면접 때 물어보는 건 크게 5가지다. 왜 우리 회사에 지원했나, 회사를 위해 뭘 기여할 수 있나, 다른 지원자와 비교해 어떤 장점이 있나, 본인은 어떤 사람인가, 어느 정도 대우를 해주길 원하나.
- 이 회사에 꼭 들어가고 싶다는 점을 강조하라.
- 할 수 있는 직업보다는 좋아하는 직업을 찾아라.
- 구직 과정은 7전 8기다. 불합격 통보에 좌절하지 말라.[42)]

영화 '브라보 마이 라이프'를 보면 중년의 그들이 "진정 내가 원하는 것이 무엇인가?"를 앞에 두고 고민하게 된다. 이것이 현실이다. 내 속에 있는 진정한 나와는 관계없이 다들 하니깐, 사회가 그렇게 원하니까 등등. 구직자의 8할이 이렇듯 타의로 진로를 결정하고 인생을 살아가고 있다. 나는 분명 남들과 다른 특별한 소질이 있다. 그것을 밝히고 즐길 줄 아는 삶을 찾았으면 한다.[43)]

---

42) 조선일보(2016.04.), "디지털 시대, 구글이 自紹書"… 美 베스트셀러의 취업 조언, 2016.04.08.

43) 볼스는 말한다. "원하는 직업을 못 찾는 이유는 두 가지다. 본인이 무엇을 원하는지, 무엇을 잘하는지 모르는 상태에서 잘 알지도 못하는 곳에 무차별적으로 지원하기 때문이다." 이와 관련하여 주간경향(2013.05.), 직업을 못 찾는 두 가지 이유, 1026호, 2013.05.21. 참조.

리처드 N. 볼스와의 인터뷰 내용

▶ **많은 사람이 원하는 직업을 잘 찾지 못하는 원인은?**

"자신이 원하는 것에 대한 명확한 비전이 없기 때문이다. 나를 예로 들어보자. 내가 갖춘 7가지 '전환 가능 기술(transferable skill)'은 '연구하기' '글쓰기' '가르치기' '상담하기' '컨설팅하기' '디자인하기'다. 나는 이 능력을 바탕으로 내게 가장 잘 맞는 직업인 '탐색 관련 전문 작가'가 됐다. 반면 많은 사람은 '당신이 갖춘 7가지 전환 가능 기술이 뭐냐'는 질문에 답을 못한다. 자신이 뭘 잘하는지, 어떤 사람인지조차 모르는 것이다."

▶ **'꿈의 직업(dream job)'이란 어떤 것인가? 편하고 돈을 많이 받는 일인가?**

"아니다. '꿈의 직장'이란 자신에게 '영감을 주는 직업(inspiring job)'이다. 이것은 앞서 얘기한 7가지 요소를 어떻게 개인 취향에 맞게 설계하느냐에 달렸다. '내가 좋아하는 장소에서 내가 좋아하는 기술과 지식을 활용해 일하는 것'이라면 7가지 요소 중 3가지를 충족한다. 괜찮은 직업이다. '꿈의 직장'이라면 5가지 이상 요소를 만족시켜야 한다. 가령 자신이 원하는 시간에 전공을 살려서 잘하는 일을 좋은 동료들과 한다면 이 직장은 사회에 큰 영향을 못 주고 급여가 적어도 '꿈의 직업'이 된다."

▶ **한국에서는 '좋은 직업'이 서울과 수도권에 집중돼 지방 거주자에게 불리한데.**

"미국에서도 많은 대기업은 대도시 인근에 있다. 이런 현상은 세계 공통이다. 내가 상담한 사람을 예로 들어보자. 그는 북미 대륙 원주민 문화양식의 '토템 막대' 디자인을 하고 싶어 했다. 하지만 그가 살고자 하는 도시에서는 그런 일자리가 없었다. 그가 자신을 파악해보니, 중요한 것은 토템 막대 그 자체가 아니라 미 대륙 원주민 양식의 디자인이었다. 그는 같은 영감(靈感)을 활용한 문신 디자이너가 돼 만족스럽게 활동하고 있다."

▶ **한국에서는 공채 시스템으로 기업이 각 개인을 면밀히 살피지 않고 '스펙'에 따라 뽑아 불가능하다. 이런 상황에서 당신의 구직 방법론은 통할까?**

"미국 구직자들도 구직방법으로 이력서 뿌리기를 가장 많이 한다. 시간 낭비가 적다는 이유에서다. 미국에서 최근 5년간 실시한 조사에 따르면, 구직에 실패한 대졸자들이 구직에 쓴 시간은 매주 1시간 남짓했다. 지원서를 넣는 회사에 대해 정확하고 풍부한 정보를 갖추기만 해도 성공률은 16배 정도 높아진다. 정말 취업하기 어렵다면 더 많은 정보를 모으고, 가려는 직장에 맞는 능력을 갖추는 등 그만큼 더 노력해야 한다."

〈출처 : http://image.chosun.com/cs/article/2011/title_author_arrow_up.gif, '이력서만 뿌리면 실패… 지원회사 정보 갖추면 구직확률 16배로', [Weekly BIZ] 조선일보, 2013.02.22.〉

제5절 '마인드 세팅'이 중요[44)]

원래도 열기 어렵던 취업문이 코로나19로 인해 더욱 굳게 닫혔다. 기업은 정규 채용을 줄이거나 없앴으며 수시 채용으로 돌아선 상태다. 그 수마저도 매우 줄었다. 이제까지 경험한 적 없는 비대면 화상 면접이나 인공지능(AI) 역량 검사 등을 기업들이 도입하고 있다. 급변하는 상황 속에서 취업에 성공하려면 '마인드 세팅'이 필요하다.

1. 나는 누구인가?

자기 자신을 바로 아는 것에서 시작한다. '뭘 잘하고 어떤 것에 관심이 있는지, 뭘 못하고 하기 싫은 활동은 무엇인가'이다. 비단 청소년에게만 중요한 문제는 아니다. 성인이 된 대학생들도 고민이 깊다. 학생 상담을 하다 보면, 성적에 맞춰 학과를 정했다거나, 4학년 마지막 학기에 전공과 맞지 않는 것 같다며 앞으로 어떻게 해야 할지 고민을 토로하는 이들이 적지 않다. 전공을 포기하고 새로운 진로에 도전하거나, 전과나 편입을 고려하는 학생도 꽤 많다.

그럼 어떻게 해야 나를 제대로 알 수 있을까? 나에 대해 처음부터 다시 알아본다는 마음으로, 자신의 흥미와 적성 및 직업 가치관 등을 확인해 볼 필요가 있다. 커리어넷(www.career.go.kr)과 워크넷(www.work.go.kr)은 청소년과 성인을 위해 다양한 심리검사를 제공한다. 결과에 대한 해석도 확인할 수 있고 원한다면 상담도 받을 수 있다.

대학생이라면 학교 내 취업지원센터를 방문해보자. 자신의 취업 준비도부터 확인해야 한다. 직업선호도 검사와 상담을 통해 자신에 대해 꼼꼼하게 아는 과정이 반드시 수반돼야 한다. 졸업을 했거나 대학 진학을 하지 않은 경우라면 고용센터나 각 지역의 인력개발센터 등을 적극적으로 활용해도 좋다. 대학일자리사업단에서 지역 청년들을 위한 프로그램과 상담 시스템도 만들어 놓았으니 놓치지 말자. 객관화된 검사와 1:1 상담을 통해 현재 자신의 상태를 정확하게 진단해 보아야 한다. 즉 어떤 일에 흥미를 느끼며 선호하는 활동은 무엇인지, 자신의 관심사를 면밀히 점검해야 하겠다.

2. 무슨 일을 하고 싶은가?

내가 하고자 하는 일 자체를 얼마나 알고 있는가? '직무'에 대해 확실히 설명할

---

44) 김보람(2021), 코로나19 시대 청년 취업, '마인드 세팅'이 중요, IT동아(it.donga.com), 2021.07.31.

수 있는가? 단순히 '나'라는 사람만 보고 굴지의 대기업에서 날 뽑아줄 것 같은가? 절대 그렇지 않다. 직무에 대한 명확한 이해와 준비가 필요하다.

수많은 부서에서 세분된 직무가 시스템화 되어 회사가 돌아간다. 회사와 부서, 직무에 대한 기본 이해가 없다면, 안타깝게도 취업은 사실상 불가능하다. "열심히 배우겠습니다. 뽑아만 주십시오." 같은 패기 넘치는 포부로 입사하는 시대는 지났다. 지금 이 순간에도 그 어렵다는 취업 문턱을 넘은 '취뽀생(취업성공자)'들이 직무가 맞지 않아 눈물을 머금고 6개월 이내에 퇴사를 결정한다. 신입 비율이 절대적으로 많다. 나름의 사연이 있겠지만, 가장 결정적인 이유는 '직무 이해' 단계를 건너뛰었기 때문이다.

국가직무능력표준 사이트(NCS)(www.ncs.go.kr)를 통해 직무에 대해 상세히 알아볼 수 있다. 능력 단위별로 쪼개서 확인할 수 있으며, 공기업 준비생들에게는 반드시 들여다봐야 할 필수 사이트다. 사기업 취업을 준비생에게도 직무에 대한 이해는 필요하므로 얼마든지 들어가 봐도 좋다. 갖춰야 하는 자격과 기본적인 스펙, 지식 · 기술 · 태도에 대한 내용을 정확히 분석하고 받아들여야 한다. 일마다 요구되는 특성과 필요한 역량이 다르므로, 역량을 쌓는 기틀을 탄탄하게 만들기 위한 필수 불가결한 작업이다.

일에 필요한 성향과 성질을 갖춘 인재라면 회사에서는 두 팔 벌려 환영할 수밖에 없다. 평생직장이 사라진 요즘, 회사의 발전을 도모하며 밝은 미래를 함께 그릴 능력을 갖춘 신입 1명 뽑기가 여간 힘든 일이 아니라고 한다. 기업이 선호하는 전문성을 갖춘 인재가 되기 위해 '일'에 대한 조사는 꼭 해야 한다.

3. 내가 지원하는 기업에 대해 얼마나 아는가?

인사 담당자들은 채용 시즌이 되면 수천, 수만 장의 구직서류를 읽고 검토한다. AI 시스템으로 대체한다곤 하지만, 인사팀의 주요 업무는 어쨌든 채용이다. 기계에 전적으로 의지하지 않으며, 몇 날 며칠을 야근하며 자기소개서를 꼼꼼하게 체크한다. 몇 줄만 읽어도 회사에 대한 이해가 바탕이 된 글인지, 최신 기사 복사, 붙여넣기로 10분 만에 끝낸 글인지 금방 알아차린다. 기업 이미지와 좋은 복지 조건만 보고 회사에 입사하려는 하는 건지 어렵지 않게 파악한다.

하물며 자기소개서를 첨삭해 주는 취업 컨설턴트가 봐도 보이는데, 이를 전문가들이 놓칠 리가 있겠는가. 기업에 대한 특징을 전혀 파악하지 않고 어디든 넣을 수 있는 글을 작성했다면, 쓰디쓴 서류 탈락의 고배를 연거푸 마실 수밖에 없다. 굳이 면접에 다시 부를 이유가 없는, 회사에 대한 애정이 전혀 느껴지지 않는 글이기 때문이다.

근본 문제가 해결되기 전까지 악순환은 계속될 것이다. 이를 해결하기 위해 우리가 할 수 있는 활동은 뭘까. 들어가고 싶은 기업의 리스트를 만들어 홈페이지에 주기적으로 접속하여 정보를 확인하고, 포털사이트 뉴스에 올라온 기사를 지속적으로 검색해 보자. 나만의 스크랩북을 만들어 보는 것이다. '아는 것이 힘이다'. 내 옆의 응시자보다 기업에 대한 정보를 하나라도 더 알고 있어야 취업 문을 따고 들어가는 데 유리하다. 채용 시즌이 되어 그제야 정보를 얻으려면 너무 늦다. 당장 눈앞에 닥친 과제에 시험공부 등 할 것이 참 많으므로.

입사 지원동기를 명확히 하고 자기소개서를 쓰거나 면접에 임하면, 수많은 병사를 데리고 전장에 나가는 장수처럼 든든할 것이다. 치열한 취업 시장에서 살아남기 위해 나만의 갑옷을 두터이 하는 과정을 거쳐야 한다.

제6절 진로를 어떻게 선택해야 할까?45)

직업을 선택하는 데 있어 내가 잘하는 일을 찾는 것은 너무 기본적이고 누구나 생각할 수 있는 것이다. 하지만, 내가 잘하는 것이 뭔지 찾아본 경험이 있었는지, 그리고 잘하는 것을 찾는 것이 쉬운 것인지 생각해 보면 한 번쯤 짚고 넘어갈 일인 것을 여러분도 느낄 것이다. 우리가 생각해 볼 수 있는 자신이 잘하는 것을 찾기 위한 세 가지 방법은 다음과 같다.

1. 학교(특히 학과) 선배들이 취업한 분야에 대한 정보 활용

특정 분야 및 직종에 과 선배들이 많이 진출해 있는 것에는 그만한 이유가 있을 것이다. 과 선배들이 진출한 현황을 바탕으로 내가 배운 전공지식과 나의 개인적 역량이 그 분야나 직종에 적합한지 생각해 보라. 그리고 선배들이 많이 진출해 있다는 것은, 향후 그 직종에 진출해서 심지어 진출하기 위해 준비하는 것에 도움을 받을 가능성이 더 늘어난다는 것을 의미한다.

2. 내 능력을 판단할 수 있는 객관적 지표를 활용해 자신을 판단해 보라

전공, 자격증, 혹은 대외활동의 경험 등 다른 사람도 나를 판단할 때 활용할 수 있

45) 출처: https://piolos.tistory.com/3, [힘든 취업] 진로를 어떻게 선택해야 할까?, 2016.11.15.

을 만한 객관적인 지표를 통하여 냉정하게 자신을 분석해 보라. 주관적으로 막연히 내가 잘한다 생각하는 것을 고르는 것도 중요하지만, 객관적인 기준으로 나를 판단해 보는 것도 매우 중요하다.

3. 내가 하고 싶은 것

마지막으로 주관적 · 개인적으로 내가 진정으로 하고 싶은 것을 생각해 보라. 앞서 말했던 것들은 객관성에 기인해 내가 그 진로로 진출한다면 어떠할지 가능성을 판단해 본 것이라면, 이 항목에 있어서는 가슴속에서 끓어오르는 욕구에 기인해 아주 주관적으로 판단해 보는 것이 중요하다.

첫번째 [내가 뭘 잘하는지]에 대해서 진지하게 고민해 봤다면, 다음은 이를 바탕으로 진출할 [산업군]을 확실히 결정해야 한다.

산업군을 결정하는 것에 있어서 ① 내가 잘하는 것, ② 내가 하고 싶은 것 두 가지 모두를 고려해야 하겠지만, 개인적으로 내가 잘하는 것에 비중을 둬 선택하기를 제안한다. 1~3개의 산업군을 골라 그 산업군에 대한 지식을 확충하라.

[산업군]을 선택했다면 그다음은 산업군 내에서 어떤 회사에 갈지를 정하는 게 순서다. 갈 회사를 고르는 데 있어선 그 산업군 내에서 적어도 [3등 내에 들어가는 회사]를 골라야 한다. 3등 내에 들어가는 회사를 골라야 하는 이유는 그 산업직군이 위기가 오고 어려워질 경우를 고려해야 하기 때문이다. 모든 산업이 흥망성쇠가 있다. 오늘 흥했던 산업이 미래에는 내리막길을 걸을 수도 있다. 그리고 산업이 회사가 망하지는 않더라도 경기 사이클의 영향으로 어려움을 겪을 시기가 분명히 있을 것이다. 업계에서 1~3위 정도 하는 회사는 이러한 위기에도 버텨낼 수 있는 회사일 가능성이 크고, 그만큼 당신이 일자리를 잃을 가능성이 줄어든다.

이외 업계에서 1~3위 하는 회사를 가면 보다 체계화된 조직구조를 체험할 수 있는 좋은 경험이 된다.

그런데 업계에서 1~3위 기업은 가기 힘들 가능성이 크다. 그래서 차선을 항상 생각해야 한다. 차선으로 업계에서 급 [성장하고 있는 기업]을 고르기를 추천한다. 급성장하는 기업은 많은 이점을 제공한다. 대기업보다 작은 규모의 기업이기 때문에 업무 성과에 따라 보다 중요한 직책을 빨리 맡을 가능성이 높고, 경우에 따라 회사가 상장되는 경우 상장에 따른 이익을 누릴 가능성도 있다. 여러분이 알고 있는 구글 페이스북도 처음엔 작은 규모의 기업에서 급성장한 경우다. 급성장하는 기업을 잘만 활용한다면 오히려 대기업에 들어가는 것보다 커리어에 도움이 될 수도 있다.

여러분도 혹시 시간이 있다면 이 선택 기준을 바탕으로 그 산업군의 그 회사에 대한 연구를 실행해 나가면 좋을 것 같다.

제 1 장	변화의 시대를 맞이하여
제 2 장	자기개발과 진로 · 취업에 대한 단상

제3장 기업의 채용 동향

제1절 개 관46)

채용은 개인의 미래는 물론 기업, 국가의 산업 발전까지 좌우하는 중대한 일이다. 하지만 예민하게 요동치는 채용 시장의 트렌드를 읽어내기란 참 어렵다.

2021년 채용 트렌드가 코로나19로 인해 '방식(Method)'이 바뀌었다면, 2022년 채용 트렌드는 MZ세대에 의해 '경험(Experience)'이 변한다. 다시 말해 2021년엔 일하는 방식이나 기술에 채용 초점이 맞춰졌다면, 2022년엔 그 기술을 활용해 어떤 경험을 할 수 있는지로 이동하는 것이다. MZ세대가 사회 트렌드 전반을 주도하기 시작하고, 이들과 함께하는 것이 기업의 중요한 과제로 떠올랐다. 기업들도 MZ세대의 니즈에 맞춘 채용을 실시하고 있다.

채용과 관련하여 채용 방식과 가치관, 조직문화 등의 변화로 여전히 2022년 역시 혼돈의 시기일 것으로 내다본다. 모두가 아는 바와 같이 미래가 불확실할 때 기업은 그룹 공채에서 계열사 공채로, 직무역량 중심의 수시 · 상시 채용을 확대할 것으로 보인다. 안정기로 가는 과도기에 있다고 보면 될 것이다.

위드 코로나, MZ세대 등 급격히 변하는 사회에 맞춰 채용 시장에도 많은 변화가 생겼다. 작년 2021년은 비대면 시대가 본격화되면서 채용 방식부터 조직의 효율을 높이기 위한 업무의 재조직화까지 기업의 많은 것이 바뀌었다. 이제는 디지털 트랜스포메이션에 따른 다양한 기술을 활용해 채용의 속도도 빨라지고 있다. 최적의 시기에 빠른 속도로 인력을 채우는 것이 무엇보다 중요해졌다. 기업은 소셜 리크루팅, 리버스 인터뷰, 메타버스 채용박람회 등 새로운 방식을 도입해 MZ세대를 영입하고 있으며 지속 가능한 기업의 생존 전략으로 ESG 경영에 적합한 인재를 주목하고 있다. 고객 경험뿐만 아니라 긍정적인 직원 경험을 채용 프로세스에 반영하는 중이다.47)

46) 한국대학신문(http://news.unn.net), [CHECK책] 10가지 키워드로 보는 채용 트렌드, 2021.11.23.

작년과 마찬가지로 2022년 채용 시장도 많은 변화가 예상된다. 일하는 방식에 많은 변화가 생기고 채용 속도도 더 빨라져 구직자 못지않게 기업의 채용 담당자들도 급변하는 트렌드에 주목하고 민첩하게 대처해야 할 시기다. 채용 시장에 불어 닥친 급격한 변화로 혼란을 겪는 취업준비생들은 최신 정보를 통해 목표로 하는 기업을 잘 선택하고 채용 담당자들은 급변하는 현실을 바탕으로 통합적인 기준으로 인재를 살펴보는 안목을 가져야 한다.

구직자는 실제 경험이 반영된 업종별 채용 전략을 파악해서 취업 활동에 힘써야 하고 채용 담당자들은 하나의 업종에서 여러 업종으로 통합되고 있는 기업의 산업 동향, 기업 정보, 직무별 수행 능력에 대한 이해도를 높여야 한다.

제2절 채용문화의 변화 : 채용 트렌드 10대 키워드[48)]

채용 시장도 코로나19로 인해 많은 변화가 예상된다. 더 빨라진 기업의 채용 속도와 MZ세대가 바꾸는 채용 트렌드를 이해하기 위해서는 급변하는 현실을 바탕으로 통합적인 기준으로 인재를 살펴보는 안목을 가져야 한다. 채용 시장에 불어 닥친 급격한 변화로 혼란을 겪는 취준생은 물론이고 채용 담당자들도 급변하는 현실을 직시하면서 각자의 위치에서 제 몫을 다하는 자세를 보여야 할 것이다.

윤영돈 저자가《채용 트렌드 2022》에서 제시한 채용 트렌드 10대 키워드가 무엇인지, 그 내용을 살펴보면 채용문화의 변화를 실감할 수 있을 것이다. 이제 10가지 키워드로 구직자부터 기업 채용 담당자까지 여러 상황에 적용할 수 있는 채용 트렌드를 소개한다.

1. 딥택트 채용

코로나19의 영향으로 채용 시장에 다양한 변화가 전망된다. 우선 비대면 상황이 지속되면서 언택트(Untact)를 넘어 '딥택트(Deep-tact) 채용'으로 진화될 예정이다. 이는 관계의 양보다 질을 중요하게 생각하는 MZ세대가 선호하는 방식이다. 딥택트

47) 이에 관한 구체적인 내용은 윤영돈(2021.11.), 채용 트렌드 2022 - MZ세대가 바꾸는 채용문화의 변화, 비전코리아, 2021.11.19. 참조.
48) 뉴스앤잡(http://www.newsnjob.com), 2022 채용 트렌드 10대 키워드, 리버스 인터뷰가 뜬다!, 2022.01.25.

는 깊다는 의미의 딥(Deep)과 연결이란 의미의 컨택트(Contact)가 합해진 신조어다. 화상 면접, 재택근무가 언택트였다면 이 과정에서 더 깊이 있는 관계를 정립하고, 그에 맞는 성과를 내어놓는 것이 딥택트라고 할 수 있다. 딥러닝, 딥워크, 딥택트는 모두 깊이를 추구하는 기술이다. 직접 대면하지 않으면서도 깊은 관계를 추구하는 것으로 관계의 양보다 질을 중요하게 생각하는 트렌드와 이어지는 지점이 있다. 기업은 접속, 이동 시간 절약, 사무실 임대비용 절감 등 비대면의 장점도 있지만 원활하지 않은 소통이나 공감을 얻기 어려운 환경 등 비대면의 단점을 극복하기 위한 고민을 멈추지 말아야 한다. 채용 담당자도 채용 과정에서 수박 겉핥기가 되지 않도록 딥택트 전략을 통해 깊이 있는 면접을 해야 한다. 취업 준비자 역시 가고자 하는 기업의 딥택트 전략이 있는지 확인하고, 그에 맞는 맞춤형 면접을 준비해야 할 것이다.[49)]

2. 메타버스 플랫폼 활용

가상세계인 메타버스[50)] 플랫폼을 통해 MZ세대와 소통에 나선 기업이 늘어나고 있는데, 이러한 방식은 '메타버스(Metaverse) 채용박람회'[51)]뿐만 아니라 면접[52)]에도 활용되는 추세다. 코로나19로 인해 모든 오프라인 취업박람회는 온라인으로 대체됐다. 성공적인 온라인 취업박람회 개최를 위해 메타버스 솔루션이 적극적으로 도입되고 있다. 이에 메타버스 기술을 가지고 있는 구직자가 채용 시장에서 많이 선호되기도 하며, 채용 시장에서도 메타버스가 많이 이용되고 있다. 최근 SK, 현대, LG 등 많은 기업에서 메타버스 솔루션을 이용하여 채용설명회를 진행하였다. 한 공간에서 기업 소개, 직무소개가 이루어지며 설명회 참가자들은 여러 장소를 방문하여 채용과 관련된 정보를 찾아볼 수 있다. 또한 같은 기업의 지원자들끼리 소통할 수 있는 네트워크 가상공간도 존재한다. 따라서 구직자들은 온라인으로 진행되는 박람회에서 오프라인에 방문한 것 같은 느낌을 받을 수 있어 메타버스 설명회를 진행한 기업은 커다란 호응을 받았다.[53)]

---

49) 고용노동부 공식블로그, 채용 시장에 부는 바람을 읽다!, 2022.03.14.

50) 메타버스(Metaverse)는 초월, 추상을 뜻하는 단어인 '메타(Meta)'와 우주, 세계를 의미하는 단어인 '유니버스(Universe)'의 합성어로, 현실과 연결된 가상세계를 의미한다. 즉, 영화 '아바타'나 '레디 플레이어 원'과 같이 현실과 가상세계를 연결하여 가상공간에 현실 세계가 펼쳐진다고 생각하면 된다. 가상과 현실이 융합되었기 때문에 경제, 사회, 문화 등 현실의 다양한 측면이 가상에서도 공존하며 영향을 미친다.

51) 메타버스 채용박람회는 메타버스에서 개별 아바타가 지원자 본인이 원하는 프로그램을 선택해 주도적으로 참여할 수 있고, 1:1 채팅을 통해서 상담도 언제든지 가능하며 참가자 수의 제한도 없다.

52) 메타버스 기술은 딱딱하고 긴장감이 맴돌던 면접장 분위기도 바꿀 것으로 기대된다. 고가의 양복·구두나 헤어 · 메이크업 대신 아바타가 자신의 개성을 대변한다. 아바타를 통해 블라인드 면접을 할 수도 있다. 이와 관련하여 윤영돈(2022.06.), 메타버스 채용 시대-가상세계에서 자라난 인류를 주목하라!, 인살롱(hr.wanted.co.kr > INSIGHTS), 2022.06.09. 참조.

3. 소셜 리크루팅 방식

이제 기업들은 기존 채용 채널들과 비교했을 때 비용이 적게 들고 홍보 파급력도 높은 '소셜 리크루팅' 방식을 더욱 적극적으로 사용한다. 예전에는 필요한 인원을 예측해 인사부서에 충원 요청을 하면 한꺼번에 채용 공고를 내고 서류, 면접 등을 통해 직무에 맞는 사람을 뽑는 방식이었다. 하지만 이제 기존의 채용 채널들과 비교할 때 비용이 적게 들 뿐만 아니라 소셜 미디어의 파급력을 통한 채용 계획 홍보, 나아가서는 기업 홍보까지 가능한 '소셜 리크루팅'이 확대될 것이다.

예전의 경우 채용 공고를 올리면 관심 있는 지원자들이 이메일로 소통했다면 요즘은 쪽지, 멘션,[54] 트윗 등 메신저를 통해 실시간으로 소통하고 있다. 실제로 포스코는 인스타그램 메신저를 통해 채용 담당자가 1대1로 문의 사항에 실시간으로 답변하거나 채용 상담을 하는 이른바 'DM(Direct Message) 상담'을 진행하기도 했다. 기업마다 채용 담당자의 기호와 성향에 따라 선호하는 소셜 미디어도 다르다. 소셜미디어마다 각각의 특징이 있기 때문이다. 관심 있는 기업이 있다면 소셜 미디어 팔로우는 물론, 해당 기업이 어떤 소셜 미디어를 잘 이용하는지도 파악해 놓는 것이 중요하다.

4. 워러밸 전성시대

'워러밸(Work & Learning Balance) 전성시대'에는 비대면 채용과 온보딩[55]을 진행하는 조직문화에 적응하기 위해 일과 학습의 균형에 힘써야 한다. 원격 근무나 화상 면접 등 비대면 채용과 온보딩 프로그램을 진행하는 조직문화에서는 워러밸이 중요해지고 있다. 참고로 온보딩(On Boarding) 프로그램이란 직장을 정착지가 아닌 경유지로 생각하는 최근 트렌드에 맞춰 직원들을 회사에 잘 안착시키기 위한 시스템이다. 코로나19 이전에는 일과 삶의 균형을 중요시하는 워라밸이 유행이었다면 팬데믹 상황에서 불가피하게 재택근무를 하게 되며 일과 학습을 분리할 수 없는 현실이 도

53) 대표적인 예로, 게임회사 넷마블은 신입사원 공채 모집을 위해 메타버스를 활용한 온라인 기업채용박람회 '넷마블 타운'을 개최했다. 넷마블 타운은 넷마블이 신사옥인 G타워를 배경으로 로비, 콘퍼런스홀은 물론 외부 공원, 루프탑 등의 가상공간도 구성하였고, 이에 지원자들은 비록 실제로 본 것은 아니지만 넷마블의 신사옥을 미리 경험해볼 수 있었다.

54) 아이디를 적어 놓은 글들을 대충 뭉뚱그려서 멘션(mention)이라 한다.

55) 온보딩(On Boarding)이란 조직 내 새로 합류한 사람이 빠르게 조직의 문화를 익히고 적응하도록 돕는 과정을 말한다. 새로운 직원을 채용하게 되면 비용이 들기 시작한다. 직원교육을 포함해서 월급, 물품, 식대 지원 등 여러 부분에서 비용이 발생하는데, 문제는 생각보다 1년 이내에 퇴사하는 직원들이 많다. 그러면 회사 입장에서는 새로운 직원을 교육시키기 위해 발생한 비용, 업무에서 성과를 내기 전까지 지급했던 월급 등 여러 비용들이 날라가게 되기 때문에 새로운 직원이 회사에 잘 적응할 수 있도록 하는 것이 중요하다. 따라서 새로운 직원이 회사에 적응할 수 있도록 On Boarding(온보딩)을 잘하는 것이 중요하다.

래한 것이다. 앞으로는 업무가 효율화되면서 생기는 시간과 에너지를 학습에 쏟아야 한다. '일 · 학습 병행제'처럼 일과 학습을 병행하는 이원화 제도로 취업을 원하는 학생이 기업 현장이나 교육기관을 통해 체계적인 교육을 받음과 동시에 배운 것을 바로 현장에 적용해 일할 수 있게 될 것이다.

5. 리버스 인터뷰

면접관과 지원자의 역할을 바꾼 '리버스 인터뷰(Reverse Interview)'는 MZ세대를 어떻게 조직에 안착시켜서 함께 일할 것인지에 대한 고민이 담겨 있는 중요한 키워드다. 면접관의 갑질, 채용 비리로 기업의 이미지가 큰 타격을 입고 있는 상황에서 역발상으로 '역면접(逆面接)' 트렌드가 뜨고 있다. 예전에는 월급을 주는 기업이 '갑'이고 입사를 원하는 면접자는 '을'이라는 인식이 있었다. 하지만 세상은 바뀌었다. 면접자도 잠재적 고객이라는 발상에서 시작하는 개념이다. 면접관과 지원자의 역할을 바꾼 역지사지의 관점이다. 리버스 인터뷰란 한마디로 면접관과 지원자의 역할을 바꾼 방식이다. 우수한 실력을 가진 지원자들은 구직할 때 회사가 전문적으로 자신의 역량을 충분히 펼칠 수 있도록 해주며 성장할 수 있는지에 대해 생각한다. 즉, 면접 과정에서 면접관이 지원자를 판단하고 평가하는 것처럼, 지원자도 면접 과정에서 회사에 대해 판단하고 평가하는 것이다. 따라서 면접관은 지원자의 입장에서 본인에게 어떠한 질문을 해야 회사에 대해 좋은 인식을 주고 좋게 평가할 수 있는지를 고민해 봐야 한다. 결국 직원들도 회사의 내부고객이기 때문이다. 이러한 트렌드에 따라 기업들은 임원급의 인사들이 신입사원들을 멘토로 삼아 내부고객과 소통하는 '리버스 멘토링'을 실시하고 있다. 앞으로도 이러한 방식의 리버스 인터뷰의 중요성은 더욱 커질 것이다.[56)]

6. 폴리매스형 인재 선호

'폴리매스(Polymath)형 인재'는 이질적인 분야들을 하나로 연결시켜 새로운 가치를 창출하는 사람들을 일컫는 말이며 이들은 단순한 멀티플레이어형에서 발전하여 향후 기업을 이끌어나가는 인재로 성장한다. 한 우물만 파는 시대는 끝났다. 이제 평생 학습의 시대가 본격적으로 왔고 그럴수록 다재다능한 폴리매스(Polymath)형 인재가 주목받고 있다. 폴리매스란 박학다식한 사람으로 여러 분야에 대해 많이 알고 있거나 백과사전식 지식을 지닌 사람을 일컫는다. 이는 지난 2021년 키워드로 뽑았던 '멀티

---

56) 월간 리크루트(www.hkrecruit.co.kr > news > articleView), 리버스 인터뷰-메타버스 채용박람회까지?, 2021.12.08. 조세일보(2021.11.), 2022년 채용 트렌드는 메타버스, 리버스 인터뷰, 시니어 시프트, 2021.11.15.

커리어리즘'과 연결된다. 단순히 다양한 멀티플레이어를 의미하는 것이 아니다. 다양한 것을 어설프게 아는 사람이 아니라 이질적인 분야들을 연결시키는 융합형 인재가 필요하다. 그러기 위해서는 전문화를 숭배하는 사고에서 벗어나 더 이상 한 가지 직업만으로는 변화하는 세상에서 살아남을 수 없다는 점을 분명히 알아야 한다. 탐구를 귀찮아하지 않고 움직여야 하고 여러 분야의 지식을 두루 섭렵해야 한다. 서로 무관해 보이는 영역들을 연결해 창의적 결과물을 도입하는 연습을 게을리 해선 안된다.

7. 커리어 모자이크 추구

'커리어 모자이크(Career Mosaic)'란 자신의 최종 목표를 완성하기 위해 전 생애에 걸쳐 직업이나 경험들을 취합해 나가는 것을 말하는데, 특히 MZ세대 경우 그들이 거치는 직장 수는 앞으로 더욱 더 늘어날 전망이다. 평생직장의 개념이 없어지고, 평생 직업의 시대가 왔다. 'N잡러'[57]라는 단어까지 생겨나고 있는 것이 트렌드이다. 블라인드 테스트도 늘어나는 만큼, 구직자는 자신의 커리어를 쌓는 데 집중해야 한다. 커리어 모자이크(Career Mosaic)가 바로 그런 의미다. 자신의 최종 목표를 완성하기 위해 전 생애에 걸쳐 작업이나 경험들을 취합해 나가는 것이다. 고용주에게만 귀속되지 않고, 자신이 몸 담고 있는 조직의 내부와 외부에서 기회를 찾기 위해 부단히 노력해야 한다. 조직에 의존하지 않고, 스스로 설정한 궤도를 따라 자신의 커리어를 관리해 나가면 좋겠다.

8. ESG 경영에 적합한 인력 선호

최근 기업들은 단순히 착한 기업이 되기 위한 목적이 아니라 지속 가능한 생존 전략으로 'ESG 경영'을 전면에 내세우면서 그에 적합한 인력 확보에 적극적으로 나서고 있다. ESG는 기업의 비재무적 요소인 환경(Environment), 사회(Social), 지배구조(Governance)를 의미한다. 기업의 사회적 책임을 강조한다는 측면에서 사회적 가치(Social Responsibility)와 비슷한 개념이긴 하지만, ESG는 환경, 사회, 지배구조의 차이에 따른 '경제적 가치'에 초점을 둔다.

쉽게 설명하면 '착하고 돈 잘 버는 기업'인 것이다. 특히 코로나19 이후 보편화된 '환경'과 '공생' 철학으로, 지구를 위한 제품을 소비하려는 고객과 더 좋은 근로 환경을 제공하는 기업에서 일하려는 구성원이 증가하고 있다. 한국 기업들도 최근 들어

57) 'N잡러'란 2개 이상 복수를 뜻하는 'N'과 직업을 뜻하는 'Job', 사람을 뜻하는 접미사 '-er'이 더해진 신조어다. 곧 본인이 하고 있는 본업 외에 다양한 일을 하는 사람을 일컫는 말이다. 한마디로 투잡, 쓰리잡 등 본업과 부업을 같이 하는 사람들을 N잡러라고 부르고 있다.

지속가능경영 및 ESG 경영 요소를 비즈니스 특성과 조직 상황에 적용해 더욱 경쟁력 있는 비즈니스 모델을 찾으려 노력 중이다. 그 과정에서 ESG는 더욱 주목받고 있다.[58]

9. 직원경험의 시대 지향

'직원경험(EX : Employee Experience)'은 입사 지원부터 시작하여 퇴사 후까지 이어지는 기업의 전체적인 여정을 포함한다.[59] 국내기업들은 기존 인사팀의 부서명을 직원경험부서, EX실로 변경하는 등 고객경험에서 '직원경험의 시대'로 나아가고 있다. 직원경험이 회사 성장에서 중요한 요인으로 등장하게 된 배경에는 크게 두 가지가 있다. 첫째, 밀레니얼 세대(1982년생~1996년생)의 등장이다. 국내 핵심 생산가능인구(15~64세 중 경제활동이 가장 활발한 시기인 25~49세에 해당하는 인구) 중 밀레니얼 세대가 차지하는 비중은 2017년 48.2%에 달했고, 2025년에는 83.2%로 증가할 전망이다.

밀레니얼 세대가 조직의 대다수를 차지하면서 기존 리더십과 조직문화에 근본적인 변화가 불가피해진 것이다. 동기부여를 받는 환경이나 일하는 방식 등에서 기존 세대와 다른 행동 특성을 보이는 밀레니얼 세대를 위해서는 기존 회사의 관점에서 설계된 인사제도를 구성원 관점으로 바꿔야 하는 상황이 돼버린 것이다. 둘째, 직원 몰입을 강조하는 기존의 성과 중심 패러다임의 한계를 들 수 있다. 업무에 몰입하는 구성원 비중을 높이는 것을 목표로 할 경우, 단기 방안에만 주력하게 되고 몰입을 방해하는 원인 파악에는 소홀한 경우가 많았다. 몰입도 평가가 연례행사처럼 되어 조직 구성원의 정확한 몰입 상태를 평가하고 있는지에 대한 의문이 제기되기도 했다. 또한, 실제로 미국에서 매년 시행되는 직원 몰입도 조사 결과에 의하면 몰입도 제고를 위해 지난 16년간 수십조 원을 투자했지만, 성과가 없었다고 한다. 이런 상황에서 직원 몰입의 대안으로 등장한 직원경험은 조직에 대한 직원의 기대를 파악해 현실과의 차이를 메우는 데 목적이 있다. 따라서 직원경험을 개선하려면, 무엇보다 구성원이 회사에서 무엇을 하고 느끼는지 관심을 가져야 한다. 구성원의 기대를 파

58) 송한상(2021.05.), 요즘 핫한 ESG, 대체 뭐길래?, 인살롱(HR Insight), 2021.05.11.

59) 고객경험(Customer Experience, CX)은 고객이 제품의 구매 전, 구매, 사용에 이르기까지 겪는 전반적인 경험을 일컫는 용어다. 고객에게 제품이나 서비스를 판매하는 회사라면 아무리 강조해도 지나치지 않은 중요한 개념이다. 좋은 고객경험을 경험한 고객은 기꺼이 회사의 팬이 되고, 자신의 지인까지 끌어들이며 기업의 브랜드를 밀어주기도 한다. 직원경험 역시 비슷한 개념이다. 구성원이 처음 회사를 접한 순간부터 회사를 떠날 때까지의 전반적인 모든 경험이 직원경험의 범주에 속한다. 가트너(Gartner)에서는 직원경험의 향상이 회사 구성원의 몰입과 성과를 극대화하며, 차별화된 고객경험을 창출한다고 언급하고 있다. 이제 좋은 직원경험을 제공하는 것은 고객경험만큼이나 중요하다. 이와 관련하여 flex 공식블로그(flex.team > blog > 2021/03/30 > employee-experience), 직원경험-기업 성장의 새로운 기준이 된 이유, 2021.03.30. 참조.

악하고 구성원을 잘 아는 것이 우선시되어야 한다. 이에 채용 과정에서도 이런 사고의 반영이 유용해지고 있다.

10. 시니어 시프트 현상 지속

마지막으로 초고령 사회에 접어들면서 젊은 층에서 비즈니스의 중심이 경제적 여유가 있는 장년, 노년층으로 이동하는 '시니어 시프트(Senior Shift)' 현상은 2022년에도 계속 이어질 것이다. 시니어 시프트는 모든 산업의 주요 비즈니스 중심이 젊은 층에서 경제적 여유가 있는 시니어로 이동하는 경제적·사회적 현상을 말한다. 예전과 달리 경제력과 활동력을 모두 가진 시니어가 대거 등장하는 만큼 새로운 비즈니스 기회가 될 수 있다. 일본은 시니어 창업이 늘어나고 있고, 미국은 시니어의 관심사에 맞는 다양한 프로그램을 지원하고 있다. 우리나라도 유튜브나 SNS에서 활발히 소통하는 스마트 시니어가 늘어나며 이들을 위한 기업의 고객만족경영이 증가하는 추세다. 실제로 SK브로드밴드는 고객자문단의 시니어 그룹을 통해 신규 서비스 사전 체험, 개선점 발굴, 심층 인터뷰를 진행하고 있다. 구직을 준비하시는 시니어들은 멋진 후반전을 위해 충분한 준비를 하길 바란다. 하루가 달라지는 몸을 챙기고 지나친 욕망을 줄여야 한다. 예전에 어떤 일을 했다는 것에 집착하면 안 된다. 무엇보다 뉴스나 온라인, 다양한 플랫폼을 통해 세상의 소리에 귀를 기울이길 부탁드린다.

제3절 채용 시장 분석 및 동향

1. 2021년 채용 트렌드[60)]

(1) 변화하는 직업의 세계

직업의 변화는 그 사회의 변화를 반영하는 거울이다. 코로나19로 산업 환경이 달라짐에 따라서 새로운 직업이 생겨나고, 있던 직업도 사라지고 있다. 현재 우리나라의 직업은 몇 개가 될까? 최근 우리나라 직업을 집대성한 《한국직업사전 통합본 제5판》(한국고용정보원, 2020)을 보면, 무려 16,891개가 등재되었다. 디지털화에 따른 빅데이터 전문가, 블록체인 개발자, 인공지능 엔지니어, 드론 조종사, 디지털 문화재

60) 잡코리아(2021.05.), [윤영돈의 채용 트렌드 2021] 대한민국 기업, 2021년 인재상 대폭 수정 중!, 2021.05.27.

복원전문가 등이 새롭게 등장했으며, 고령화, 저출산, 1인 가구 증가 등 인구학적 변화에 따라 유품정리사, 애완동물행동교정사, 애완동물장의사, 수납정리원, 임신육아출산코치 등이 새로운 직업으로 등록됐다. 반면 플라즈마영상패널 관련 생산직, 영화(필름)자막제작원, 필름색보정기사, 테니스라켓 제작 관련 직업은 더 이상 종사자가 없어 한국직업사전에서 삭제됐다. 디지털기기 보급 확대로 과거 수작업으로 이루어지던 직업이 자취를 감추고 있다. 앞으로 컴퓨터 소프트웨어 활용 능력, 데이터 능력 등 디지털 능력이 강화될 것이다.

(2) 기업의 인재상도 급변

2021년 채용 트렌드61)에서는 기업이 원하는 인재상도 급변하고 있다. 기업 인사 담당자 절반이 '불황기 기업이 필요로 하는 인재상은 평소와 다르다'고 답하고 있다. 경기가 좋을 때는 채용 시 지원자의 '성실성'을 우선으로 평가하지만, 불황기에는 지원자의 '긍정성'을 가장 높이 평가한다. 잡코리아가 국내기업 578개사의 인사 담당자를 대상으로 '불황기 기업이 필요로 하는 인재상'에 대해 설문조사를 진행한 결과 이 같이 나타났다고 밝혔다. "불황기 기업이 필요로 하는 인재상은 평소와 다를까?"라는 질문에 설문에 참여한 기업 중 49.7%가 '다르다'고 답했다(대기업 인사 담당자 47.3%, 중견기업 인사 담당자 62.4%, 중소기업 인사 담당자 47.2%). 국내기업 인재상에 등장하는 공통적인 키워드 24개를 보기 문항으로 '불황기 신입 및 경력직 채용 시 중요하게 평가하는 요건'에 대해 조사한 결과, '긍정성'을 꼽은 인사 담당자가 48.8%(복수 선택 응답률)로 가장 많았다. 이어서 성실성(46.3%), 끈기(44.9%), 책임감(30.3%), 적극성(22.3%), 도덕성(20.6%), 리더십(19.5%), 실행력(18.8%) 순으로 높이 평가하는 기업이 많았다. 다른 조사에서도 인재상이 비슷하게 책임감을 중요하게 다루고 있다.

2021년 채용 트렌드 인재상의 변화(코로나19 이후)는 다음과 같다.

2001년 창조형 인재	2011년 전략형 인재	2021년 융합형 인재
창의성 전문성 도전정신 소통 협력 글로벌 역량	도전정신 주인의식 전문성 창의성 원칙과 신뢰	긍정성 소통 협력 책임감 성실성 도덕성

61) 2021년 채용 시장을 분석한 내용은 리크루트 타임스(2021.12.), [2021년 채용 시장 분석] 최근 2년 새 '경력 채용' 신입보다 두 배나 높아!-수시 공채 비중도 59%, 2021.12.07. 참조.

IMF, 금융위기, 메르스, 코로나19 사태 등 위기가 있었고, 그것을 극복하면서 일자리가 늘게 된다. 결국 위기는 어떤 사람에게는 기회이다. 그러기 위해서는 달라지는 인재상을 읽어야 한다. 불황기에는 신입 및 경력직 채용 시 직원들의 단합을 도모하고 위기관리 능력이 높은 인재가 각광을 받는 경향이 있다. 이에 불황기에 직원을 채용할 때 긍정성이나 끈기, 실행력 등의 요건을 중요하게 평가하는 기업들이 많은 것으로 보인다. 어려움에 봉착했을 때 이를 극복하지 못하면 제아무리 규모가 크고 견고한 기업이라도 살아남을 수 없다.

채용이 결원 인력에 대한 '충원'이라는 소극적인 개념도 있지만, 반대로 회사의 미래를 위한 '투자'의 의미도 있다. 채용 부진은 자칫 성장동력을 잃을 수도 있기 때문에 주의해야 한다. 특히 조직의 활력을 주고 새로운 기술로 무장된 신입사원은 기존 인재상과 달라야만 한다. 우울한 현실과 당혹스러운 어려움을 뚫고 나갈 수 있는 긍정적이고 도전적인 인재, 재택근무 상황에서도 안 보는 곳에서 책임감을 갖고 성실히 일한 인재가 필요한 것이다. 채용 과정에서 부정적인 시련이나 위기 상황을 잘 극복했던 긍정성과 도전정신을 묶고, 책임감과 끈기 전략으로 극복했던 사례를 어필한다면 좋은 결과가 있을 것이다.

경기가 좋을 때는 다양하고 개성 있는 인재까지 손을 뻗치며 공격적인 인재 확보에 나서지만, 그렇지 않은 시기엔 인재 채용에서도 보수적으로 되는 경향도 염두에 둬야 한다. 톡톡 튀는 인재보다는 끈기 있고 성실한 인재, 똑똑한 인재도 좋지만, 충성도가 높은 인재를 더 신호하게 된다. 그 이유는 이직에 따른 채용의 비용도 한몫한다.

(3) 산업의 최신 트렌드를 확인하자

취업을 하는 데 있어 해당 산업의 최신 트렌드는 필수이다. 신입이 해당 업종을 이해하지 못하면 이제 취업하기 어렵다. 좁디좁은 채용의 문을 열기 위해서는 지원하는 분야의 산업 변화, 기술 동향, 소비자 성향, 정부 정책 등을 비롯해 회사의 완제품을 꿰뚫어야 한다. 업종별 채용 전망은 어떠한지 확인해야 한다. 시대와 산업의 변화에 따라서 인력 수요는 앞으로 계속 변화되고 있다. 남이 주는 정보를 받아먹어서는 안 된다. 스스로 찾아서 업종별 인력 수요를 찾아봐야 한다. 채용 전략은 산업 현황을 포함한 전체 경제 현황을 파악하면서 거시적 안목을 갖고 준비해야 한다. 아무리 건설 업종의 입사가 목표라고 해도 건설이 불황일 때는 취업 전략도 수정해야 한다.

코로나19 확산으로 취업의 문이 좁아진 가운데 2021년에는 업종별 채용이 양극화된 것으로 나타났다. 코로나19 쇼크로 여행·항공업에서는 역대 가장 낮은 채용 계획을 세운 반면, 금융보험 및 정보통신 등 비대면 서비스 확장에 따른 일부 업종들에서는 신규 인력선발에 대한 기대감을 보여주고 있다. 업종별로도 전년 대비 일제히 마이너스를 기록했는데, 금융 · 보험, 전자 · 반도체, 정보 · 통신, 의료 · 간호, 운수 · 운송 총 5개 업종에서만 평균을 웃도는 채용 계획을 세운 것으로 집계됐다. 금융 · 보험업은 온라인 뱅킹 및 핀테크 산업 성장에 따른 신규인력 선발 기회가 있는 분야이며, 전자 · 반도체 및 정보 · 통신의 경우 언택트에 따른 IT산업 활약으로 역시 새 일자리가 늘 것으로 기대되는 업종이다. 의료 · 간호 · 보건 · 의약의 경우 방역과 백신 개발 그리고 운수 · 육상은 비대면 서비스 확장에 따라 각각 성장세를 보이고 있다. 공통점은 모두 코로나19로 사업 호재와 수혜를 맞은 산업이라는 점이다. 기존 생활 밀착 업종 채용 시장에서 공급과 수요의 불균형으로 일자리 미스매치 현상이 있긴 했지만, 코로나19 이후 언택트 문화가 증가하면서 미스매치의 온도차는 더 심해진 것으로 해석된다. 2021년 하반기 채용 트렌드는 업종별 대졸 신입 일자리 전망에서 희비가 갈릴 것으로 예상이 된다. 2021년 하반기 채용 전망은 기업들이 채용 규모가 동결되거나 줄이더라도 자신이 원하는 업종이 맞는다면 우선 취직하는 것이 좋다. 지나치게 고르다 보면 사회 진출이 늦을 수 있다는 사실을 간과해서는 안 된다.

(4) 위드코로나 시대 채용 시장의 주요 변화[62)]

1) 비대면 채용의 보편화

코로나 이전에도 AI 면접이나 언택트 면접을 활용하는 기업이 있었으나, 감염 상황이 심각해지면서 비대면 형식의 채용 과정이 크게 늘었다. 이러한 상황에서 기업은 비대면 채용이 단순히 감염 예방뿐 아니라 비용 절감, 채용 공정성 확보 등의 장점도 있음을 깨닫게 되었다. '포스트 코로나 이후의 채용변화'에 대한 취업포털업체의 조사에 따르면, 코로나19가 종식된 이후에도 '언택트(비대면) 채용'으로 크게 변화할 것이라는 기업 인사 담당자의 응답이 1위를 차지했다. 과거 대면 방식으로 돌아갈 것이라고 답한 담당자는 3%에 불과했다. 이렇듯 비대면 채용은 코로나 위협이 누그러든 이후에도, 기업 채용의 표준방식으로 정착할 것으로 보인다.

2) 수요 폭증! 디지털 인재 채용의 확대

코로나 이전부터 4차 산업혁명의 시대적 요구에 따라 IT 관련 직업의 수요가 증가한 상황이었다. 그러나 코로나19로 인하여 언택트 환경이 강조되기 시작하면서 디지

62) 뉴스앤잡(2021.06.), With 코로나 시대, 5가지 Hot 채용 동향! 뉴노멀의 형태로 자리잡다!, 2021.06.09.

털 시대로의 전환은 가속화되고 있다. 이에 따라 디지털 뉴딜, 디지털 핵심 실무인재 양성사업 등 정부 차원에서 디지털 분야의 인재 양성과 신기술 개발에 공격적인 투자를 하고 있다. 기업의 채용 역시 디지털 관련 직군의 채용을 확대하고 인재 확보를 위해 노력하고 있다.

3) 확산하는 수시 · 상시 채용

코로나 이전에도 일부 대기업에서 공채가 축소되고 수시 · 상시 채용의 기조가 확대되는 상황이었다. 대표적으로 현대차그룹은 코로나 1년 전인 2019년부터 지원자의 직무역량에 무게를 둔 계열사별 수시 채용으로 전환하여 인재를 선발하기 시작했다. 이러한 수시 · 상시 채용은 코로나19로 인하여 대기업의 채용 방식에도 큰 영향을 미쳤다. 바이러스 확산 방지와 경기 침체 등을 이유로 주요 대기업의 2020년 상반기와 하반기의 채용 계획은 대부분 연기되거나 빠르게 수시 채용으로 전환하여 비대면으로 이루어지는 경향을 보였다.

4) 치열한 체험형 · 채용전환형 인턴 경쟁

구직자의 직무역량이 강조되면서 기업들은 인턴십 전형을 확대하고 있다. 인턴은 크게 인턴 기간 후 면접을 거쳐 정규직 입사 기회를 주는 ① 채용전환형 인턴과 단기 일자리를 확대하고 지원자들에게 직무 경험을 쌓을 기회를 주는, ② 체험형 인턴으로 나뉜다. 특히 코로나19 이후로 공채 비중이 줄어들면서, 경력 채용의 증가와 함께 채용전환형 인턴을 수시 채용하는 비율이 높아지고 있어 인턴 지원자들의 경쟁은 심화되고 있다. 2021년 상반기 기준 KT · GS · 포스코인터내셔널 · 현대자동차 등의 주요 대기업이 채용전환형 인턴 공고로 신입사원을 채용하고 있다.

5) 인 · 적성검사 비중의 축소

코로나19 상황에 따라 사회적 거리두기를 시행하면서 주요 대기업은 인 · 적성검사를 오프라인으로 진행하지 못하고 온라인으로 실시하게 되었다. 온라인 환경에서는 오프라인과 같이 통제된 환경에서 일제히 시험을 보기 어렵다. 이에 따라 온라인으로 진행된 삼성의 GSAT, 롯데의 L-TAB 등 주요 대기업의 인 · 적성검사는 문항 수와 출제영역을 크게 줄였다. CJ의 경우 기존에 진행하던 적성검사 CAT를 시행하지 않고, 현대의 HMAT도 적성검사는 시행하지 않고 인성검사 위주로 시행된다. 이러한 경향으로 볼 때 언택트 기조가 유지되는 위드코로나 시대에는 전체적인 채용 과정에서의 필기전형 비중이 계속해서 축소될 것으로 예측된다.

2. 2022년 채용 동향[63)]

2022년 우리 기업들이 마주한 채용 환경과 함께 앞으로 채용 방식이 어떻게 바뀌어야 하는지 개선 방향에 대해 살펴보기로 하자.

(1) 수시 채용 확대

2022년을 강타하고 있는 채용 트렌드는 단연 '수시 채용'이다. 대기업의 정기 공채 폐지 소식은 이미 옛이야기가 된 지 오래다.

2021년 사람인의 조사에 의하면 78.7%의 기업이 수시 채용만 진행한 것으로 나타났다. 코로나 이후 경제회복에 비해 채용 공고가 급격히 증가했다는 것도 대규모 정기 공채가 수시 채용으로 가파르게 분할 시행되고 있음을 말해준다.

단순히 수시 채용만 증가한 것이 아니다. 최근 출간된 《채용 트렌드 2022》의 저자인 윤영돈 소장은 채용 공고에서 상시공고 즉, 마감일이 없는 채용 공고가 증가하고 있다는 눈썰미 좋은 분석의견을 내놓았다. 이제 기업은 때를 가리지 않고 필요한 인재를 찾을 뿐만 아니라 찾을 때까지 멈추지도 않는다.

수시 채용의 확산은 채용 공고의 내용에만 머무르지 않고 우리의 채용 환경을 변화시키고 있다. 2021년 12월 한 경제지의 기사 제목은 "요새 누가 신입 뽑나"였다 최근 2년 새 경력 채용이 신입보다 2배 높게 나타난 현실을 꼬집은 것이다. 수시 채용은 당연히 즉시 가용 가능한 경력직 위주로, 신입들은 직업시장에 진입하기가 더욱 어려워지고 있다.

문제는 사람이 부족하다는 것이다. 2000년대 진입기를 채워주던 70년대 2차 베이비부머 세대들은 서서히 은퇴를 준비하기 시작하는 때가 되었고, 1980년대생은 이미 대기업의 임원이 되기 시작했다. 가장 높은 비중을 차지하는 세대는 벌써 관리자의 지위를 차지하고 더 이상 실무자에 어울리지 않게 되었다. 고령자의 조기 은퇴로 미국이 인력난을 겪는다는 기사가 이제 남의 이야기가 아니다. 수년간 계속되는 경력자 위주의 채용은 신입의 진입을 막고 새로운 경력자는 충분하게 성장하지 못하게 된다. 신입은 피하고 경력실무자는 줄어드는 때에 모두가 경력 채용에만 몰두하고 있으니 채용이 어려울 수밖에 없다. 대표적인 채용 포털 한 곳에만 채용 공고를 올리면 충분한 지원자들이 넘쳐나는 시대는 끝났다. 채용 공고를 어디에 추가로 올려야 할지, 추천의뢰는 어디에 어떻게 해야 할지 등 도움을 요청하는 글이 인사 담당자들의 모임에 수시로 올라올 수밖에 없다.

---

63) 이상돈(2022.03.), 2022년 채용 동향, 월간 인재경영, 2022.03.02.

(2) 좋은 채용을 위한 노력

현재의 채용 문제를 해결하기 위해 가장 먼저 손을 대야 하는 과제는 충분한 지원자를 확보하는 것이다. 경력직 채용의 경우 채용 공고를 노출하는 것만으로는 충분한 지원자를 확보하기는 더욱 어렵다. 채용 포털 사람인 등이 기존에 선불형 유료 채용 공고 서비스에서 벗어나 인재를 추천하고 채용되면 비용을 청구하는 채용 확정형 서비스를 제공하는 것도 같은 맥락에서 이해할 수 있다.

채용 공고를 노출하는 것만큼 중요한 것이 지원하고 싶은 회사로 보여지는 것이다. 고리타분한 채용 공고 서식을 벗어나 함께 꿈꾸는 비전과 함께 일하는 동료와 함께 살아가는 모습들을 통해 고용브랜드를 높이는 노력이 필요하다.

고용브랜드에 관한 흔한 이야기들은 접어두고 딱 한 마디만 하자면, 모두가 알고 있듯이 이제 더 이상 평생직장이란 없다는 것이다. 평생 직원을 기대하지 말고 지금의 필요에 적합한 인재를 선발하는 것이 우선이다. 그다음 함께 성장을 모색하는 것이 맞다.

두 번째, 인턴 검증을 통한 신입 채용의 확대이다. 산업의 급격한 디지털화에 따라 IT 인재들의 몸값이 치솟고 인재 가뭄, 인재 기근에 몸살을 겪던 기업들이 결국 신입으로 눈길을 돌리고 있다. 더 이상 경력직에만 목을 늘어뜨리고 기다릴 순 없으니 똘똘한 신입으로 눈길을 돌리는 것이다. 지난 2022년 2월 사람인이 발표한 조사 결과에 따르면 신입사원 채용 계획은 65.4%로, 전년 47.3% 대비 18.1% 증가했다. 대기업의 경우 70.6%가 신입사원 채용을 계획하고 있고, 중소기업은 64.6%다. 채용 방식은 '수시 채용'이 68.7%로 대세였고 '공채, 수시 모두'(22.2%) 진행한다는 경우까지 제외하면 공채만 진행하는 것은 10% 미만(9.1%)이었다.

경력직 위주에서 신입 채용으로 다시 시야를 넓힌 것은 절벽으로 치닫는 채용 트렌드에 안타까워하던 현실에 반가운 소식이 아닐 수 없다. 조사 결과에 따르면 인턴 제도를 통해 인재를 채용한 기업은 무려 54.6%로 전년 대비 7.7%나 증가했다고 한다. 신입 채용에서 우려될 수 있는 실무 현장에서 검증이 부족한 부분은 인턴기간을 통해 확인해 볼 수 있다.

세 번째, 직원의 커리어 빌드업을 고려해야 한다. 똘똘한 신입을 유인할 비책을 한 가지만 고르라고 한다면 '커리어 포트폴리오'라고 말하고 싶다. 지금의 세대들에게 커리어는 한 직장에서 성장하면 완성되는 것이 아니라 포트폴리오처럼 하나씩 경험하며 쌓아 가는 것이고, 그 과정에서 여러 번의 이직을 경험하는 것은 당연하다. 그렇다면 '우리 회사는 지원자에게 또 직원에게 어떠한 커리어 패스를 제공해 줄 수 있을까?'를 생각해 보아야 한다. 착한경영연구소 김용진 대표는 한 강연에서 '회사가 직원에게 줄 수 있는 최고의 복지는 성장'이라고 말한 바 있다. 일에 대한 좋은 경험과 가치를 제공해 주는 것이야말로 MZ세대들에게 필요한 복지가 될 것이고 최고의 유인책이 될 것이다.

3. 마치며

언제나 그렇듯 인재는 늘 부족하다. 경력직에만 집착하다 보면 채용은 오랫동안 어려울 수 있다. 공고하나 올려놓고 찾아오는 지원자를 마냥 기다릴 수도 없다. 상황이 변하면 기업도 변해야 한다. 지금은 다니던 대기업을 때려치우고 꿈을 좇아 바리스타가 되는 시대이다. 즉, 자기 일에 대한 가치와 의미가 중요한 시대로, 성장의 길을 준비하고 직원의 성장을 통해 회사가 성장하는 동반성장을 꿈꿀 수 있다면 정말 좋은 회사, 모두가 일하고 싶은 회사, 끝까지 함께 하고 싶은 회사가 되지 않을까. 기업과 인재가 서로의 꿈을 통해 멋지게 만나는 채용을 꿈꾸어 본다. 언제나 그렇듯 기업엔 인재가 필요하고 인재는 꿈을 펼칠 일자리가 필요하다.

[생각해보기 4] 워러밸과 워라밸, 그리고 워라하64)

1970년 후반 영국에서 일과 삶의 균형을 뜻하는 '워라밸(Work-Life Balance)' 개념이 등장했다. 이후 1986년 미국에도 워라밸이 본격적으로 소개되기 시작했다. 우리나라는 고용노동부가 2017년 워라밸을 위해 '일 · 가정 양립과 업무 생산성 향상을 위한 근무 혁신 10대 제안'으로 정시퇴근, 퇴근 후 업무 연락 자제, 업무집중도 향상, 생산성 위주의 회의, 명확한 업무지시, 유연한 근무, 효율적 보고, 건전한 회식문화, 연가 사용 활성화, 관리자부터 실천 등을 발표했다. 2018년 2월 주당 법정근로시간을 68시간에서, 법정근로 40시간과 연장근로 12시간을 포함한 주 52시간으로 단축하는 근로기준법이 국회에서 통과됐다. 같은 해 7월부터 우선 종업원 300인 이상 사업장과 공공기관에 주당 근로시간 52시간이 적용됐다.

한편 워러밸(Work-Learning Balance)은 임직원들의 행복과 성장을 추구하는 인적자원(HR) 차원의 웰빙 개념이다. 최근에는 학계뿐 아니라 기업에서도 관심을 갖고 있다.

인재란 역량을 갖고 성과를 창출하는 사람을 말한다. 업무 수행을 위한 역량의 3요

64) 이찬(2022.04.), [이찬의 호모파덴스] 워라밸 원한다면 '워러밸' 갖춰라, 한국경제, 2022.04.04.
윤영돈(2020.06.), [윤영돈의 채용 트렌드 2020] 워라밸이 무너지고 워라하 시대가 온다, 잡코리아, 2020.06.17.

소는 지식, 기술, 태도다. 정보화 시대 이전에는 정보 접근이 어려워 머릿속에 많이 담고 있는 사람들이 인재로 대접받았기 때문에 암기력이 주요 핵심 역량 중 하나였다. 그러나 오늘날에는 인터넷에 키워드를 검색하면 원하는 이상의 정보가 넘쳐나는 정보 홍수의 시대다. 아무리 암기력이 탁월한 인재일지라도 구글이나 네이버 등의 검색 엔진을 능가할 순 없다.

이 때문에 인재상도 바뀌고 있다. 급변하는 시대 변화에 따라서 개인이 보유한 역량(지식, 기술, 태도)의 유통기한이 짧아지고 있다. 머릿속에 담고 있는 지식의 양이 인재를 결정하기보다는, 적시에 원하는 내용을 배울 수 있는 능력인 학습 민첩성이 인재의 핵심 역량으로 대두되고 있다. 스트레칭을 꾸준히 해야 몸의 유연성이 유지되듯, 배움도 지속해서 수행해야 학습 민첩성이 발현될 수 있다.

굳이 우선순위를 매기자면, 워러밸부터 시작해야 워라밸의 실현이 가능하다. 일상으로의 복귀를 준비하는 분위기가 무르익을수록 코로나19로 절약한 출퇴근 시간, 야근 시간, 회식 시간 등을 워러밸의 기회로 삼는 슬기로운 직장생활이 필요하다.

워라밸은 일에만 치우치지 않고 개인의 삶과 균형을 이루기 위한 가치이다. 일과 생활의 균형을 중요시하는 사람들에게는 직장 선택의 중요한 척도이기도 하나.[65]

그런데 여기서 워라밸에 대하여 문제를 제기하고 있다. 당신은 아직도 워라밸을 찾고 있는가?

"일과 사생활을 시소게임으로 봐서는 안 된다. 그것은 일과 사생활 중 하나를 택해 플러스(+)가 되면 나른 것이 마이너스(-)가 되는 거래관계가 되기 때문이다." 세계 최대 온라인 쇼핑몰 아마존닷컴의 CEO 제프 베조스의 말이다. 코로나19로 더욱더 아마존의 위상이 높아지고 있는데 베조스는 왜 이런 말을 했을까?

균형을 맞추려고 노력한다는 것은 이 두 가지 중 한쪽을 추구할 경우 다른 쪽을 희생해야 하는 거래관계를 기정사실화하는 셈이다. 베조스는 "워크 라이프 하모니(Work-Life Harmony), 즉 일과 삶이 조화를 이뤄야 한다."고 말한다.

그는 "워크 라이프 밸런스가 인간을 지치게 한다"고 생각한다면서 '워라밸'은 거래관계로 유지되는 시스템이기 때문"이라는 말도 했다. 이렇게 베조스는 일과 사생활을 저

65) 이런 추세에 따라 추가로 다양한 신조어가 등장했는데, 한 예로 '공부와 삶의 균형'을 추구하는 것을 의미하는 '스라밸(Study-Life Balance)', 그리고 '머라밸(Money-Life Balance)'이라는 신조어가 탄생하기도 했다. '머라밸'의 탄생은 소득이 줄어서 '돈은 없고 저녁만 있는 삶'에 대한 세태를 반영한 신조어라고 할 수 있다. 그리고 또 다른 의미의 워러밸도 등장했다. 이는 'Work and Love Balance'로, '일과 사랑의 균형'을 의미한다. 회사 업무 외 시간 활용에 대한 관심이 높아진 요즘, 워라밸뿐만 아니라 일과 사랑 간 균형인 '워러밸'도 삶의 질 향상에 필수적인 요소라고 볼 수 있겠다. 그렇지만 현실적으로 일과 사랑의 균형을 맞추기란 말처럼 쉽지 않다. 경험해본 분들이라면 더욱 공감하겠지만, 서로의 전문적 커리어를 쌓아가며 일하는 맞벌이 관계는 큰 고비가 찾아오기 마련이다. 이와 관련하여 제니퍼 페트리글리에리(2020), 일과 사랑의 기술-일하는 커플이 성공하는 법, 곽성혜 역, 동녘라이프, 2020.04.10. 참조.

울에 올려놓고 견주어서는 안 된다고 주장했다. 실제로 베조스에게 일과 사생활은 상호 보완적인 관계이며, 이 둘을 시간적 제약 속에서 대립하는 관계로 구분하지 않는다고 한다. 일과 일 외의 사생활은 보다 포괄적이고 거시적인 관계여야 한다는 것이다.

베조스는 또 이렇게 덧붙였다. "가정에서 행복한 시간을 보낼 수 있다면 행복한 에너지가 충만한 상태로 출근할 수 있다. 그리고 직장에서 즐겁게 일한 뒤에는 역시 건강한 에너지를 가지고 집에 돌아갈 수 있다. 사회생활을 하다 보면 회의가 시작되자마자 회의실 분위기를 바닥으로 만드는 사람이 꼭 있다. 누구도 그런 사람이 되고 싶지는 않을 것이다. 출근하는 것만으로도 주위 사람들에게 활력을 줄 수 있는 인간이 되고 싶다."

지구상에서 가장 부자로 꼽히는 베조스는 매일 가족과 함께 아침을 먹고, 잠들 때는 다음 날 아침 자신을 깨워줄 시계 알람을 맞추지 않는다. 매일 밤 8시간을 잘 수 있도록 열심히 노력한다. 그가 참석하는 회의도 손에 꼽을 정도이며, 매일 집에서 설거지할 시간은 어떻게든 확보한다. 일과 사생활의 조화를 유지하는 생활 패턴을 그가 아마존 직원들에게 몸소 보여주고 있다.

당신의 선택은 워라밸인가, 워라하인가? 앞으로 '워라밸'은 가고 '워라하'가 새로운 트렌드로 자리매김할 것이다. 워라밸 트렌드는 출퇴근의 고정관념부터 기업의 채용 방식에까지 영향을 미쳤다. 하지만 이제부터 기업은 워라밸을 넘어 워라하 시대에 맞는 조직문화를 만들어 나가야 한다. 취업준비생들도 단순히 좋은 회사를 찾는 것이 아니라 워라하 시대에 맞는 취업 전략을 준비해야 한다.

제 II 편

본론 : 자기개발 기반의 진로 및 취업

제4장 행복한 삶과 진로 설계
제5장 자신에 대한 이해
제6장 직업 및 직무정보 탐색
제7장 기업과 직무 이해
제8장 직업인의 세계 탐색
제9장 직업과 학습
제10장 의사결정 연습
제11장 구직서류
제12장 면접

제4장 행복한 삶과 진로 설계

제 5 장	자신에 대한 이해
제 6 장	직업 및 직무정보 탐색
제 7 장	기업과 직무 이해
제 8 장	직업인의 세계 탐색
제 9 장	직업과 학습
제 10 장	의사결정 연습
제 11 장	구직서류
제 12 장	면 접

제1절 행복의 정의와 삶의 의미

인생의 궁극적인 목표는 행복이다. 행복의 기준은 사람마다 다르지만, 행복(happiness)에 대한 가장 인기 있는 정의는 '주관적 안녕감(Subjective Well-being)'이다. 안녕(安寧)이란 평안하다는 의미인데, 즐거움이라기보다는 심리적으로 '편안한 상태'를 의미한다. 행복감을 느끼기 위해서는 무엇보다 다양한 분야에서 자기 삶에 대한 만족도가 중요하다. 슬프고 괴로운 사람이 자기 인생에 만족할 리는 없고, 만족감에는 기쁨과 같은 긍정적인 감정이 필요하다. 그래서 행복이란 '만족과 즐거움을 느끼는 상태'라고 정의할 수 있다.[66]

인간은 행복을 추구할 권리가 있고 '만족과 즐거움을 느끼는 상태'인 행복은 노력하면 언제든지 얻을 수 있다. 궁극적으로는 내가 내 삶의 주인이라는 확신을 가지고 살아간다면 정말 행복한 상태가 아닐까 생각해 본다. 그렇다면 내가 내 삶의 주인이라는 확신은 언제 갖게 될까? 아마도 내가 원하고, 내가 하고 싶은 일을 하며, 더 나아가 내가 하는 일이 사회적으로 가치 있고 동시에 스스로 마음의 풍요로움이 생길 때[67] 이런 확신을 갖게 되지 않을까 싶다. 따라서 여러분이 갖게 될 확신의 출발은

66) 이정훈(2021.02.), [매경춘추] 행복이란, 매일경제, 2021.02.27.

바로 성공적인(주관적이긴 하지만) 진로와 취업이 아닐까 한다.

1. 행복의 정의들

아래에 제시된 행복의 정의를 통해 행복이란 무엇이며, 행복의 조건은 무엇이라고 생각하는지 각자 음미해 보자.

- 선택이다. 긍정의 선택
- 생활에서 기쁨과 만족감을 느껴 흐뭇한 상태
- 행복의 3대 조건 ⇒ 건강, 직장, 사랑
- 자신이 자신에게 줄 수 있는 최고의 보너스다.
- 좋은 동반자를 만나는 것, 그것도 좋은 아내를 갖는 것
- 불행도 행복처럼 대응한다면 바로 그것이 행복이 아닐는지?
- 자기가 하고 싶은 일을 하면서 사는 것
- 행복에는 크기가 없다. 행복은 느낌이다. 긍정적인 느낌
- "행복이란 기분 좋은 것이다" "불행은 기분 나쁜 것이다"

〈출처 : http://blog.daum.net/ulsanedu/7428675〉

2020년 유엔이 발표한 세계행복보고서에 따르면 한국은 행복지수가 153개국 중 61위다.[68] 1위는 핀란드로 3년 연속 세계에서 가장 행복한 나라로 꼽혔다. 비결은 탄탄한 사회안전망과 촘촘한 사회복지 체계였다. 보고서는 한국 행복지수가 경제 수준(2020년 세계 9위)에 비해 낮은 가장 큰 이유로 한국은 분배 격차가 크고 사회적 신뢰 형성이 부족하기 때문이라고 평가했다.

한편 지속 가능한 경제성장을 위해서는 삶의 질을 향상시키는 것 또한 필요한데, 우리나라 국민은 행복의 조건[69]이 무엇이라고 생각하고 있을까?

67) 행복과 의미(또는 가치) 추구의 기존 심리학계의 이분법에서 벗어난 제3의 '좋은 삶'으로 미국 버지니아대 오이시 시게히로 교수와 플로리다대 에린 웨스트게이트 교수는 '마음이 풍요로운 삶'을 제안했다. 여기서 마음이 풍요로운 삶이란 '관점의 변화를 동반하는 참신하고 다채로운 경험'으로 가득찬 삶을 말한다. 이와 관련하여 곽노필(2021.09.), 행복과 의미도 좋지만…제3의 '좋은 삶', '심리적 풍요'서 온다, 한겨레, 2021.09.08.

68) '2019년 세계행복보고서'에서 우리나라의 행복지수는 5.895점으로 54위에 그쳤다.

69) 칸트는 행복의 3가지 조건으로 "첫째 할 일이 있고, 둘째 사랑하는 사람이 있고, 셋째 희망이 있다면 그 사람은 지금 행복한 사람이다."라고 이야기했다. 그리고 마틴 셀리그만은 미국에서 긍정심리학을 창시한

우리 국민 5,020명을 대상으로 다각도로 행복을 측정하는 설문지를 구성해 2019년 5월 8일부터 6월 13일까지 조사한 결과를 담은 한국보건사회연구원의 '한국인의 행복과 삶의 질에 관한 종합연구'에 따르면 우선 1순위로 꼽은 행복의 조건으로 '좋은 배우자와 행복한 가정을 이루는 것'(31%)을 가장 많이 꼽았다. 다음은 '건강하게 사는 것(26.3%)', '돈과 명성을 얻는 것(12.7%)', '소질과 적성에 맞는 일을 하는 것(10.4%)', '여가생활을 즐기는 것(7.6%)'의 순이었다.[70)]

2. 삶(인생)의 의미

명사들의 삶과 인생에 관한 아래의 명언들을 통해 각자 삶의 의미를 곱씹어 보기 바란다.

- 나만이 내 인생을 바꿀 수 있다. 아무도 날 대신해 줄 수 없다.
  – 영화배우 캐롤 버넷
- 긴 인생은 충분히 좋지 않을 수 있다. 그러나 좋은 인생은 충분히 길다.
  – 정치인 벤자민 프랭클린
- 인생은 가까이서 보면 비극이지만, 멀리서 보면 희극이다.
  – 찰리 채플린
- 바람이 불지 않을 때 바람개비를 돌리는 방법. '내가 앞으로 달려 나가는 것'
  – 데일 카네기
- 음식에 소금을 집어넣으면 간이 맞아 맛있게 먹을 수 있지만, 소금에 음식을 넣으면, 짜서 도저히 먹을 수가 없다. 인간의 욕망도 마찬가지다. 삶 속에 욕망을 넣어야지, 욕망 속에 삶을 집어넣으면 안 되는 법이다.
  – 류시화 : 지구별 여행자 中
- "꿈을 이루고자 하는 용기만 있다면 모든 꿈을 이룰 수 있다." 현실이 아무리 각박하더라도 꿈이 이루어진다고 믿어라. 그리고 꿈을 이루기 위해 무엇을 해야 하는지 생각하라. 어려운 일이라면 용기를 내라. 아무것도 꿈꾸지 않은 사람들보다 훨씬 많은 꿈을 이룰 수 있을 것이다.
  – 월트 디즈니

심리학 교수이며 '진정한 행복(authentic happiness)'의 저자이기도 한데, 그가 제안한 다섯 가지 행복의 조건이란 ① 긍정적인 감정(positive emotion), ② 흐름과 몰입(flow and engagement), ③ 긍정적인 관계(positive relationships), ④ 의미(meaning), ⑤ 성취(accomplishments and achievements)이다. 이와 관련하여 남상석(2021), 행복의 조건, 브런치(brunch.co.kr), 2021.12.20. 참조. 남상석은 미국 캘리포니아 주립대, 산버나디노 캠퍼스, 특수교육 재활 상담학과에서 학생들을 가르치고 있다.

70) 한의신문(www.akomnews.com), 한국인이 1순위로 꼽은 행복의 조건은?, 2020.08.21.

- "무슨 일을 하기 전에는 그 일에 대해 기대를 가져야 한다." 어떤 일을 하기 전에 될 것이라고 기대하는 것과 안 될지 모른다고 걱정하는 것은 하늘과 땅 차이이다. 마음속에 충만한 기대는 최선의 결과를 가져오지만, 마음을 흔드는 불안은 최악의 결과를 가져올 수 있다.

  - 농구선수 마이클 조던
- "조금도 도전하지 않으려고 하는 것이 인생에서 가장 위험한 일이다" 도전에는 당연히 위험이 따른다. 안전하면 도전이 아니다. 하지만 오직 안전하기 위해 아무것에도 도전하지 않는다면, 그건 안전한 삶이라기보다는 정체된 삶일 것이다.

  - 오프라 윈프리
- "새로운 일에 도전하다 보면 가끔 실수를 저지를 수 있다. 자신의 실수를 빨리 인정하고 다른 시도에 집중하는 것이 최선이다." 자신의 실수를 인정하지 못하면 아무것도 새롭게 시작할 수 없다. 지난 일에 연연하기보다 자신이 왜 실수했는지 분석하고 같은 실수를 반복하지 않는 것이 중요하다. 그래야 다음 도전에서 성공할 수 있다.

  - 스티브 잡스
- "행동은 모든 성공의 가장 기초적인 핵심이다." 아무리 좋은 생각, 아무리 기발한 아이디어도 행동으로 옮기지 않으면 한낱 공상에 지나지 않는다. 마음에 품은 생각이 있다면 일단 실천하라. 설사 실패한다고 해도 그 과정에서 새로운 아이디어도 떠오른다. 그게 성공으로 가는 시작이다.

  - 파블로 피카소
- "승리는 가장 끈기 있는 사람에게 돌아간다." 만고불변의 진리이다. 묵묵히 자기 일을 하며 최선을 다하는 사람은 언젠가 반드시 빛을 보게 되어 있다.

  - 보나파르트 나폴레옹
- "인생에서 실패한 사람의 대부분은 성공이 눈앞에 왔는데도 모르고 포기한 사람들이다." 무언가를 이루기 위한 과정은 지난하다. 보이지 않는 결과를 향해 나아가는 일은 고단하다. 그래도 중도에 포기하면 아무것도 시작하지 않은 것이 된다. 조금만 더, 끝까지 최선을 다하겠다는 마음이 있으면 반드시 크든 작든 결실을 볼 수 있다.

  - 토마스 에디슨
- "오늘 나무 그늘에서 쉴 수 있는 이유는 예전에 나무를 심었기 때문이다." 노력 없이 이루어지는 일은 없다. 누군가 성공을 누리고 있다면 성공을 위해 지난한 노력을 기울였기 때문이다. 남의 결실만 보고 부러워해서는 안 된다. 마찬가지로 무언가를 이루려면 그만큼 노력을 기울여야 한다.

  - 워렌 버핏

- “너는 머뭇거릴 수 있지만, 시간은 그렇지 않다.” 인간에게 주어진 시간은 유한하다. 모든 일에는 때가 있다. 후회하고 좌절하고 허송세월하는 사이에도 시간은 끊임없이 흘러간다. 나중에 되돌리려고 해봐야 소용없다. 바로 지금, 할 수 있는 일을 하라.

  – 벤자민 프랭클린
- “태도는 사소한 것이지만 그것이 만드는 차이는 엄청나다.” 어떤 마음가짐을 갖느냐가 어떤 일을 하느냐보다 더 큰 차이를 만들 수 있다. 스스로에게 갖는 태도는 물론이요, 밖으로 드러나는 태도는 그 사람에 대한 평가를 완전히 바꿔 놓을 수 있다. 세상을 살아가는 자신의 태도가 어떤지 체크해 보라.

  – 윈스턴 처칠
- “인생이란 공평하지 않다는 사실에 익숙해져라.” 왜 나만 되는 게 없을까? 자책하지 마라. 잘 나가는 다른 사람을 보고 배 아파할 것도 없다. 그들과 다른 나의 인생, 내가 잘하는 일을 찾는 것이 우선이다.

  – 빌 게이츠
- “인생에는 속도를 내는 것 말고도 더 많은 것들이 있다.” 뭐든지 빨리빨리 바로 결과를 보고 그것도 좋은 결과가 나온다면 최선이겠지만, 인생이 꼭 그렇게 스피디하게 달려가기만 하는 건 아니다. 급할수록 돌아가라는 옛말도 있지 않은가. 빨리 대충 보다는 천천히 완벽하게 하는 것이 훨씬 낫다.

  – 마히트마 간디

〈출처1 : 봉잡스(gbworld.tistory.com), 삶에 대한 인생 명언 및 좋은 글 13+2선, 2014.11.14.〉
〈출처2 : 매일경제(2011.02.), 새 출발 앞둔 너에게 들려주고 싶은 유명 인사들 명언 30, 2011.02.15.〉

인생에서 가장 중요한 가치는 뭘까? 내가 생각하는 것과 세계인들이 생각하는 것은 얼마나 같고 얼마나 다를까?

미국의 여론조사기관 퓨리서치센터가 한국을 비롯해 17개 선진국 성인 1만9천 명을 대상으로 ‘자신의 삶을 의미 있게 만드는 가치는 무엇인지’를 물어본 결과, 응답자들이 첫째로 꼽은 가치는 가족(38%)이었다. 이어 직업(25%), 물질적 풍요(19%)가 2, 3위를 차지했다.

그러나 한국인은 조사 대상국 중 유일하게 물질적 풍요를 삶의 가장 큰 의미로 꼽았다. 가족은 물질적 풍요, 건강에 이어 3위에 그쳤다. 한국인 가운데 물질 풍요를 삶의 가장 큰 의미로 꼽은 비율만 놓고 보면, 전체의 19%로 그리 높은 편은 아니다. 2위인 건강(17%), 3위인 가족(16%)과의 차이도 근소하다.[71]

응답자들이 물질 풍요를 삶의 가장 큰 가치로 꼽으며 그 이유로 댄 것은 호구지

책, 내 집 마련에서부터 가족부양 자금, 부채 상환, 오토바이나 여행 같은 여가활동을 즐길 수 있는 여유자금에 이르기까지 매우 다양했다. 삶의 의미로 반려동물과 여행을 꼽은 한국인은 0%였다. 또한 종교를 삶의 의미로 꼽은 한국인은 1%, 일본인은 0%였다.[72]

제2절 진로 설계의 함의

1. 진로, 직업의 의미와 진로 교육의 중요성[73]

진로가 한 인간의 삶의 방향이라고 한다면 진로 교육은 학생들이 어떤 삶을 살아가는가의 문제와 직결된다. 진로의 방향에 가장 큰 영향을 주는 직업에 대한 설계는 진로 교육의 필수 요소이다.

(1) 진로의 의미

진로의 의미를 학자에 따라서 직업에 관련한 일의 총체로 국한해 정의하기도 하고, 가정적 역할, 여가활동 등을 포함한 포괄적 개념으로 정의하기도 한다.

진로의 개념을 정의할 때 우선 그 어원을 살펴보면 다음과 같다. 진로(Career)의 어원은 '수레가 길을 따라 굴러간다'라는 의미의 라틴어 'Carro'에서 유래한 것이다. 영어 사전에서는 진로(Career)가 경력의 의미 외에도 '한 인생의 전 과정'으로 정의하고 있으며, 그 외에 진로를 의미하는 'a way', 'a root', 'a course' 등도 같은 맥락으로 '인생의 길', '인생의 경로'로 해석이 가능하다. 한자에서도 '進路'란 말 그대로 '나아갈 길'을 의미한다. 진로를 뜻하는 단어의 의미를 종합해 보면 인간이 살아가는 방향, 행로로 설명할 수 있으며, 이는 일생 동안 한 사람의 출생, 학업, 일, 직업, 결혼 등 인생의 모든 경로를 포함하는 의미라고 할 수 있다.

(2) 진로와 직업과의 관계

"진로, 즉 인생의 방향에 가장 큰 영향을 미치는 요인은 무엇인가?" 이러한 질문

---

71) 퓨리서치는 한국인의 항목별 응답 비율이 전반적으로 낮은 것에 대해 "이번 설문조사는 복수 응답을 허용하는 개방형으로 진행했는데 한국인 응답자의 62%가 단 한 가지만을 꼽았기 때문"이라고 밝혔다. 일본인도 한 가지만을 꼽은 사람이 59%였다.

72) 곽노필(2021.11.), 삶의 의미 어디서 찾냐 묻자…한국인만 이걸 1위로 꼽았다, 한겨레, 2021.11.23.

73) 김신영(2011), 진로, 직업의 의미와 진로 교육의 중요성, 한국교육신문, 2011.12.01. 참조.

에 많은 사람들은 적성, 흥미, 가치관, 학력 등 다양한 대답을 한다. 그렇다면 "적성이 같은 두 사람은 인생의 방향이 같은가?", "가치관이 같은 두 사람은 인생의 방향이 같은가?", "흥미, 학력이 같은 사람들은 인생의 방향이 같은가?" 이에 대한 대답은 물론 아니라는 것이다.

물론 위의 사례들이 인생의 방향에 영향을 주기는 하지만, 인생의 방향을 획기적으로 바꾸게 하지는 않는다. 그렇다면 과연 인생의 방향을 가장 크게 좌우하는 요인은 무엇인가?

인생의 방향을 가장 크게 좌우하는 요인은 '직업'이라고 생각한다. 그 이유는 첫째, 직업에 따라 버는 돈이 달라진다. 예외적인 경우도 있지만 대체로 같은 경력, 같은 직업에 종사하는 사람들의 보수는 비슷하다. 둘째, 직업에 따라 만나는 사람이 달라진다. 교사라는 직업군에서 일하는 사람들은 대부분 교사나 학생들과 하루를 보낸다. 셋째, 직업이 달라지면 하는 일이 달라진다. 제빵사가 하는 일이 다르며, 판사가 하는 일이 다르다. 따라서 직업이 바뀌면 보수와 만나는 사람, 하는 일이 달라진다는 것이다. 따라서 인생의 방향과 그 내용은 당연히 달라질 수밖에 없는 것이다. 이러한 이유로 진로를 논할 때 중요하게 등장하는 것이 직업이다.

(3) 진로 교육의 중요성

진로가 한 인간의 삶의 방향이라고 한다면 진로 교육은 학생들이 어떤 삶을 살아가는가의 문제와 직결된다. 올바른 삶의 방향은 한 인간의 삶을 행복하게 이끌어갈 수도 있지만, 방향을 잘못 설정해서 가는 경우에는 본인이 원하지 않는 삶을 힘들게 살아갈 수도 있는 것이다. 그렇기 때문에 중 · 고등학교 '진로와 직업' 교과 활동이나 진로 교육 활동 시간 등에 진로 교육을 할 경우, 대체로 진로 교육의 목적과 중요성을 '행복'과 연결해 설명하는 경우가 대부분이다.

예를 들면 진로와 직업 교과서의 첫 단원에서 '삶과 행복'이라는 소단원을 두고 "행복한 삶을 살아가려면 인생의 설계를 해야 한다"는 요지로 설명하려 하는 경우가 상당히 많다. 그러나 행복해지지 않기 위해 하는 일이 과연 있을까? 특히 청소년들은 미래 설계를 세워 준비해 나가는 과정보다는 우선 현재 컴퓨터 오락을 하는 것이 더욱 즐겁다고 할 것이다. 친구와 노는 것이 더욱더 행복하다는 것이다.

따라서 그들에게 미래 행복을 위해 현재를 견뎌야 한다는 식으로 설득하는 것은 효과가 없다. 행복을 근간으로 한 진로에 대한 설명이 틀린 말은 아니지만, 진로의 의미와 중요성을 설명하기 전에 '행복'의 관점으로 접근하는 것은 무리가 있다. '행복'의 관점보다는 '인생의 길', '방향'의 관점에서 논하는 것이 필요하다고 본다.

위의 관점에서 보면 진로 교육이란 직업을 포함해 개인이 일생을 통해 갖게 되는 모든 활동과 경험, 의사결정을 하는 데 있어서 자신의 특성 즉, 적성이나 흥미, 능력,

가치관 등에 맞는 일을 자각하고, 탐색하고, 준비하고, 유지하며, 개선할 수 있도록 도와주는 일을 의미한다.

집을 지을 때 설계가 잘못되면 제대로 된 집을 지을 수 없는 것처럼, 자신이 원하는 삶을 살아가기 위해서는 자신만의 신념과 계획을 갖고 진로를 설계하는 것이 무엇보다 중요하다. 특히 진로의 방향에 가장 큰 영향을 주는 직업에 대한 설계는 진로 설계의 필수 요소이다.

현재 우리가 살아가는 지식정보화 사회에서는 산업구조가 빠른 속도로 변화하고 직업의 생성과 소멸 주기가 짧아짐에 따라 산업사회 노동 시장에서 요구되는 인재상도 크게 바뀌고 있다.

현대사회에서 삶의 목표를 정하고, 최신의 정보와 객관적 자료를 근거로 자신에게 적합한 전공 분야, 직업, 진로 계획을 수립한다는 것은 매우 어려운 일이 아닐 수 없다. 따라서 학생 스스로 자기 자신에 대해 정확히 알고, 다양한 정보를 탐색할 수 있도록 하기 위해서는 교육의 역할이 매우 중요하다.

직업을 통해 보수를 얻고 생계를 유지하는 것이 중요한 일이기는 하지만, 직업을 통해 자신의 자아를 실현할 수 있다는 것은 물질을 떠나 더 큰 행복과 기쁨을 줄 수 있다. 또한 직업을 통해 한 개인이 사회에 기여할 수 있기에 교육 현장에서 진로 교육은 중요하다. 이러한 교육은 궁극적으로 우리가 가르치는 한 학생이 일생을 통해 자신의 잠재력을 최대한 발휘하는 경로를 찾아 보람과 긍지를 느끼면서 행복한 삶을 살아갈 수 있도록 하는 것이다.[74]

2. 진로 설계의 의미

진로 설계란 대학생이 자신의 특성과 직업 세계에 대한 진로 목표를 수립하고 그에 알맞은 직업을 찾고 준비하는 진로 발달 과정으로서 흔히 건축설계에 비유된다.

3. 진로 설계의 중요성

진로 설계의 중요성은 다음과 같다. 첫째 직업 세계의 전문화와 복잡화로 인해 체

74) 인디언 전설에 '독수리 이야기'가 있다. 한 농부가 독수리를 주워서 닭장에서 키웠는데, 결국 독수리는 닭의 생애를 살다가 죽었다는 이야기다. 심지어 그 독수리는 하늘을 나는 멋진 독수리를 보면서도 자신은 그와는 다른 존재라고 인식하며 단지 부러워만 하며 지냈다는 것이다. 필자는 학생들에게 이 이야기의 뒷부분을 만화로 그려 새롭게 꾸며보는 작업을 했다. 학급 학생 35명이 만들어낸 독수리의 삶은 모두 달랐다. 여기서 35명이 그려낸 독수리의 삶의 방향이 바로 진로라고 생각한다. "엄마 저 새는 이름이 뭐죠? 하늘을 나는 모습이 정말 멋있어요." "저 새는 독수리란다. 우리 닭들은 절대로 저렇게 하늘을 날 수 없단다. 그러니 올려다보지도 말거라."

계적인 준비가 필요하고, 둘째 자신의 특성을 파악하고 이에 맞는 직업을 찾는데 체계적인 준비와 노력이 요구되며, 셋째 대학 시절의 진로 설계는 평생 "삶의 폭과 깊이"에 영향을 미친다는 점을 들 수 있다.

4. 진로 설계 시 고려 사항

진로 설계 시 고려할 사항은 아래와 같다.

- 개인의 재능과 부합할 것
- 개인의 열정을 고려할 것
- 사회적으로 필요한가를 고려할 것
- 개인의 양심에 비추어 볼 것
- 타협의 과정임을 명심할 것

5. 평 가[75)]

진로 설계란 자신의 진로 목표를 이루기 위해 준비하는 모든 일련의 과정을 말한다. 진로 계획을 세우기에 앞서 선행되어야 할 가장 중요한 일 중의 하나는 흥미, 적성, 성격, 가치관 등 나 자신을 잘 알고 이해하는 일이다. 하지만 나를 잘 이해했다고 좋은 진로 계획을 설계할 수는 없다. 내가 현재 사는 사회와 직업에는 어떤 변화가 일어나고 있는지, 어떤 변화가 예상되는지에 대한 정보탐색과 함께 세상을 보는 눈을 키워가야 한다. 스스로 자립할 수 있는 직업인이 되어 행복한 삶을 꿈꾼다면 분명한 인생의 목표와 자기 자신의 진로 목표를 명확히 하고, 그 목표들을 이루기 위해 구체적인 실천계획을 세워 실행에 옮기는 것이다. 목표가 분명하지 못하고 계획마저 구체적이지 못하다면 중간의 여정이 힘이 들뿐 아니라 다시 원점으로 돌아와 시작해야 하는 부담감도 가지게 된다.

진로 설계는 발달단계나 교육과정 단계에 따라 성취해야 하는 진로 목표가 다르기도 하고 개인적인 진로 목표에 따라서도 달라지지만, 대체로 다음과 같은 진로 설계 과정으로 이루어져 있다.

자기 이해 → 직업 세계의 이해 → 진로 정보 수집 → 목표 설정 → 실천

---

75) 출처 : 학생의 행복한 삶을 위한 진로 디자인 - 사례로 보는 행복한 진로

진로 설계 과정에서 단계별로 유의해야 할 사항들이 있다.

- 자기 이해 과정에서는 진짜 자신이 누구인지 자기 정체성을 이루어가는 단계이다. 꾸준히 자신을 객관화시키는 작업은 어렵지만, 다시 스스로 자신에게 '진짜 이게 나인가'라는 질문을 계속 던지는 과정에서 자신이 누구인지 완성해 나갈 수 있다. 자기 이해는 집을 짓는 과정에서 기초공사 단계이다. 자기 정체성을 잘 형성하는 일이 진로 설계에는 큰 도움이 된다. 진로 계획도 내가 중심이 되어야 하기에 자기 이해를 바탕으로 진로의 방향성을 설정한다.
- 직업 세계의 이해 과정에서는 사람들이 선호하거나 유행을 좇는 직업이 아닌 사회의 변화에 따르는 직업들을, 흐름과 함께 살펴보는 것이다. 과거와 현재와 미래를 이루어가는 직업 세계가 어떻게 달라지고 있는지, 그 변화를 맥락을 가지고 관찰해야 한다. 특정 직업인의 의견이나 주장을 믿고 직업 세계 전체를 대표하는 것으로 오해해서도 안 된다. 나는 누구이고 지금 나를 둘러싼 직업 세계들은 어떻게 흘러가고 있는지, 변화의 추이를 지켜보는 것이 중요하다.
- 진로 정보 수집단계에서는 믿을만하고 신뢰할 만한 정보들을 모아야 한다는 것이다. 그렇다면 신뢰할만한 정보들은 어떻게 수집할 수 있을까? 우선 국가나 믿을만한 기관들이 내놓은 정보들은 어느 정도의 신뢰성을 가지고 있다고 보면 괜찮다. 예를 들어 커리어넷이나 워크넷의 정보들은 국가기관에서 주도하는 정보제공 사이트로 주관적인 의견이나 어느 한 사람의 의견이 아닌 보편적인 정보들을 제공하고 있다. 요즈음 개인 방송을 통해 제공하는 정보들은 극히 주관적인 내용이 많아 그것들 위주로 정보를 수집하다 보면, 진로 계획수립 시 검증되는 과정에서 어려움을 겪을 수 있다.
- 목표설정에서는 진짜 내가 원하는 목표인가를 되묻고 설정해야 한다. 목표에는 반드시 이루고자 하는 목적이 담겨 있다. 그 목적들을 가지고 목표들을 세워나갈 때 실현 가능성이 높아진다.
- 목표설정에 따른 실천단계로 추상적일 수 있는 목표들을 구체적이고 실천 가능한 계획으로 바꾸는 것이다. 이 과정에서는 실천 가능한, 적어도 준비할 수 있는 계획들인가를 검증하고 잘 조정하여 실제로 계획을 실행으로 옮기는 방법들을 설정한다.

이상 살펴본 바와 같이 진로 설계는 단순히 목표를 설정하는 것만을 의미하지 않는다. 각 과정을 통해 좀 더 발전 가능한 진로 목표를 세우고 실천하고자 노력할 때 우리는 한 단계 성장해 나갈 수 있는 것이다.

제3절 행복한 삶과 직업[76)]

1. 자기 존재를 결정짓는 직업 선택

일반적으로 인생에 있어서 가장 큰 변화를 주는 사건을 가려본다면 결혼과 취업이라고 해도 과언이 아닐 것이다. 본격적인 인생은 이 두 가지 선택으로부터 출발하고 어떤 선택을 했는가가 순탄한 인생의 길과 행복을 좌우한다.

대학 졸업장을 들고 나설 때는 모두 똑같은 출발점에서 서지만, 오랜 세월이 지나면 어떤 선택을 하여 얼마나 노력했는가에 따라 거쳐온 거리가 달라진다.

따라서 첫 선택이 중요하다. 첫발을 어디에 내딛느냐에 따라 그 이후의 과정도 달라지는 법이다. 직업은 단순한 생계 수단을 넘어 자아실현의 도구이자 자기 존재를 결정짓는 기준이므로 첫발을 아주 진지하고 조심스럽게, 그러나 필요에 따라서는 과감하게 내디뎌야 한다.

2. 노동의 3대 의미

그렇다면 여러분은 왜 직업을 가져야 하고, 왜 일해야 하는가.

첫째로 먹고살기 위해, 즉 개체 보존을 위한 수입을 얻기 위해 일한다. 이것이 생존 기반이 되는 노동의 경제적 의미이다.

둘째로 우리는 일함으로써 사회에 공헌하고 사회적 평가를 받아 일정한 지위를 얻게 된다. 그리고 직업을 통하여 사람이 된다는 의미에서 직업은 인격도야의 기반이 된다. 이것이 노동의 사회적 의미이다.

셋째로 우리는 적성에 맞는, 하고 싶은 일을 통해 보람을 느끼고 자기 능력을 발휘하여 행복을 느낄 수 있다. 행복감의 원천이 노동의 인간적 의미이다. 따라서 직업은 얻는 돈만이 아니라 사회적 인식이나 자아실현의 정도를 통해 평가되어 진다.

3. 꿈을 실현하기 위한 직업 선택

사회인의 일은 아르바이트와는 달리 큰 책임이 동반된다. 따라서 일을 선택할 때

---

76) 출처 : https://manpower.co.kr > _bbs > user_xml_guide > view, 행복한 삶을 위한 직업 선택, 맨파워코리아-취업정복하기

는 신중히 생각하지 않으면 안 된다. 좋아하는 일, 최소한 싫어하지 않는 일이라야 잘할 수 있고 오래 지속될 수 있다. 행복한 삶이란 자신이 하고 있는 일과 할 수 있는 일, 그리고 하고 싶은 일이 일치하는 것이다.

직업을 선택하는 것은 꿈을 현실로 실현시키기 위한 하나의 과정이다. 어떤 인생을 보내고 싶은가와 밀접한 관계가 있는 것이다. 이런 점에서, 직업 선택은 자신(自身)이 상상한 이상적인 장래에 다가가기 위한 수단이며 취업 활동은 자신에게 가장 적합한 일을 얻기 위한 준비기간이다. 그리고 그러한 선택은 전적으로 자신의 판단과 책임에 의한 것이어야 하며, 그 책임은 자기 자신에게 부과되어야 한다.

여러분들이 정말 매력적이고 성취 욕구를 불태울 수 있는 직업을 얻고 싶다면 다음의 말을 꼭 기억해 주기 바란다. 미래는 준비하는 자(者)의 것이다.

제 4 장	행복한 삶과 진로 설계
제5장	자신에 대한 이해
제 6 장	직업 및 직무정보 탐색
제 7 장	기업과 직무 이해
제 8 장	직업인의 세계 탐색
제 9 장	직업과 학습
제 10 장	의사결정 연습
제 11 장	구직서류
제 12 장	면 접

제1절 자아인식의 의미와 방법

자아인식능력은 자신의 흥미, 적성, 특성 등을 이해하여 자기정체감을 확고히 하는 능력이다.77) 자아인식78)은 직업생활에서 자신의 요구를 파악하고 자신의 능력 및 기술을 이해하여 자신의 가치를 인식하는 것으로 개인과 팀의 성과를 높이는 데 필수

77) 감성적 리더십을 효과적으로 발휘하기 위해서는 무엇보다 리더 스스로가 감성지능을 구성하는 다양한 감성적 역량을 갖추기 위해 노력해야 한다. 감성적 리더십을 발휘하는 첫 관문은 자기 자신을 얼마나 객관적이고 냉철하게 평가하고 솔직할 수 있는가에 달려 있다. 즉, 자아인식능력(Self-Aw areness)이 높아야 한다는 것이다. 이를 갖춘 리더는 자기자신의 감성 상태, 강점과 약점, 니즈, 지향점, 가치 등을 있는 그대로 파악할 수 있다. 자아인식능력이 높을수록 강한 신념과 자신감을 지닐 수 있으며, 자신의 실수에 대해서도 솔직히 인정하는 태도를 갖출 수 있다. 그렇지 못할 경우 구성원들에게 거짓된 모습을 보이는 경우가 많고 결국 구성원들로부터 불신을 초래하게 된다. 이와 관련하여 김현기(2002), 감성지능을 높여라, LG 주간경제, 2002.10.30. 참조.

78) 심리학에서 말하는 자아인식의 또 다른 해석은 다음과 같다. 어떻게 하면 자신의 감정에 휘둘리지 않고 상대와 원활한 소통을 할 수 있을까? 또 어떻게 해야 선입견 없이 객관적으로 타인 또는 타인의 의견을 받아들일 수 있을까? 여기에는 '자아인식'이 필요하다. 자아인식이란 자신의 직감을 점검하고, 감정 반응을 되돌아보게 하며, 때로는 자신의 주관적 의견에 스스로 반박을 가하게도 만드는 일종의 반성 능력이다. 이는 우리가 이성적으로 적합한 소통방식을 찾을 수 있도록 도움을 주며, 한때의 감정에 편견을 결론으로 둔갑시켜 다른 사람의 생각과 태도를 오해하는 일이 없도록 막아주는 역할을 하기도 한다. 언뜻 듣기에는 복잡하게 느껴질지도 모르지만, 사실 우리는 매일 이러한 능력을 활용하고 있다. 이와 관련하여 https://love-lovesalon.com > entry, 훈련을 통해 자아인식을 높여라, by lovesalon, 2022.06.28. 참조.

적으로 요구된다. 직업인이 자신의 역량 및 자질을 개발하기 위해서는 자신을 이해하는 것이 선행되어야 한다.

자기 자신의 특성을 잘 알고 이를 잘 활용하는 사람이 있는 반면, 자신의 특성을 모르고 있는 사람도 있다. 자신을 잘 안다면 업무 및 직업생활을 효과적으로 수행할 수 있다.

1. 나를 안다는 것은

나를 안다는 것은 자신의 가치, 신념, 태도 등을 아는 것을 넘어서 이것들이 자신의 행동에 어떻게 영향을 미치는가를 아는 것이다.

한 사람이 직업인으로서 자신이 원하는 직업을 갖고 그 일을 효과적으로 수행하기 위해서는 장기간에 걸친 치밀한 준비와 노력이 필요하며, 자신을 분명하게 아는 것이 선행되어야 이러한 준비와 노력이 적절히 이루어질 수 있다. 즉 직업인으로서 자아인식이란 다양한 방법을 활용하여 자신이 어떤 분야에 흥미가 있고, 어떤 능력의 소유자이며, 어떤 행동을 좋아하는지를 종합적으로 분석하여 이해해야 한다.

자기를 지각하고 그 지각된 내용을 체계화시킴으로써, 자신을 존중하고 자신을 가치 있다고 여기는 동시에 자신의 한계를 인식하고 이를 더 보완해야 하겠다는 욕구를 가질 수 있다. 이러한 자아 인식 노력은 자아존중감을 확인시켜 주며 동시에 자기개발의 토대가 된다. 직업인으로서 자아인식은 직업생활에서 자신의 요구를 파악하고 자신의 능력 및 기술을 이해하여 자신의 가치를 확신하는 것으로 개인과 팀의 성과를 높이는 데도 필수적으로 요구된다.

2. 자아의 개념과 자아존중감

(1) 자아의 개념

자아(自我)는 자신에 대한 인식과 신념의 체계적이고 일관된 집합이다. 자아는 내면적인 성격이며, 정신이라고 할 수 있다. 자아는 사람이 자신의 삶에서 갖고 있는 경험과 경험에 대한 해석에 영향을 받는다. 한마디로 자아는 자기 존재를 스스로 인식하여 외부와 타인을 판단하고 행동하는 독립체를 의미한다.

자아는 크게 '객체로서의 자아', '주체로서의 자아', '프로젝트로서의 자아' 세 가지로 구분할 수 있다.[79)]

---

79) https://hmseo91.tistory.com/1566?category=946805 [홈쟈의 티스토리], 자아의 유형, 2021.09.07. 참조.

객체로서의 자아	- 타인이 자신을 대하는 태도를 통해 형성되는 자아이다. - 타자와의 관계로부터 형성되는 사회적 정체성이다. - 자신에 대한 타인의 역할 기대가 반영되어 있다. - 타인의 눈에 들어 자신의 가치에 대해 인정받기를 갈구하는 자아이기도 하다.
주체로서의 자아	- 스스로 생각하는 자아이다. - 스스로 삶의 목표를 설정하는 개별적 정체성이다. - 자신의 삶에 대한 목표가 반영되어 있다. - 이를 통해 외부의 인정 없이도 자기 존엄을 형성할 수 있고, 외부의 피드백은 성장의 기회로 삼는다.
프로젝트로서의 자아	- 자신이 되고자 결심한 것에 맞춰 스스로 기획하고 창조한 자아이다. - 자신이 되고자 하는 바를 스스로 기획하여 스스로 만들어낸 정체성이다. - 성과와 관련된 강요 등에 속박된 자기 강제성을 띠기도 한다.

(2) 자아존중감

자아존중감이란 개인의 가치에 대한 수관적인 평가와 판단을 통해 자기결정에 도달하는 과정이며, 스스로에 대한 긍정적 또는 부정적 평가를 통해 가치를 결정짓는 것이다. 이러한 가치 판단은 자신의 정체성 형성에 영향을 주는 중요한 요소이다. 자아존중감은 주변의 의미 있는 타인에게 영향을 받으며, 환경에 적응할 수 있도록 도움을 줘 긍정적인 자아 형성에 매우 중요하다.

자아존중감은 다른 사람들이 자신을 가치 있게 여기며 좋아한다고 생각하는 정도인 가치 차원, 과제를 완수하고 목표를 달성할 수 있다는 신념의 능력 차원, 자신이 세상에서 경험하는 일들과 거기에 영향을 미칠 수 있다고 느끼는 정도의 통제감 차원으로 구분할 수 있다.

3. 나를 아는 방법은

내가 어떠한 사람인지 알아내는 방법은 여러 가지가 있다. 우선 스스로 질문을 통해 알아내는 방법이 있으며, 다른 사람의 의견이나 표준화된 검사 도구를 활용하여 알아낼 수도 있다.

일과 관련하여 다른 사람이 알 수 없는 나를 알기 위해서 다음과 같은 질문을 해 보는 것도 좋다.

- 일할 때 나의 성격의 장단점은 무엇인가?
- 현재 일과 관련된 나의 부족한 부분은 무엇인가?
- 일과 관련한 나의 목표는 무엇인가?
- 그것은 나에게 어떠한 의미가 있는가?
- 지금 내가 하는 일이 정말로 내가 원했던 일을 하고 있는가?

다른 사람과의 대화를 통해 자신이 어떠한 사람인지 생각해 볼 수 있다. 다른 사람과 대화를 하다보면 내가 무심코 지나쳤던 부분들을 알게 되고, 다른 사람들은 나에 대하여 어떻게 판단하고 있는지를 객관적으로 알 수 있다. 다음과 같은 질문을 통해서 다른 사람이 생각하는 나를 확인할 수 있다.

- 나의 장단점은 무엇인가?
- 내가 무엇을 하고 있을 때 가장 재미있어 보이는가?
- 어려움이나 문제 상황에 처했을 때 나는 어떠한 행동을 하는가?

자신을 알아가는 또 다른 방법으로는 표준화된 검사 도구를 활용하는 것이다. 표준화된 검사 도구는 자신을 다른 사람과 객관적으로 비교할 수 있는 척도를 제공한다. 여러 가지 검사 도구를 활용하여 자신의 특성을 객관적으로 파악하면 이후 진로를 계획하거나 직업을 탐색하고 결정하는 데 도움을 받을 수 있다.

- 커리어넷(www.career.go.kr) :
  직업흥미검사, 직업적성검사, 직업가치관검사
- 워크넷(www.work.go.kr) :
  직업흥미검사, 적성검사, 직업가치관검사, 직업인성검사
- 한국행동과학연수소(www.kirbs.re.kr) :
  적성검사, 인성검사, 직무지향성검사
- 한국심리검사연구소(www.kpti.com) :
  MBTI, STRONG 진로탐색검사, 직업흥미검사, AMI 성취동기검사
- 한국적성연구소(www.juksungtest.co.kr) :
  진로흥미검사, 적성특성종합검사, 일반적성검사, 진로탐색검사
- 중앙적성연구소(www.cyber-test.co.kr) :
  생애진로검사, 학과와 직업 적성검사, GATB적성검사, 적성진단검사
- 한국사회적성개발원(www.qtest.co.kr) :
  KAD(Korean Aptitute Development) 검사, 인성검사, 인적성검사

4. 자기 인식을 높이는 5가지 방법

(1) 마음 챙김과 명상 연습

마음 챙김이란 생각에 빠지거나 삶을 반추하거나 공상에 빠지기보다는 존재하는 자신의 순간과 주변 환경에 주의를 기울이는 것을 말한다. 명상은 호흡, 느낌과 같은 한 가지에 주의를 집중하여 생각을 붙잡는 대신 떠돌게 하는 마음을 붙잡는 연습이다. 이는 본인의 내부 상태와 사물에 대한 반응을 더 잘 인식하는 데 도움이 될 수 있다. 또한 당신의 생각과 감정을 식별하고 그것에 너무 사로잡혀 '자아'를 잃지 않도록 도와줄 수 있다.

(2) 요가 연습

요가는 신체적 연습이지만 정신적 연습이기도 하다. 몸이 늘어나고 구부러지고 구부러지는 동안의 마음은 자기 수용 및 인식을 높여준다. 당신은 당신의 몸과 나타나는 모든 감정을 더 잘 인식하게 되고, 당신은 마음에서 일어나는 생각을 더 잘 인식하게 된다. 요가와 마음 챙김 또는 명상을 결합하여 자기 인식을 높일 수도 있다.

(3) 성찰할 시간 내기

성찰은 여러 가지 방법으로 수행할 수 있으며 중요한 것은 생각, 감정 및 행동을 검토하여 기준을 충족하고 개선할 수 있는 부분을 확인하는 작업이다. 또한 자신 자체를 반성하여 자신이 견디기에 좋은 표준인지 확인할 수 있다. 일기를 쓰거나, 소리내어 말하거나, 조용히 앉아서 생각하는 것을 시도해보자.

(4) 글쓰기

글쓰기의 이점은 자신의 생각과 감정을 식별하고, 명확히 하고, 받아들일 수 있다는 것이다. 당신이 원하는 것이 무엇인지, 무엇을 소중히 여기는지, 무엇이 당신에게 적합한지를 발견하는 데 도움이 된다. 또한 원하지 않는 것이 무엇인지, 중요하지 않은 것이 무엇인지, 자신에게 적합하지 않은 것이 무엇인지 알아내는 데 도움이 될 수 있다. 둘 다 배우는 데 똑같이 중요하다. 글의 흐름, 주요 항목, 글 머리 기호, 목록 또는 시를 작성하든 상관없이 생각과 감정을 적어두고 의도적으로 작성하면 도움이 된다.

(5) 피드백 요청하기

내부에서 자신을 알고 있다고 느끼는 것이 중요하지만, 외부 피드백도 도움이 된다. 가족과 친한 친구에게 당신에 대해 어떻게 생각하는지 물어보자. 그들이 당신을 어떻게 묘사하고 당신에게 무엇이 진실인지, 그리고 무엇이 당신을 놀라게 하는지 알아보게 하자. 그들이 말하는 것을 주의 깊게 고려하고 일기를 쓰거나 반성할 때 그것에 대해 생각하자. 물론 한 사람의 말을 복음으로 받아들이지 말자. 자신에 대한 포괄적인 견해를 얻으려면 다양한 사람들과 이야기해야 한다. 그리고 하루가 끝나면 가장 중요한 것은 자기 신념과 감정이라는 것을 기억하자!

[생각해보기 5] 자기 계발을 위한 성찰에는 '실천'이 반드시 수반되어야 한다

'가장 의미 있는 학습은 학습 과정에서가 아니라 행동에 대해 성찰(Reflection)해볼 때 이뤄진다(레지놀드 레번스 : '액션 러닝'을 창시한 영국의 학자이자 경영 컨설턴트).'

▮ 성찰이란

성찰은 행동이나 학습의 내용을 다시 한번 정리해 보고 되새겨, 실행으로 옮길 수 있도록 준비하는 활동을 말한다. 특히 '실행'이라는 부분이 중요하다.

성찰은 작업의 '품질'을 살피고 문제점의 유무를 탐색하는 데 유용할 뿐만 아니라, 이미 알고 있는 사실에서 새로운 아이디어를 만들어내는 역할도 한다. 후자의 효과는 팀 학습에서 다른 사람의 느낌과 생각을 공유함으로써 얻을 수 있다.

성찰을 적용할 수 있는 분야는 개인 및 조직의 학습과 자기 계발, 업무에 대한 리뷰 및 평가, 의사결정 등 꽤 범위가 넓다. 성찰은 업무가 끝난 후는 물론 진행 중에도 할 수 있다. 업무 진행 중 성찰의 구체적인 방법으로는 '멈추고 성찰하기(Stop and Reflection)'가 있다. 여러 명이 함께 회의나 일을 하다가 새로운 개념(또는 업무)이 나오면, 아무나 '스톱'을 외치고 이를 차트에 적은 후 나중에 리뷰를 통해 그것을 차근차근 짚어보는 것이다.

▮ 어떻게 성찰할 것인가?

성찰이 실제 기업 현장에서 쓰이는 대표적인 예로는 액션 러닝(Action Learning)을 들 수 있다. 액션 러닝은 조직 구성원이 학습 팀을 구성해 문제(실제 업무와 관련한)의 본질과 효과적인 해결 방법을 스스로 탐구, 질의, 성찰함으로써 학습 효과를 얻는 방법론이다.

김형숙 한국액션러닝협회 부회장은 액션 러닝을 L(Learning : 학습) = P(Programmed Knowledge : 기존의 정형화된 지식) + Q(Questioning : 질의) + R(Reflection : 성찰)로 표현한다. 현명한 질문은 팀원들이 가지고 있는 기본 가정을 흔들어놓음으로써 새롭고 창의적인 사고를 촉진한다. 그리고 문제 해결을 위한 팀 미팅 및 성찰은 팀원들이 서로의 경험으로부터 학습하게 하고, 그들에게 통찰력을 제공해준다.

성찰은 개인이 프로페셔널로 성장하는 데에도 도움을 준다. 나날이 자신을 발전시키기 때문이다. 개인적인 성찰은 하루를 돌아본다는 점에서 일기 쓰기와 비슷하다. 다만 '실천'이 꼭 들어가야 구체적인 발전을 이룰 수 있다.

만약 늦잠을 자다 영어학원에 가지 못했다고 하자. 이때는 단순히 '잘못했다'고 반성만 할 게 아니라 '저녁에 TV 보는 시간을 줄여 11시 이전에 일찍 잠자리에 든다'와 같이 구체적 행동을 정해 실천해야 발전이 있다.

박헌준 연세대 교수는 "성찰 없는 행동(Performance)은 발전이 없고, 공허할 수밖에 없다"고 언급했다. 바쁜 일상 속에서 가끔은 멈춰 자신을 돌아봐야 하는 이유가 바로 여기에 있다.

〈출처 : 문권모(2009.04.), DBR 30호, 2009년 4월 Issue 1.〉

5장

제2절 나의 이해[80)]

사람은 각각 개인적인 특성, 즉 적성, 흥미, 가치관, 성격 등 눈에 보이지 않는 내면적인 특성을 지니고 있다. 또 신체적 특징이나 외모 등 독특한 외면적인 특성도 지니고 있다. 사람은 각기 다른 가정환경과 사회 환경에서 살아가며 자신의 특성과 개성을 발전시킨다.

자신의 특성과 개성을 잘 파악하고 실천해 나가기 위해서는 먼저, 자신에 대한 올바른 이해가 필요하다. 내가 누구인지, 내가 하고 싶어 하는 일은 무엇인지, 내가 잘할 수 있는 일은 무엇인지에 대하여 알아야 한다. 그러기 위해서는 부모나 형제자매, 친구 등을 통해 자신의 특성이나 장단점을 알아볼 수 있다. 또 여러 가지 검사를 받아보거나[81)] 전문가로부터 상담을 받아보면 자신의 특성을 좀 더 구체적으로 파악할 수 있다.

80) 이하의 내용은 주로 나의 특성 탐색-진로와 직업(장석민), 참조.
81) 진로적성검사(대표적으로 한국직업능력개발원 커리어넷(http://www.career.go.kr)의 진로적성검사와 한국

자신의 미래를 올바르게 설계하기 위해서는 적성, 흥미, 가치관, 성격 등 자신의 특성을 다양한 측면에서 탐색하고, 가정이나 학교생활, 교우 관계 등 자신이 속한 다양한 환경에서 개인적 특성이 어떻게 나타나는지 이해할 수 있어야 한다.

1. 체험1 : 숨겨진 나를 알아보자

평소에 자기 자신에 대하여 어떻게 느끼고 생각하는가를 알아볼 필요가 있다. 일례로 자신의 좋은 점과 좋지 못한 점은 무엇인지, 그리고 앞으로 고쳐야 할 점은 무엇이며, 어떻게 고쳐야 할 것인가를 적어보자.

2. 체험2 : 내가 생각하는 나, 다른 사람이 생각하는 나

내가 생각하는 나에 대하여 적어보고, 부모님이나 친구 등 다른 사람에게 나에 대해 어떻게 생각하는지 물어서 적어 보자. 일례로 나에 대하여 나와 다른 사람의 생각이 같은 점은 무엇인지, 그리고 나에 대하여 나와 다른 사람의 생각에 다른 점이 있다면 그 이유는 무엇일까? 적어보자.

3. 자성예언

사회학자 머튼(Merton, R. K.)은 어떤 우연한 근거에서 어떤 예언이 형성되면 예언 자체가 그 예언을 실현시키는 강력한 요인이 된다고 하였는데, 이것이 자성예언(自成預言)이다.

예컨대 운동 경기에서 강력한 상대 팀을 만나 패배할 것이라는 예감이 들면 불안과 긴장감에 휩싸여 결국 경기에서 지게 된다는 것이다. 이러한 이론은 로젠탈(Rosenthal, R.)과 제이콥슨(Jacobson, L.)에 의해 교사가 학생에게 거는 기대가 실제로 학생의 성적 향상에 효과가 있다는 것으로 입증되었고, 교육심리학의 피그말리온 효과(Pygmalion Effect)에 의해서 널리 알려지게 되었다.

피그말리온은 그리스 신화에 나오는 키프로스의 왕으로, 여성에 대해 좋지 않은

고용정보원 워크넷(http://www.work.go.kr)의 진로적성검사가 있음)는 여러 기관에서 아주 다양하게 개발되어 판매되고 있는데, 이것 역시 자신을 이해하기 위한 많은 방법 중 하나일 뿐이다. 따라서 진로적성검사의 결과를 무조건적으로 신뢰하기보다는 하나의 참고자료로 활용하는 것이 합당하다. 진로적성검사는 진로 탐색의 시작이다. 이를 통해 자신을 보다 더 깊이 이해하는 시간을 갖고 스스로 진로에 대해 충분히 고민하고 생각한 후, 방향을 결정하는 것이 좋다.

감정이 있어 결혼을 하지 않고, 자신이 직접 세상에서 가장 아름다운 여인을 조각하였다. 피그말리온은 실물 크기의 이 여인상에 갈라테이아라는 이름을 붙이고 실제로 사랑하게 되었고, 이 여인상 같은 여자를 아내로 삼게 해 달라고 기원하였다. 그의 마음을 헤아린 아프로디테는 조각상에 생명을 불어넣어 주어 피그말리온은 갈라테이아와 결혼할 수 있었다.

이에 따라 피그말리온 효과는 타인의 기대나 관심으로 인해 능률이 오르고 결과가 좋아지는 현상을 일컫게 되었다. 이러한 이론을 의학에서는 플라세보 효과(Placebo effect)라고 한다. 사람들에게 플라세보(속임약)를 투여한 경우에도 환자가 그 효과를 신뢰하면 증상의 호전 등 효과가 나타난다는 것이다. 자기 암시나 자기 최면이 효과를 지니는 것은 아마도 심리적인 요인 때문일 것이다. 의학자들은 이를 심리적 효과라고 분석하고 있다.

결과적으로 자성예언의 효과를 얻기 위해서는 본인 스스로 긍정적인 마음을 가지고, 할 수 있다는 자신감을 가져야 한다. 또 올바른 진로 선택에 의한 계획적인 준비와 실천이 뒷받침되어야 한다.

제3절 흥 미

흥미는 능력이나 적성과는 달리 어떤 일이나 활동에 관심이 있고 재밌어하는 것으로,[82] 개인마다 각기 다양하며 여러 가지 경험을 통해 발견할 수 있다. 흥미는 일시적인 경우가 많아 지속적인 특성을 가지는 적성과 달리 성장하면서 변화하는 특성이 있다. 흥미는 직업을 선택하는 데 아주 중요한 요인이 된다. 자신의 흥미에 맞는 직업을 선택하여 일을 하는 사람은 흥미가 없는 일을 하는 사람보다 업무 수행 능력이 뛰어날 뿐만 아니라 일에서 느끼는 만족도도 더 크다.

따라서 자신의 흥미를 탐색하여 자기 자신을 더 잘 이해하고, 자신의 흥미에 맞는 직업을 찾을 수 있어야 한다.[83] 흥미를 알아보는 방법에는 여러 가지가 있는데 그중 홀랜드(Holland)가 분류한 유형을 중심으로 관련 내용을 살펴보기로 하자.

---

82) 한마디로 어떠한 활동이나 사물에 대하여 특별히 좋고 즐거운 느낌을 지니거나 관심을 나타내는 것을 흥미라고 한다.

83) 흥미는 어려서부터 자신이 처한 환경 속에서 발달해가는 경향을 보인다. 자신이 요즘 좋아하거나 관심 있는 것을 떠올려봄으로써 자신의 흥미를 파악할 수 있다. 자신의 흥미를 알고 이에 부합되는 직업 또는 일을 선택하는 것은 직업적 만족과 성취에 매우 중요한 요인이므로 앞으로 지속적으로 자신을 이해하는 시간을 갖고 이를 바탕으로 자신의 꿈을 탐색해 나갈 필요가 있다.

1. 홀랜드의 직업 흥미 유형 6가지

직업 심리학자인 홀랜드(Holland, J. L.)는 직업 흥미 유형을 각 개인이 살고 있는 특징적인 문화 속에서 얻게 된 결과물이며, 각 개개인이 가진 유전적인 특징과 경험을 통해서 그들의 행동을 결정한다고 하였다. 그는 흥미 및 직업환경 특성을 현실형, 탐구형, 예술형, 사회형, 진취형(혹은 기업형), 관습형과 같이 6가지로 분류하였다.

2. 흥미 유형별 특성과 관련 직업

나의 흥미 유형은 무엇인지, 그것에 따른 추천 직업은 무엇인지를 함께 알아보기로 하자. 관심이 가고, 마음에 끌리는 분야는 자꾸 더 하고 싶어지기 때문에 실력으로 발전시킬 수 있는 확률이 높다. 흥미는 직업을 결정한 이후에도 일에 대한 만족감과 지속성, 성공 등과 밀접한 관련이 있다. 그래서 자신의 흥미 분야를 아는 것은 진로 방향을 예측하는 데 도움이 된다.

이제 6가지 흥미 유형별 특성과 관련 직업에 관한 사항이 아래 표에 제시되어 있으니 참고삼아 보기 바란다.

흥미 유형	특 성	활 동	관련 직업
1. 현실형 (Realistic)	성실 · 검소 · 도구 사용과 기계적 적성이 높으나 사교 능력이 부족하다. 물질 지향적 · 구체적 · 실용적이며 기능성을 선호한다.	• 명확한 결과를 산출하는 일 • 고치기, 만들기, 수리하기 등 • 무거운 장비나 큰 기계를 작동하고 설계하는 일 • 섬세한 운동신경, 손재주를 요구하는 일, 도구를 사용하는 일 • 정밀한 기계를 작동하는 일	경찰, 조종사, 자동차 정비사, 전기 기술자, 정원사, 영농인, 소방관, 농장 경영인, 목수, 운동선수, 기타 엔지니어 등
2. 탐구형 (Investigative)	지적 호기심과 수학·과학 분야에 적성이 높고, 추상 · 논리 · 분석 · 탐구 · 창의력 연구를 즐긴다.	• 독립적인 일, 조사 · 분석 업무, 자료 수집과 조작하는 일 • 사고를 통해 문제를 해결하는 일 • 과학적이고 실험적인 일 • 애매하거나 추상적인 과제를 수행하는 일	교수, 의사, 약사, 수의사, 의료 공학자, 수학자, 사회학자, 물리학자, 생물학자, 과학자, 심리학자, 화학자 등

흥미 유형	특 성	활 동	관련 직업
3. 예술형 (Artistic)	자유분방 개방 · 직관 · 창의력 적성이 높고, 창의성을 지향하는 아이디어와 재료를 사용하여 새로운 방식으로 표현하는 예술 분야에 흥미를 가진다.	• 작곡, 작문, 연기, 공연 등 • 예술 창작 • 독립적으로 일하기 • 악기 연주, 장식, 설계 등	순수 예술가, 소설가, 극작가, 시인, 응용 미술가, 조각가, 화가, 음악가, 무용가, 미술 교사, 사진작가, 방송인, 광고 전문가, 디자이너, 실내 장식가, 전문 저술가 등
4. 사회형 (Social)	사교적 · 봉사적 적성이 높고 다른 사람과 협력하여 일하는 것을 좋아한다. 남을 돕고 가르치는 일에 관심을 가지고 있다. 기계적 일을 피한다.	• 가르치기, 설명하기, 계몽하기, 안내하기 • 돕기, 촉진하기 • 정보 제공하기, 계획하기 • 문제 해결, 논의 주도 등	교사, 사회복지사, 종교지도자(성직자), 상담가, 어린이 보육교사, 간호사, 임상 심리학자, 물리 치료사 등
5. 진취형 또는 기업형 (Enterprising)	외향적 · 지배적 · 기업가적 기질이 강하고, 언어적 적성이 높으며 특정 목표를 달성하기 위해 남을 통솔하는 데 관심이 있다.	• 판매, 구입 업무, 고객 접대하기 • 정치적 모의 활동, 연설하기, 회담하기, 발표하기 • 위원회, 단체, 조직, 회사 이끌기 • 사람, 사업 관리하기	정치가, 법률가, 기업가, 행정가, 보험회사원, 언론인, 경영인, 쇼핑 호스트, 판매사, 항공기 승무원, 여행사 직원, 유통업자, 관리사, 지배인, 원예업자, 구매사 등
6. 관습형 (Conventional)	변화를 싫어하며 수리적 · 사무적 적성이 높다. 계획적으로 일하고 세밀하고 꼼꼼하며, 일에 능숙하고 정확하며 자료를 보관하고 조직하는 과제를 잘 해낸다. 예술 활동 분야는 피한다.	• 재정 분석 수행, 사무기계 작동 • 사무 진행 과제 조직하기 • 기록, 재정 장부 정리, 사업보고서 작성 • 차트와 그래프 만들기	은행가, 공인회계사, 세무사, 감사원, 통계학자, 컴퓨터 프로그래머, 신용 관리사, 보험 설계사, 행정비서, 사무직원, 사서 등

3. 체험3 : 나의 흥미 유형 알아보기

장래 희망에 대한 진로 흥미 방향과 정도를 알아볼 필요가 있다. 흥미 유형별 특성과 활동을 고려하여 자신이 좋아하는 것을 체크해 봅시다. 일례로 자신의 흥미 유형, 즉 나의 흥미는 어떤 유형인지, 그리고 흥미와 관련하여 나에게 적합한 직업을 찾아보자.

4. 직업 흥미 탐색84)

직업 흥미란 어떤 일을 얼마나 좋아하고 관심을 갖는지, 이에 관한 일반화된 행동 경향을 의미한다. 자신의 흥미를 잘 찾고 그와 맞는 직업을 선택한다면 즐거운 마음으로 살아가는 데 큰 도움이 된다. 자신의 직업 흥미에 대해서 다음의 활동지를 작성해 본 후 경력 활동을 기록해보자.

<table>
<tr><td>1. 나의 직업 흥미를 명확히 알고 있는가?</td><td>① 전혀 아니다 ② 대체로 아니다
③ 보통이다 ④ 대체로 그렇다
⑤ 매우 그렇다</td></tr>
<tr><td>2. 현재 나의 직업 흥미는?
※ 직업흥미검사를 받은 적이 있고, 검사 결과를 기억한다면 구체적인 직업 흥미 유형으로 답해 보세요.</td><td></td></tr>
<tr><td>3. 나의 직업 흥미 변천사는?
※ 초등학교 때부터 현재까지 각 시기마다 자신이 흥미를 가졌던 직업명을 작성해보세요.</td><td>1) 초등학교 이전
2) 초등학교
3) 중고등학교
4) 현재</td></tr>
<tr><td>4. 현재 나의 관심 진로(직업)는?</td><td></td></tr>
<tr><td>5. 직업 흥미를 발견하게 된 주요 계기는?</td><td>① 견학 및 프로그램 참여 경험
② 친구와의 대화 ③ 직무체험
④ 직업인과의 대화 ⑤ 매스컴
⑥ 기타( )</td></tr>
<tr><td rowspan="2">6. 나의 직업 흥미가 현재 계획하는 진로(직업)와 일치하는가?</td><td>① 그렇다 ② 아니다</td></tr>
<tr><td>이유 :</td></tr>
<tr><td>7. 일치하지 않는 경우 흥미에 맞는 다른 진로(직업)를 어떤 방법으로 찾아볼 것인가?</td><td>㉑ 흥미검사에서 추천한 직업 재검토, 전공 진로 탐색 프로그램 참여 등</td></tr>
</table>

84) 전북대학교(https://eei.chonbuk.ac.kr>bbs>eei>download), 2021년도 전공 진로 설계 학생용 가이드.pdf. 참조.

선택활동	* 이외에도 직업 흥미에 대해 더 자세히 알고 싶다면 다음의 방법을 사용해 보세요. - 인터넷 심리검사 실시 : 워크넷 홈페이지(www.work.go.kr) 회원가입 후 로그인 → 직업 · 진로 → 성인용 심리검사 실시 → 직업선호도검사 S형 또는 L형 검사 실시 - 대학 내 취업 지원 관련 부서의 심리검사 실시 - 자기성찰 활동 : 다음에 대하여 스스로 묻고 답한다. • 시간을 잊고 몰두했던 활동이 무엇인가? • 재미있게 들었던 학과목은 무엇인가?

제4절 적 성

적성은 개인이 어떤 특정한 분야에서 필요한 기능을 얼마나 쉽게 학습하고, 그 분야에서 주어진 일을 성공적으로 수행할 수 있는가에 대한 일반적인 능력의 가능성을 말한다. 즉 적성은 현재의 능력을 의미하기보다는 장래의 성공 가능성을 말해 주는 잠재적 능력이다.

따라서 적성을 발견하려면 신중하고 꾸준한 탐색이 이루어져야 하며, 여러 가지 생활 경험이나 가정교육 등을 통해 잠재 능력과 소질을 계발하고 발견하는 것이 중요하다. 적성을 발견할 수 있는 방법에는 스스로의 자기 관찰, 선생님, 가족, 친구의 조언 및 상담과 적성검사 등이 있다. 적성검사는 개인이 특정 직업에서 성공할 수 있는 잠재 능력과 소질을 지니고 있는지를 조사하는 도구이다.[85)]

85) 대표적인 참고사이트로 커리어넷(http://www.career.go.kr)과 워크넷(http://www.work.go.kr)를 들 수 있음. 한편 적성과 소질을 찾기 위해서는 자기가 무엇을 잘하는지를 알아야 하는데, ▲생활상에서 나타나는 행동상의 성향, ▲어떤 일을 선택할 때 나타나는 마음의 선택(심리 성향) 방향, ▲일이나 상황에 대한 행동과 마음의 태도, ▲직접적인 체험을 통해 직업적인 적응의 정도(직업 적응력), ▲학업성적 등을 아는 것이 기본적으로 중요하다. 이를 위해 자신을 돌아보는 시간이 필요하다. 만약, 자신을 이해하기 어렵다면 좀 더 객관적이고, 구체화 시켜서 자신을 돌아볼 수 있게 도와주는 심리검사 도구를 이용하는 것도 좋은 방법이다. 이와 관련된 심리검사로는 다중지능적성검사, 성격유형검사, 흥미성격검사, 직업흥미검사, 학습전략검사 등이 있다. 다중지능적성검사는 한국교육진흥연구소의 온라인 심리검사센터(www.kmiq.org)를 이용해볼 수 있으며, 성격유형검사는 한국 MBTI연구소에서 개발한 MBTI(http://www.career4u.net/)와 에니어그램 성격유형검사를, 성격유형을 통한 스트롱직업흥미검사, 스트롱직업탐색검사는 어세스타(http://www.career4u.net/), 직업흥미성격검사 및 진로발달검사인 홀랜드검사는 한국가이던스에서 할 수 있다. 기타 관련 검사들도 심리검사 기관을 통해 할 수 있으며, MBTI와 스트롱(STRONG)검사, 에니어그램 성격유형검사는 반드시 전문가를 통해서 진행할 수 있다. 관련 내용은 천사나비(2012), 진로결정 과정에서 나의 적성과 소질 찾기, 네이버 블로그, 2012.01.11. 참조.

1. 적성 유형별 특징과 관련 직업

적성 유형별 특징과 관련 직업 분야에 관한 사항이 아래 표에 제시되어 있으니 참고삼아 보기 바란다.

적성 유형	특 징	관련 직업 분야
① 언어와 설득 능력	정확한 의사소통을 위해 정확한 단어를 선택하고 어휘를 연상하며 문장의 뜻을 이해하고 의사를 발표하는 능력과 다른 사람을 설득하여 자기 편으로 만들거나 상품이나 물건을 파는 능력을 말한다.	아나운서, 논설위원, 정치 지도자, 평론가, 법조인, 사회과학연구가, 기업가 등
② 수리와 척도 해독력	정확하고 빠르게 계산하는 능력 및 척도, 그래프, 차트, 계기 등을 신속·정확하게 읽는 능력을 말한다.	과학 분야 직업, 공업 기술 분야 직업, 전산 관련 직업, 사무 계통의 직업, 회계 담당 등
③ 논리와 추리력	논리적인 사고나 원리 추구를 통해 문제를 해결하는 능력을 말한다.	판사, 검사, 논설가, 기자, 경찰, 엔지니어, 인문·사회과학과 자연과학 분야의 연구가 등
④ 기계와 수공 능력	운동 감각의 정확성과 신속히 반응하는 능력과 함께 각종 기계 기구를 다루는 능력을 말한다.	전자공, 전기공, 인쇄공, 기계 수리 기술자, 조립 전기 기술자, 토목 기술자 등
⑤ 과학적 사고와 창의력	새롭고 독특한 방식으로 문제를 해결하고 아이디어를 내는 능력을 말한다.	과학기술 분야, 예술 분야, 모든 연구 분야의 직업
⑥ 대인관계	다른 사람들과 더불어 살아가는 능력을 말한다.	의료, 교육, 종교, 사회사업, 상담, 보육, 레크리에이션 분야의 직업
⑦ 형태와 사무지각 능력	문자나 기호를 정확하고 신속하게 식별하고, 실물이나 도해를 정확하고 빠르게 비교, 변별하는 능력을 말한다.	도안, 디자인 등의 응용미술 분야, 서기, 정리의 사무 분야, 기타 기능 분야 등

2. 체험4 : 나의 적성 알아보기

자신의 적성을 간편하게 알아볼 수 있는 적성검사를 이용하여 나의 적성을 알아볼 필요가 있다. 이를 토대로 자신의 적성 영역과 자신의 적성 유형에 따른 특징과 관련 직업을 찾아보자.

3. 직업적성 탐색86)

직업적성이란 특정한 직업환경에서 요구되는 능력이나 소질의 정도로 개인의 잠재력이 발견되고 계발된 능력을 의미한다. 적성에 맞는 직업을 선택하면 유능한 직업인이 되는 데 큰 도움이 된다. 다음의 활동지를 작성한 후 기록해보자.

1. 나의 직업적성을 명확히 알고 있는가?	① 전혀 아니다 ② 대체로 아니다 ③ 보통이다 ④ 대체로 그렇다 ⑤ 매우 그렇다
2. 현재 나의 관심 진로(직업)에 대해서 기술해 보세요.	
3. 직업적성검사 경험 떠올리기 ※ 직업적성검사를 받은 적이 있고, 검사결과를 기억한다면 구체적인 결과와 설명으로 답해 보세요.	
4. 나의 적성 변천사는? ※ 잘한다고 생각했던 분야 혹은 과목, 타인에게 긍정적인 피드백을 받았던 경험	1) 초등학교 이전 2) 초등학교 3) 중고등학교 4) 현재
5. 직업적성이 계발된 주요 경로는?	① 흥미 있는 분야에 도전 (취미 등 관심 분야에 대한 탐구활동) ② 동아리 여가활동 및 체험학습 ③ 직무체험 ④ 직업훈련프로그램 참여 ⑤ 여러 프로그램이나 자율적인 학습 참여 ⑥ 기타( )
6. 나의 직업적성이 현재 계획하는 진로(직업)를 성취하는데 도움을 주는가?	① 그렇다 ② 아니다
	이유 :
7. 현재 나의 직업적성에 변화가 필요하다면 어떻게 변화할 것인가?	

86) 전북대학교(https://eei.chonbuk.ac.kr > bbs > eei > download), op. cit.

선택활동	* 이외에도 직업 흥미에 대해 더 자세히 알고 싶다면 다음의 방법을 사용해 보세요. - 인터넷 심리검사 실시 : 워크넷 홈페이지(www.work.go.kr) 회원가입 후 로그인 → 직업 · 진로 → 성인용 심리검사 실시 → 성인용 직업적성검사 실시 - 대학 내 취업 지원 관련 부서의 심리검사 실시 - 자기성찰 활동 : 다음에 대하여 스스로 묻고 답한다. • 스스로 생각하기에 잘했던 것은 무엇인가? • 남들이 잘했다고 칭찬했던 일은 무엇인가? • 성취감을 느꼈던 적은 언제인가?

4. 체험5 : 좋아하는 일과 나의 적성 파악하는 방법[87]

소통의 대가 김창옥 교수는 좋아하는 일은 '자기가 지속적으로 대가를 지불하는 일'이라고 이야기하고 있다. 누군가 시키지 않아도 자발적으로 시간과 돈을 들여서 하게 되는 것이다. 그래서 중요한 것은 내가 어떤 것에 시간과 돈이라는 대가를 지불할 용의가 있는지 파악하는 것이다. 좋아하는 일을 정확히 파악해야 그것을 직업과 연결시킬 수 있다.

(1) 기 록

좋아하는 것을 생각했을 때 일단 떠올리는 것을 전부 적어 보는 것이다. 운동, 산책, 독서, 게임 어떤 것도 상관없다. 생각나는 대로 다 적어봐야 한다.

(2) 분 석

좋아하는 것을 적은 목록 중 10가지만 뽑아서 이를 보다 구체적으로 분석해봐야 한다. 사람들은 저마다 좋아하는 일이 다 다르다. 여행을 좋아하는 두 사람이 있더라도 한 사람은 여행계획을 좋아할 수도 있고 다른 사람은 여행 가는 것을 좋아할 수도 있다. 여행을 놓고 보더라도 혼자 가는 것이 좋은지, 새로운 곳으로 가는 것이 좋은지, 가서 좋은 물건을 사는 것이 좋은지, 사진을 찍는 것이 좋은지 등 여행 하나를 놓고 보더라도 내가 좋아할 요소가 많이 숨겨져 있다. 이처럼 좋아하는 것을 놓고

87) 배우는 남자(2020), 2가지 직업적성 테스트-정확하게 나의 적성 찾는 3가지 방법, 진로를 배우는 사람들, 2020.11.12. 참조.

어떤 행동을 할 때 자신의 호불호를 구체적으로 적어 보며 분석해보는 작업이 필요하다.

(3) 연 결

분석을 끝냈다면 이제 일과 연결하는 단계이다. 10가지를 구체적으로 분석하다 보면 공통적으로 나오는 부분들이 있을 것이다. 예를 들어 제 친구 중에 운동과 게임을 좋아하는 친구가 있다. 이 친구는 운동과 게임을 하는 것도 좋아하지만 다른 친구들과 달리 게임의 배경, 운동의 배경, 역사 등을 알아보고 분석하는 것을 좋아한다. 게임을 할 때도 상황을 분석하는 것을 좋아하고, 이 외에도 기본적으로 우리나라의 역사나 정치, 사회현상을 보고 분석하는 것을 좋아하는 편이다.

따라서 이 친구에게는 '분석가'라는 직무가 어울리는 것이다. 이처럼 내가 좋아하는 포인트를 찾고 이와 비슷한 일을 연결하는 것이 정말 나에게 맞는 적성을 찾는 것이다. 포인트는 메인 업무가 나의 적성과 맞는지, 그 여부를 체크하는 것이다. 분석가라도 분석하는 업무만 하는 것이 아니지만, 메인 업무가 나의 적성과 일치하니 괜찮은 것이다.

[생각해보기 6] 흥미와 적성은 개발될 수 있다

사람에 따라서 일터에서 이루어지는 활동 등에 대해서 관심과 애착을 느끼는 정도가 다르며, 각기 잘하는 일도 다르다. 일터에 대한 흥미를 가지고 잘 할 수 있을 때에 사람들은 그 일터에 만족하고 잘 적응할 수 있다. 따라서 자신의 특성을 파악하고 그에 알맞은 일터를 선택할 필요가 있으며, 현재 자신이 하고 있는 일에 잘 적응하기 위하여 흥미를 높이고 자신의 재능을 개발할 필요가 있다.

흥미는 일에 대한 관심이나 재미를 의미하며, 적성이란 개인이 잠재적으로 가지고 있는 재능, 개인이 보다 쉽게 잘 할 수 있는 주어진 학습 능력을 의미한다. 흥미와 적성은 개인에 따라서 다르기 때문에 각자 관심을 가지고 잘 할 수 있는 일이나 분야는 다르기 마련이다.

흥미나 적성은 선천적으로 부여되는 것이기도 하지만 후천적으로 개발되어야 되는 측면도 있다. 적성은 절대적으로 있고 없는 것이 아니라 상대적으로 더 많이 가지고 태어나는 잠재능력이다. 적성이 높다 해도 후천적으로 개발되지 않으면 소용없고, 적성이 낮아도 꾸준히 노력하면 어느 정도 능력 발휘가 가능하다. 따라서 경험을 통해 자신의 흥미나 적성을 발견하고 이를 적극적으로 개발하려는 노력이 중요하다.

일과 관련해서는 자신의 흥미나 적성과 맞지 않는다고 하여 현재까지 해왔던 일을 그만둘 수 없을 때가 많다. 따라서 자신이 처한 상황과 업무에 맞춰 흥미나 적성을 개발하는 노력을 강구해야 한다.

예를 들어 마인드 컨트롤을 통해 자신을 의식적으로 관리하는 방법을 깨닫게 되면 문제상황을 해결할 수 있다. '나는 이 일을 잘 할 수 있다', '지금 주어진 일이 나의 적성에 잘 맞는다'와 같은 자기암시를 하다보면 자신도 모르는 사이 자신감을 얻게 되어 흥미를 높일 수 있고 적성을 개발할 수 있다. 또한 일을 할 때, 너무 장기적인 목표나 추상적인 목표를 세우는 것이 아니라 단기적으로 이룰 수 있는 작은 단위로 시작하는 것이 좋다. 작은 성공의 경험들이 축적되어 조금씩 성취감을 느끼게 되면 다음에 해야 할 일도 흥미를 갖게 되어 더 잘 할 수 있다.

물론 흥미나 적성검사를 통해 자신에게 적합한 일을 찾는 데 도움을 줄 수 있지만 이것이 반드시 일터에서 성공을 의미하는 것은 아니다. 실제로는 일터에서의 조직문화, 조직풍토를 잘 이해할 수 있어야만 자신의 일에 잘 적응할 수 있고, 일에 대한 흥미를 높이고 적성을 개발할 수 있다.

제5절 가치관과 성격[88)]

가치관은 사람들이 어떤 대상에 대하여 생각하거나 행동하게 하는 원리나 믿음, 신념이다. 일반적인 의미에서 가치란 무엇이 소중한가에 대한 개인의 고유하고 일관된 관점이며, 이러한 관점이 직업이나 일의 장면에 적용된 것이 직업 가치관이다. 직업 가치관은 특정 직업에만 해당되는 것이 아니라 매우 일반화된 개념으로서 직업에 대한 개인의 태도를 뜻한다. 진로 결정 및 직업 선택과 관련하여 개인의 직업 가치관을 확인하는 이유는 사람들은 자신의 가치관에 따라 행동하는 경향이 크기 때문이다.[89)] 가치관은 단시간 내에 형성되는 것이 아니라 어린 시절부터 접하는 환경과 사람들에 의해 서서히 형성되며, 나이가 들면서 개인이 속한 환경이 바뀌거나 접촉하게 되는 사람들이 바뀌면 가치관이 변하기도 한다.

1. 성격 유형별 특성과 관련 직업

성격은 말과 행동을 통하여 지속적으로 나타나는 개인의 근본적인 성질로, 선천적인 측면이 많지만, 후천적으로 학습, 경험, 주변 환경에 따라 개선되기도 한다.

---

88) 참고사이트 : 한국 MBTI 연구소(http://www.mbti.co.kr)

89) 직업 가치관은 여러 가지 측면에서 중요하게 작용하는데, 세 가지 정도로 정리해 볼 수 있다. 첫째, 직업 가치관은 결정이나 판단의 기준이 된다. 직업 가치관으로 인해 하고자 하는 동기와 앞으로의 포부를 결정하고 인생의 어디에서 만족을 얻느냐를 결정한다. 삶의 목표 등 여러 가지 판단 기준을 제공하기 때문에 진로선택 시 학생들의 흥미, 적성, 성격 등과 함께 직업 가치관을 고려해 볼 필요가 있다. 둘째, 직업 가치관은 직업 선택에 필요한 단서(자료)를 제공한다. 어떤 선택이나 모든 의사결정에는 가치관이 작용한다. 마찬가지로 직업 선택이라는 의사결정도 개인의 가치관에 의해 이루어진다. 셋째, 직업 가치관은 학생들이 앞으로 갖게 될 직업 만족도에 큰 영향을 미친다. 여러 학자들에 따르면 개인은 자신의 욕구와 조화를 이룰 수 있는 직업환경을 선택하려는 경향이 있고, 자신의 가치가 충족될 수 있는 직업환경에서 근무할 때 높은 직업 만족도를 얻을 수 있다고 한다. 직업 만족도는 삶의 만족도와도 연결되기 때문에 가치관에 대한 중요성은 최근 들어 점점 증가하고 있다. 학생들의 직업 가치관을 파악할 수 있는 가장 직접적인 경로는 부모들이 학생들을 지켜보고 소통하는 과정이겠지만, 객관적인 판단이 쉽지 않기 때문에 온라인상에서 제공하는 직업 가치관 검사를 이용하는 게 도움이 될 수 있다. 한국직업능력개발원 커리어넷(www.careernet.re.kr)에서는 진로 선택 및 직업 만족에 있어서 가치가 중심적인 역할을 한다는 선행 연구 결과를 바탕으로 중·고등학생을 위한 직업가치관검사를 개발하여 온라인상에서 무료로 실시 가능하도록 서비스를 제공하고 있다. 고용노동부 청소년 워크넷(www.work.go.kr/youth/)에서 제공하는 직업가치관검사는 성취, 봉사, 개별 활동, 직업안정, 변화지향, 몸과 마음의 여유, 영향력 발휘, 지식 추구, 애국, 자율성, 금전적 보상, 인정, 실내활동 등 13가지 가치관을 측정할 수 있다. 검사 결과에서 가장 높은 점수의 가치관 3가지와 연관성 있는 직업 예시들을 결과지에 제시하고 있다. 한편 직업가치관은 위에서 언급한 심리검사나 체크리스트를 통해 알아볼 수도 있지만, 책이나 영화 등 시청각 자료나 부모와 함께 이야기를 나눌 수 있는 활동을 통해 자신만의 가치관을 형성하고 정립해 나갈 수 있다. 이와 관련하여 고정민(2011), 직업 가치관, 직업 선택에 영향 커, 한겨레, 2011.08.15. 참조.

성격 유형	특성	관련 직업
책임형 (세상의 소금형) ISTJ	해야 할 일을 스스로 책임지고 방해나 저항에 굴하지 않고 꾸준히 추진한다.	회계, 공정 · 품질 관리직, 전산직, 감사직, 공무원, 재경직, 경찰직, 교정직, 금융, 은행, 증권 회사, 부동산, 전산, 법률, 외과 · 치과, 수의사, 간호 감독 등
충성형 (임금 뒤의 권력형) ISFJ	조용하며 우호적이고 책임감 있고 양심적이며, 철저하고 고통을 잘 참는다.	비서, 고객 서비스, 전산 응용, 인사, 가정의, 개업 한의사, 간호사, 물리 치료사, 유치원 · 초등 · 상담 교사, 사서, 실내 장식, 디스플레이, 경비, 호텔 지배인 등
사색형 (예언자형) INFJ	조용하고 독창적이며, 다른 사람들이 어떻게 생각할 것인가를 고려한다. 해야 할 일이 이루어지도록 최선을 다한다.	인사, 조직 개발, 복리 후생, 마케팅, 소설가, 시인, 극작가, 디자이너, 화가, 경력 관리, 심리 상담, 교사(인문 · 예체능), 성직자, 사회 봉사 기관 직원 등
자립형 (과학자형) INTJ	독창적, 독립적이며 아이디어와 목표를 추구하는 데 단호하다. 쉽게 믿지 않고 비판적, 독립적이어서 가끔은 고집 세다는 말을 듣는다.	컴퓨터 시스템 분석가, 프로그래머, 작가, 예술가, 디자이너, 건축가, 교수, 변호사, 판사, 경영 컨설턴트, 기자 등
실리형 (백과사전형) ISTP	삶과 일을 호기심을 가지고 본다. 사물을 논리적 원칙 아래서 분석한다. 기계적인 작동 원리와 사물의 인과 관계에 관심이 많다.	조종사, 승무원, 카레이서, 은행원, 증권사 직원, 경제학자, 법무사, 프로그래머, 물리 치료사, 농부, 코치, 목수, 상업 미술가 등
예술형 (성인군자형) ISFP	현실을 즐기는 여유가 있고, 자신의 의견을 남에게 강요하지 않으며, 리드하기보다 충실히 따르려고 한다.	디자이너, 조경사, 도예가, 화가, 무용가, 경찰, 초등 교사, 이 · 미용사, 웨이터, 가정 간호사, 물리 치료사, 방사선 기사, 컴퓨터 기사, 식물학자, 기계 기사 등
이상형 (잔 다르크형) INFP	조용한 것처럼 보이지만 열정과 충성심으로 가득 차 있다. 인내심 있고 재산, 물리적 환경에는 초연하다.	작가, 배우, 연주자, 디자이너, 공예가, 카운슬러, 사회사업가, 교육 컨설턴트, 성직자, 선교사, 교육, 인사, 홍보, 마케팅 등
개념형 (아이디어 뱅크형) INTP	아이디어나 이론에 관심이 많으며 조용하고 점잖다.	컴퓨터 소프트웨어 설계 · 개발, 전략 기획, 신경외과, 성형외과, 약사, 변호사, 경제학자, 건축가, 발명가, 철학, 고고학, 역사, 수학, 물리학자 등
자발형 (수완 좋은 활동가형) ESTP	현실과 순간을 즐기며 기계적인 것과 운동, 친구를 좋아한다.	경찰, 소방관, 형사, 각종 의회 의원, 은행원, 주식 딜러, 보험 영업직, 운동 코치, 레크리에이션 지도자, 기업가, 목수, 주방장, 타일공 등
관대형 (사교형) ESFP	재미있게 일하는 것을 즐기고, 사람 · 사물에 대해 건전한 상식과 실용적 능력을 가졌다.	유치 · 초등 · 보육 교사, 운동 코치, 응급 구조, 간호, 사회사업, 사진, 연극, 영화, 무용, 여행 기획, 승무원, 비서, 꽃꽂이, 레크리에이션 지도자, 이벤트 기획자
낙관형 (스파크형) ENFP	문제를 가진 사람 돕기를 좋아하고, 사전 준비보다는 즉석 해결책에 지나치게 의존하기도 한다.	언론, 극작가, 배우, 작곡가, 만화가, 실내 장식가, 홍보, 마케팅, 광고 기획, 카피라이터, 투자가, 인사 관리, 채용 전문가, 주택 관리, 심리학자, 재활 치료사, 성직자 등
발명형 (발명가형) ENTP	여러 가지 재주를 가졌으며, 거리낌 없이 대화하고 주위 친구들에게 자극제가 된다.	정치가, 고급 관리, 정치 분석가, 부동산 기획, 컴퓨터 시스템 분석가, 광고, 조사, 홍보, 기업, 컨설턴트, 투자가, 사진사, 언론인, 배우 등
불변형 (사업가형) ESTJ	실제적, 현실적인 것을 선호하고, 업무적, 기계적인 것에 능숙하다. 조직화하고 일이 되도록 하는 데 능하다.	경찰, 경영직, 요리사, 장교, 교사, 엔지니어, 기계직, 농부, 약사, 은행원, 신용 분석, 데이터 베이스 관리, 치과, 일반외과, 판사, 경영 관리자 등
조화형 (친선 도모형) ESFJ	남을 위해 일하기를 좋아하고 협력적이며 모임에서 활동적이다. 화합을 잘 이끌어 내어 인기가 있다.	가정의, 치과, 운동 처방, 간호사, 안경사, 초 · 특수 · 보육 교사, 코치, 성직자, 상담가, 판매 대리인, 홍보 대행, 텔레마케터, 고객 서비스, 승무원, 미용사, 출장 요리
설득형 (언어 능숙형) ENFJ	남의 감정에 주의를 기울이고 그들을 위해 최선의 배려를 한다. 사교적이고 인기가 있으며 동정심이 많고 칭찬과 비판에 즉각적인 반응을 보인다.	언론인, 홍보, 엔터테이너, 프로듀서, 뉴스 보도자, 정치인, 외교관, 심리학자, 성직자, 교수 · 교사, 사서, 영업 교육, 여행 대리인
위엄형(지도자형) ENTJ	어떤 활동에서든 앞장서기를 좋아하고, 새로운 지식을 얻기 위해 배우는 것을 즐긴다.	경영자, 인사 · 영업 · 마케팅 간부, 브로커, 재무 분석가, 신용 분석가, 판사, 검사, 변리사, 세무사, 회계사, 노무사

성격은 직업 활동에 많은 영향을 끼치는데, 어떤 직업이 적성이나 흥미에 맞더라도 성격과 맞지 않으면 그 직업은 자신에게 적합하다고 할 수 없다. 따라서 자신의 성격을 정확하게 파악하고 자신의 성격에 알맞은 직업을 탐색해야 한다. 자신의 성격을 알기 위해서는 스스로 기록을 하면서 아는 방법이 있고, 주위의 관찰을 받거나 어떤 과제를 수행하면서 알 수 있다. 그러나 가장 많이 사용하는 방법은 MBTI 검사를 활용하는 것이다.

MBTI는 마이어스 브리그스 유형 지표(The Myers Briggs Type Indicator)의 약어로, 일상생활에 활용할 수 있도록 고안된 자기보고식 성격 유형 지표이다. 성격 유형은 모두 16개이며, 외향형과 내향형, 감각형과 직관형, 사고형과 감정형, 판단형과 인식형 등 네 가지의 분리된 선호 성향으로 구성된다.

2. 체험6 : 나의 가치관 탐색하기

일례로 가치관 탐색과 관련하여 자신이 어떤 종류의 일이나 활동을 하기 좋아하고, 또 하고 싶어하는지를 알아보기 위한 검사[90]와 함께 가치관 유형별 특성 및 관련 직업을 체크해 보고 자신의 가치관 유형을 찾아보자.

가치관 유형	특 성	관련 직업
이론형	학문이나 연구, 진리 탐구를 획득하기 위한 방법으로 노력하는 유형	교사, 평론가, 교수, 학자, 이론가, 연구가
권력형	권력이나 정치에 의한 지배에 흥미를 갖는 유형	정치가, 군인, 장관, 경찰, 판사, 검사
심미형	음악이나 미술 등 예술에 심취하고 흥미를 갖는 유형	조각가, 화가, 방송인, 디자이너, 성악가
경제형	주로 이익 추구에 몰두하고 돈 버는 것을 최고의 가치로 생각하는 유형	사업가, 경제인, 상인
사회사업형	타인을 사랑하고 타인을 위해 봉사하는 일에 중점을 두는 유형	사회사업가, 교사, 종교인, 공무원
종교형	종교적 가치관이나 성스러운 것을 추구하는 유형	신부, 목사, 장로, 스님, 기타 종교인

90) 남성현(2009), 꿈은 이루어진다(청소년 진로 탐색 워크북), 신진리탐구, 2009. 참조.

3. 직업 가치관 탐색91)

직업 가치관이란 직업이나 직무를 통해 개인이 충족하고자 하는 핵심적 욕구를 의미한다. 다음의 가치 목록들 중 자신에게 중요한 목록을 5개 이상 선정하고, 각각에 대하여 선정 이유를 작성해보자. 그리고 활동지를 작성해 본 후 경력 활동을 기록해 보자.

직업 가치관	가치 설명	체크
성취	달성하기 벅찬 목표를 달성하는 성취감을 중시하는 가치	□
직업안정	해고나 조기퇴직의 걱정 없이 오랫동안 안정적으로 일하며 안정적인 수입을 중시하는 가치	□
영향력 발휘	타인에게 영향력을 행사하고 일을 자신의 뜻대로 진행할 수 있는지를 중시하는 가치	□
금전적 보상	생활하는데 경제적인 어려움이 없고 돈을 많이 벌 수 있는지를 중시하는 가치	□
능력 발휘	직업을 통해 능력을 충분히 발휘할 수 있는지를 중시하는 가치	□
안정성	매사가 계획한 대로 안정적으로 유지되는 것을 중시하는 가치	□
자기계발	항상 새로운 것을 배우고 스스로 발전해 나가는 것을 중시하는 가치	□
봉사	자신의 이익보다는 사회의 이익을 고려하며, 어려운 사람을 돕고, 남을 위해 봉사하는 것을 중시하는 가치	□
변화지향	일이 반복적이거나 정형화되어 있지 않으며 다양하고 새로운 것을 경험할 수 있는지를 중시하는 가치	□
지식 추구	일에서 새로운 지식과 기술을 얻을 수 있고 새로운 지식을 발견할 수 있는지를 중시하는 가치	□
인정	다른 사람들로부터 인정받고 존경받는 것을 중시하는 가치	□
자율성	어떤 일을 할 때 규칙, 절차, 시간 등을 스스로 결정하는 것을 중시하는 가치	□
사회적 인정	자신의 능력과 성취를 충분히 인정받는 것을 중시하는 가치	□
창의성	새로운 아이디어나 사물을 만들어 내는 것을 중시하는 가치	□
개별 활동	자신만의 시간과 공간을 가지고 혼자 일하는 것을 중시하는 가치	□

91) 전북대학교(https://eei.chonbuk.ac.kr > bbs > eei > download), op. cit.

몸과 마음의 여유	건강을 유지할 수 있으며 스트레스를 적게 받고 마음과 몸의 여유를 가질 수 있는 업무나 직업을 중시하는 가치	□
자율	다른 사람들에게 지시나 통제를 받지 않고 자율적으로 업무를 해나가는 것을 중시하는 가치	□
실내활동	주로 사무실에서 일할 수 있으며 신체활동을 적게 요구하거나 업무나 직업을 중시하는 가치	□
보수	충분한 경제적 보상을 중시하는 가치	□
사회봉사	다른 사람을 도우며 더 나은 세상을 만들고자 하는 가치	□
애국	국가의 장래나 발전을 위하여 기여하는 것을 중시하는 가치	□

직업 가치관	선정 이유
1.	
2.	
3.	
4.	
5.	

선택활동

* 이외에도 직업 흥미에 대해 더 자세히 알고 싶다면 다음의 방법을 사용해 보세요.

- 인터넷 심리검사 실시 : 워크넷 홈페이지(www.work.go.kr) 회원가입 후 로그인 → 직업 · 진로 → 성인용 심리검사 실시 → 직업가치관검사 실시
- 자기성찰 활동 : 다음에 대하여 스스로 묻고 답한다.
  - 마음을 뿌듯하게 했던 일이 무엇이었나?
  - 스스로 자랑스럽고 당당하게 만드는 일은 무엇인가?
  - 어떤 삶을 살고 싶은가?
  - 어떨 때 만족스러운가?

4. 체험7 : 나의 성격 유형 찾기

일례로 자신의 성격 유형을 알아보기 위한 검사[92], 즉 성격 유형 검사 결과를 토대로 자신의 성격 유형은 무엇인지, 그리고 자신의 성격 유형과 관련된 특성과 관련 직업을 찾아보자.

5. 성격 탐색[93]

성격이란 개인을 특징짓는 지속적이며 일관된 행동양식을 의미한다. 자신의 성격에 맞는 직업을 선택하면 편안한 마음으로 적응하고 발전하는 데 큰 도움이 된다. 따라서 성격은 직업 선택 시에 고려하여야 할 중요한 요인이다. 활동지를 작성해 본 후, 경력 활동을 기록해보자.

<table>
<tr><td>1. 내 성격을 명확히 알고 있는가?</td><td colspan="3">① 전혀 아니다 ② 대체로 아니다
③ 보통이다 ④ 대체로 그렇다
⑤ 매우 그렇다</td></tr>
<tr><td>2. 내 성격에 대해서 기술해 보세요.</td><td colspan="3"></td></tr>
<tr><td rowspan="2">3. 성격검사 경험 떠올리기
※ 성격 검사를 받은 적이 있고, 검사 결과를 기억한다면 구체적인 유형 및 설명으로 답해 보세요.</td><td>실시한 검사</td><td>실시한 날짜</td><td>결 과</td></tr>
<tr><td></td><td></td><td></td></tr>
<tr><td>4. 과거 나의 성격과 현재 나의 성격은 유사한가? 혹은 달라졌는가?
※ 만약에 달라졌다면 어떤 측면인지 구체적으로 기술해 주세요.</td><td colspan="3"></td></tr>
<tr><td>5. 현재 내 성격에 대한 타인의 반응 및 피드백은?</td><td colspan="3"></td></tr>
<tr><td rowspan="2">6. 내 성격이 현재 계획하는 진로(직업)를 성취하는 데 도움을 주는가?</td><td colspan="3">① 그렇다 ② 아니다</td></tr>
<tr><td colspan="3">이유 :</td></tr>
<tr><td>7. 현재 내 성격에 변화가 필요하다면 어떻게 변화할 것인가?</td><td colspan="3"></td></tr>
</table>

92) 한국고용정보원(2006), CDP-H 진로 모의 주행, 2006. 참조.
93) 전북대학교(https://eei.chonbuk.ac.kr > bbs > eei > download), op. cit.

선택활동	* 이외에도 성격을 더 자세히 알고 싶다면 다음의 방법을 사용해 보세요. - 행복드림센터 심리검사 실시 : 방문/온라인 신청 후 → 심리검사 및 상담 실시 - 대학 내 취업 관련 부서의 심리검사 실시 - 자기성찰 활동 : 다음에 대하여 스스로 묻고 답한다. • 어떤 환경과 상황이 나를 편하게 하는가? • 다양한 상황에서 나를 설명해주는 독특한 특성이 있는가?

6. 체험8 : 나의 강점 찾기[94)]

우리가 사는 세상은 고도화된 지식사회이자 세분된 직업사회이다. 이런 추세가 가속화될수록 약점보다는 강점이 더 중요해진다.[95)] 그러나 지금의 학교 교육은 학생들이 잘하는 것에 집중하도록 도와주지 않고, 못하는 것에 매달리도록 해서 학생들을 통일하려는 경향이 있다. 이렇게 수동적인 학교생활에 익숙해진 학생들은 학교를 졸업해서도 주어진 일에만 매달리며 자신의 재능을 썩히고 살아가기 쉽다. 지금보다 나아지고 주체적인 삶을 살아가기 위해서는 자신의 강점을 찾아서 날카롭게 다듬어야 한다. 이제 강점을 찾는 방법 중 4가지를 살펴보도록 하자.

(1) 첫 번째 방법은 과거 기록해보기

기록은 3가지를 해보면 좋다. 먼저 과거를 돌아보며 자전적 이야기를 기록해보는

94) 배우는 남자(2020), 강점 찾는 4가지 방법, 진로를 배우는 사람들, 2020.08.20. 참조.

95) 요즘 강점이 왜 중요한지 관련 내용을 소개해 본다. 첫째, 나를 보는 관점이 타인의 시선에서 나로 옮겨온다. 사람들은 평생을 타인의 평가 속에서 나를 본다. OO이 되려면 OO처럼 되어야 하고, OO을 하지 말아야 하는 여러 가지 비법들이 난무하는데, 그건 그의 비법이지 나의 비법은 아니다. 사람들은 '나의 스타일에 맞는 나의 것'을 찾기 원한다. 그러려면, 나를 제대로 바라보는 것에서부터 시작해야 하는데, 그게 바로 강점이다. 즉, 강점은 세상 모든 사람들이 자기만의 보석을 갖고 있는 것이고, 그건 누가 주거나 만들어주는 것이 아니라 오롯이 나에게서 자연스럽게 배어나는 나의 것이다. 그래서 강점은 나로부터 출발할 수 있다. 둘째, 나의 약점에 대해 제대로 인식하게 된다. 흔히, 약점은 부족한 무엇에서 나온다고 일반적으로 생각하는데, 코칭 시 만나 본 대다수 사람들은 그들의 강점에서 약점이 드러났다. 내가 좋아하고, 선호하고, 잘하는 강점이 나의 프레임이 되어 세상을 바라보고, 그것이 나의 스타일이라 믿고 타인에게 그렇게 행동하거나 행동해주기를 요구한다. 일을 잘하는 기준이 어떤 사람은 완벽성에, 어떤 사람은 성취도에, 어떤 사람은 절차에 있다. 하지만 이런 것들이 채워지지 않거나, 과하게 드러날 때 사람들이 느끼는 약점이 되는 것이다. 이런 인식을 거치면, 부족한 것보다 갖고 있는 것의 파워와 취약성에 중점을 두게 되며, 보완하기 위한 행동 변화도 잘 알게 된다. 셋째, 강점은 나를 신나게 하며, 나를 고유하게 만든다. 사람들은 누구나 자신의 강점으로 조직과 사회에 기여한다. 헌신과 기여의 욕구는 매슬로우 욕구 5단계의 끝단에 가까우며 내 삶을 좀 더 가치 있게 만들어준다. 그런 자긍심을 가진 개인이 강점으로 출발하여 자신의 업무와 미래비전과 연결되면, 자신감이 생길 뿐만 아니라, 강점을 의도적으로 활용하여 더 좋은 성과를 낼 수 있다. 이와 관련하여 서지영(2022.02.), 요즘 시대, 왜 강점이 중요한가?, 인살롱(hr.wanted.co.kr > INSIGHTS), 요즘 시대, 왜 강점이 중요한가?, 2022.02.24. 참조.

것이다. 태어나서 지금까지 있었던 일 중에서 기억나는 에피소드를 모두 가능한 한, 상세히 기록해보는 것이다. 그 기록들 가운데 성과를 냈던 일을 찾아봐야 한다. 경제적으로 이익을 봤던 일도 좋고, 심리적으로 보람을 느낀 경험도 좋다. 성과를 냈던 일을 기억해보고, 그런 결과를 만들어낼 수 있었던 이유와 방법을 찾아보는 것이다. 마지막으로 오랫동안 해온 일을 떠올리며 기록해보는 것이다. 자신이 오랫동안 해온 일에 강점이 숨어 있는 경우가 많다. 대다수 사람들은 단순하고 반복적인 작업을 싫어하는데, 어떤 일을 꾸준하게 반복했다면, 그 속에 자신의 강점이 숨겨져 있을 수 있다. 과거에 대한 기록을 통해 나의 강점에 대한 실마리를 찾을 수 있다.

(2) 두 번째 방법은 스스로 질문하고 답변하기

자신에게 질문을 던지고 스스로 답변을 찾는 방법이다.

- 내가 원하는 것은 무엇인가?
- 나는 어떠한 강점을 가졌는가?
- 내가 집중해야 할 삶의 과제는 무엇인가?
- 내가 가져야 할 사명은 무엇인가?
- 나를 알아가는 것은 어떤 의미가 있을까?

이와 같이 자신에게 던지고 싶은 질문을 기록하고 그에 대한 답변을 내리는 것이다. 우리는 마음만 먹는다면 스스로 좋은 답변을 찾을 수 있다. 그것은 반복적인 훈련을 통해 가능하다. 질문을 통해 끊임없이 신호를 보내는 내면의 소리에 귀 기울이다 보면 자신의 강점을 찾아낼 수 있다.

(3) 세 번째 방법은 인터뷰하기

자신을 바라볼 때는 객관적인 시선이 필요하다. 다른 사람들의 이야기 속에 내가 모르는 강점이 숨어 있을 수 있다. 질문은 되도록 구체적일수록 좋다.

- 저를 떠올리면 곧바로 떠오르는 이미지는 무엇인가요?
- 당신이 생각하는 나의 장점은 무엇인가요?
- 저는 무엇을 잘하고, 무엇을 잘못한다고 생각하시나요?

위와 같은 예시처럼 말이다. 모호한 질문에는 세세하게 말해 줄 수 없다. 내가 찾고 싶고, 알고 싶어 하는 부분을 질문으로 만들어 적극적으로 인터뷰하다 보면 나도 몰랐던 나의 강점을 발견할 수 있을 것이다.

(4) 마지막 네 번째 방법은 강점을 발휘하는 태도 취하기

자신의 강점을 알고 있더라도 이를 잘 발휘하지 못하는 것은 태도에서 기인하는 경우가 많다. 올바른 태도를 갖춤으로써 자신의 강점을 발휘하고 몰랐던 강점을 찾는 계기가 될 수 있다.

먼저 자신을 과소평가하지 않는 것이다. 겸손과 과소평가를 착각하지 않아야 한다. 겸손과 과소평가에 가장 큰 차이는 자신을 바라보는 시선이다. 겸손한 사람은 자신을 긍정적으로 바라본다. 타인의 칭찬에도 교만하거나 부정하지 않고 감사히 받아들인다. 반면 과소평가는 스스로를 부정적으로 바라본다. 자신을 무능한 존재로 평가하고 타인의 평가에 위축되어 버린다. 칭찬을 받아들이지 못하는 것은 당연하다. 자신을 과소평가하기 시작하면 내 안의 강점이 보이지 않게 된다. 자신에 대한 부정적 의식을 걷어내고 자신의 한계를 스스로 정하지 않아야만 보이지 않았던 강점이 보이기 시작할 것이다.

다음으로 갖춰야 할 태도는 편협한 사고의 틀을 깨는 것이다. 사람들은 성장하면서 많은 정보와 지식을 습득하며 동시에 편견도 학습하게 된다. 예를 들어 '나는 어문계열 전공이니까 어학능력을 바탕으로 취업해야 한다'와 같은 식이다. 즉, '무엇은 어떠어떠해야 한다'는 사고의 틀이 생기는 것이다. 이러한 틀에 갇히면 자신의 강점을 발휘하려고 시도조차 못하는 경우가 많이 생긴다. 자신의 강점을 찾고 싶다면 경직된 사고의 틀을 깨트리는 것이 무엇보다 중요하다.

마지막으로 갖출 태도는 어떤 일이든 직접 부닥쳐보고 집요하게 파고드는 것이다. 직접 부닥쳐보지 않고는 자신의 강점을 제대로 평가받지 못할 수 있다. 어떤 일이든 다양하게 하다 보면 하기 싫은 일조차 흥미가 생길 수도 있다. 그러다가 흥미가 생긴 분야에는 집요하게 파고드는 것이 중요하다. 전문가라고 하는 사람들을 보면 재능보다는 오랜 시간 경험과 노하우가 축적되어 강점으로 나타나는 경우가 많다. 아무리 작은 분야라도 집요하게 파고들면 그 분야에서 남다른 차별점을 확보할 수 있는 것이다. 대부분의 일은 오랜 경험이 축적될수록 실력이 늘어나기 마련이다.

사람은 누구나 자신만의 강점을 지니고 있다. 다만 이를 아직 못 찾았거나 알고도 외면하는 것이다. 과거에 대한 기록, 질문법, 인터뷰, 강점을 발휘하는 태도를 통해 자신의 강점을 발견하고 진로를 개척해 나아가는 데 도움이 되기를 바란다.

7. 심리적 강점과 약점 탐색96)

개인의 강점과 미덕 등 긍정적 심리에 초점을 맞추는 것은 매우 중요하다. 다음은 긍정심리학에서 공통적인 요소를 추출한 24개의 강점과 덕성이다. 다음의 목록들 중 덕성 목록의 설명을 읽은 후 자신이 가지고 있다고 생각하는 높은 덕목과 낮은 덕목을 각각 5개씩 선정하고 그렇게 생각하는 이유를 작성한다. 활동지를 작성해 본 후 경력 활동을 기록해보자.

96) 전북대학교(https://eei.chonbuk.ac.kr > bbs > eei > download), op. cit.

5장

덕성		설명
지혜 및 지성	창의성	어떤 일을 하면서 새롭고 생산적인 방식으로 생각하는 능력
	호기심	일어나고 있는 모든 경험과 현상에 대해서 흥미를 느끼는 능력
	개방성	사물이나 현상을 다양한 측면에서 철저하게 생각하고 검토하는 능력
	학구열	새로운 기술, 주제, 지식을 배우고 숙달하려는 동기와 능력
	지혜	사물이나 현상을 전체적인 관점에서 생각하고 다른 사람에게 현명한 조원을 제공해 주는 능력
인애	사랑	다른 사람과의 친밀한 관계를 소중하게 여기고 실천하는 능력
	이타성	다른 사람을 위해서 호의를 보이고 선한 행동을 하려는 동기와 실천력
	정서지능	자신과 다른 사람의 동기와 감정을 잘 파악할 뿐만 아니라 다양한 사회적 상황에서 어떻게 행동하는 것이 적절한지 잘 아는 능력
용기	용감성	위협, 도전, 난관, 고통에 위축되지 않고 이를 극복하는 능력
	진실성	진실을 말하고 자신을 진실한 방식으로 제시하는 능력
	끈기	시작한 일을 마무리하여 완성하는 능력
	활력	활기와 에너지를 가지고 삶과 일에 접근하는 태도
절제	겸손	자신이 이루어낸 성취에 대해서 불필요하게 과장된 허세를 부리지 않는 태도
	신중성	선택을 조심스럽게 함으로써 불필요한 위험을 다루지 않으며 나중에 후회할 일을 말하거나 행하지 않는 능력
	용서	나쁜 일을 한 사람들을 용서하는 능력
	자기조절	자신의 다양한 감정, 욕구, 행동을 적절하게 잘 조절하는 능력
정의	공정성	편향된 개인적 감정의 개입 없이 모든 사람을 동등하게 대하고 모두에게 공평한 기회를 주는 태도
	시민의식	자신이 속한 집단의 이익을 추구하고자 하는 책임의식으로, 사회나 조직 속에서 자신에게 주어진 임무와 역할을 인식하고 부응하려는 태도
	리더십	집단활동을 조직화하고 그러한 활동이 진행되는 것을 파악하여 관리하는 능력
초월	감사	좋은 일을 알아차리고 그에 대해 감사하는 태도
	낙관성	최선을 예상하고 그것을 성취하기 위해 노력하는 태도
	심미안	다양한 삶의 영역에서 나타나는 아름다움, 수월성, 뛰어난 수행을 인식하고 평가하는 능력
	유머감각	다른 사람과 장난치고 웃음을 선사하는 능력
	영성	인생의 궁극적 목적과 의미에 대해 일관성 있는 신념을 가지고 살아가는 태도

높은 덕목(강점)	선정 이유
낮은 덕목(약점)	**선정 이유**
자신의 심리적 약점(낮은 덕목)을 보완할 수 있는 방법에 대해서 작성해보세요.	

제6절 신체적 조건과 자신이 속한 환경

자신을 이해하기 위해서는 자기의 키, 몸무게, 용모, 음성, 체력, 감각 기관, 건강 상태 등에 대해서도 잘 알아야 한다. 건강 상태와 신체적 조건은 일을 수행할 때 영향을 끼치므로 직업을 선택할 때에는 그 직업에 요구되는 체력과 신체 조건을 고려해야 한다.

우리는 가정, 학교, 사회와 같은 주변 환경 속에서 생활하고 있는데, 이러한 환경은 진로 결정에 커다란 영향을 준다. 가정환경은 가장 기본적인 사회 집단으로 집안 내력, 가정 분위기, 부모의 직업, 교육 수준, 종교, 자녀에 대한 기대 등에 따라 진로 결정에 커다란 영향을 끼친다. 우리가 살아가는 사회 환경 역시 도시 지역과 농·어촌 지역, 추운 지역과 더운 지역, 산촌 지역과 평야 지역에 사는 사람의 환경에 따라 서로 다른 영향을 받게 된다.

1. 직업 선택에 영향을 주는 환경적 요인

가정 환경	학교 환경	지역 사회 환경
• 부모의 가치관, 직업이나 교육 정도 • 자녀에 대한 기대, 경제적 배경 • 형제들의 직업 가치관, 형제간의 기대 등	• 인적 요인: 교사, 학생, 학부모, 지역 사회 등 • 물적 요인: 시설, 위치 등 • 교육적 요인: 교육 내용, 교육 방법 등	• 인적 요인: 모델로 삼을 만한 인물 등 • 물적 요인: 시설, 위치 등 • 교육적 요인: 청소년의 사회화에 영향을 주는 요인

2. 환경적 강점과 약점 탐색97)

환경은 진로 발달과 선택을 촉진하기도 하고 방해하기도 한다. 자신의 환경적 영향요인에 대해 생각해보고, 그것의 활용과 극복방안에 대해 생각해보는 것은 주도적인 진로 설계를 위해 꼭 필요하다. 예시를 참조하여 다음 페이지의 활동지를 작성한 후, 핵심적인 사항을 경력 활동 기록 양식에 맞춰 기록해보자.

진로발달 영향요인	나의 상황(예)
나를 둘러싼 사람들	부모님은 자영업을 하고 계셔서 주말이 없고, 수입이 불안정해 하는 모습을 자주 봄. 친척들 가운데 공무원이나 공기업에 입사한 사촌들이 몇 명 있는데 부모님께서 부러워하심. 선배들 중에 공무원 시험을 오랫동안 준비하는 사람이 많은데 합격한 선배는 아직 한 번도 보지 못함.
나를 둘러싼 사회적 · 환경적 상황	집은 작은 농촌 마을이며, 대학을 다니기 위해 ○○로 올라와 자취하고 있음. 학비는 부모님께서 지원해주시지만, 용돈은 아르바이트로 충당하고 있음. 대학에 들어가야 할 동생들이 있어서 빨리 졸업하고 취업을 해야 한다는 압박감이 있음.
나에게 찾아온 우연적 사건	지난 1년 동안 아르바이트와 성적장학금으로 여행경비를 마련하여 첫 해외여행을 갔다 왔음. 거기서 영어 공부의 필요성을 느끼게 되었고, 뉴질랜드로 워킹홀리데이를 떠나기로 결심함.
위의 영향요인들이 현재 나의 진로에 어떤 영향을 미치고 있는가?	집안의 첫째로서 동생들에게 본을 보여주어야 한다는 생각과 부모님의 안정적인 직장에 대한 압박감이 내가 진로를 결정하는데 두려움과 압박감으로 다가왔었음. 그러나 해외여행을 다녀오면서 생각과 사고가 유연해지면서 좀 더 과감하게 진로를 개척해나가기 위해 워킹홀리데이를 결심하게 됨.

97) 전북대학교(https://eei.chonbuk.ac.kr > bbs > eei > download), op. cit.

진로 발달 영향요인	나의 상황
나를 둘러싼 사람들	
나를 둘러싼 사회적·환경적 상황	
나에게 찾아온 우연적 사건	
위의 영향요인들이 현재 나의 진로에 어떤 영향을 미치고 있는가?	

3. 체험9 : 부모님이 기대하는 직업 알아보기

나의 가족을 괄호 안에 써넣고 가족에 대해 알아봅시다. 그리고 가족이 나에게 기대하는 직업은 무엇이며, 그 이유는 무엇인지 적어보자.

4. 상담 Q/A

▌Q. 흥미검사를 하였는데 항목별 점수가 모두 높아요.

▌A. 검사 결과만으로 확실한 결론을 내리기는 어렵지만 모든 흥미 항목의 점수가 높고, 그래프가 길게 나타났다면 또래의 친구들보다는 여러 분야에 관심 정도가 높다는 것을 뜻하는 것이다. 보통의 직업 흥미검사는 '직업에서 이루어지는 활동'을 중심으로

문항이 구성되어 있고, 검사 점수는 여러 직업 분야에 대한 관심 정도를 뜻한다. 검사 결과에서 각 항목의 점수가 모두 높다면 열정적으로 일을 할 수 있는 가능성이 있다고 해석할 수 있다. 그렇다고 하여 모든 일을 다 잘할 수 있다는 의미는 아니다. 왜냐하면, 흥미검사는 좋아하는 정도를 평가하는 검사이기 때문이다. 능력에 대한 평가는 이루어지지 않은 것이 일반적이기 때문에 '흥미가 높다는 것'이 '어떤 일이라도 잘할 수 있다'라는 말로 해석하지는 않는다. 하지만 관심이 있다는 것은 그만큼 노력할 열정을 가진 것을 뜻하는 것이니, 가능성은 충분히 가지고 있다고 말씀드릴 수 있다.

우선 진로를 결정하기 위해서는 관심 직업의 폭을 점차 압축해 나가는 것이 필요하다. 이때 흥미검사 결과를 참고로 하여 관심 직업을 찾아보고, 가장 관심이 가는 직업군에 대해 자세히 알아본 후 해당 직업을 정리한다. 그 직업 중 잘할 수 있거나 앞으로 잘할 수 있다는 자신감이 생기는 직업을 중심으로 찾아볼 것을 권한다.[98]

5. 신체적 조건에 따라 부적합한 직업

신체 조건	부적합한 일	부적합한 직업
색맹	색채를 명확히 구별해야 하는 일	화가, 장식 도안가, 의사, 교통 종사원, 염색공, 색판 제작 인쇄공, 자수공, 미술 서예가
난청	재해 위험이나 귀를 많이 쓰는 일	음악가, 조율사, 시계 수리공, 통신사, 판매원, 교사, 간호사, 의사
발음 장애	말을 유창하게 해야 하는 일	교사, 아나운서, 정치가, 세일즈맨, 외교관, 성직자, 카운슬러, 성악가
후각 장애	약품, 화장품, 요리와 관계된 일	약제사, 요리사, 화장품공, 식료·향료 취급
악취	손님 접대 등 남에게 봉사하는 일	판매원, 의사, 이용사, 간호사, 교사, 비서, 외교원, 수금원, 요리사
손가락 장애	가구, 음식물, 기계 등을 취급하는 일	자수공, 재봉공, 직물공, 제본공, 도안가
신체 동작의 느림	위험, 장애가 많은 일(연습으로 동작이 빨라지면 제외)	목수, 미장공, 소방관, 자동차 운전기사, 경마 기수

98) 출처 : 커리어넷 베스트 상담 중 일부 발췌

제7절 나의 종합적인 이해와 진로[99)]

대학생이 되어 진로를 설정할 때 필요한 것이 바로 내가 어떤 사람인지를 아는 것이다. 무턱대고 다른 사람들이 좋다는 직업, 보수가 좋은 직업, 안정적인 직업을 찾는 것보다 나는 어떤 성격을 가진 사람이고, 추구하는 가치는 무엇인지, 그리고 내가 잘할 수 있는 능력은 무엇인지 자기를 탐색하는 시간을 저학년 때 가지는 것이 중요하다. 나의 숨은 능력부터, 직업 선호, 가치관, 성격까지 나도 몰랐던 나를 발견하는 시간은 어떻게 가질 수 있을지 살펴보자.

'장래 희망'은 초등학생 때부터 생각해온 주제이기도 하다. 어릴 때부터 고민하지만 진로 문제는 대학교를 입학하면 훨씬 큰 압박으로 현실의 문을 두드린다. 졸업까지 남은 기간은 길어봤자 고작 4년. 마케팅, 홍보, 연구원, 교사, 기자 등 다양한 직업군에서 과연 무엇을 고르면 좋을까.

4학년 때 본격적인 취업 준비를 한다고 가정한다면, 1학년 때 반드시 해야 할 일은 자기 탐색이다. 자기소개서를 작성할 때 많은 취업준비생들이 난관에 부딪히는 이유가 '나'를 모르기 때문이다. 자기소개서 작성을 앞두고, 또는 취업을 앞두고 자기 탐색을 한다면 너무 늦었다고 할 수 있다.

그렇다면 나도 모르는 나의 성격, 나의 능력은 어떻게 알 수 있을까?

가장 쉬운 방법은 유치원 때부터 현재까지 자신의 과거를 되돌아보면서 자기를 탐구해보는 것이다. 가장 행복했던 순간, 재미있었던 순간, 가장 좋아하는 것, 싫어하는 것 등 내가 생각하는 나의 모습을 노트에 정리해 보자. 브레인스토밍을 통해서 머릿속에 떠오르는 생각을 마구잡이로 적어 나가는 방법도 좋다.

대학생으로서 앞으로 하고 싶은 일들을 적어도 된다. 2학년 휴학을 하고 세계 배낭여행을 떠나겠다는 계획을 적을 수도 있다. 그렇다면 거기에서 끝나는 것이 아니라, 왜 그 여행을 떠나고 싶은지 적어 보는 것이다. 많은 사람들을 만나고 싶어서, 내가 보지 못한 세계 곳곳의 여행지를 사진으로 담고 싶어서 등 자기만의 이유가 있을 것이다. 그런 계획을 통해서도 자신이 어떤 성향의 사람인지를 파악할 수 있기 때문이다.

외부 검사를 통해 자기 자신을 좀 더 긴밀하게 살펴볼 수도 있다. 단순한 심리 테스트 이상의 전문 기관에서 진행하는 성격, 직업 검사가 대표적이다. 신입생이라면 그 활용도가 2배 이상이 되는 검사들을 모아보았다.

99) 권민정(2020), 진로 설정 : '나는 누구인가'부터 파악하라, Special report-대학 새내기 취업 준비-진로 설정, 월간 리크루트, 2020.07.09.

1. 커리어넷 주요능력효능감검사

이 검사는 이공계 대학생들이 전공 탐색을 할 때, 이공계열을 넘어서 타 분야 직업에 대한 탐색을 하고 관련된 전공을 부전공 등으로 택하고자 할 때 정보를 제공하는 검사이다. 검사는 총 49문항으로 되어 있다. 문제를 읽고 자신의 경우에 해당하는 칸을 선택하면 된다. 문제에 나오는 질문에 자신이 해당하는 정도에 답하면 된다. 예를 들면, '당신은 수학적 계산을 잘하는 편입니까?'라는 질문에 '전혀 못한다', '못한다', '보통이다', '잘한다', '매우 잘한다'라는 5가지 정도에 체크하면 된다.

2. 커리어넷 직업가치관검사

직업가치관이란, 직업을 통해 추구하고픈 가치나 욕구를 뜻한다. 다양한 직업 중에 '그 직업'을 선택한 데에는 나름의 이유가 있다. 그 이유는 '돈'일 수도 있고 '안정적'일 수 있으며 사회에 도움이 되고자 하는 '이타적'인 이유일 수도 있다. 또는 자신이 발전하는 성취감에서 그 직업을 선택했을 수도 있다. 이렇듯 다양한 직업가치관을 알아보는 검사가 바로 커리어넷 직업가치관검사다. 이 검사는 직업과 관련된 다양한 욕구와 가치들에 대해 자신이 상대적으로 무엇을 얼마나 더 중요하게 여기는가 살펴보고, 그 가치가 충족될 가능성이 높은 직업을 보여준다.

능력 발휘와 자율성 중에서, 창의성과 안전성 중에서 당신의 욕구가 추구하는 건 어느 쪽인가? 검사는 총 28문항이며 두 가지 제시된 가치 중에 자신에게 더 중요한 가치를 선택하면 된다. 둘 중에 직업을 통해 자신이 어떤 가치를 더 중요하게 생각하고 추구하는지 고르는 것이다.

모든 검사를 진행하면 직업 가치관 결과가 그래프로 분석된다. 능력 발휘, 자율성, 보수, 안정성, 사회적 인정, 사회봉사, 자기계발, 창의성 중에서 자신이 어떤 가치관을 선호하는지, 그리고 그 가치관에 따라 자신을 만족시킬 수 있는 어떤 직업들이 있는지 알려준다. 가치관과 관련이 높은 직업을 보면서 자신이 선호하는 직업과 일치하는 일이 있는지 살펴보자.

모든 검사 후에는 직업 가치관 카드 줄여보기도 해볼 수 있다. 총 24장의 가치관 카드 중에서, 자신이 꼭 필요하다고 생각하는 카드 3장과, 그 다음으로 필요하다고 생각하는 카드 3장만을 골라 총 6장만 남기고 모두 버리는 것이다. 이 검사를 통해 보다 확실하게 자신이 직업을 통해 어떤 가치를 추구하는지 알 수 있다.

이러한 직업가치관검사는 왜 필요할까.

검사에서는 직업가치관이 여러분의 직업 선택의 중요한 기준이 된다고 설명한다.

만약 자신이 창의성을 추구하는 성격인데 해당 직업이 반복적인 업무라면 그 일은 금방 지루하게 느껴질 것이고, 이직을 고민하게 될 것이다. 자신의 직업가치관을 충족시키는 직업일수록 직업만족도도 높아질 수 있다. 실제로 여러 학자들에 따르면, 자신의 직업가치가 충족되는 직업환경에서 근무할 때 높은 만족도를 경험한다고 한다.

3. 워크넷 성인용 직업심리검사

고용노동부는 성인을 대상으로 12종의 심리 검사를 개발해 무료로 제공하고 있다. 직업선호도검사 S형(검사 시간, 25분), 직업선호도검사 L형(60분), 구직준비도검사 20분, 직업가치관검사 20분, 대학생 진로준비도검사, 성인용 직업적성검사 등이 그것이다. 이 중 '성인용 직업적성검사'는 적성 분야와 적성 수준을 파악하여 자신에게 적합한 직업을 알 수 있는 검사다.

이 검사는 한국고용정보원의 전문 연구진이 개발한 것으로, 80분 내외의 검사를 통해 적성검사는 물론 언어력 · 추리력 · 수리력 등 다양한 요인을 객관화하여 확인할 수 있다. 성인용 직업적성검사는 직업에서 요구하는 적성요인을 11개 요인으로 측정해 각 요인별로 '최상 – 상 – 중상 – 중하 – 하 – 최하' 6단계로 평가한 적성 프로파일을 제공한다.

이렇게 산출된 적성 프로파일은 본인이 어떤 적성 능력에서 높고 낮은 점수를 받았는지, 한눈에 알 수 있으며 적성에 가장 적합한 직업도 5순위까지 추천해준다. 나아가 검사에서 적합 직업으로 추천된 직업 혹은 희망 직업 재직자의 평균 프로파일과 비교해 본인의 상대적 강약점을 확인할 수 있으며, 어떤 적성을 더 보강해야 하는지도 파악 가능하다.

직업에는 그 직업마다의 고유한 필요능력이 있다. 가령 기계를 개발하고 제작하는 직업군은 수리, 논리력 등이 중요할 것이며, 서비스업은 문제해결능력이, 기자의 경우에는 언어력과 추리력 등이 중요할 것이다. 이렇듯 직업을 결정하는 데는 직업적 능력도 중요한 한몫을 한다.

직업을 선택하는 데는 다양한 요인이 있을 수 있으며, 능력을 정확하게 객관화하는 것은 불가능하다. 하지만 자신의 고유한 재능과 적성을 가늠해보고 이를 평균적인 직업 능력과 비교해보는 것은 미래 직업을 선택하는 데 중요한 척도가 될 수 있다. 그런 측면에서 이 검사는 도움을 줄 수 있다. 총 11개 적성요인에서 자신의 능력 수준, 적성점수 유형, 적성점수에 적합한 최적합 직업과 적합 직업에 대한 안내, 그리고 희망 직업에 관한 정보를 제공해주기 때문이다.

4. 황상민 교수의 WPI 심리검사

하버드대학교 심리학 박사이자 전 연세대학교 심리학과 교수인 황상민 박사의 자기성격검사다. 황상민 박사는 《나란 인간》, 《한국인의 심리 코드》, 《짝, 사랑》 등의 다수 저서를 출간하고 현재 한국인의 심리상담 코칭을 해주는 위즈덤 센터를 설립, 한국인을 위한 심리, 마음 상담 활동을 하고 있다.

WPI는 황상민 박사가 10년 넘는 기간 동안 한국인의 심리를 연구한 결과를 기반으로 직접 개발한 검사다. 황상민이 만든 심리검사라 하여 검사 명칭도 본인의 이름을 딴 'Whangs personality inventory'다.

자신이 어떤 유형의 사람인지, 나는 누구인가를 알 수 있는 검사가 바로 WPI다. 본 검사는 두 가지 개념을 통해 자신의 현재 상태와 성격을 보여준다. 한 가지는 자기평가다. 사람은 다양한 유형의 성향을 한 가지, 또는 두 가지 이상 가지고 있다. 자기평가는 그중에서 어떤 특성을 뚜렷이 지닌 사람인지를 알려준다.

WPI에서는 대표적인 한국인의 성향을 5가지, 즉 '리얼리스트', '로맨티스트', '휴머니스트', '아이디얼리스트', '에이전트'로 구분하고 있다. 이 다섯 가지 성향 중 자기평가를 통해 자신은 대표적으로 어떤 성향의 사람인지, 그리고 나머지 유형과의 관계에서 나는 어떤 특성을 나타내는지도 알 수 있다.

또 한 가지는 타인평가다. 타인평가란 다른 사람이 나를 어떻게 보는가에 대한 개념이다. 검사를 할 때는 다른 사람이 바라보는 나의 모습을 자신이 골라 선택하면 된다. '다른 사람이 나를 어떻게 생각하는지 내가 정확히 알 수 있을까?'라고 의문이 들겠지만, 타인평가검사의 핵심은 '다른 사람이 나를 이렇게 볼 거야라고 생각할 때, 자신이 평소에 중요하게 생각하거나 의식하고 있는 측면의 자기 자신을 무의식적으로 드러내는 것'에 있다. 즉, 모든 사람이 자기를 어떻게 바라보는지는 결코 알 수 없지만, 자신이 다른 사람들에게 보이고 싶어 하는 모습을 알 수 있다는 것이다.

정리하자면, 자기평가를 통해서는 내가 누구인지 자신의 정체성, 고유의 성향을 알 수 있으며 타인평가를 통해서는 외부로 보이는 현실의 나는 어떻게 살아가고 있는지, 내가 어떤 욕구를 추구하며 쫓아가고 있는지를 알려준다. 타인평가도 다섯 가지 개념으로 구분된다. 릴레이션, 트러스트, 매뉴얼, 셀프, 컬쳐다.[100)]

이 심리검사의 특징은 자신이 한 가지 유형의 사람이 아니라는 점을 알 수 있으며, 복합적인 요인에 의해 현재 자신의 심리, 마음 상태가 어떠한지를 알 수 있다는 점이다. 자신이 어떤 사람이며, 어떤 삶을 추구하면 나다운 삶을 살 수 있을지 알 수 있기 때문에 꼭 받아보길 추천한다. 검사 결과 후 긴 설명문도 함께 포함되기 때문에 참고하기 좋다.

100) 타인평가(내가 중요하게 생각하는 가치는 무엇인가)의 다섯 가지 개념은 다음과 같다.

5. 마무리

자기탐색을 돕는 검사로 나는 어떤 사람인지에 대한 힌트를 얻고, 자신을 알아가는 일을 게을리하지 말자. 시간이 지나고 경험에 따라 사람은 변하기 마련이다.

앞서 소개한 검사들은 그 변화에 따라 결과가 달라질 수 있다. 그러니 자기탐색은 하루 만에, 단 한 번으로 끝내려고 하지 말자. 자신을 알아가는 것은 평생 해야 할 과업과도 같은 것이다. 단지 몇 가지 검사와 얼마 되지 않는 경험만으로 당신이 어떤 사람이라는 것을 단정 짓지 않도록 하자. 중요한 것은 나답게 살기 위한 방식을 고민하고 자기계발을 위해 꾸준히 노력하는 것이다. 나를 이해하고, 자신의 적성과 능력을 어떻게 개발해 나가면 좋을지에 대한 방향성을 잡기 위한 시간으로 1학년 1년을 보내보자. 그 결과는 분명 값질 것이다.

유형	구분	내용
릴레이션 (Relation) | **관계**	특성	사교적, 외향적, 활동적, 개방적 태도. 유쾌하고 활동적인 모습을 지향.
	상황	사람들에게서 에너지를 받으며 사람들 간 침묵이나 고립을 견디지 못함.
	경험	혼자 무언가를 하기 힘들어하며 끊임없이 전화하거나 SNS에 접속, 모임을 가심.
트러스트 (Trust) | **믿음**	특성	신뢰와 책임감. 성실하고 자기주장이 강하지 않으며 정서적으로 안정되어 있음.
	상황	주위 사람들에게 믿음직스럽고 책임감 있는 모습을 보이고 싶어 하는 성향.
	경험	새로운 방식이나 변화를 좋아하지 않고 긴박한 상황에 대한 대처가 원활치 않음.
매뉴얼 (Manual) | **규범**	특성	관리, 통제하려는 속성이 강하며 기존의 틀이나 규범을 준수하려 함.
	상황	자기만의 틀에 맞추려다 보니 고집을 강하게 부리는 경우가 많아 유연성이 떨어짐.
	경험	자기 스타일을 찾지 못할 경우, 불안해하고 통념적 규범이나 해결책에 의존.
셀프 (Self) | **자아**	특성	개성이 강하며 남들이 보기에 '그래, 너 잘났다!' 등의 반응을 쉽게 일으킴.
	상황	무엇보다 자기 자신이 중요. 남들에게 자신을 이해시키려는 노력을 크게 하지 않고 혼자서도 잘 지냄.
	경험	타인에 대한 관심과 몰입도가 떨어지고 호기심이 여기저기로 자주 옮겨감.
컬처 (Culture) | **향유**	특성	지적, 문화적, 감성적, 예술적 향유를 중요하게 생각하며 여유롭고 멋진 문화적 삶을 지향.
	상황	생존이나 성공의 문제보다 '즐기느냐'가 중요.
	경험	취향이나 코드가 잘 맞으면 다른 사람들과도 스스럼없이 잘 어울림.

〈출처 : 황상민(2014), 나란 인간-잘 안다고 착각하지만, 제대로 모르는 존재, 푸른숲, 2014.10.27.〉

제 4 장	행복한 삶과 진로 설계
제 5 장	자신에 대한 이해
제6장	직업 및 직무정보 탐색
제 7 장	기업과 직무 이해
제 8 장	직업인의 세계 탐색
제 9 장	직업과 학습
제 10 장	의사결정 연습
제 11 장	구직서류
제 12 장	면 접

제1절 직업과 진로[101)]

학습자의 학습 이력이 학습자의 전 생애적 맥락에서 파악되어야 하는 것과 마찬가지로, 직업과 진로의 개념 역시 학령기를 지나 성인기, 즉 장년기, 중년기, 노년기에 이르는 학습자의 전 생애적 관점에서 파악되어야 한다. 직업(job 혹은 occupation)의 사전적 정의를 살펴보면 직업이란 "사회에서 생활하는 사람들이 재능과 능력에 따라 업에 종사하며, 정신적 · 육체적 에너지의 소모에 따른 대가로서 경제적 급부를 받아 생활을 지속해 나가는 활동 양식"이다.[102)]

1. 직업의 의미

먼저 직업과 일[103)]은 동의어처럼 보이지만 그 의미에는 차이가 있다. 직업이란 인

101) 구름빵야(2019), 평생학습 이력과 직업경력 파악, 네이버 블로그(http://m.blog.naver.com > sotiere), 2019.06.14. 참조.
102) 두산백과, 온라인 자료.
103) 인간의 능동적인 활동 전반을 일컬어 '일'이라고 한다.

간 개체의 생존 발전과 그들의 공동체인 사회적 기능의 역할 분담, 그리고 자아의 실현을 목표로 하는 지속적인 노동이나 일을 의미한다. 인간은 직업에 종사하면서 일을 통해 만족감과 성취감을 얻고 삶의 의미와 가치를 발견하면서 행복을 느낄 수 있다.

이러한 정의를 기반으로 하여 직업은 다음과 같은 다양한 의미를 지니고 있다.

- **경제적 의미**이다. 직업은 우리가 살아가는 자본주의 경제 사회에서 의식주의 기본 생계를 유지해 나가기 위한 수입을 얻기 위한 것이다.
- **심리적 의미**이다. 이는 개인이 타고난 적성과 능력을 발휘하여 자신에게 맞는 직업을 선택하고 수행함으로써 자아를 실현하며, 일을 통해 보람과 성취감을 느끼고 자신의 존재 의미를 되새기는 과정으로서 직업의 의미를 설명하는 것이다.
- **사회적 의미**이다. 개인은 직업을 통해 사회의 한 구성원으로서 사회의 유지와 발전에 기여하며, 사회적으로 영향력을 행사할 수 있다는 의미이다.
- **종교적 의미**이다. 직업이란 용어의 어원을 먼저 살펴보면, '직업'이란 원래 관직 내지 직분을 의미하는 천직으로서의 '직'과 생업을 의미하는 '업'이 합쳐서 이루어진 말이다. 직업이란 의미는 원래 천직의 의미에서 출발하여 생업의 의미로 점차 확산되어 왔다고 볼 수 있다. 영어의 vocation 혹은 독일어의 beruf는 '신으로부터 부름을 받았다'는 직업에 대한 소명의식을 나타내고 있는 가치 지향적인 용어이다. 프랑스에서처럼 profession이라고 할 경우는 전문적인 지식과 소양을 갖춘 전문적인 직업 활동이 강조되는 용어이다.[104)]

이처럼 직업은 개인적으로나 사회적으로 여러 중요한 의미를 지니므로 경제적, 심리적, 사회적 측면을 고려하여 직업 설계를 하는 것이 바람직하다. 이러한 측면들을 모두 충족시킨다면 직업은 학습자의 삶에 있어서 무엇보다 중요한 의미를 갖게 될 것이다.

2. 진로의 정의

현대 사회는 삶의 어느 영역에서든지 빠르게 진행되는 변화로 특징지어질 수 있는 사회이다. 정보 통신 기술의 발달에서 기인한 세계화 추세와 더불어 고용 시장에서도 패러다임의 변화를 겪고 있기에, 고용의 유연화와 더불어 '평생직장이 아닌 평생

104) 최영미(2018.03.), choi's의 블로그(choiym24), 직업의 의미 및 선택, 2018.03.08. 참조.

직업'이라는 새로운 추세가 자리 잡게 된 지 이미 오래되었다. 따라서 한 개인의 전 생애에 걸쳐 이루어지는 진로(career)의 설계가 중요하게 되었다.

진로는 다음과 같이 다양한 방식으로 정의될 수 있다(Isaacson & Brown, 2000, p.11).

- 일생에 걸쳐 개인이 겪게 되는 일과 관련된 경험의 총체(Arthur, Hall, & Lawrence, 1989)
- 개인의 삶을 구성하는 사건들의 과정으로 개인의 자아 발달이라는 전반적인 과정에서, 일에 대한 자신의 헌신을 표출하기 위해서 배합하게 되는 직업과 그 밖의 역할들의 연속(Super, 1976)
- 각 개인에게 독자적인 것으로서 개인이 선택하거나 선택하지 않은 것으로 인해 창출되는바, 진로는 직업뿐 아니라 일과 다른 역할, 즉 가정 · 지역사회 · 여가를 통합할 뿐만 아니라 직업 전 그리고 직업 이후에 대한 관심을 포함하는 것(Herr & Cramer, 1996)

위의 정의들을 종합하여 볼 때 중요한 점은 다음과 같다.

- 시간의 스펙트럼이다. 진로란 개인의 일생 전반에 걸쳐서 지속적으로 발달해 나가는 것이며, 인생의 어느 한 시점에 결정함으로써 끝나는 일이 아니라는 것이다. 특히 청소년기를 지나 성인기에서도 청년기, 장년기, 노년기에 걸쳐 지속적으로 진로 발달이 이루어질 수 있다.
- 진로의 개념이 포괄하고 있는 영역의 복합성이다. 진로는 좁은 의미로 정의했을 때에는 '일'과 관련된 경험만을 지칭하는 것으로 이해될 수 있으나, 보다 포괄적인 정의로는 일뿐만 아니라 개인의 인생에서 의미 있는 역할과 경험들을 모두 포함하는 것이 될 수 있다.

3. 미래 사회 진로 동향의 이해[105]

세계는 급변하고 있으며 이에 따라 취업시장에서도 많은 변화가 일어나고 있다. 사회가 어떻게 변화하는지 이해하는 것은 직업 시장의 트렌드를 이해하고 자신의 진로를 설정하는 데 도움이 된다.

또한 사회변화에 대한 다양한 정보(책, TV 프로그램, 교내외 특강 등)에 관심을

---

105) 전북대학교(https://eei.chonbuk.ac.kr > bbs > eei > download), op. cit.

기울이는 것은 자신의 진로 결정에 도움이 될 수 있다. 다음의 활동지를 작성한 후 경력 활동을 기록해보자.

현재 자신이 관심 있는 최신 진로 동향	4차 산업혁명 유망직업, 2021 직업 트렌드 변화 등
이 동향을 알기 위해 직접 해본 활동 (이 활동을 통해 수집한 정보)	명견만리, EBS 직업인 탐색, 교내외 특강 등
이후 더 찾아보고 싶은 새로운 분야	읽어보고 싶은 책, 보고 싶은 프로그램, 듣고 싶은 특강, 만나고 싶은 직업인 인터뷰 등
이 활동을 통해 새롭게 알게 된 점	

선택활동	* 이외에도 미래사회의 진로 동향에 대해 더 자세히 알고 싶다면 다음의 방법을 사용해 보세요. - 한국고용정보원 (www.keis.or.kr) - 한국직업능력개발원 (www.krivet.re.kr) → 〈한국직업능력연구원〉으로 명칭 변경

제2절 직업 바라보기[106)]

앞서 직업의 의미를 간단히 살펴보았는데, 여기에서는 직업과 관련된 사항을 좀 더 살펴보기로 하자.

1. 직업관 및 직업의식

(1) 직업관

직업관의 종류로는 첫째로 생존 수단(Maens of Suvival)으로서의 직업관,[107)] 둘째로 물질적 행복의 수단(Means of Material Well-being)으로서의 직업관,[108)] 셋째로 성공 수단(Means of Success)으로서의 직업관,[109)] 넷째로 자기 발전 수단(Means of Self-development)으로서의 직업관,[110)] 다섯째 소명(Vocation, Calling)으로서의 직업관[111)]이다.

직업관이 중요한 이유가 있다. 직업에 종사하는 모든 사람들이 제각기 어떤 목적을 추구하고 있지만, 같은 직업에 종사한다고 해서 같은 목적을 가지고 있지는 않다. 사람들이 직업에서 추구하는 목적이 다양하고 다르다는 사실은 매우 중요한 의미를 갖는데, 이것이 직업관이다. 어떤 이들이 가지고 있는 만족감은 그들의 삶에 파국을 초래할 수도 있고, 어떤 이들에게는 지속적인 만족감을 주며, 어떤 이들에게는 고통과 죽음의 위협에도 불구하고 그 일을 지속하도록 한다.

106) 최영미(2018.03.), choi's의 블로그(choiym24), op. cit.

107) 생존 수단으로서의 직업관은 직업을 오직 의식주 문제를 해결하기 위한 수단으로만 생각하는 직업관을 의미하며, 이는 직업을 단지 호구지책으로 이해하는데, 이러한 인식 안에서 직업은 단지 고통스럽고 지겨운 고역과 노역밖에는 되지 못한다. 이는 개인에게뿐만 아니라 사회 전체에도 해악을 주기 때문에 반드시 극복되어야 할 직업관이다.

108) 물질적 행복의 수단으로서의 직업관은 직업을 단지 더 많은 물질적 이익을 얻기 위한 도구로서 이해하는 것을 의미한다. 그런데 물질만을 추구하는(지식과 사상에 대한 욕구를 외면한) 직업관은 결국 지속적인 행복을 가져다줄 수 없다는 사실을 기억해야 한다.

109) 우리나라는 직업을 신분 상승의 기회로 인식하는 경향이 매우 짙다. 경쟁을 통해 더 나은 삶을 얻고자 하는 인간의 욕구는 사회가 발전하는 데 있어 중요한 요소이지만, 이러한 인식을 가지고 직업을 이해할 때 '성공의 우상화'라는 문제가 생길 수밖에 없다. 결론적으로 성공을 우상화하게 될 때 인간은 그의 고유한 잠재적 가능성을 파괴할 수밖에 없다.

110) 직업관을 자기 발전의 수단으로 인식한다는 것은 개인이 가진 이상과 가치를 실현하고 가족과 이웃 그리고 인류를 위해 헌신하기 위한 수단으로서 직업을 인식하는 것을 의미한다고 할 수 있다. 자기 발전으로서의 직업관은 곧 장인정신으로 이어진다고 할 수 있다.

111) 소명으로서의 직업관은 직업의 의미를 종교적 신앙에서 이해하는 것이다. 이 직업관은 직업을 하늘이 부여한 책임과 사명이라고 생각하는 것이다.

[생각해보기 7] 직업관 살펴보기[112)]

▌'일'에 대해 진지하게 생각하기

'당신에게 일은 어떠한 의미를 갖는가?'에 대한 질문에 고민해보자. 취업을 한다는 것은 독립적인 객체로 거듭나는 일임과 동시에 경제적으로도 윤택한 생활을 영위하기 위한 경제적 수단이다. 일을 하는 데는 이러한 많은 목적이 있겠지만, 우선은 자기 자신의 인간적 성장에 궁극적인 목적이 있다. 일을 통해 본인이 나타내고 싶은 인간상에 대해 작성해보자.

- 적극적 행동력, 완벽한 업무처리, 사회적 · 개인적으로 신뢰를 갖춘 사회인이 되고 싶다.
- 상사, 선배의 풍부한 지식과 경험을 흡수하여 일에 있어서 신뢰할 수 있는 프로로서 존재 가치를 확립한다.
- 사회에서의 자신의 존재가치를 확립해가고 싶다.
- 나의 모자란 점을 인정하고 채울 수 있는 사람이 되고 싶다.
- 다양한 사람들과 만나며 폭넓은 인간관계를 형성해 나의 인간적 성장을 추구하고 싶다.

▌'일'하는 나의 모습 상상해보기

- 무엇을 위해 일을 하는가? (목표를 뚜렷하게 해 준다) ⇒ 내가 입사 후에 어떠한 목적을 가지고 일을 하고 있을지를 상상해본다.
- 신입일 때의 나의 모습은? (이상적인 모습을 토대로 작성) ⇒ 내가 신입사원일 때 어떠한 평가를 받고 싶고, 무엇을 위해 노력할지를 작성한다.
- 상사일 때의 나의 모습은? (롤모델의 모습을 모델링하여 작성) ⇒ 상사일 때 어떠한 모습으로 존경을 받고 싶고, 어느 위치에 이르고 싶은지를 작성한다.

112) 중부대학교, 2학년용 대학생활지도 및 진로설계 Ⅰ/Ⅱ, 중부대학교 창업·취업지원센터, 2014.01.14.

2. 직업의식

(1) 천직의식(天職意識)

자신의 직업이나 하고 있는 일을 자신의 의지에 의해 선택된 것이 아니라 운명적인 어떤 것, 즉 하늘이나 자연, 하나님, 신, 운명, 국가, 민족, 조상 등에 의해 부여된 사명으로서 선택받은 것이라는 직업의식을 말한다. 천직의식의 현대적 해석으로서 정의를 내린다면, "자신의 직업이 적성에 맞는다고 생각하며 그 일에 열정을 가지고 임하는 성실한 직업의식이며, 따라서 자신의 직업을 소중히 여기고 자신의 직업적 활동에 최선을 다해 수행하고자 하는 직업의식"이라고 말할 수 있을 것이다.

(2) 소명의식(召命意識)

근세 종교개혁자인 개신교의 루터, 캘빈 주의자들에 의해 직업을 하나님의 소명으로 보고, 세상의 직업적 활동을 통하여 하나님의 부르심(소명, calling)을 받을 수 있으며 또한, 구원을 받을 수 있다고 보는 직업의식을 말한다. 이 소명의식은 돈, 권력, 명예 등과 같은 세속적 가치의 보상으로서의 직업의식이 아니다. 종교적 구원을 목적으로 한 직업의식으로서 ⓐ 성실, 근면(Time is Gold), 정직(Honesty is the best policy), 검소한 생활을 신조로 삼으며, ⓑ 신용은 생명이라는 철저한 직업의식을 가짐으로써 서구의 신용사회와 상도의가 확립된 자본주의의 정신적 기초가 되었다.

(3) 직분의식(職分意識)

직분의식이란 직업적 활동을 통해서 사회(社會)의 여러 가지 기능을 분업적으로 나누어 참여하고 있다는 직업의식을 말한다. 사회에 필요한 대부분의 직업은 그 나름의 직분의식을 가질 수 있다고 본다. 한편, 직장 내에서의 직분의식으로서는 ⓐ 자신의 업무를 최선을 다해 충실히 수행하는 것이며, ⓑ 동료와 상사, 부하와의 공식적 비공식적인 역할 관계가 협동적으로 이루어질 수 있도록 하고, ⓒ 서로의 경쟁은 어디까지나 공명정대한 페어플레이 정신에 의하며, ⓓ 부하는 상사의 권위를 존중하며 동시에 상사는 부하의 직책에 따르는 권한을 존중해야 하며, ⓔ 상사는 부하의 인격을 침해하지 않도록 조심해야 하며 공식적인 관계를 떠났을 때는 서로 평등한 인격체로서의 인간관계를 유지하며, ⓕ 상거래 시에는 고객에게 항상 친절하고 봉사하는 정신으로 직무수행을 해야 한다.

(4) 가업의식(家業意識)

가업의식은 부모나 조상의 대(代)를 이어 직업을 물려받아서 자신이나 가문의 명예를 걸고 최선을 다해 제품을 만들며, 고객에게 최대의 봉사 정신을 하는 직업의식을 말한다. 이러한 가업의식은 훌륭한 제품의 생산에 크게 기여할 수 있으며, 가업의 신용과 명예를 지키기 위해 성심을 다해 서비스하는 직업정신이라고 말할 수 있으며, 오늘날의 상도덕과 직업윤리 형성에 크게 기여한 직업의식이라고 하겠다.

(5) 장인정신(匠人精神)

장인정신이란 자신의 일에 긍지를 가지고 정성을 다해 끊임없는 연구를 하며 창의적으로 일해 나가는 정신을 말하며, 이러한 정신을 갖고 한 가지 일에 일생을 바쳐 일을 한 결과 뛰어난 기술과 숙련도를 익힌 사람을 장인(匠人, craftsman)이라고 한다. 장인정신의 현대적 해석으로서 정의를 한다면, 부귀와 공명을 추구하려는 세속적인 야망보다는 자신의 참된 삶을 자신의 직업을 통해 완성해 나가는 고귀한 직업정신이라고 할 수 있을 것이다.

(6) 기업가정신(企業家精神)

기업가정신이란 창의성과 사명감을 바탕으로 일생을 바쳐 기업적 활동을 하며 자신의 기업을 자신의 재산이나 소유물로 여기기보다 기업을 통해 자아를 창조적으로 실현하고 사회의 공익을 위해 헌신하는 직업정신을 말한다. 이러한 기업가정신은 작게는 기업 정신과도 맥을 같이하며 장인정신과도 상통하는 것으로서 넓게는 프로테스탄트교의 직업윤리 의식과도 밀접한 연관성을 갖고 있다고 하겠다. 서구의 자본주의가 발전된 원인도 이러한 건전한 기업가정신을 갖고 있었던 기업인이 많았기 때문이었을 것이다.

3. 직업의 선택

(1) 미래의 직업적 특성[113)]

직업의 종류는 다양하다. 미국의 경우 2~3만 종류의 직업이 있고, 우리나라의 경우에는 1만 5천 정도의 직업이 있다고 한다. 하루에도 수많은 직업이 사라지고, 그보다 더 많은 직업이 생겨난다. 그런데도 취업에는 어려움이 많은 것이 현실이다. 미래의 직업 전망을 위해서는 사회 전체로 보는 경제활동 인구나 경제구조, 산업구조, 고용구조 등 사회 전반에 걸친 분석이 함께 뒤따라야 한다.

113) 정석용 · 이규은(2010.03.), 자기계발과 직업-미래 사회의 변화와 직업 가치관의 선택, 동문사, 2010.03.05.

따라서 여기서는 미래 직업의 유형적인 특성이나 구조적인 측면에서는 직업 전망보다는 우리 사회의 현재 직업들이 다가오는 미래에는 어떠한 형태로 변화되고 탈바꿈하게 될지, 다가오는 변화의 흐름 속에서 직업 간의 관계를 중심으로 살펴보고 그 특징을 알아보자 한다. 21세기에 나타나는 직업적 특성은 다음과 같이 요약할 수 있다.

1) 평생직장에서 평생직업으로의 전환

이제는 평생직장에 대신하여 평생직업의 개념으로 직장을 선택해야 한다. 평생직업이라는 개념은 자신이 일하고 있는 관련 업무 분야에 관한 지적 능력과 대외적인 상황에 유연하게 대처할 수 있는 역량을 갖춘 직업인을 의미한다. 이를 위해서는 자신의 캐리어 관리가 필수요건이다. 직장을 선택하기에 앞서 직업을 선택하여 자신이 평생 종사하는 직업으로 꾸준한 자기 관리와 관련 분야에 대한 탁월한 전문 능력을 갖추는 일이 중요하다.

2) 고학력 인력에 대한 수요 증가

지식기반사회에서는 고학력 인력에 대한 수요가 증가하고 지식 정보의 창출 속도가 빨라지고, 지식을 한번 습득한 것으로 성취한 것이 아니라 변화하는 새로운 지식과 정보에 맞추어 계속적으로 창출하고 활용하여야 부가가치를 높일 수 있다. 지식기반사회의 이행이 가속화되면서 고급 기술력과 정보력을 갖춘 높은 수준의 학력을 갖춘 인력에 대한 수요가 증가할 것이다.

3) 삶의 질을 높이는 직업 비중의 증가

앞으로의 직업 분야는 문화산업을 비롯하여 건강과 복지, 여가 분야의 산업에 활성화가 예견된다. 평균연령의 증가가 단순히 삶의 연장이라는 개념에서 벗어나 활기찬 삶을 사는 것이 중요하다는 인식으로 건강을 유지하기 위한 분야나 건강 관련 기구 및 용품의 산업 분야 비중이 증가할 것이다. 또한 질병을 예방하기 위한 예방의학 분야나 질병이 발생했을 때 이를 치료하기 위한 의학 관련 분야의 성장도 예견된다.

4) 여성 노동력에 대한 수요 증가

여성들의 사회진출에 대한 장애가 제거되고 여성들의 경제활동 비중이 높아지면서 미래 사회의 직업구조에서는 여성들의 참여가 증가하고 여성 노동력이 그만큼 활성화될 것이다. 또한, 미래 사회에는 서비스 분야의 직업이 증대될 것으로 예측되는데, 이 분야에서는 여성들의 섬세함이나 미적 능력 등이 남성들보다 여성들에게 유리하기 때문에 여성들의 직업 참여가 확산될 것이다.

5) 인터넷의 도입에 의한 직무내용의 변화

다가오는 사회는 컴퓨터와 인터넷을 활용한 업무처리의 일들이 보다 더 확산될 것으로 예측된다. 컴퓨터의 도입은 직무 형태에도 변화를 가져왔다. 매일같이 회사로 출근하던 시대에서 벗어나 집에서 회사의 업무를 처리하는 재택근무제가 도입되어, 이제는 일하는 공간이 반드시 회사가 아니라 물리적 환경의 제약을 받지 않고 언제, 어디서라도 회사 업무를 처리할 수 있는 열린 직장의 시대가 펼쳐지고 있다. 더욱이 현재진행 중인 코로나19 팬데믹 상황은 비대면(언택트) 경제활동을 더욱 가속화시키고 있다.

(2) 미래의 유망직업[114)]

2019년 한국고용정보원에서 발표한 〈4차 산업혁명 시대, 내 직업 찾기〉라는 연구보고서에서는 미래 유망직업을 15개 선정했다. 사물인터넷 전문가, 인공지능 전문가, 빅데이터 전문가, 가상현실·증강현실 전문가, 생명과학 연구원, 정보보호 전문가, 로봇공학자, 자율주행차 전문가, 스마트팜 전문가, 환경공학자, 스마트헬스케어 전문가, 3D프린팅 전문가, 드론 전문가, 소프트웨어 전문가, 신·재생에너지 전문가 등이 미래의 유망직업에 이름을 올렸다. 이 직업들은 관련된 여러 파생된 직업을 만들어 낼 수 있는 직업이다.

이 같은 15개의 유망직업은 기술의 발달에 따라 새롭게 등장하거나, 기존 직업의 역할이 강화된 것 혹은 직무가 전문화·세분화한 것들이다. 특히 디지털을 다루는 역량에 기반한 직업들이 대부분이다. 디지털 세상이 왔으므로 디지털 기술을 잘 활용하는 사람이 성공하는 구조가 된 것이다. 이런 흐름은 어디까지 발달할 수 있을지 아무도 모른다. 인간의 욕망이 살아있고 호기심이 충족되지 않는 속성으로 인해 무한대의 발전을 이룰 수도 있다. 이런 흐름에 뒤지지 않기 위해서는 디지털 지식의 활용이 중요하다.

그러나 이런 직업을 중심으로 학생들에게 4차 산업혁명에 대비해야 한다는 강의를 했던 한 교사는 미래의 유망직업에 관련한 강의를 할 때마다 매우 아쉬웠다고 말했다. 위에서 열거한 미래의 유망직업이 모두 자연과학적이거나 공학적인 역량이 있어야만 가능한 직업이기 때문이다. 연구에서 드러난 대로 몇 개의 미래 유망직업에 한정해 진로를 설명하게 되면 나머지 진로는 별 의미가 없는 것처럼 보인다. 그래서 고등학교에서 인문학적이고 사회학적인 분야로 진로를 선택하고자 하는 학생에게는 긍정적인 전망이나 조언을 하기가 어려웠을 것이다.

114) 배상기(2022.04.), 미래의 유망직업, 한국대학신문(news.unn.net), 2022.04.19.

미래의 유망직업은 그 시대를 지나면서 가장 성장하는 직업이다. 달리 말하면 가장 돈을 잘 벌 수 있는 직업의 종류이기도 하다. 그러나 인간이 모여 사는 세상에서 그렇게 성장을 하는 직업만이 존재하지 않는다. 미래 유망직업처럼 큰 성장은 하지 못해도 우리에게 늘 필요한 공기와 햇빛과 같은 직업도 있다. 그런 직업에도 많은 사람이 필요하고 유능한 전문가를 필요로 한다. 미래의 유망직업으로 선택받지 못할 만큼 사람들에게 주목받지 못하기에 가능성이 없는 것처럼 보일 뿐이지 결코 그 가치가 없어진 것은 아니다.

4차 산업혁명 시대에는 정형화된 육체적 업무는 새로운 기술로 대체될 가능성이 크다. 정형화된 업무지만 인지능력이 필요한 업무는 기술 대체 가능성이 중간이다. 반면에 육체적인 업무든지 인지능력이 필요한 업무든지 간에 모두 비정형 업무일 경우에는 기술 대체 가능성이 낮다. 기술 대체 가능성이 낮은 비정형 업무 중에는 유망직업에 속하지 못하는 직업이 제법 많다. 계속해서 사람의 힘으로 해야만 하는 직업이다. 따라서 자신이 원하는 직업이 미래의 유망직업에 속하지 않는다고 해서 실망할 필요가 없다. 가능성을 찾는 노력이 필요하다.

시대의 흐름에 따라 유망직업은 변화해 왔다. 하지만 유망직업으로만 사회가 지속되지 않는다. 유망직업으로 선정되지 못했어도 지속적인 직업들의 역할도 컸다. 사람에 따라 블루오션(유망 직업)도 레드오션(사양 직업)이 될 수 있고, 레드오션도 블루오션이 될 수 있다. 개인의 준비 정도에 따라 다르다. 자신을 제대로 준비한다면, 세칭 유망직업이 아님에도 유망직업이 될 수 있다. 사람의 욕망과 호기심으로 세상의 직업은 변하고, 사람은 상황과 역량에 따라 직업을 바꿀 수 있기 때문이다.

(3) 직업 선택의 기준[115)]

직업을 선택할 때 최우선으로 고려하는 사항은 무엇일까?

먼저 직업 선택에 있어서 고려해야 할 중요한 요인 중의 하나가 적성이다. 자신의 적성과 소질에 맞는 일을 할 때 일반적으로 일에 대한 즐거움을 느끼고 일의 능률이 오르며 일에 몰입하는 특성을 나타낸다고 한다.

모 대학교의 설문조사에서는 직업 안정성(Job Security)이 1위로 선정되었다. 한 회사에서 잘리지 않고 오래오래 다니는 것을 중요하게 여기는 것이다. 그런 이유로 공무원이나 선생님은 높은 경쟁률을 자랑하는 인기 있는 직업으로 꼽히고, 정년이 보장되는 공기업이나 일부 대기업들은 신의 직장으로 불린다.

그러나 안정성이 높은 직업은 구조적으로 루즈(loose)해지기 쉬운 경향이 있다. 근속연수가 높은 선배들로 인해 승진 기회가 제한되고, 직원을 해고하지 않는 문화로

---

115) 백승민(2021.09.), 직업 선택의 기준, 잡코리아(www.jobkorea.co.kr), 2021.09.16.

인해 업무 긴장감이 떨어질 수도 있다. 이로 인해 직원들은 무료함을 느낄지도 모른다. 쉽게 말해 '재미'가 떨어질 수도 있다.

직업에서 느끼는 재미는 다소 포괄적인 의미를 갖는다. 개인마다 재미를 느끼는 포인트가 다르기 때문이다. 업무 자체에서 흥미를 느낄 수도 있고, 높은 소득이나 사회적 지위에서 즐거움을 느낄 수도 있다. 일하는 과정에서 오는 성장(Growth) 또한 빼놓을 수 없는 재미 포인트 중 하나이다. 끊임없이 배움을 추구하면서 본인 실력을 향상시키다 보면 자연스럽게 회사로부터 보다 많은 책임과 권한을 부여받는다. 이때 직함(Job Title)이 변경된다면 그것이 승진(Promotion)이다. 이러한 과정에서 다양한 가능성을 마주하게 되고 대개는 지루할 틈이 없을 것이다.

자산관리 측면에서 서로 대비되는 대표적인 유형이 안정 추구형과 위험 추구형(High Risk High Return)인데, 이러한 개념은 직업을 대하는 태도에서도 유효한 것 같다. 해고의 위험을 최소화하는 옵션이 바로 안정적인 직업이다. 반면 어떤 사람들은 성장 가능성이 높은 직업을 선호한다. 일반적으로 성장성이 높은 직업은 스타트업이나 규모가 작은 회사, 새로운 사업을 시도하는 기업 등에서 찾을 수 있고, 미래에 유망한 신사업군 또한 기회가 있을 수 있다. 다만, 이들은 충분히 검증되지 않았기 때문에 리스크가 있을 수 있고, 안정 추구형 사람들에게는 가시방석처럼 불편할 수도 있다.

직업을 선택하는 데 있어 특히 요즘 젊은 구직자들이 중요하게 생각하는 사항으로 워라밸(Work and Life Balance) 또한 빼놓을 수 없다. 과거 부모님 세대가 일하던 모습을 생각하면 야근이나 주말 출근은 흔한 광경이었고 휴가도 마음대로 쓰지 못했다. 그럼에도 불구하고 이러한 근무환경에 대해 문제 삼는 직원은 많지 않았다. 개인의 사생활보다 회사 일이 중요하다고 여겨졌기 때문이다. 그러나 요즘 세대는 가치관이 바뀌었다. 회사 일은 여전히 중요하지만 개인 시간을 침해하는 것은 허용하기 어렵다. 근로계약상의 표준 업무시간은 철저히 지켜져야 하고, 원하는 날에 연차를 내는 것은 당연한 권리요, 해외여행을 즐기기 위해 보름 연속 휴가를 쓰는 것도 문제될 것이 없어야 한다.

이러한 분위기 속에서 덴마크의 복지 수준까지는 아니지만, 국내 기업들 사이에도 워라밸을 중시한 합리적이고 효율적인 근무환경이 정착되는 추세다. 일부 업체에서는 주 4·5일제, 안식년 제도 등 파격적인 복지정책을 앞세워 인재들을 유혹하고 있다.

마지막으로 직업 선택의 중요한 기준의 하나로 직업적 환경을 들 수 있다. 취업을 하는 데 있어서 고려해야 할 여러 가지 환경적 요건 중에 사람들은 지리적 요건 즉, 교통 환경을 반드시 따진다. 회사와 집과의 거리나 교통 여건에 따라 다소 유리한 직업적 선택 요건이 주어진다고 하더라도 이를 수용하지 않고 회사를 변경하게 되는 경우가 발생하기 때문이다. 이와 같이 환경적 여건을 고려해야 할 직업적 환경으로는 교통 여건 이외에도 직업병의 발생 유무, 정신적 · 신체적 적응력의 가능성, 통근 거리 및 통근 수단, 직장 소재지의 지역사회 환경적 특성, 복지제도 및 인사관리제도, 시설의 첨단성 정도, 근무 시간 및 여가선용 가능성, 경영자의 운영방침, 퇴직 연령 및 노후 보장성, 직무내용의 난이도 및 안정성, 직무의 전문성이나 기술성 등이 고려 대상이 된다.

개인마다 중요하게 생각하는 가치관이 다를 것이고, 회사마다 어필할 수 있는 특장점이 다를 것이다. 본인의 성향이 무엇인지 올바르게 파악하고 이에 맞는 직업을 추구하는 것이 좋을 것이다.

[생각해보기 8] 대학생 직업 선택의 기준

대학생들이 직업 선택 시 가장 중요하게 생각하는 기준은 적성, 소득이 아닌 직업의 안정성으로 조사됐다. 울산대학교(총장 오연천) 학생상담 센터(센터장 최현주)는 2020년 1월 재학생 1만 1,597명을 대상으로 실시한 '대학 생활 실태' 설문조사 결과를 발표했다.

2,287명의 응답을 정리한 결과, 직업 선택 시 가장 중요한 가치 기준은 '직업의 안정성'이 응답자의 32.1%로 가장 많았다. 다음으로 ▲흥미 · 적성(20.9%) ▲근무 환경(11.9%) ▲사회적 명성(10.6%) ▲발전 가능성(10.5%) ▲소득(6.7%) ▲기타(6.5%) ▲사회적 기여(0.8%) 순이었다.

울산대 측은 "직업의 안정성을 가장 중시하는 것은 계약직 증가와 경제 불황 등 고용 불안으로 안정된 직업에 대한 욕구가 높아지고 있는데 따른 것으로 풀이된다"고 설명했다.

전공을 반영한 응답에서는 적성과 창의성이 요구되는 예술대학과 디자인 · 건축융합대학의 경우 '흥미나 적성'을 각각 33.3%, 30.3%로 꼽았다. '직업의 안정성'(각각 31.6%, 17.2%)보다 높은 응답률이었다.

희망하는 기업 형태는 ▲대기업 26.6% ▲공기업 18.1% ▲전공 관련 업종 13.7% ▲중견기업 11% ▲공무원 11% ▲중소기업 5.3% ▲외국계 기업 4.3% 순을 보였다.

졸업 후 희망 진로는 '취업'이 68.1%로 가장 많았다. 다음으로 ▲프리랜서 7.4% ▲대학원 진학 7.1% ▲창업 5.1%였다. 진로를 확정하지 못한 응답자는 11.8%로 나타났다.

〈출처 : 대학저널(http://www.dhnews.co.kr), 2020.05.26.〉

4. 직업윤리의 의의 116)

(1) 직업윤리의 개념과 성격

직업윤리를 구체적으로 해석함에 있어 우리는 두 가지 측면을 고려해야 한다고 본다. 그 하나는 모든 직업에 공통되는 윤리, 즉 모든 직업인에게 일반적으로 요구되는 윤리이고, 다른 하나는 각 직업이나 직무에 따라 요구되는 그 직업의 특수한 윤리가 있을 수 있다는 것이다. 전자의 윤리를 편의상 직업 일반의 윤리로 하고, 후자의 윤리를 특수직업의 윤리로 구분하여 설명하고자 한다.

우리의 직업사회는 시대와 산업의 변화에 따라 많은 직업이 분화, 발달 또는 쇠퇴, 소멸되어왔다. 이러한 현상은 모두 사회의 불가결한 요청에 의하여 이루어진 것이며, 이렇게 사회적 요청으로서 변천된 직업은 그 나름대로의 특수한 직업윤리를 요구하며, 그 직업의 종사자들은 어떤 일정한 직업 활동의 윤리적 기준을 준수할 경우에만 직업인으로서 그 사회적 역할을 하고 있다는 긍지와 자부심을 인정받을 수 있었다.

이와는 달리 직업의 윤리는 어떠한 직업에 있어서도 요구되는 행동규범이라고 볼 수 있다. 어느 사회나 어느 시대에서도 변하지 않는 일정한 하나의 윤리체계가 존재하였던 것은 아니지만 대체로 한 시대나 사회를 지배한 윤리적 의식체계가 있어 왔다고 볼 수 있다. 우리는 이러한 일반적인(지배적인) 가치체계에 근거하여 직업 일반의 활동에 적용되는 윤리의식 체계를 정립할 때 이것이 바로 직업 일반의 윤리가 된다고 볼 수 있을 것이다.

이러한 직업 일반의 윤리는 특수직업 집단의 윤리보다는 보다 근본적이고 포괄적인 인간의 생활 규범에 적용된다고 보겠다. 즉, 특수 직업 집단의 윤리가 어떤 특정한 직업에서만 요구되는 규범을 다루는 데 반해, 직업 일반의 윤리는 모든 직업인의 기본적인 행위규범과 직업 활동에 적용된다고 할 수 있다. 그리고 특수직업의 윤리가 직업 생활에서 보통 외적인 규제 형태로 나타나는 데 비해서 직업 일반의 윤리는 주로 내면적인 가치체계로서 나타나고 요구된다고 볼 수 있다. 물론 이러한 구분은 절대적인 것은 아니며 실제로는 두 윤리가 현실 속에서 상호 내재되어 있어 서로 밀접히 관련되어있음을 부인할 수가 없다.

(2) 직업윤리의 필요성과 중요성

1) 직업윤리의 필요성

직업윤리는 기본적인 정보기능을 수행하고 정책을 세우고 서비스 전략을 개발하기

116) 최영미(2018.03.), choi's의 블로그(choiym24), op. cit.

6장

위한 틀을 제공하기 때문에 꼭 필요로 하는 요소이다. 일하는 과정에서 윤리적 결과를 의식적으로 생각하지 않고, 지침이나 경험, 습관에 따라 일을 하게 될 때, 종종 그 일의 결과가 어떤 윤리적인 논란을 일으키게 될 때, 직업윤리가 제대로 규명되어 있지 않다면 문제에 직면해서 해결의 실마리를 찾지 못하고 혼란에 빠지게 된다. 그것은 직업군으로서는 용인할 수 없는 상황이다. 따라서 직업군들은 직업 현장에서 이루어지는 업무 수행과정에서 일어날 수 있는 문제들에 대해 사전에 깊이 고민하고 그에 대한 명확한 입장을 규명하고 구체적인 행동강령을 정리한 직업윤리를 가지고 있어야 한다. 그래야만 사회적 위치를 확고하게 확보하고, 자신의 역할을 통해 이용자 개개인과 사회의 전반적인 진보와 발전에 기여할 수 있게 될 것이다.

사람들은 그들 각자가 서로의 다른 직업적 역할을 분담함으로써 국가사회는 전체적인 조화와 상호보완을 이룩하게 될 것이다. 바로 그런 점에서 국가사회는 유기적으로 유지되고 균형적 발전이 전개된다. 그러므로 올바른 직업관과 아울러 참다운 직업윤리의 확립이 국가사회 발전의 원동력이 된다고 할 수 있다. 그리고 우리는 모든 국민이 자신의 직업을 통해서만 사회에 봉사하고 국가의 실질적인 국민이 되는 한, 국민윤리의 가장 핵심적인 내용 중의 하나가 곧 직업윤리라는 점을 간과해서는 안 된다.

2) 직업윤리의 중요성

현대 사회에서 직업은 개인의 생활양식이나 수준, 그리고 가치관뿐만 아니라, 자아실현을 통하여 사회 발전에 기여하는 기초적인 수단과 목표로서 의미를 지니고 있다. 따라서 모든 사람들은 자기가 선택한 직업영역에서의 직업윤리를 성실히 실천해야 할 도덕적, 사회적 책임을 가져야 한다. 그러므로 모든 직업인은 사적인 이익만을 추구해서는 안 되며 공적인 질서나 윤리를 추구해야 한다. 무조건 자신의 이익을 포기하지 말고, 자신의 이익을 추구하되 공공복리를 벗어나지 않는 범위 내(기업윤리 준수 내)에서 추구하여야 한다.

우리들의 직업 활동은 수많은 사람들과 직·간접적으로 관계를 맺고 상호작용을 하는 것이기 때문에, 직업인들은 자신의 직업 활동을 수행함에 있어 사람과 사람 사이에 지켜야 할 윤리적 규범을 따라야 한다. '윤리'는 사람과 사람의 관계에서 우리가 마땅히 지켜야 할 사회적인 '규범'이기 때문이다. 그러므로 직업 활동을 하는 사람들은 '직업윤리'를 지키지 않으면 안 된다. 이와 같은 직업윤리는 우리들의 공동체적인 삶에 있어서 핵심적인 중요성을 갖는다.

더구나 수많은 이질적인 직업인들이 공식적이고 비인격적인 '거래관계'를 통해 직업 활동을 하고 있는 현대의 산업사회에서 직업윤리의 중요성은 더욱 커진다.

직업적 활동과 거래의 신뢰성을 확보하기 위해 현대 사회는 수많은 복잡한 법규범(Legal Norms)들을 만들어 놓고 있지만, 그것만으로는 충분하지 못하다. 법망을 피해서 자신의 개인적인 이익을 좇는 사람들은 어느 사회에나 있게 마련이기 때문이다. 그러므로 직업인들이 직업윤리를 통해 '자발적'으로 상호 간의 신뢰를 구축할 수 있어야만 현대의 산업사회는 '공정하고 합리적으로' 운영될 수 있다. 물론 직업윤리가 잘 확립된 사회에서도 일어날 수 있는 '예외적인' 범죄 행위나 계약위반 행위에 대해서는 공식적인 법규범에 의한 제재가 필요할 것이다. 그러나 아무리 강력하고 많은 법적 규범이 제도화되어있더라도 직업윤리가 확립되지 못한 사회는 부패, 부정, 비리, 범죄 등의 사회병리가 만연할 것이며, 서로가 서로를 믿지 못하는 불신 사회가 되어 사회불안이 끊이지 않을 것이다.

제3절 직업정보 탐색

1. 직업정보의 개념

기술의 발전과 사회변화, 경제활동의 변화 등으로 인해 많은 직업들이 새로 생겨나기도 하고 사라지기도 한다. 직업을 선택할 때에는 직업에 대한 이해도를 높이고 진로 결정과 선택에 필요한 다양한 지식과 정보가 필요하다. 이에 직업정보란 하는 일, 근무 조건, 보수, 요구하는 자격과 학력, 필요한 역량, 미래 전망, 자신의 적성과 능력 등 직업과 관련된 광범위하고 다양한 정보를 말한다.

2. 왜 직업정보인가?[117)]

먼저 왜 직업정보가 중요한지 생각해 보자. 과거보다 최근에 직업정보의 중요성이 부쩍 강조되고 있는데, 그것은 넓게 보아서 직업환경과 교육환경의 변화에서 찾을 수 있다. 직업환경의 변화는 다음과 같은 측면에서 살펴볼 수 있다.

선진국에서는 이미 직업 세계의 급격한 변화를 경험하였고, 이를 해리 덴트(Harry Dent)는 '직업충격(job shock)'이라고 표현한 바 있다. 최근 우리나라에서도 급격한 직업환경의 변화를 경험하고 있는데, 그 내용은 다음과 같다.

첫째, 평생직장에서 평생직업으로의 변화이다. 한번 한 기업체의 사원이면 정년까지 그 기업체의 직원이던 시절이 있었지만, 이제는 옛이야기가 되었다. 아울러, 한

117) 한상근, 직업정보의 탐색과 활용, 한국직업능력개발원.

직장에서 아침에서부터 저녁까지 오손도손 앉아서 일한다는 개념 자체도 흔들리고 있는 중이다. 직장이라는 개념 자체가 과거와 다른 것이 현실이며 그 한 예가 '텔레워크(Telework)', 즉, 원격근무이다. 원격근무는 직장에 출퇴근하는 것이 아니라 인터넷이나 전화 등의 통신을 통해 업무지시를 받고, 가정에서 일하며 업무보고도 통신으로 하는 근로 형태를 지칭한다. 이런 현상은 전 세계를 강타하고 있는 코로나19 팬데믹(세계적 대유행)으로 촉발된 언택트(비대면) 트렌드로 인해 더욱 확산될 것으로 보인다.

둘째, 완전고용에서 불완전고용으로의 변화이다. 1980년대 이후 1990년대 말 외환위기 전까지 우리나라의 실업률은 2~3%대였다. 경제학자들은 2~3%의 실업률은 '완전고용'으로 보아도 무방하다고 보고 있다. 그러나 외환위기 이후 고실업 상태를 경험했고, 위기 극복 이후에 공식 통계상으로는 실업률이 낮아졌지만, 뚜렷한 경제성장의 동력을 확보하지 못한 채, 성장률은 여전히 답보 상태로 저성장 국면을 벗어나지 못하고 있다. 이에 따라 현재도 청년실업률은 상당히 높은 상황이다.

셋째, 정규직에서 임시 · 일용직으로의 변화이다. 현재 전체 근로자 가운데 임시 · 일용직 근로자의 비중이 절반 가까이 된다. 임시 · 일용근로자 비율은 1990년대 이후 급증하여 오늘날에 이르고 있다.

3. 직업 세계 탐색의 방법118)

직업정보는 도서, 신문, 잡지를 포함한 인쇄매체, 방송매체, 인터넷 사이트 등을 통한 간접 체험이나 전문가와의 만남, 지역의 진로직업센터 방문 등의 직접적인 체험, 진로 · 진학 상담교사, 부모님과의 상담, 학교 수업 등의 다양한 정보원을 통해 수집할 수 있다. 특히, 인터넷은 가장 최신의 자료를 신속하게 검색을 통해 얻을 수 있기 때문에 매우 효과적이다.

(1) 인터넷을 활용한 직업탐색

직업의 탐색이란 직업 세계에 대한 이해를 바탕으로 다양한 방법을 이용하여 나에게 맞는 직업을 찾아보고 현실적인 직업 계획을 세우는 것을 말한다. 직업탐색을 위해서는 직업의 의미와 유형, 경제적 · 사회적 가치는 물론, 자신의 적성, 흥미, 가치관 등도 고려해야 한다. 인터넷을 이용한 직업탐색은 직업 현장을 직접 방문하지 않아도 많은 직업에 대한 다양한 정보를 손쉽게 접해볼 수 있는 장점이 있다. 또 직업에 대한 정보뿐만 아니라 직업의 변화 모습, 성공한 직업인의 인터뷰 사례 등도 찾아볼

118) 사례로 보는 행복한 진로 디자인 상담, 1강-직업정보의 개념과 탐색 방법. 참조.

수 있어 다양한 정보의 창고라 할 수 있다.

직업탐색을 위해 많이 활용하는 사이트로는 한국직업정보시스템, 워크넷, 커리어넷, 청소년 워크넷 등이 있다.

1) 인터넷과 함께 직업정보의 세계로 출발

- 한국직업정보시스템(know.work.go.kr) : 직업의 하는 일, 되는 길, 업무 수행 능력, 지식, 성격, 흥미, 직업 가치관, 관련 학과, 일자리 전망과 학과 개요, 학과 영역, 주요 교과목 등 학과정보를 제공하며, 온라인 진로상담을 한다.
- 청소년 워크넷(www.work.go.kr/youth) : 한국고용정보원이 운영하는 청소년을 위한 진로 및 직업정보 사이트이다. 초등학생, 중학생, 고등학생, 대학생, 청년층의 진로 설계를 위한 직업 심리검사, 직업정보, 학과정보, 취업 가이드 등을 제공한다.
- 커리어넷(www.career.go.kr) : 한국직업능력개발원이 운영하는 사이트로, 초등학생부터 성인, 교사에 이르기까지 대상별 진로 및 직업정보를 제공하며 온라인 상담도 실시한다.

2) 인터넷과 함께하는 직업정보 탐색 노하우(Know-How)

- 직업 검색
  - 한국직업정보시스템 : 직업 정보 검색, 나에게 적합한 직업 검색
  - 청소년 워크넷 : 직업 찾기, 신생 및 이색 직업
  - 커리어넷 : 직업 사전, 분야별 직업 세계
  - 워크넷 : 직업 검색, 한국 직업 전망, 외국 직업 전망
- 직업인 인터뷰
  - 한국직업정보시스템 : 직업 e사람
  - 청소년 워크넷 : 전문가가 말하는 직업
  - 커리어넷 : 직업인 인터뷰
  - 워크넷 : 전문가가 말하는 나의 직업
- 직업 동영상
  - 한국직업정보시스템 : 생생 동영상, 테마별 직업 여행
  - 청소년 워크넷 : 영화로 보는 직업
  - 커리어넷 : 커리어넷이 만난 도전하는 한국인
  - 워크넷 : 직업 관련 동영상, 전문가가 말하는 나의 직업
  - 한국고용정보원 : 내일을 Job아라, 워크앤라이프, 직업 탐구
- 직업 체험 안내
  - 청소년 워크넷 : Job School 안내, 참가 신청, 참가 소감문, 동영상 안내
  - 커리어넷 : 직업 체험 가이드(현장실습 요령, 인턴십 체험하기)

- 취업 가이드
  - 워크넷 : 이력서 · 자기소개서 작성 요령, 취업 관련 동영상, 취업 정보 게시판

(2) 체험학습을 통한 직업탐색

직업 체험학습이란 직업정보를 수집하기 위해 직접 직업을 체험하거나 체험 학습장에서 관심 있는 직업을 간접 체험함으로써 관련 정보를 수집하는 것을 말한다. 직업 체험에는 직업 체험관을 방문하는 방법, 직업 체험이 가능한 산업체를 방문하는 방법, 직업 종사자를 직접 만나서 인터뷰하거나 자원봉사를 하는 방법 등이 있다. 직업 체험은 직업 현장을 직접 찾아가야 하는 번거로움이 있을 수 있지만, 이론으로만 알고 있던 직업에 대한 정보를 자세히 알아볼 수 있고 이전에는 살펴볼 수 없었던 자세한 부분의 정보까지 접할 수 있다는 등의 장점이 있다.

- 직업 체험 방법
  - 직업 체험관 방문
  - 산업체 방문
  - 직업인 인터뷰
  - 자원봉사 활동 등

(3) 전문가와 함께하는 직업탐색

어떤 직업이 궁금하다면 직접 현장을 찾아가 체험하거나 해당 직업에 종사하는 사람과의 인터뷰를 통해 자세한 정보를 얻을 수 있다. 하지만 이런 직접적인 체험이 어렵다면 직업 선택에 조언을 줄 수 있는 전문가에게 물어보는 방법도 있다. 직업 전문가와 함께하는 활동은 직업 선택에 필요한 소양과 기준, 면접 정보 등 현장감 있는 정보를 얻을 수 있고 직업 세계를 구체적으로 탐색할 수 있다.

- 직업 전문가
  - 특정 분야의 직업인
  - 직업 선택에 조언을 줄 수 있는 전문가
- NIE로 만나는 직업의 세계
  - 열심히 일하는 직업인의 사진이나 기사를 찾아보고 느낀 점을 발표해 보자.
  - 사진이나 신문 기사 스크랩하기

(4) 직업정보 탐색 시 유의 사항

직업정보를 탐색할 때에는 정확하고 객관적인 정보인지를 확인해야 한다. 따라서 직업정보가 최신성, 정확성, 신뢰성, 구체성을 지니고 있는지 확인하여 정보를 수집

하고, 파악한 정보들을 종합하여 자신에게 필요한 정보를 선별하여 활용할 수 있어야 한다. 직업정보가 갖추어야 할 요소는 다음과 같다.

항 목	판단 근거
최신성(recency)	제시된 정보의 생성 혹은 갱신된 시기가 시간적으로 최신의 정보인가?
정확성(accuracy)	정보원이 관련 주제와 관련된 전문지식, 경험의 풍부함, 내용의 정확성에서 지식과 능력을 갖추었는가?
신뢰성(reliability)	정보원의 진로 정보가 솔직하며 왜곡되지 않았고 진실성과 객관성을 가지고 있는가?
구체성(specificity)	정보의 내용을 이해하기 쉽도록 구성 요소에 대해 자세히 설명하고, 진행 과정이나 결과에 대해 더 많이 생각할 수 있도록 하고 있는가?

제4절 직무정보 탐색119)

"직업으로 꼭 해보고 싶은 일이 있나요?"

장병들을 포함하여 많은 학생들이 자신의 희망 직업조차 쉽게 말하지 못하는 이유는 뭘까? 곰곰이 생각하면, 자신이 해왔던 업무 또는 공부를 희망 직업, 그중에서도 '직무'와 매칭한 적이 없었기 때문이 아닌가 싶다. 그렇다면 '직무'란 과연 무엇일까?

1. 직무란 무엇인가?

장병의 경우를 예로 들어보자. 장병의 경우 환경적 제약이 있긴 하지만, 본질적으로 학생들의 진로 고민과 별반 차이가 없으니 알반화시켜 적용 가능하다고 본다.

장병의 진로 고민이 깊은 이유는 크게 두 가지다. 먼저 병, 초급 부사관, 초급 장교 대부분이 진로에 대해 고민이 많은 시점에 있다. 일반적 사회에서는 진로를 설정하는 시기가 고등학교 졸업반, 전문대학 2~3학년, 4년제 대학교 3학년부터다. 따라서 진로 고민을 한다는 것은 정신적으로 지극히 정상적이고 건강한 상태라고 말할

119) 최준형(2020), 내게 꼭 맞는 직무 탐색법, 잡코리아(https://www.jobkorea.co.kr), 2020.09.14.

수 있다. 두 번째는 사회와 단절돼 있다는 것이다. 사회에 있는 친구들을 생각해 보자. 진로 고민이 있다면 자기가 관심 있는 분야의 교수님 · 선배님 · 지인뿐만 아니라 취업상담기관 · 인터넷 등을 활용해 확인하고 분석할 수 있다. 하지만 군에서는 제한된 환경에서 홀로 고민만 하게 될 가능성이 크다.

직무의 사전적 의미는 '직책이나 직업상에서 책임지고 담당하여 맡은 사무'를 뜻한다. 쉽게 말하면 분업해 '맡은 일'이라고 표현할 수 있다. 따라서 직업보다 하위개념으로서 취업했을 때 개인이 수행하는 업무를 의미한다. 결국 취업에서 '직무 전문성'을 따지는 이유는 실제 기업에서 부여한 업무를 개인이 수행할 수 있는지, 그 능력을 확인하기 위함이다. 특정 직무가 자신과 어울리는지 확인하는 데 가장 좋은 방법은 두말할 필요 없이 '경험'이다. 하지만 안타깝게도 장병 대부분은 20대로 직무 관련 경험이 많지 않다. 또한 군이라는 특수한 환경에서는 직무에 대해 알아보고 싶어도 제약이 많다. 그렇다고 실망할 필요는 없다. 이제 '내게 꼭 맞는 직무 탐색법'을 기억해두면 반드시 이를 해결할 수 있을 것이다.

2. '흔한 착각'에 빠지지 말라!

앞서 말했듯 대부분 장병은 경험이 적다. 따라서 쉽게 착각에 빠지기 쉽다. 예를 들면 '진짜 잘하는 일'과 '자신이 잘한다고 생각하는 일'을 혼동한다. 이것을 구분하는 거의 유일한 방법은 실제로 그 일을 해보는 것이다. 일을 해보는 과정에서 '자신의 업무 만족도'와 '업계 종사자와의 비교', '성과' 등을 통해서 확인할 수 있다. 군에서도 맡은 병과, 직책, 특기 등의 경험을 통해서 자신에 적합한 직무를 찾는 경우가 있지만, 사실 극히 드물다. 따라서 전역 전 계획을 수립하고 적극적으로 자신에게 맞는 일을 찾아서 직접 경험하는 방법을 가장 추천한다.

또한 직무에 대한 지식이 부족하다면 상상 속 직무의 역할과 취업을 했을 때 맡는 실제 직무 역할이 다른 황당한 일이 발생할 수 있다. 여러분도 고등학교와 대학교의 학과를 선택할 때 깊은 고민 없이 선택했다가 낭패를 보는 친구를 본 적이 있을 것이다. 이와 마찬가지로 충분한 직무 탐색 없이 취업한다면 입사 이후 많은 갈등을 겪을 수 있다.

3. 현실적인 직무 파악은 오프라인으로

'내게 꼭 맞는 직무' 탐색은 오프라인으로도 할 수 있고, 온라인으로도 할 수 있다. 먼저 오프라인의 경우 관련 분야에서 일하는 선배 · 현직자나 교수, 전문 취업상담사를 활용할 수 있고 직접 궁금한 부분을 묻고 상황에 따라서 업무환경이나 분위기를 간접적으로 경험할 수 있는 장점이 있다. 특히 휴가를 나가서 관심 분야에 취업한 선배를 만나 현업의 경험과 취업 노하우를 듣는다면 직무 파악과 함께 동기부여도 된다. 또한 국방부에서 추진 중인 '찾아가는 진로 도움 프로그램'을 통해서 부대로 찾아오는 전문 취업상담사와 상담한다면 객관적인 입장에서 자신에게 맞는 직무에 관한 조언을 들을 수 있다.

마지막으로 장병을 대상으로 하는 취업박람회 참여도 좋은 기회다. 박람회에 참여한다면 관심 기업이나 관심 직무와 관련된 부스 담당자에게 질문하고 현실적인 조언을 들어보자. 오프라인 직무 탐색은 발품을 팔아야 하니 온라인에 비해 번거롭지만 '백 번 듣는 것이 한 번 보는 것만 못하다'라는 말이 있듯이 직접 보고 느끼는 것은 여러분에게 더 큰 비전을 심어줄 수 있다는 것을 명심하자.

4. 다양한 정보를 체계적 탐색하려면 온라인으로

온라인 공간에서는 오프라인 공간에 비해 다양한 정보를 체계적으로 습득할 수 있는 장점이 있다. 소셜 멘토링 '잇다', 커리어 경험 공유 플랫폼 '리드미' 등이 대표적이다. 다양한 사이트와 소셜네트워크를 통해 어떤 학과 출신이 어떤 직무로 진출하는지, 직무는 어떻게 분류돼 있고 직무의 역할은 어떤 것인지, 현업 직무전문가의 경험과 조언 등 여러 가지 정보를 쉽게 얻을 수 있다. 특히 직무정보가 부족하거나 직무에 대한 고민을 갓 시작한 장병에게 큰 도움이 된다. 여러 직무 중에서 자신의 학과 또는 경험과 관련된 직무를 찾아보거나, 평소에 관심이 있었던 직무에 관한 정보를 찾아보는 방법도 좋다. 이렇게 정보를 찾는 과정에서 흥미가 생기는 직무, 관련 경험이 있는 직무, 취업에 유리한 직무, 전공과 어울리는 직무 등으로 나눠 보면 자신에게 맞는 직무를 선택하는 데 큰 도움이 된다.

일반적으로 직무에 대해 고민을 시작하는 시기는 고등학교 졸업반, 전문대 졸업반, 대학교 2~3학년이다. 직무 탐색 시기가 빠르거나 늦다고 해서 걱정할 필요는 없다. 하지만 전역 후 여러분이 직무와 관련한 경험을 쌓을 수 있도록 2~3가지 정도 준비하는 것을 추천한다. 또 온라인에서 오프라인 순서로 직무 탐색을 하는 것을 추천한다. 온라인 속 다양한 정보 중 정말 자신의 관심을 끄는 직무를 선택해 오프라인을 통해 깊이 있게 알아본다면 도움이 된다. '어디에 취업할 것인가?' 이것보다 중요한 것은 '취업해서 어떤 일을 하게 될 것인가?'이다. 요즘 기업 채용에서 직무를 강조하는 것도 같은 이유 때문이다. 학생들도 장병들과 마찬가지로 지금부터 자신에게 꼭 맞는 직무를 찾아보면서 취업과 그 이후 펼쳐질 직장인의 삶을 준비하는 것이 어떨까 싶다.

제 4 장	행복한 삶과 진로 설계
제 5 장	자신에 대한 이해
제 6 장	직업 및 직무정보 탐색
제7장	기업과 직무 이해
제 8 장	직업인의 세계 탐색
제 9 장	직업과 학습
제 10 장	의사결정 연습
제 11 장	구직서류
제 12 장	면 접

제1절 기업에 대한 이해[120)]

취업자의 취업처를 보면 공공기관, 공기업, 일반기업 등 여러 곳으로 진출하게 된다. 아마 대부분은 일반기업으로 진출하게 될 것이다. 여기서 여러분께 질문 하나 던져 본다. '여러분은 기업에 대해서 얼마나 알고 계십니까?' 어쩌면 간단한 이 질문에 선뜻 대답하기가 어렵다.

위 질문을 하는 이유는 고차원적인 답변을 바라는 것이 아니라, 취준생 입장에서 최소한의 기업에 대한 이해는 있어야 한다는 점이다. 여러분들이 비록 20년 넘는 삶을 경험했지만, 학교생활과 직장생활의 차이는 한마디로 하늘과 땅 차이이다. 하지만 취업 준비하면서 본인이 목표로 하는 기업(조직)에 대한 이해가 매우 부족한 것은 엄연한 현실이다.

어떤 학생은 본인이 희망하는 기업에 대해 연혁부터 동호회 내용에 이르기까지 줄줄 말하기도 한다. 훌륭하다! 하지만 여기서 말하는 기업에 대한 이해는 어느 특정 기업의 과거와 현재의 역사와 상황이 아니라, 기업이라는 조직이 가지는 본질적 가치이다.

기업의 사전적 의미는 "영리를 얻기 위하여 재화를 생산하고, 판매하는 조직"을 말한다. 이 단순한 정의가 취업과 어떤 상관관계가 있을까? 기업의 본질적 가치는

120) 슈퍼루키(www.superookie.com > contents), 나는 기업에 대해 얼마나 알고 있을까?, 아이스맨.

지속적인 이윤 창출이다. 요즘 사회 공헌, 일자리 창출 등 다양한 기업의 가치를 이야기하곤 하지만, 결국 이 모든 것은 기업이 지속적인 이윤을 창출하고 영속성을 가져야만 가능하다는 본질적 가치 없이는 논의될 수 없다. 기업은 이러한 본질적 가치에 기반하여 조직을 구성하고, 사람을 채용한다.

바로 이러한 점을 주목할 필요가 있다. 여러분들이 기업에 대해 생각하는 것과 기업이 구성원을 생각하는 것과는 생각의 차이가 존재한다. 생각보다 많은 이들이 자신이 좋아하고, 하고 싶어 하고, 많은 보수를 받고, 야근 없고, 정시 퇴근 후 자기계발과 주말을 여유 있게 보낼 수 있는 곳을 찾는데 몰두하고 있다. 당연한 이야기지만 현실과는 거리가 있다. 물론 그런 곳이 전혀 없지는 않겠지만 극히 드물 것이며, 대부분의 기업은 그렇지 못한 것이 현실이다. 다시 말하면 자신이 원하는 조건의 기업보다는 기업이 원하는 조건에 맞춰 취업하는 것이 더 현실적이라는 이야기다. 즉, 채용에 관해서만은 기업이 구매자의 입장이다.

기업은 이윤 극대화를 위해 최소한의 투자로 최대의 이익 추구를 원한다. 기업에서의 모든 경영활동, 의사 결정 기준에서 특별한 경우가 아니라면 이를 무시하기는 매우 어렵다. 이러한 점들이 취준생들이 잘 모르거나 오해하고 있는 부분이다. 기업에서의 경영활동 중에는 채용업무도 포함된다는 사실이다. 기업은 채용에 있어, 해당 기업을 성장시킬 수 있는 역량을 보유한 또는 가능성이 있는 사람을 채용한다. 결국 위에서 말한 기업의 본질적 가치인 "지속적인 이윤 창출과 영속성에 적합한 사람"을 채용한다는 것이다.

기업은 채용 프로세스를 보다 정교하고 체계적으로 수립하여 실행함으로써, 그들이 원하는 인재를 채용하는 것이지 외부에서 생각하는 기준과 가치에 따라 사람을 뽑진 않는다. 불행히도 그 어떤 기업도 그들의 채용 기준을 모두 다 공개하진 않는다. 각 기업마다의 문화적, 제도적 차이는 있겠지만 근본적으로 외부에서 생각하는 채용 기준과 기업이 생각하는 채용 기준은 생각 외로 큰 차이가 있음을 인정하자.

제2절 기업은 어떤 사람을 채용하는가?[121)]

모든 취준생들이 가장 궁금해하는 것 중 하나가 "기업은 어떤 사람을 뽑는가?"라는 문제일 것이다. 과연 기업은 어떤 사람을 채용할까? 채용이란 단어의 사전적 의

121) 슈퍼루키(www.superookie.com > contents), 기업은 어떤 사람을 채용하는가?, 아이스맨.

미를 국립국어원 표준국어대사전을 검색해보면 "사람을 골라서 씀"이라고 정의하고 있다. 그렇다! 골라서 쓴다는 것은 채용 주체가 나름의 기준을 정하고 여러 사람 중에서 그들이 정한 기준에 부합되는 사람을 골라낸다는 것이다. 그 고르는 작업이 바로 서류 전형, 면접 등의 여러 프로세스를 통해 이루어진다.

얼핏 생각해 보면 취준생 입장에서는 기분 나쁠 수도 있다. 하지만 당연한 일이다. 여러분들도 상점에서 물건을 사거나, 각종 서비스 가입, 하다못해 이동 시에도 각종 교통수단을 고민하지 않는가? 어떤 것이 가장 비용이 적게 들까?, 어떻게 하면 가장 빨리 갈 수 있을까?, 가장 디자인이 좋은 것은? 등등 다 나름의 기준을 가지고 결정하고 선택한다. 하물며 기업이 직원을 채용함에 있어 당연한 일 아닌가? 머리로는 이해가 되어도 가슴으로는 뭔가 불편함이 있을 것이다. 아마 우리는 그동안 상품이나 서비스를 구매하는 갑의 입장이 더 많았을지 모르는 생활 속에서 어느 날 구직자라는 을의 입장이 되다보니 그 불편함이 더욱 큰 것 같다.

다시 본론으로 돌아가서, 그럼 기업은 어떤 사람을 채용하는가? 각종 미디어나 SNS, 통계자료 등을 보면 인성, 실무경험, 학력, 첫인상 등 각가지 기준 요소들을 수치화하여 보여 준다. 여러분들은 이 내용을 얼마나 신뢰하는가? 거의 신뢰하지 않는다. 대부분 대외용 발표일 뿐이다. 아마 이를 말하는 각 조직이나 컨설턴트들은 수치화를 통해 그들이 주장하는 바를 극대화하기 위함이라고 생각한다.

왜 신뢰하지 않는지 살펴보면 첫째, 그들의 조사에 응한 응답자에 대한 신뢰성이다. 둘째, 이런 통계자료들은 조사한 기업들만의 통계일 뿐 우리나라 전체의 기준은 아니다. 즉, 이런 통계자료는 그저 채용 트렌드이며, 수시로 환경변화에 따라 달라진다. 한번 참고할 뿐이지 여기에 그 의미를 두고 고민하는 것은 시간 낭비일 뿐이다.

그럼 기업은 과연 어떤 사람을 채용하는가? 결론은 기업이 필요로 하는 수요 직무와 조직 구성원으로서의 역할에 가장 적합한 사람이다. 아마 모두들 너무 당연하고 간단한 대답이라 허탈할 것이다. 그렇다. 너무나 당연한 것에 우리는 너무 많은 의미를 부여하여, 우리 스스로 문제를 복잡하고 어렵게 만들고 있다. 이 간단한 대답을 좀 더 설명하자면, 기업은 자선단체가 아니다. 지속적인 수익창출과 그 성과에 초점을 맞추고 있다. 추가 인력이 필요치 않으면 뽑지 않는다. 하지만 기업은 늘 미래의 불확실성에 대비해야 되고, 이는 인적자원도 예외가 아니다. 즉, 미래를 위한 투자 또는 리스크에 대비하기 위해서라도 일정 규모의 인력 채용은 필요하다. 하지만 아무나 뽑진 않는다. 인적자원 확보를 위해 그들 나름대로의 검토와 고민을 거쳐 어떤 이가 기업의 발전과 본질적 가치 실현에 가장 적합한지를 검증한다. 바로 이 검증 단계가 채용 프로세스다.

그렇다면 답은 간단하다. 기업은 그들이 추구하는 본질적 가치 실현에 가장 적합한 사람을 뽑는다. 하지만 너무 많은 사람을 일일이 검증하기란 무척이나 어렵다. 이를 효율적으로 수행하기 위해 채용 프로세스를 수립하고 그 절차와 기준에 의해 사람을 채용한다. 마치 큰 눈금의 채를 통해 큰 자갈을 걸러내고 점점 가는 눈금의 채를 사용하여 아주 고운 모래를 채취하듯이 기업들도 여러 단계와 기준을 거쳐 사람을 채용한다. 각각의 기업은 그들이 필요로 하는 해당 직무와 구성원에 대해 기준을 설정하였고, 해당 기준을 통과하는 사람에 대해 인력 수요와 최적의 적합성을 고려하여 최종 선발한다. 따라서 취준생들은 막연한 불안감에 무분별한 스펙쌓기보다는 본인의 목표를 고려하여 지원하고자 하는 기업(업종)과 희망 직무에 부합되는 역량과 경력개발에 집중해야 할 것이다. 끝으로 기업은 취준생의 기준이 아닌 그들이 필요로 하고 그들의 목표 달성에 가장 적합한 인재를 우선적으로 채용한다는 것을 기억해야 한다.

제3절 지원 기업과 직무에 대한 이해[122)]

지원 기업과 직무, 그리고 취업준비생의 준비에 대해 이야기하고자 한다.

취업에 성공하기 위해서는 스펙을 갖추어야 한다는 말들을 많이 접해보았을 것이다. 하지만 실제에 있어 스펙이 가지는 허구와 신실에 대해 올바른 이해가 있다면 무분별한 스펙 쌓기는 중요한 것이 아니라는 점을 잘 알 것이다. 그러나 많은 이들이 스펙에 대해서 가지는 관심과 노력에 비해, 지원 기업과 직무에 대한 관심과 노력은 부족한 것이 현실이다. 인정하고 싶지 않은 이들도 있을 수 있으나 사실이다.

지원 기업과 직무에 대한 올바른 이해가 필요한 것이 단순히 조기 이탈 방지만을 위한 것은 아니다. 오히려 조기 이탈은 잘못된 채용으로 인한 결과일 뿐이고, 기업의 손실이 더 큰 측면이 있다. 그렇다면 취준생 입장에서 왜 지원 기업과 직무에 대한 올바른 이해가 필요한 것일까? 크게 2가지 이유가 있다.

첫째, 잘못된 정보와 섣부른 판단은 후회를 낳는다. 조기 이탈의 경우다. 어렵게 취업 후 막상 현실에서의 차이를 넘어서지 못하는 경우다. 지원 기업과 직무에 대한 이해 부족은 취업 전 막연히 가졌던 이상과 현실에서의 차이를 더욱 심각하게 만든다. 이 차이를 극복하지 못할 경우, 조기 이탈로 이어질 수 있다. 기업도 손해지만 취준생 또한 손해다.

둘째, 취업에 성공하기 어렵다. 취업에 성공하기 위해서는 서류 전형, 인적성 검사,

---

122) 슈퍼루키(www.superookie.com > contents), 지원 기업과 직무에 대한 이해 Ⅱ, 아이스맨.

면접 등의 단계를 거친다. 이러한 채용 절차를 거치는 동안 기업은 여러 방법을 통해 지원자를 검증한다. 이 검증에는 당연히 지원자의 조직적합성과 직무역량을 검증한다. 그런데 문제는 취준생들이 이 점을 제대로 인식하지 못하고 있다는 것이다. 다른 준비에 비해 상대적으로 부족하다. 물론 취업 준비에 있어 다른 많은 것들이 있고, 개인의 투자(노력)도 제각각이다. 하지만 최소한의 투자는 반드시 필요하다. 많은 이들이 자신들은 적절한 투자를 한다고 하지만 안타깝게도 그들이 말하는 적절한 투자는 수긍하기 어렵다.

기업이 인재를 선발하기 위해 제일 중요시하는 것이 무엇일까? 답은 간단하다. 그들을 선발하였을 때 과연 주어진 직무를 잘 수행하고, 조직에 잘 적응하며 오랫동안 근무하면서 조직의 성과 창출에 기여할 수 있는가 하는 점이다. 당연히 지원자들의 조직적합성과 직무역량 검증이 최우선이다. 아무리 훌륭한 스펙을 보유하였더라도 그들의 조직적합성이 떨어지고 직무에 대한 이해가 부족하다면 이들을 선발하기란 쉽지 않다. 극단적인 예로 가령 하버드대 법대를 나온 이가 있다고 가정하자. 하지만 그가 IT 기업 프로그래머 직무에 지원한다면 과연 이 사람을 선발할 수 있을까? 외형적인 스펙만으로는 분명 뛰어나다. 하지만 해당 기업이 선발하고자 하는 것은 프로그래머이지 법률가는 아닌 것이다.

서류 전형이나 인적성 단계에서 모든 사항을 다 검증하기는 어렵다. 그래서 면접이라는 단계를 통해 지원자를 직접 대면하여 검증한다. 이때 지원하는 기업과 직무에 대한 이해 부족은 큰 결함이 된다. 설사 비전공자일 경우라도 해당 직무에 대한 지식과 이해가 뛰어나다면 당연히 선발 우선순위가 된다. 요즘은 조직의 다양성 등을 고려하여 많은 직무에서 전공의 제한을 두지 않는다. 하지만 이 점이 지원직무에 대한 이해가 부족해도 된다는 것을 의미하지는 않는다. 적어도 기업은 자체적으로 최소한의 기준을 두고 있다.

그래서 입사 지원 전 모집 요강에 대한 철저한 분석이 필요한 것이다. 모집 요강에 대한 철저한 분석이 이루어지면 적어도 무분별한 지원으로 인한 실망감과 폐해를 방지할 수 있기 때문이다.

어찌 보면 스펙은 허상과도 같다. 아무리 토익 성적이 좋으면 뭐 하는가? 프로그래머가 프로그램을 개발할 역량이 없다면 말짱 허사인걸… 채용을 하다 보면 흔히 말하는 동점자가 많이 나온다. 누가 더 적합한지에 대한 변별력 구별이 어려운 경우이다. 이때 기업은 동점자를 구별하기 위한 후 순위 기준을 두며 이는 외국어 성적, 학점, 자격증 등 여러 기준을 둘 수 있다. 당연히 그 기준은 기업마다 다르다. 당연하지 않은가!

전공자라고 반드시 해당 직무에 대한 이해도와 직무역량이 높다고 할 수 없다. 물론 일부 직무의 경우 반드시 해당 전공자를 선발하는 제약을 두기도 한다. 많은 이들이 오해하는 것이 본인이 좋아하는 것과 잘하는 것에 대해 동일시하는 것이다. 물론 좋아하면 잘할 수 있는 확률이 높을 수는 있으나 반드시 일치하지 않는다. 기업은 해당 직무를 좋아하는 사람을 선발하는 것이 하니라 해당 직무를 잘할 수 있는 사람을 선발한다. 당연히 좋아하면서 잘할 수 있다면 금상첨화다. 취업을 준비하면서 본인이 지원하는 기업과 직무에 대한 최소한의 이해는 선택이 아닌 필수임을 기억해야 한다.

제4절 기업문화의 이해

일반적으로 직업과 기업을 선택하는 데 있어, 적성과 소질, 능력과 제반 환경 등을 고려하여 결정한다고 하지만, 해당 기업의 독특한 조직 문화 역시 취업 후 적응하고 경력을 쌓고 성장하는데, 중요한 요소로 작용하기 때문에 기업문화에 대한 이해와 탐색 역시 진로 설계의 필수 요소가 아닐 수 없다.

1. 기업문화의 정의

기업문화(Corporate Culture)란 기업의 조직 구성원 간에 공유된 가치관이며, 사고 및 행동의 규범이 정착되어 있는 것으로 조직 구성원의 일상 활동과 학습을 통해 차례로 전승되어 가는 그 기업 특유의 기질이다. 또한, 기업문화란 한 기업에 소속된 종업원들이 공통적으로 생각하는 사고방식, 느끼는 방향, 그리고 행동 양식의 체계를 말한다. 이렇게 형성된 공통의 가치 이념은 하나의 이데올로기에 가까워 그리 쉽게 변하지 않는다. 기업문화란 종업원들 간의 신뢰 속에서 만들어지기 때문에 전체적으로 목표 지향성이 강한 행동 양식이 나타난다. 상호 신뢰감은 종업원 서로 간의 교류에 깊이를 나타내며, 더 나아가 사회생활에서 예상되는 여러 인간관계를 원활하게 만들어 주는 윤활유 역할을 한다.

2. 기업문화의 중요성

오늘날 산업계뿐만 아니라 국가 경영에서도 기업문화의 중요성에 많은 관심이 모아지고 있다. 가장 큰 이유는 한 나라의 국가 경쟁력은 기업 경쟁력에서 찾아볼 수 있기 때문이다. 세계적인 우수 기업에서는 일반적으로 바람직한 조직 문화가 기업 내부에 가득 차 있는 것을 발견할 수 있다. 그렇기 때문에 기업문화는 '제3의 자원' 이라고도 불린다.

이러한 조직 풍토의 힘은 조직 구성원들의 태도에서 찾아볼 수 있다. 각 기업만의 독특한 분위기는 하나의 조직이 장기간에 걸쳐 이뤄 놓은 결과물이다. 사회 문화를 그대로 기업에 투영해 그 나라의 국민성과 문화 수준이 기업 풍토를 만든다. 이렇게 한번 형성된 문화나 가치관은 쉽게 변하지 않고 오랫동안 이어진다. 그러므로 일단 형성, 유지해 온 조직 풍토는 조직 구성원들의 행동에 많은 영향을 끼치며, 종업원들의 행동 역시 기업문화 형성에 중요한 요인으로 작용한다.

3. 조직에 영향을 미치는 기업문화

신뢰에 기초를 두고 있는 기업문화에서는 개개인이 자기 목표를 설정해 주인의식을 갖고 자율적으로 행동한다. 각 개인이 철저하게 공동 목표를 지향할 뿐만 아니라 장기간에 걸쳐 각자의 기여도를 정확하게 평가할 수 있는 시스템을 갖추고 있기 때문에 모든 사람들이 자연히 공동 목표를 향해 열심히 노력한다. 이러한 과정에서 종업원들은 사심 없이 행동하고 노력하며 소속감을 갖는다. 그리고 협동 자체가 개인의 목적을 철저하게 성취시켜주며, 결국 기업의 목표를 달성할 수 있게 한다.

공동 목표를 추구하는 노력 자체는 인간의 잠재 능력을 개발하고 개인의 자유를 극대화한다. 구성원들 간의 상호 믿음을 전제로 한 기업문화에서는 종업원 상호 간에 동질성이 짙기 때문에 직장과 사회생활의 교류가 빈번하게 이뤄진다. 그리고 이러한 과정에서 조직의 응집력이 매우 강해진다.

조직 전체를 하나로 묶는 기업문화의 역할은 오늘날 급변하는 환경에서 한층 더 중요한 의미를 갖는다. 구성원들 간의 상호 신뢰를 바탕으로 최고 경영자는 기업의 목표와 비전을 제시해주고, 일반 관리자는 부서 간의 이기주의를 불식시키면서 공동으로 목표를 달성해야 할 것이다.

4. 기업이념

기업이념은 그것을 받아들이는 방식에 따라 차이가 있으나 기업의 사회에 대한 책임, 사명, 경영 자세 등을 명확하게 밝힌 것으로서 사내·외에 일관되게 주장해 나가는 것으로 정의할 수 있다. 기업이념에서 중요한 것은 알기 쉽고, 그 폭이 넓어야 한다는 것이다. 따라서 기업이념은 조령모개식으로 쉽게 바뀔 수 있다고 생각하면 곤란하며, 그 수명이 최소한 10년 이상은 되어야 한다. 즉 기업이념은 향후 1세기에 걸쳐 사용할 수 있고, 또한 그 내용은 사내용과 사외용으로 구분하지 않은 일관된 것이어야 한다.

과거처럼 하나의 가치관만을 공유한 단일 문화(Mono-Culture) 조직은 공격적일 때에는 효과가 있지만, 만일 조직 내에 톱니바퀴 하나라도 어긋나기 시작하면 기업 전체에 큰 영향을 미칠 수 있다. 더욱이 앞으로 엄청난 질적 변화가 예상되는 미래 환경 속에서는 다양한 가치관을 수용할 수 있는 기업이념이 요구되고 있다. 즉, 개인의 가치관을 존중하고 회사 내부의 소수 개성파 구성원의 존재를 포옹하고 활용할 수 있는 폭넓은 이념이어야 한다. 사회와의 관계도 중요한 문제다. 지역사회에 대한 배려와 환경에 대한 책임 등 기업의 사회적 책임에 대해 관심을 가져야 한다.

7장

[생각해보기 9] 대한민국 기업문화 123)

직장인들은 대한민국 기업문화에 대해 부정적인 인식이 강한 것으로 나타났다. 취업포털 잡코리아가 남녀 직장인 604명을 대상으로 '대한민국 기업문화'에 대한 설문조사를 실시한 결과, 전체 응답자 48.7%가 '대한민국 기업문화에 대해 부정적이다(대체로 부정적이다_36.6%, 부정적이다_12.4%)'라고 답했다. '긍정도 부정도 아니다'라는 답변은 전체 36.6%였고, '긍정적이다(대체로 긍정적이다_11.6%, 긍정적이다_3.1%)'라는 답변은 14.7%에 그쳤다.

재직 중인 회사의 기업문화에 대해 묻는 질문에는 '보통이다'라는 답변이 41.2%로 가장 높았고, '기업문화가 나쁘다'라는 답변이 전체 33.8%(나쁜 편이다_25.0%, 나쁘다_8.8%)로 그 뒤를 이었다. '기업문화가 좋다'는 답변은 전체 25.0%(좋은 편이다_20.5%, 좋다_4.5%)였다.

그렇다면 직장인들이 생각하는 한국 기업문화의 나쁜 점은 무엇일까? 관련 질문을 한 결과, 직장인들은 '야근이 당연시되는 분위기(응답률 35.4%)'를 1위로 꼽았다. 다음으로 '뭐든 함께해야 하는 집단주의'가 응답률 24.2%로 2위를 차지했고, '휴가 사용

123) 잡코리아(2015.11.), 직장인 48.7% '대한민국 기업문화 나쁘다', 2015.11.10.

이 자유롭지 못한 점(22.7%)'이 3위에 올랐다. 이어 '사생활을 지켜주지 않는 것(21.5%)', '눈치 보며 퇴근을 해야 하는 것(19.7%)', '상사에게 불만을 표출하지 못하는 수직적인 문화(15.2%)', '가족적인 분위기를 가장해 희생을 강요하는 것(12.1%)' 등의 순이었다.

이와 함께 한국 기업문화의 좋은 점에 대해서도 물었다. 그 결과, '딱히 좋은 점이 없다'가 응답률 31.8%로 가장 높았다. 이는 직장인들의 한국 기업문화에 대한 부정적인 인식을 다시 한번 파악할 수 있는 대목이었다.

이 외에도 한국 기업문화의 좋은 점으로 '경조사 등 기쁘고 슬픈 일을 함께하는 가족 같은 분위기'가 응답률 23.3%로 그 뒤를 이었고, 이 외에도 '끈끈한 유대감 형성(19.9%)', '동료들끼리 서로 배려하는 분위기(19.9%)', '사수 제도 등 업무를 알려주고, 이끌어주는 분위기(18.4%)', '끊임없이 배우는 분위기(13.2%)', '무엇이든 함께하는 분위기(10.8%)' 등의 의견이 있었다. 기업문화를 형성하는 데 가장 큰 영향을 미치는 조직 구성원으로는 'CEO'가 전체 37.9%로 가장 높았고, 다음으로 '팀장, 파트장 등 업무 책임자(37.3%)', '임원(13.4%)', '직원(7.8%)', '주주(2.6%)' 등의 순이었다.

한편, 직장인들은 좋은 기업문화를 형성하기 위해서는 직원을 위하는 분위기가 조성되어야 한다고 입을 모았다.

'좋은 기업문화 형성을 위한 필요조건'에 대해 질문한 결과, '직원 개개인을 소중하게 생각하는 분위기가 조성되어야 한다'는 답변이 전체 비율 31.8%로 가장 높았다. 이 외에도 '원활한 커뮤니케이션(24.7%)', '동기 부여(14.6%)', '공감대 형성(10.4%)', '재정지원(9.1%)', '비전 공유(6.0%)' 등의 의견이 있었다.

잡코리아 경영지원본부 김훈 본부장은 "기업문화의 중요성이 부각되면서 과거와 달리 최근에는 일과 삶의 균형을 추구하는 기업들이 늘고 있다"면서 "이러한 기업문화는 직원들의 업무 향상에 도움이 될 뿐 아니라 기업 만족도를 높이는 데도 효과적이다."라고 설명했다.

제 4 장	행복한 삶과 진로 설계
제 5 장	자신에 대한 이해
제 6 장	직업 및 직무정보 탐색
제 7 장	기업과 직무 이해
제8장	직업인의 세계 탐색
제 9 장	직업과 학습
제 10 장	의사결정 연습
제 11 장	구직서류
제 12 장	면 접

제1절 다양한 직업인의 역할 모델 탐색124)

본받고 싶은 직업인의 역할 모델을 탐색하여 나의 진로 역할 모델로 삼을 수 있다. 또한, 다양한 일을 수행하는 직업인들의 삶을 통하여 미래 나의 삶을 예측할 수 있다. 이와 함께 다양한 직업인의 삶 속에서 나의 삶에 긍정적 영향을 끼치는 요소의 의미도 알 수 있다.

1. 다양한 직업인

사람들은 다양한 방법으로 삶을 개척하여 살아가고 있다. 삶은 스스로 만들면서 살아가기 때문에 우리의 삶은 우리가 만드는 것이다. 미래의 삶을 만들어가기 위해 우리는 다른 사람들이 어떤 삶을 살았는지 궁금하게 된다.

어떤 사람은 자신의 능력에 비추어 험난함이 예상됨에도 불구하고 도전적 정신을 가지고 있어 수많은 고난과 마주치게 되지만 오히려 이를 즐거워한다. 어떤 사람은

124) 장석민, [PDF] 다양한 직업인의 역할 모델 탐색, http://viewpds.jihak.co.kr > tsoldb > 교과서별 > 중_진로와 직업. 장석민, [PPT] 직업인의 역할 모델을 선정하고 느낀 점을 이야기해 봅시다, http://viewpds.jihak.co.kr > tsoldb > 교과서별 > 중_진로와 직업. 참조.

아무도 알아주지 않는데도 이를 상관하지 않고 자기 일이 곧 자신의 삶이라는 태도로 살아간다. 또 어떤 사람은 남이 인정하고 명성과 권위를 줄 뿐만 아니라 부까지 가져다주는 그런 직업을 추구하고자 열중하는 반면, 적은 보수이지만 빈곤하고 어려운 사람들을 돌보는 일에서 보람을 느끼는 사람도 있다.

그러나 이와는 다른 삶을 사는 사람들도 있다. 시간 가는 대로 하루하루를 살고 있는 사람도 있는가 하면, 남들처럼 직장 생활을 하는 평범한 생활에 만족하는 사람도 있으며, 미래의 안정성을 위하여 앞날을 예측할 수 있는 그런 직업을 선호하는 사람도 있다.

우리는 성공한 직업인에 대해 많은 이야기를 듣는다. 대부분 성공한 직업인의 공통점은 역경에 굴하지 않고 남다른 노력을 하였다는 점이다. 성공한 직업인을 대할 때 '어떻게 역경을 헤쳐 나간 것인가?', '얼마나 많은 노력을 한 것인가?'라는 의문이 든다. 또 역사적 인물이나 위인의 전기를 읽을 때 "이러한 삶은 정말 감동적이야. 나도 이런 인물이 되고 싶어."라는 생각을 하게 된다. 그리고 어려운 결정을 할 때, 몇 가지 중에서 하나를 결정해야 할 때, 고민이 있으면 역사적 인물이나 위인들을 소개하는 글 속에서 결정하는 태도를 발견하고는 "그래 이런 기준을 가지고 선택을 하였구나."하고 놀랄 때도 있다.

이와 같이 본받고 싶고 닮고 싶은 인물, 따라 하고 싶은 인물, 그들의 삶대로 살고 싶은 인물들을 통하여 다양한 직업인을 만날 수 있다. 다양한 직업인 중에 내 인생의 스승이 있다면 삶을 사는 데 많은 도움이 될 것이다. 그렇다면 나에게 맞는 직업인의 역할 모델은 누구인가? 직업인의 역할 모델을 결정하는 과정은, 먼저 나에 대하여 이해하는 과정을 거쳐야 한다. 그리고 역사적 인물, 위인, 성공한 직업인들의 다양한 모습을 확인하고 자신의 삶에 영향을 줄 수 있는 인물들을 결정한다.[125)]

2. 직업 역할 모델 찾기

다양한 직업인의 역할 모델에 대하여 더 알기 위한 검색어에는 어떤 것이 있는지 다음에 제시된 검색어로 인터넷에서 검색해 보고 친구들과 서로 의견을 나누어 보자.

극한 직업	
전문 직업	

125) 일례로 무한 능력의 세종대왕, 다양한 직업에 도전한 정약용, 변화와 발전을 실천한 스티브 잡스, 끊임없는 연습과 열정으로 최고의 발레리나가 된 강수진 등을 들 수 있다.

신생 직업	
성공한 직업인	
자수성가한 부자들	
사원 출신 CEO	
본받고 싶은 인물	

다양한 직업인의 역할 모델을 다음에 제시된 서적이나 인터넷 사이트에서 탐색해 보자.

위인전	
성공한 직업인들의 자서전, 전기	
진로 (www.career.go.kr)	
직업 (www.work.go.kr)	

3. 성공한 직업인의 의미

- 성공은 어떤 것을 의미하는가?[126)]
- 성공한 직업인의 의미는 무엇이라고 생각하는가?[127)]
- 성공한 직업인이 되기 위해서는 무엇을 어떻게 준비해야 한다고 생각하는가?[128)]
- 나는 성공하기 위해 구체적으로 무슨 노력을 해야 하는가?[129)]

126) 예) 내가 생각하는 성공은 단순한 운이 아닌 끝없는 땀과 노력의 결실이라고 생각한다.

127) 예) 성공한 직업인은 그 자신이 선택한 직업을 단순히 돈과 명예만을 가져다주는 수단이라고 생각하지 않고 정말로 자신의 꿈을 이뤄주고 열정을 쏟을 수 있는 열쇠라고 여기는 사람들을 의미한다.

128) 예) 성공한 직업인이 되기 위해서는 여러 가지 일을 잡다하게 하기보다는 자신이 가장 자신 있는 한 가지 일을 여러 면모에서 관찰하고 구상하는 자세가 필요하다.

129) 예) 일단 주어진 일을 착실히 하고, 내가 무엇을 잘하는지, 무엇에 흥미가 있으며 열정을 가지고 임하는지를 잘 알아야 한다.

4. 직업 역할 모델 유형

(1) 역할 모델 찾는 방법

꿈은 자신의 미래이다. 미래의 삶을 하나씩 성취해 가기 위해서는 목표를 설정하고 그 목표를 실현하기 위해 계획을 세운다. 계획을 세울 때는 부모님이나 친척, 선생님과 의논해 볼 수 있다. 또 선배나 친구 중에 직업인의 역할 모델이 있는지, 왜 그 역할을 좋아하게 되었는지 정보를 얻을 수 있다.

책에서는 우리나라의 뛰어난 선조들과 위인들, 위대한 인물, 평범한 사람들의 삶의 모습을 찾을 수 있다. TV에서도 역사적 인물과 선조들, 성공한 직업인, 유명한 연예인, 스포츠인을 접할 수 있다. 이를 통해 그들의 진로 계획을 세우게 된 배경, 추진 방법, 추진하면서 발생된 난관, 대처 능력 등을 알 수 있다.

우리는 진로 계획을 세우기 위하여 직업인의 역할 모델을 탐색하게 된다. 직업인의 역할 모델을 선택하기 위하여 우선 자신의 삶의 형태를 어떻게 갖고 갈 것인가를 확인할 필요가 있다. 자신이 추구하고자 하는 삶과 유사한 삶을 영유한 인물들을 직업인의 역할 모델로 삼는다면 큰 도움이 될 것이다.

여러 위인이나 뛰어난 선조, 그리고 성공한 직업인들의 다양한 삶을 조사해 보면 다음과 같이 9가지 유형으로 분류된다.

(2) 성공한 직업인의 9가지 유형

다음은 성공한 직업인을 9가지 유형으로 구분한 것이다. 각 유형에 해당하는 성공한 직업인을 찾아 적어 보자.

구 분	유 형	성공한 직업인
무한 능력형	인간 능력의 한계를 초월한 능력을 가진 유형이다. 역사적으로 국가에 긍정적인 변혁을 일으켜 국가적 틀을 변화시키는 무한한 능력을 보여준다. 이러한 인물은 역사적으로 추앙받는 인물이 많다.	
신념 실현형	자신의 이상적인 신념이나 사상으로 다른 사람에게 중요한 영향을 끼치는 유형이다. 미래를 예측하는 능력, 새롭게 조직을 구성하거나 조직의 이익을 위하여 의사결정을 하는 능력, 이끌어 나가는 역동적 힘을 가진 위대한 사상가, 정치가, 학자, 종교계 인사 등이 있다.	

구 분	유 형	성공한 직업인
진로 개척형	진취성을 가지고 아무도 도전하지 않았던 분야를 개척하는 유형이다. 이 유형은 창의성을 갖고 새로운 세계를 개척하면서 발전시키기 위하여 애쓴다. 늘 새로움을 추구하기에 창조적인 활동을 하거나 이 세상이 아닌 다른 세상을 만들고자 한다. 무에서 유를 창조하고, 직업적 자유를 선언한 자세와 세상에 없는 것을 개발하여 실용화하는 유형이다. 이 유형은 예술적인 활동도 해당되지만, 사회적인 변혁을 꾀하고자 하는 직업인들에게서 찾아볼 수 있다.	
장벽 극복형 (장애 극복형)	역경을 딛고 성공한 유형이다. 이 유형은 가는 길이 옳고 올바르다고 생각하면 어떤 난관도 굴하지 않는다. 또 남다른 신념을 가지고 있고 신념을 더욱 굳건하게 하여 자신의 꿈을 이루는 데 의심하지 않고 나아가는 유형이다. 성공한 직업인 중에 가장 많이 분포되어 있는 유형이다.	
윤리 추구형	자신의 일에 투철한 직업관을 가지고 일하는 유형이다. 그 직업에서 요구하는 윤리를 지키기 위하여 직업관을 갖고 한 번의 흐트러짐이 없이 그대로 지키고자 애를 쓴다. 남들은 현실과 타협하여 편하게 살고자 할 때, 유독 직업윤리를 준수하고자 어려운 길을 가고 있는 인물들이다. 특히 국무총리나 장관들을 임명하기 위하여 국회에서 청문회를 개최하게 되는데, 이때 윤리를 얼마나 준수하였느냐를 가장 많이 다루고 있는 점도 이 시대에서 엄격하게 요구하고 있는 것이 직업윤리와 직업관임을 보여준다.	
다중 직업형	동시에 다양한 직업에 도전하는 유형이다. 일생 동안 다양한 분야에서 두각을 나타냈으며, 한 가지 일에 만족하지 않고 새로움을 탐구하는 자세를 가진다. 이러한 능력은 현대에서 요구하는 능력으로서 다양화를 꾀할 수 있는 정신과 능력을 요구한다.	

구 분	유 형	성공한 직업인
국가 수호형	국가를 위해 희생하는 유형이다. 이 유형은 가족보다 사회나 국가를 위하여 희생을 마다하지 않는다. 자신의 삶보다 국가나 사회를 우선으로 삼고 있고, 설령 그것이 생명과 관계되어 있다 할지라도 희생을 마다하지 않는 유형이다. 국가의 백년대계를 위하여 자신의 희생을 감당하는 아름다운 인물을 주로 역사에서 만나게 되지만, 현대에서도 정치, 문화, 과학, 기술, 예술, 체육 등에서 국가의 명예를 안겨 주는 인물이 많다.	
적성 추구형	자신의 소신대로 밀고 나가는 유형이다. 이 유형은 명예나 권위, 그리고 부보다 자신의 능력 계발에 더 의미를 두는 유형이다. 또 이 유형은 자신의 능력을 더 높이기 위한 노력을 하며 하나씩 성취해 나가는 면에서 기쁨을 느낀다. 고도의 전문성을 추구하고 뛰어난 솜씨를 가졌고, 혼이 깃든 제품을 생산하고자 하며, 끊임없는 탐구의 길을 걷는 유형이다. 이 유형은 고도의 전문성으로 성공한 직업인에서 발견되는 유형이다.	
자기 헌신형	타인을 위해 헌신적인 활동을 하는 유형이다. 이 유형은 남들이 명예나 권위를 찾고 있을 때 쉽게 찾아가기 어려운 음지에 있는 사람들을 위로하고 돕는 일을 하면서 보람을 느낀다. 또 어려운 사람들을 돕는 소명 의식이 투철하여 자신의 삶이나 재산까지도 헌신하는 유형이다. 우리 사회는 이런 유형의 인물 때문에 훈훈함을 느끼고 감동을 받는다.	

(3) 직업인의 역할 모델 유형

자신이 평소 존경하는 위인이나 직업인이 있다면 어떤 유형인지, 1~2개 표기해 보고, 유형별 소개되는 인물에 대하여 탐구해 보자.

문 항	유 형	직업인의 역할 모델 유형
1. 어려운 역경을 딛고 성공한 사람을 본받고 싶다.	장벽극복형	
2. 누가 뭐라 해도 자신의 소신을 가지고 적성에 맞는 직업을 선택한 사람을 본받고 싶다.	적성추구형	
3. 나는 아무도 도전하지 않았던 분야에서 새롭게 도전했던 사람을 본받고 싶다.	진로개척형	
4. 나는 사회적 명성과 지위보다는 타인을 위해 헌신한 사람을 본받고 싶다.	자기헌신형	
5. 나는 자신과 가족보다는 국가를 위해 희생한 사람을 본받고 싶다.	국가수호형	
6. 나는 자신의 일에 투철한 직업관을 가지고 일하는 사람을 본받고 싶다.	윤리추구형	
7. 나는 자신의 이상적인 신념(사상)으로 다른 사람에게 중요한 영향을 끼치는 사람을 본받고 싶다.	신념실현형	
8. 나는 동시에 다양한 직업에 도전하는 사람을 따라 하고 싶다.	다중직업형	
9. 나는 인간으로서 무한한 능력을 보이는 사람을 본받고 싶다.	무한능력형	

8장

(4) 닮고 싶은 우리 선조들의 9가지 유형 진로 모델130)

유 형	특 징	인 물
무한능력형	- 인간의 한계를 초월한 능력 - 역사적으로 국가에 긍정적인 변혁을 일으켜 국가적 틀을 변화시킴 - 세계적인 업적을 기록	단군, 근초고왕, 광개토대왕, 을지문덕, 김유신, 원효대사, 대조영, 세종대왕, 이황, 이순신
신념실현형	- 미래를 예측하는 능력 - 새롭게 조직을 구성하거나 조직의 이익을 위해 의사결정을 하는 능력 - 이끌고 나가는 역동적 힘을 가짐	장수왕, 진흥왕, 성왕, 김춘추, 태조 왕건, 조선 태조 이성계, 정도전, 정조, 김홍집, 김구

130) 다음 블로그(blog.daum.net > kvoca), 내 인생 스승을 찾아가는 9가지 유형 진로 모델, 한국직업상담협회, 2011.10.27.

유 형	특 징	인 물
진로개척형	- 엄격한 신분사회에서 신분을 극복하여 개인적 성공을 추구 - 좌절하지 않고 진로 장벽을 극복 - 그 시대에 용납되지 않은 분야로의 도전	장보고, 최무선, 허준, 김홍도, 김정호, 지석영, 최무선, 지석영, 주시경, 우장춘, 방정환, 백남준
장벽극복형 (장애극복형)	- 성공하기 위하여 어떤 고난이라도 해쳐 나가는 정신 - 시대적 통념 깨고 직업적 자유를 선언한 자세 - 세상에 없는 것을 개발하여 실용화하는 자세	설총, 우륵, 박연, 장영실, 신재효, 장승업, 나혜석, 나운규, 최승희, 정주영
윤리추구형	- 요구하는 직업윤리를 준수 - 직무에 충실함을 굽히지 않음 - 직무를 수행할 때 투철한 정신으로 임함	박제상, 서희, 정몽주, 이종무, 최영, 맹사성, 이이, 황희, 유형원, 박문수
국가수호형	- 홍익인간 구현 - 국가 이익 추구에 전념 - 일생을 국가를 위하여 활동 - 늘 국가를 위한 마음으로 세상을 바라봄	계백, 흑치상지, 강감찬, 공민왕, 권율, 최익현, 박은식, 유성룡, 이승훈, 민영환
다중직업형	- 동시에 다양한 직업을 병행 - 다양한 분야에서 두각을 나타냄. - 한 가지 일에 만족하지 않고 새로움을 탐구하는 자세	거칠부, 최치원, 김부식, 일연, 문익점, 김종서, 강희안, 신숙주, 정약용, 김정희
적성추구형	- 뛰어난 솜씨를 전수하여 인력양성 - 도제 정신이 투철 - 혼이 깃든 제품생산 - 실명화에 의한 생산품 보증 - 끊임없는 탐구	을파소, 김대성, 혜초, 최충, 대각국사 의천, 이규보, 김시습, 박지원, 이제마, 석주명
자기헌신형	- 은퇴 후 자신을 철저히 관리 - 정년이 지난 후에도 일에 종사 - 정년 후에 후배양성에 매진	김인문, 최승로, 안향, 이승휴, 이제현, 변계량, 김인후, 강백년, 안정복, 이언적

5. 모델링

(1) 모델링이란

우리는 어떤 인물을 직업인의 역할 모델로 선택할 것인가 고민하고 생각하면서 인물들을 소개하는 글을 대하게 된다. 이 과정에서 인물들의 삶의 목표와 성취하기 위한 노력들을 탐구하게 된다. 인물들을 탐구하고 관찰하다 보면 인물들의 태도와 행동을 따라 하며 본받고 싶은 생각이 든다. 따라하기는 모방하는 것으로 모방을 계속하면 언젠가는 자신의 것으로 바꿀 수 있다. 이러한 과정을 통하여 나의 태도와 행동이 역할 모델의 삶과 닮아가게 되어 내가 동경하는 삶을 영위할 수 있다. 이러한 과정을 모델링이라고 한다.

어떤 인물을 직업인의 역할 모델로 선택할 것인가의 과정에서 우리는 인물의 성격, 신념, 가치, 철학 등에 깊은 관심을 갖게 되고, 특히 매력적이라고 느끼는 부분을 은연중 마음속에 간직하게 된다. 이러한 감동은 결국 자신의 행동을 그 방향으로 가도록 촉구하고 반복함으로써 습관화되어 늘 역할 모델과 같은 태도와 행동을 하게 된다.

> ▮ **모델링** : 닮고 싶은 인물들의 태도와 행동을 따라 하는 모방의 과정을 통하여 자신의 태도와 행동이 역할 모델의 삶과 닮아가게 되는 과정

8장

(2) 심리학자 밴두러의 모델링하는 과정

심리학자 밴두러(Bandura)는 모델링하는 과정을 다음과 같이 4가지로 제시하였다. 직업 역할 모델을 선택하고 그 모델의 발자취를 탐색하여 따라가기까지 탐색 과정(주의 과정), 기억 과정(파지 과정), 따라하기 과정(운동 재현 과정), 습관화하기 과정(동기화 과정) 등 4가지 과정을 거치게 된다고 하였다.

> ▮ **심리학자 밴두러의 모델링하는 과정**
>
> 탐색하기 ➔ 기억하기 ➔ 따라하기 ➔ 습관화하기

- **탐색하기** : 직업인의 역할 모델을 선택하기 위하여 인물들의 삶을 조명하고 연구하는 탐색 과정이다. 많은 인물에 대한 기록과 인물평을 수집·탐색하여 되고 싶은 직업인의 역할 모델을 선정하는 것이다. 직업인의 역할 모델을 택한 이유를 타인에게 제시할 수 있어야 한다.

- **기억하기** : 직업인의 역할 모델을 관찰한 행동을 기억하고 회상할 수 있어야 하는 기억 과정이다. 역할 모델의 생각이나 행동, 그리고 신념이나 사상을 기억하여 다른 친구들에게 설명할 수 있는 과정을 통하여 인물에 대한 이해를 더욱 높일 수 있다.
- **따라하기** : 직업인의 역할 모델의 태도와 행동을 우리의 태도와 행동으로 전환시키는 과정이다. 역할 모델이 추구한 진로의 형태, 진로 목표, 진로 개척 방법, 진로를 유지하기 위하여 실행했던 공부, 직업윤리에 대한 직업관, 여가에 대한 활용 등도 따라 하기에 포함된다.
- **습관화하기** : 모방한 행동을 강화시키는 과정이다. 직업인의 역할 모델이 일구어 놓은 결과가 많을수록 더욱 강화된다. 역할 모델이라면 늘 새겨 보는 대상이어야 하므로 일생 동안 따라 하기 행동들이 습관처럼 태도와 행동에 배어 있어야 한다.

6. 직업 역할 모델 정하기

직업인의 역할 모델을 선정하고 느낀 점을 이야기해 보자.

- 직업인의 역할 모델을 선정하기 위하여 어떤 노력을 했나?[131)]
- 직업인의 역할 모델에 대한 대목에서 가장 감명 깊은 점은 무엇인가? 그리고 가장 오래 기억할 점은 무엇인가?[132)]
- 직업인의 역할 모델에서 제일 먼저 따라 하고 싶은 것은 어떤 태도와 행동인가?[133)]
- 내 인생의 스승 일대기를 요약해 보고, 나의 일대기를 작성해 보자.[134)]

7. 직업적 성공[135)]

(1) 성공적인 직업생활을 위한 준비

- 직업기초능력
- 전공별 직무수행능력

---

131) 예) 나와 처지가 비슷하거나 사상이 같은지, 흥미와 재능이 무엇이었는지 알아보았다.

132) 예) 어려운 환경이나 처지에도 굴하지 않고 꿈과 목표, 그리고 열정으로 최고의 위치까지 간 것에 대하여 큰 감명을 받았다.

133) 예) 가장 본받고 싶은 태도는 어떠한 처지에도 꿋꿋이 버텨내어 자신이 목표한 바를 확실히 이뤄낸 태도이다.

134) 예) 내 인생의 스승은 어려운 환경 속에서 성장했지만, 확실한 꿈을 갖고 끝없는 열정으로 도전한 사람이다. 나 역시 지금이 기회라고 생각하고 내 꿈을 실현하기 위해 열심히 달려갈 것이다.

135) 전라북도 교육청, 직업적 성공 사례 성공한 직업인의 공통된 특성 인간적 자질, (https://school.jbedu.kr > _cmm > fileDownload > jb-it). 참조.

- 경력개발

(2) 성공한 직업인의 특성

1) 부문별 특성

① 인간적 자질 : 이해심, 협동심, 봉사심, 박애, 성실함 등
② 전문적 자질 : 자신의 직업 분야에서 끊임없이 배우려는 자세와 노력
③ 기본적인 직무수행 자세
- 자신이 맡은 일에 대하여 책임을 다하는 자세
- 깔끔한 용모와 절도 있는 습관을 유지하는 자세
- 더불어 일하면서 일의 성과를 높일 수 있는 자세
- 자신이 맡은 일을 즐겁고 유쾌하게 수행하는 긍정적인 자세
- 자신의 일을 스스로 찾아내어 성취해 나가는 주도적인 자세

2) 개별적 특징136)

성공하는 사람들이 공통으로 가지고 있는 14가지 특징에 대하여 살펴보기로 하자.

① 언제 머물고 떠날지를 알고 있다.

성공한 사람들은 직원을 교체해야 하거나, 사업을 시작하거나 접을 때를 잘 알고 있다. 이들은 좋은 직관력을 가지고 있으며 강압적 반대 의견 속에서도, 어려운 결정을 하는 것을 두려워하지 않는다.

② 요청한 것 이상으로 결과를 도출한다.

성공한 사람들은 일을 시작하기에 앞서 이 직업에서 해야 하는 것에 대한 직무기술서를 확인한다. 이후 필수적으로 해야 하는 일을 완료한 다음, 그들에게 주어진 그 이상의 프로젝트에서 해야 할 일을 확인한다. 이들은 팀 플레이어가 되기 위해 아무도 원하지 않는 지루한 일을 도맡아 하기도 한다.

③ 실패도 두려워 않고, 결국은 성공을 이끌어 낸다.

성공한 사람들은 대부분 성공 확률보다 실패할 확률이 높은 환경에 직면해 있음을 알고 있다. 이들은 이러한 실패에 대해 학습하고자 하며, 이는 향후 성공적인 결과를 이끌어 내기 위한 보다 나은 의사결정에 도움이 되리라는 것을 알고 있다. 많은 사람이 어떤 것에 실패할 때마다 포기한다면, 성공한 사람은 이를 인내하고 이겨낸다.

---

136) PETER KIM(2013), 성공하는 사람들의 14가지 공통점, Project Research(https://projectresearch.co.kr), 2013.12.27.

④ 스스로 행운을 만들 줄 안다.

행운은 오랜 시간 동안 노력으로부터 파생되며, 성공을 향해서 자신을 재포지셔닝 한다. 이들은 결코 임의적으로 행운을 얻기 위해 행동하지 않으며, 성공한 사람들은 이를 알고 있다. 이들은 보다 좋은 행운을 얻기 위해 스스로 매일 적어도 한 번 이상의 노력과 실행을 하고 있으며, 이로써 행운을 키운다.

⑤ 성취할 수 있는 목표를 수립한다.

실패하는 사람들이 다음에 무엇을 해야 할지 허둥대며 구체화하는 동안, 성공한 사람들은 일어나자마자 그들이 무엇을 해야 하는지 이미 계획되어 준비되어 있다. 이들의 목표는 매우 잘 초점이 맞추어져 있으며, 크지만 성취할 수 있고, 이들의 강점을 잘 살려 배치되어 있다. 이들은 자신의 역량을 잘 알고 있으며, 약점을 피하고 극복하기 위해 그들이 가지고 있는 모든 역량을 집중한다.

⑥ 스스로 행동과 결과에 대한 책임을 진다.

성공한 사람들은 일을 완수함에 있어 다른 사람에게 의지하려 하지 않는다. 대신에 현재의 주어진 자산 내에서 내부적 역량을 검토하고, 해결책을 찾기 위해 노력한다. 만약 이들이 실수하게 된다면, 즉시 인정하고 바로 동일한 실수를 반복하지 않기 위해 보다 더 좋은 개선 방법을 모색한다.

⑦ 변화 당하는 것보다 변화를 주도한다.

성공한 사람은 사회적이나 경제적 트렌드에 영향을 받게 됨을 기다리지 않는다. 이들은 이러한 트렌드를 창조하고, 일이 성사되게끔 만들어 나간다.

⑧ 시장의 변화에 적응할 줄 안다.

성공한 사람들은 비즈니스 환경에서 정체돼있는 사항들을 재발명 혹은 개선하고자 한다. 정체되거나 트렌드를 무시하게 된다면, 뒤처질 것이라는 점을 잘 알고 있다. 끊임없이 새로운 아이디어를 도출하고, 다음 세상의 큰 영향을 미칠 사항들을 찾으며, 새로운 스킬을 준비한다.

⑨ 효과적으로 자신의 이야기를 갖고 소통한다.

만약 성공한 사람들에게 다가가서 무엇을 하고 있는지 물어본다면, 이들은 바로 모든 것을 말해줄 것이다. 이들은 스스로 자기 자신에 대해 잘 알고 있으며, 무엇을 해야 하는지, 그리고 그들을 신뢰할 수 있도록 한다. 이들은 분명한 태도와 함께 매우 설득력 있고 확신에 차 있다.

⑩ 올바른 답을 유도하기 위해서, 올바른 질문을 던진다.

성공한 사람들은 그들이 가지고 있는 인적 네트워크를 통해서 문제에 대한 해결이 필요한 시점을 알고 있다. 이들은 그들의 직면한 문제에 대한 답을 얻기 위해 분야 전문가에게 메일이나 전화하는 것을 두려워하지 않는다. 이들은 올바른 문제를 가지고 준비되어 있으며, 보답으로 언제라도 돕기 위한 자세가 되어 있다.

⑪ 편안한 환경을 뛰쳐나와 오랜 학습자 생활을 한다.

대부분의 보통 사람들이 대학을 졸업하면, 학생 신분을 벗어버린다. 하지만 성공한 사람들은 학생으로 남는다. 이들은 새로운 것을 끊임없이 배우고 또 새로운 경험들을 하게 된다. 이들은 새로운 도전이나 이것에 대한 실패를 두려워하지 않는다.

⑫ 세상에서 어느 위치에, 그리고 어떤 존재인지 알고 있다.

성공한 사람들은 확신을 갖고 다른 사람은 물론, 스스로 리드한다. 스스로 비전과 미션을 가지고 있으며 매일매일 이것들을 생활 속에서 찾는다. 또한 스스로 만족하지 못하거나, 좋은 것이 아닌 일에 시간을 낭비하는 것을 원치 않으며 하지 않는다.

⑬ 지불하는 것 이상의 여정을 즐긴다.

성공한 사람들은 빨리 부자가 되는 방법에 연연하지 않는다. 근면과 리스크를 안고 창조하는 동안에 경력을 유지하고 만들어 나가는 것에 집중한다. 고난과 방해에도 불구하고 이것들이 가져다주는 의미와 가치를 알고 이 여정을 즐긴다.

⑭ 소비하기보다는 창조한다.

많은 사람이 이메일을 보고, TV를 보고 혹은 팟캐스트를 듣고 하는 동안에, 성공한 사람들은 새로운 도구와 프레젠테이션을 만들어 새로운 아이디어를 실현하는 것에 집중한다. 이들은 다른 사람들이 필요로 하고, 확산 · 소비될 것을 만들어낸다.

3) 생활의 달인에서 엿보는 성공하는 직업인의 특성

- 지금 행하고 있는 일을 좋아한다.
- 자기 스스로 한계를 극복해 왔다.
- 비교할 수 없는 뛰어난 직업 역량을 가졌다.

제2절 성공한 직업인의 사례

관련 사례가 너무 많아 여기에서는 극히 일부만을 소개하고 있으나 각자 관심 있는 사례를 찾아볼 것을 권한다.

1. 국내 : 제과제빵사 김영모137)

(1) 제과제빵사란 직업은 어떤 직업이고, 현재 하시는 일과 관련해서 본인을 소개해주세요

저에게 제과제빵사란 직업은 사람을 소중히 여기고 맛으로 고객들에게 행복을 주는 사람들이라고 생각합니다. 외국에서는 '파티시에'(과자를 만드는 사람) '블랑제'(빵을 만드는 사람) 이렇게 분리가 되어 있지만, 우리나라에서는 식품공전에 보면 제과파트에 과자, 전병, 떡까지 들어 있어 분리가 잘 안 되어있습니다. 과자와 빵을 만드는 사람, 쇼윈도베이커리와 제과 체인점에서 과자와 빵을 만드는 사람들을 보통 제과제빵사라고 하고 저는 제빵제과 명장 김영모라고 합니다.

(2) 어린 시절, 꿈은 무엇이었나요? 현재 이 일을 시작하신 동기와 관련하여 특별한 계기가 있으면 말씀해주세요

어릴 때 소질과 적성에 맞춰 직업을 선택할 여유가 없었습니다. 제가 아주 어릴 때 부모님이 이혼하셔서 저는 친척 집에 살게 되었습니다. 초등학교 5학년 때 아버지 집으로 처음 가게 되었는데, 배다른 형제들과 끼니를 걱정해야 하는 아주 어려운 형편이었습니다. 항상 배고픔에 시달려야 했습니다. 어머니도 저를 키우실 수 있는 형편이 아니셨습니다. 전 여전히 배고픔에 굶주렸었죠. 초등학교 다닐 적에 학교 앞 빵집이 있었는데, 빵집 앞에서 고소한 냄새를 맡으며 맛을 상상하고 배고픔을 달래야 했습니다. 그 후에 다시 친척 집들을 떠돌며 지내면서 꼭 성공해서 '이렇게 잘못된 환경을 스스로 바로잡아야겠다'라는 생각을 했습니다. 고등학교 1학년 때 학교를 그만두고 무엇을 해서 성공할까 생각 끝에 어릴 적 빵집 생각이 났고 빵집에 취업하게 되었습니다.

137) 커리어넷-직업인 인터뷰, 워크넷-직업·진로-직업정보-직업인 인터뷰. 참조.

(3) 하루 일과는 대체로 어떻게 진행되나요?

새벽부터 빵을 만들었던 생활이 습관이 되어서 이젠 사업을 해도 새벽 5시면 일어나게 됩니다. 오전에 오늘 일정을 점검하고 신문과 제과에 대한 책을 많이 보면서 새로운 아이디어가 떠오르면 자료 검토를 한 후 접목시키고, 데이터가 나오면 공장으로 보내서 새로운 제품들을 만들어 보고 시제품을 만들게 합니다. 매장에서 고객분들의 반응을 보면서 좋은 반응이 좋으면 새로운 상품으로 만듭니다. 조찬 모임과 경영 강의들을 많이 듣고 여러 사람들과 교류를 합니다. 가끔은 제품을 직접 만들 때가 있는데, 똑같은 매뉴얼로 만드는데도 가끔 방향을 잃고 좀 품질이 떨어지는 제품이 나올 때가 있습니다. 그럴 때는 제가 처음부터 직접 만들어 보이고 교육을 하고 있습니다. 그래야 품질을 제대로 관리할 수 있지요. 그리고 아직도 해외연수를 많이 다닙니다. 저는 사업을 하지만 본업에 가장 충실하려고 합니다. 저는 빵을 만드는 사람이니까요.

(4) 일을 하면 이 일을 하길 잘했다 하는 때는 언제인가요?

김영모 명장에게 빵이 무엇이냐고 물으시는 분들이 있는데, 제게 빵은 "나의 인생이에요." 어린 시절 처절한 배고픔과 외로움에 버려졌다는 자격지심을 다 빵을 만들며 치유하면서 이 자리에 올 수 있었기 때문에 빵이 주는 의미는 제게 아주 큽니다. 저는 시간이 될 때 매장에 나가 한쪽에서 제품이 제대로 생산이 되었는지, 직원들의 서비스는 어떤지를 살핍니다. 서초동 본점은 6평으로 매장을 시작했는데, 연세 드신 분들이 오셔서 저를 알아보시고 등을 토닥이며 "우리 동네에 이렇게 좋은 빵집을 만들어 줘서 고맙다."라고 말하곤 하십니다. 그런 분들을 만날 때 정말 큰 보람을 느끼죠.

(5) 일을 하며 가장 힘들고 지칠 때는 언제인가요?

빵을 만들면서 한 번도 힘들다고 생각한 적이 없었습니다. 이유는 빵을 만들다 보면 잘못되는 경우들이 굉장히 많지만, 이런 것들을 실패라고 생각한 적이 없었기 때문입니다. 이 과정을 통해 제가 더 숙련되고 인격적인 부분도 단련이 된다고 생각을 해서죠. 가끔 제품에 대한 클레임이 들어 올 경우가 있는데, 특히 집요하리만치 힘들게 하시는 분들이 있습니다. 물론 제품에는 아주 작은 부분이라도 흠이 있으면 안 되지만 기능인인 저는 그럴 때 상처를 좀 받습니다.

(6) 이 일을 위해 가장 남다르게 노력한 점은 무엇인가요?

저는 제대로 해외여행을 해 본 적이 없습니다. 연수 가서 자투리 시간에 돌아보는 것이 전부였습니다. 1985년도에 해외연수 일정을 마치고 파리에서 마지막 날 아침에 창을 열었는데, 구수한 빵 냄새가 나서 저도 모르게 그 빵 가게를 찾아가게 되었습니다. 그 빵 맛에 매료되어 오너 셰프를 만나기를 청하고 하루를 기다렸는데 만나주질 않았습니다. 그 이후에 파리를 3번 더 방문해서 찾아가 기다리다가 4번째, 노력과 열정을 보고 셰프가 저를 만나 주었습니다. 그 후 그 셰프는 제게 공장 투어도 시켜주고 새로운 그만의 레시피를 전수해 줬습니다. 그렇지만 우리 기후와 토양에 맞지 않아서 그 셰프의 레시피를 적용할 수 없었습니다. 10년 연구 끝에 우리나라에 맞는 유산균 발효법을 만들어서 연세 드신 분들이 드셔도 소화가 잘되는 빵을 만들게 되었습니다. 한 가지 제품을 장인정신으로 끝까지 만들고 말겠다는 집념과 집중력, 새로운 걸 배우고 접목시키는 일을 게을리 하지 않았습니다.

(7) 이 일을 하는 데 가장 중요한 능력이나 자질이 있다면 무엇이라고 생각하시나요?

능력과 자질은 필요하지 않습니다. 어떤 직업을 선택하더라도 노력하는 사람이 최고입니다. 직업을 선택할 때 정말 내가 평생 행복하게 할 수 있을지를 따져보고 일에 매진하면 노력하는 사람을 이길 수 없습니다. 자질과 재능을 타고나도 노력하지 않는다면 아무 소용이 없으니까요. 기능이란 평생 일자리를 보장받을 수 있습니다.

(8) 평소 더 나은 자기의 모습을 위해 노력하는 점은 무엇이 있나요?

인생에 멘토는 가장 가까이 있는 부모라고 생각합니다. 청소년 시기부터 군대 갈 때까지 아주 힘든 시간을 보냈습니다. 그때는 배가 고팠고 돈을 벌려고 빵집에서 일은 했지만 제 처지를 생각하고 옆에 따뜻한 조언을 해줄 만한 분도 없었기 때문에 모든 것들이 원망스러웠습니다. 군대에서 우연이 '카네기의 행복론'이란 책을 읽게 되었는데, 걱정으로부터 자유라는 부분을 보고 세상이 달라졌습니다. "최악의 경우를 생각해라, 최악의 경우를 받아 드릴 마음 준비를 해라. 최악의 경우를 개선해라."라는 대목을 읽고 '이제부터 공부해야겠다'라고 생각하고 엄청난 분량의 책을 읽었습니다. 제과제빵 책은 물론 인문학 서적들을 보면서 인격을 만드는 데도 힘을 썼습니다. 제게 인생의 멘토는 책이고, 그것을 항상 가까이하고 있습니다.

(9) 일을 통해 가장 마지막에 이루고 싶은 목표가 있다면?

대한민국 명장이라는 자리는 나라에서 대통령령으로 부여했을 때는 이유가 있을 것 같았습니다. 대한민국 명장인 저는 저의 기술을 후배들에게 전수해야 하는 책임과 의무가 있다고 생각해서 제 이름에 아카데미를 만들어 후배들 양성하고 교육하는 일을 얼마 전 시작했고, 앞으로도 계속하고 싶습니다.

(10) 이 일을 하고 싶어 하는 청소년들에게 꼭 해주고 싶은 조언이 있다면?

어떤 비전과 어떤 꿈을 갖고 공부해야 하는지, 어떤 꿈을 갖고 일을 하는지에 따라 인생의 가치관이 달라진다고 생각합니다. 세 가지를 꼭 알고 있어야 하는데 "첫 번째, 여러분의 시대에는 어떤 분야의 전문가가 되어야 한다." "두 번째, 다양한 지식을 습득해라." 제과를 하려면 제과 공부는 기본이고, 다른 공부가 되어있어야 창의적인 것을 만들 수 있다. "세 번째는 인격을 갖춰야 한다." 아무리 일로서 성공을 했다 하더라도 인격에 문제가 있으면 결국 낙오자가 될 수밖에 없습니다. 남을 존중하고 배려해야 성공할 수 있습니다.

2. 해외 : 사원으로 입사해 CEO가 된 6인[138)]

글로벌 기업 최고경영자(CEO) 가운데서는 평사원으로 시작해 한 회사의 수장에 오른 사례가 많다. 그렇다면 이들의 성공비결은 과연 무엇일까? 평범한 직장인에서 CEO의 자리까지 오른 사람들의 성공 사례와 그 비결을 알아보기로 하자.

8장

(1) 밥 아이거(Bob Iger) / 월트디즈니(Walt Disney)

밥 아이거의 원래 꿈은 뉴스 앵커로, 디즈니가 ABC 네트워크를 인수하기 22년 전인 1974년에 ABC에 입사했다. 말단 연출에서 시작해 차근차근 능력을 인정받은 그는 결국 ABC 엔터테인먼트의 대표에 오른다.

이후 뛰어난 리더십을 선보인 밥 아이거는 ABC 모회사인 '월트디즈니'의 CEO 자리까지 오른다. 그의 연봉은 2017년 기준으로 3,630만 달러(한화 420억 3,540만 원)에 달했다. 2020년 대표 자리에서 물러나겠다는 입장을 밝혔다. 다만 2021년 12월 31일 계약이 끝날 때까지 이사회 회장 자리는 유지할 예정이라고 한다.

(2) 알렉스 고르스키(Alex Gorsky) / 존슨앤존슨(Johnson & Johnson)

알렉스 고르스키는 영업사원으로 15년 동안 근무하면서 영업과 마케팅 및 관리 분

---

138) 하나은행(https://blog.hanabank.com), 평범한 직장인에서 출발해 성공한 CEO가 된 6인, Hana 1Q 블로그-Hana 컬쳐, 2020.10.13.

야에서 짧은 기간 놀라운 성과를 거뒀다고 한다. 승진을 거듭하던 그는 2012년 전 CEO가 사임하면서 신임 CEO 자리에 올랐다. 2019년 그의 연봉은 1,959만 달러(한화 226억 8,522만 원)에 달했다.

(3) 마이클 코뱃(Michael Corbat) / 씨티그룹(Citi Group)

마이클 코뱃은 하버드대학교 경제학과 출신으로 원래 다니던 투자회사가 씨티그룹과 합병하면서 회사와 연을 맺게 되었다. 그는 비핵심 사업 및 자산 포트폴리오의 매각을 이끌었다. 다양한 사업부에서 두각을 나타내며 이사회의 관심을 모았다고 한다. 그 결과 씨티그룹 CEO의 자리까지 올랐다. 2019년 그의 연봉은 2,550만 달러(한화 295억 2,900만 원)를 기록했다.

(4) 더그 맥밀런(Doug McMillon) / 월마트(Wal-Mart)

더그 맥밀런은 월마트 파트타임 직원으로 입사한 뒤, 관리자로 인정받기 시작하며 승진을 거듭했다. 해외사업부 대표 자리에 올랐을 때는 미국 매출 증가율만큼 해외 사업 매출 증가율을 끌어올렸다. 그 결과, 47세의 나이로 월마트 역사상 최연소 CEO가 되었다. 2018년에는 2,400만 달러(한화 277억 9,200만 원)의 연봉을 받았다.

(5) 메리 베라(Mary T. Barra) / 제네럴모터스(General Motors)

메리 베라는 미국의 자동차 업계 최초로 여성 CEO가 된 인물이다. 메리 베라는 18살에 제너럴 모터스의 인턴으로 들어가 39년 동안 생산 라인에서 거푸집을 만드는 기술직으로 근무하다가 자동차 대학에서 전기 엔지니어링을 공부했다. 스탠퍼드 경영대학원에서 석사 과정까지 마친 그녀는 전 CEO의 비서로 일하며 회사의 전반적인 운영을 파악했다. 그 과정에서 구조조정에 참여해 개발비용을 줄이는 등 혁혁한 공을 세웠고, 여러 임원 자리를 거쳐 CEO가 되었다. 그녀는 2019년 연봉으로 2,160만 달러(한화 250억 1,280만 원)를 받은 것으로 알려졌다. 이는 디트로이트의 주요 3개 자동차 제조업체 중에서도 가장 높은 연봉이다.

(6) 우르술라 번스(Ursula M. Burns) / 제록스(Xerox)

우르술라 번스는 포춘지가 선정한 미국 500대 기업 최초로 아프리카계 여성 CEO로 이름을 올렸다. 그녀는 뉴욕 빈민가에서 싱글맘의 딸로 태어나 가난한 유년 시절을 보냈지만, 어머니의 강력한 지지로 학업을 놓지 않던 그녀는 뉴욕대에서 화학 엔지니어링을 전공한 후 컬럼비아대 대학원에서 기계공학 석사를 마치며 제록스에 입사하게 된다. 그녀는 말단 사원이었음에도 부사장이 주도하던 토론회에서 자신의 의견을 거침없이 펼치며 부사장의 수석비서로 승진했다. 이 일이 큰 전환점이 되어 제록스의 여러 위기를 전 CEO와 함께 헤쳐나가는 역할을 했다. 그 공로를 인정받아 CEO 자리에 오르게 됐다. 우르술라 번스는 2014년을 기준으로 1,800만 달러(한화 208억 4,400만 원)의 연봉을 받은 것으로 알려졌다.

직장인에서 CEO가 된 사람들의 성공비결

그렇다면 이들이 평범한 사원에서 CEO가 될 수 있었던 비결은 무엇이었을까?

승진을 위해서는 무엇보다도 '일 잘하는 사람'이 되어야 하는데, 전문성을 키우기 위해 지속적으로 학습하고 능력을 개발하려는 노력이 필요하다.

자신을 대체 불가능한 인력으로 만드는 게 가장 우선시 되어야 한다. 하지만 '일 잘하는 직장인'을 넘어 '조직의 리더'가 되려면 본인 업무에 대한 전문성뿐만 아니라 특별한 리더십이 필요하다. 리더십이 뛰어난 사람들의 공통점에는 어떤 것이 있을까?

먼저 팀원들과의 적극적인 소통이 중요하다. 조직관리 전문가들은 꼭 필요한 말이라면 리더가 적극적으로 목소리를 내야 한다고 조언한다. 동료 혹은 상사의 미움을 살까 두려워 의견을 분명하게 피력하지 못한다면 정체될 수밖에 없다.

동료들과 신뢰를 쌓는 것도 중요하다. 상사와 팀원이 의사소통을 활발히 나누고 발전적인 피드백을 주고받을 수 있어야 한다. 어려움을 겪는 동료를 돕거나 새로운 팀원에게 멘토가 되는 것도 좋은 방법일 수 있다. 단, 사내 정치에 과도하게 끌려다니지 않도록 유의해야 한다.

또 업무 효율을 위해 리더가 앞장서서 빠르고 유연하게 결정을 내려주면 팀의 불필요한 에너지 소모를 막을 수 있다. 특히 남들이 기피 하는 어려운 임무를 맡는 것은 책임감과 도전 의식을 보여줄 수 있는 기회가 될 수 있다.

이에 대해 월마트 CEO 맥밀런은 "잘되지 않는 일을 둘러보세요. 어려운 임무를 맡는 것은 배움의 기회이며, 당신에게 더 나은 가능성을 제공할 수 있습니다"라고 말한 바 있다. 더 큰 업무를 수행하기 위해 자신이 얼마나 준비되어 있는지 보여주는 것이 중요하다.

8장

아울러 목표 관리 또한 리더의 중요한 덕목이라고 할 수 있다. 팀원들의 의욕을 고취하기 위해 보상 체계를 투명하게 하고 세부적으로 목표를 세우는 게 중요하다. 명확한 목표를 정했으면 그에 따른 결과를 체계적으로 도출해내야 한다. 목표를 달성하는 과정을 정직하고 투명하게 공유해야 긍정적인 시너지를 낼 수 있다는 게 전문가들의 조언이다.

그들도 처음부터 CEO 자리까지 오를 거라고 상상하지는 못했을 것 같다. 여러분께서도 새로운 성공 스토리의 주인공이 될 수 있기를 기대해본다.

3. 흙수저의 성공 사례 : 최병오 패션그룹형지 회장139)

1953년생인 최 회장은 10대 후반 서울 동대문시장 상인으로 출발해 한국 대표 패션 중견기업을 일군 자수성가 기업인이다. 배움은 부족했더라도 평생 기본에 충실한 그의 삶의 이야기는 지금 젊은이들에게도 감동을 전하기에 충분했다.

최 회장은 동대문시장에서 일하던 시절 일찍이 '브랜드의 힘'에 눈뜬 상인이었다. 여기에 20대 시절부터 특유의 부지런함으로 이른 새벽 어깨에 봇짐을 메고 옷을 팔러 다니던 청년이었다. 당시 동대문시장은 브랜드에 대한 인식조차 없던 시절이었지만, 그는 자신이 만든 옷에 '크라운'이라는 브랜드를 도입했다. 이는 동대문시장 최초의 브랜드라는 기록을 갖고 있다.

최 회장은 "당시 국내 공산품 품질이 낮았지만, 고품질 옷으로 고객과 소통하고 싶었다."라며 "동대문에서 만든 옷일지언정 최고의 옷을 만들다 보니 'Q 마크'나 '품질보증' 마크가 자연스레 따라왔고, 이는 남들과 차별화하는 요인이 됐다."라고 설명했다.

서울에서 가장 부자 동네 중 하나인 강남 구반포 지역에서 제과점을 하던 시절에도 '기본을 지키는 경영'으로 명성을 쌓았다.

최 회장은 "빵을 납품받아서 팔면 편할 수 있지만, 맛있는 빵은 팔지 못한다."라며 "하루에 세 번씩 갓 구워낸 따뜻한 식빵을 파는 전략이 최고의 빵집이라는 명성으로 이어졌다."라고 말했다. 그는 "예나 지금이나 가장 중요한 경쟁력은 기본에 충실한

139) 매일경제(2019.10.), "흙수저의 성공비결요? 늘 기본에 충실했죠", 2019.10.14. 한편, 한국의 자수성가 부자들에게서 발견되는 부를 만드는 8가지 공통 법칙이 궁금하다면 윤선희(2016), 한국의 자수성가 부자들-대한민국 400대 부자들의 부를 만드는 비밀, 한스미디어, 2016.06.10. 참조.

것"이라고 거듭 강조했다. 그는 "가방끈이 길지 않았지만 그래도 기본을 지키는 것이 결국 신용을 얻는 방법이라는 생각은 일찍 깨우쳤다."라며 "결국 이러한 태도가 쌓이다 보니 삶에 많은 영향을 미친 것 같다."라고 덧붙였다.[140]

개인 평판 관리의 중요성도 언급했다. 그는 "지금은 개인이 브랜드인 시대이다 보니 개인의 평판이 매우 중요해졌다."라며 "평소 베풀고 감사를 전하는 것 또한 중요한 자기 관리"라고 말했다. 그러면서 "고객은 기업에, 기업은 고객에게 감사해야 하는 시대"라며 "이런 서비스 정신이 뒷받침될 때 기업의 생명력도 길어진다."라는 기업가로서의 교훈도 전했다.

최 회장은 과거 틈새시장을 적절히 발굴한 점 역시 성공 요인으로 꼽았다.

크로커다일레이디 · 샤트렌 · 올리비아하슬러 등 형지의 여성복 브랜드가 잇달아 히트 친 비결은 바로 백화점과 시장 사이의 '틈새'를 공략한 것이 주효했다는 얘기다.

최 회장은 이들 브랜드로 이른바 '국민 여성복' 시대를 연 기업인이다. 그는 30~50대 여성들이 백화점에 가지 않더라도 가까운 곳에서 가성비 좋은 옷을 살 수 있는 가두점 시대를 연 기업인이다. 최 회장은 "중년 여성들에게 값싸고 좋은 옷으로 행복을 전할 수 있다는 점에 있어선 지금도 자부심이 있다."라며 "기업인은 이렇게 남들이 보지 않는 곳을 볼 수 있는 눈을 가져야 한다."라고 설명했다. 청년세대에 대한 응원도 잊지 않았다. 그는 "과거엔 노력만으로도 성공을 이룰 수 있었지만, 지금은 또 다른 차원의 경쟁으로 새로운 것을 만들어가야 하는 시대"라며 "그럼에도 불구하고 항상 갈망하고 우직하게 나아간다면 청년들은 더 큰 꿈을 이룰 수 있을 것"이라고 당부했다.

140) "대학 근처에는 가보지도 못했지만, 좋은 기업가가 되겠다는 꿈을 저버린 적이 없다."라고 말하면서 이를 위해 도전하는 삶 속에서도 항상 기본에 충실했음을 강조하였다.

제 4 장	행복한 삶과 진로 설계
제 5 장	자신에 대한 이해
제 6 장	직업 및 직무정보 탐색
제 7 장	기업과 직무 이해
제 8 장	직업인의 세계 탐색
제9장	**직업과 학습**
제 10 장	의사결정 연습
제 11 장	구직서류
제 12 장	면 접

제1절 학력과 직업[141)]

1. 학력(學歷)과 학력(學力)의 차이[142)]

學歷이라는 단어에 대해, 보통 우리는 '출신학교' 정도의 의미로 사용하고 있다. 일반적인 사전 풀이에서도 학교라는 교육기관에서 수학한 이력이라고 정의하고 있다. 이 학력은 곧잘 '가방끈'의 길고 짧음으로도 비유된다. '저학력', '고학력'의 단어 몇 개로 사람이 평가되고 있는 시대이다. 그런 의미에서는 졸업증서 몇 장짜리의 하드웨어적 學歷일 뿐이다. 그러나 學歷은 본디 그런 의미가 아니어야 한다. 한자 사전에서는 "공부한 이력"으로 풀어놓았다. 즉, 배움의 경력 혹은 배움의 흔적들이라고 할 수 있다. 그러므로 학력은 고졸, 대졸 같은 범위를 넘어서며, 여느 몇몇 공공 교육기관을 거쳐 간 것에 한정되지 않아야 한다.

반면에 學力은 무슨 뜻일까? 간단명료하게 '배우는 힘'이다. 한자 사전의 의미를 보면, "학문의 실력, 학문의 역량"이다. 즉, 배우고 묻는 힘이다. 배우는 것을 지속

141) 주로 네이버 블로그(http://m.blog.naver.com), 학력과 직업과의 관계는?, by 강섬미, 학력과 직업과의 관계는?, 2013.07.19. 참조.
142) 한자 소리(hanjasori.blogspot.com), 반드시 필요한 두 가지 학력: 學歷과 學力, 2020.05.19.

가능하게 하는 소프트웨어적 힘이 바로 學力이다.

그러면 흔히 말하듯이 이 시대에는 學力이 學歷보다 더 중요한 것일까? 學歷이 없으니 學力을 길러야 한다는 말일까? 결코, 그렇지 않다. '배움의 흔적'으로서의 學歷과 '배우고 묻는 힘'으로서의 學力. 이 두 가지 학력은 다 필요하다.

여기서 한 걸음 더 들어가 보자.143)

개인의 이력인 학력(學歷)은 대단한 위력을 발휘하고 있다. 좋은 대학 졸업장은 취업의 전제 조건이었고, 명문대학의 입학은 장래를 보장받기도 했던 청사진이었다. 그러나 지금은 상황이 많이 달라졌다. 지식노동 시대인 정보화 사회에서는 학력(學歷)이 약해지는 경향을 볼 수 있고 학력(學力)이 점점 우위에 서게 되었다.

예를 들면 컴퓨터를 통해 세계역사를 새롭게 쓰도록 개척한 빌 게이츠 마이크로소프트사 회장도 하버드대학을 그냥 졸업했으면 어느 대기업의 평범한 사원으로 근무했을 것이다. 하지만 그는 학력(學歷) 대신 학력(學力)을 선택했었다. 그리고 그는 세계 최고의 부를 축적하게 되었다. 미국의 발명왕 에디슨은 초등학교 중퇴가 최종 학력(學歷)이고, 독일의 위대한 음악가 베토벤도 중학교 중퇴가 학력(學歷)의 전부다. 미국의 자동차왕이라고 불리는 포드, 일본의 마쓰시다 전기회사를 창립한 마쓰시다 고노스케 등도 초등학교 졸업이 최종 학력(學歷)이다. 일본의 혼다 그룹을 창립한 혼다 소이치로는 아예 정규학교를 다닌 적이 없는 무학력이다.

앞으로 2~3년만 지나면 대학의 입학정원이 고등학교 졸업생보다 많아진다고 한다. 교육전문가들은 우리 사회의 대학 교육은 보편화돼서 성적이 부족해서 원하는 대학에 못 가는 경우는 있어도 아예 대학에 못 가는 경우는 거의 없어져 가고 있기 때문에 무엇을 위해 대학에 갈 것인가에 대한 논리가 전개돼야 한다고 조언하고 있다. 슈바이처 박사는 성공적인 자녀 교육 세 가지에 대해 첫째 부모의 본보기요, 둘째 역시 부모의 본보기요, 셋째도 부모의 본보기라 했다. 부모의 지나친 기대는 자녀에게 오히려 부담이 된다. 부모가 자신이 하고 있는 현재의 일과 직업에 대해 보람을 가지고 만족하고 행복해할 때 우리의 자녀들도 자신의 직업을 아름답게 선택하게 된다.

우리 사회는 학력(學歷)을 우선시하는 정도가 매우 심하다. 그러나 이제부터는 우리 사회가 건강하게 발전하고 제대로 성숙된 선진사회가 되기 위해서는 학력(學歷)보다는 학력(學力)을 중시하는 사회로 탈바꿈돼야 한다. 학력(學歷)과는 무관하게 학력(學力)을 갖춘 사람을 더 알아주고 대접해주는 사회가 돼야 할 것이다.144)

다시 강조하건대, 현행 우리의 교육은 주로 학교의 교과 학습을 통해 이루어지고

143) 이하 내용은 오연수(2016.10.), 학력(學歷)보다 학력(學力)이 우선되는 사회로, 강원도민일보, 2016.10.19.

144) 실천하는 학식을 학력(學力)이라고 한다. 그런데 요즘 젊은이들은 학력(學歷)만 집착한다. 학력(學歷)은 과거의 일이고, 학력(學力)은 미래에 관한 일이다. 학력(學歷)은 바꾸기 어려운 반면, 學力(학력)은 얼마든지 키울 수 있다. 끝없이 변화하는 지식사회를 살아가는 우리에게 필요한 것은 學歷(학력)이 아니라 學力(학력)이다. 이와 관련하여 다음 블로그(blog.daum.net > fkschgid), 학력(學力)과 학력(學歷), 2012.02.26. 참조.

있으므로 학력(學歷)이 높을수록 학력(學力)이 높을 가능성이 있는 것은 사실이다. 그러나 학력(學歷)이 높지 않아도 사회적으로 성공한 사람들이 많이 있다. 대학에 들어가지 않았지만, 음악에서 성공한 가수 서태지, 소학교 출신이지만 현대그룹의 창업자인 정주영 회장, 고졸 출신의 한국 대표 만화가 이현세 등이 그 예이다. 반면, 학력(學歷)에 상응하는 학력(學力)을 갖추지 못한 예도 많다. 학교에서의 1등이 사회에서의 1등이 되지 못하는 경우는 수없이 많다. 학교 교육에서 전략적 점수관리에는 성공하였지만 스스로 진정한 능력을 쌓지 못한 까닭이다.

일의 세계에서 어떤 특정한 일을 수행할 때는 학력(學歷)과 학벌보다 더 높은 창의력과 전문성, 변화 수용 능력과 대처 능력 등 실제적인 능력을 발휘하는 것이 더 중요함을 보여주는 것이다.

2. 건전한 학력관

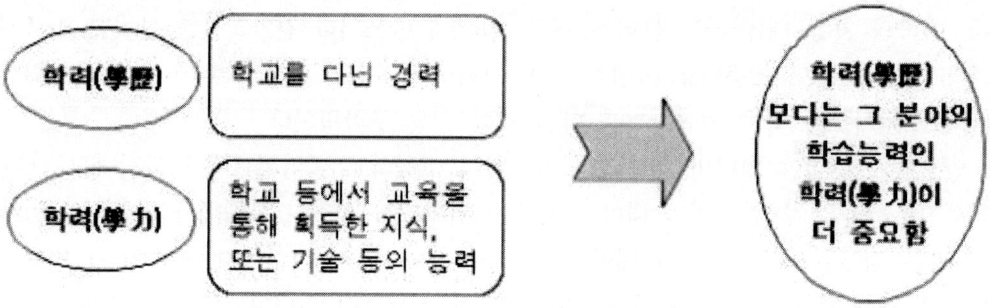

3. 직업 세계에서의 실제 능력

학력(學力)은 직업을 결정하는 데 있어 직접적인 요인으로 작용한다. 학습 능력은 직업과 밀접한 관계를 가지며 같은 직종이라 할지라도 구체적 직무내용에 따라 요구하는 능력이 다르다. 일반적으로 한 개인은 학교 교육을 통하여 취업에 필요한 기본지식 및 훈련을 쌓게 되며 장차 자아실현에 필요한 기초 및 전문지식과 교양을 습득하게 된다. 대부분 학력(學力) 수준에 따라 요구되는 직업도 다른데 전문직이나 관리, 기술직 등에 종사하려면 합당한 능력을 갖추어야 하는 것이다. 특히, 자신이 갖고 싶은 특정 직업에서 어떤 수준만큼의 학력(學力)을 요구한다면, 학력(學力)은 직업 선택에서 반드시 갖추어야 할 필수 요건이 되는 것이다.

4. '인간적 능력' 요구하는 시대의 도래[145)]

지식사회가 도래하면서 우리 사회는 큰 변화를 겪고 있다. 직업 분포도도 바뀌고 있다. 2017년 유엔 미래 보고서는 "2045년이면 지금의 일자리 80%는 인공지능(AI)이 대신할 것이다. 현재 초등학교 어린이의 65%는 전혀 새로운 유형의 직업에 종사할 것이다"고 예측했다. 현재 지구촌에 존재하는 직업의 수는 3만여개라고 한다. 이 가운데 상당수의 직업들은 사라지고, 앞으로 새로운 직업들이 생겨나면서 직업 수는 4만~5만개가 될 것이라고 한다. AI의 발달로, 그동안 전문직의 상당수는 전문성을 잃게 될 것이다.

한국직업표준분류(KSCO)에 따르면 우리 사회에서 직업의 수는 2018년 기준으로 1만2,145개다. 이 직업과 연관된 유사 직업까지 합하면 1만6,443개가 된다. 머지않아 직업의 수가 2만개가 넘게 될 것이다. 현재의 직업들이 사라지고 새로운 직업들이 계속 생겨나는 방식으로 직업생태계가 크게 바뀌고 있는 것이다.

기업의 인재 기준이나 채용 방식도 크게 바뀌고 있다. 대학 교육의 커리큘럼이나 국가가 주도하는 공교육의 교육과정 변화도 발빠르게 변하고 있다. 'SKY 캐슬'은 이미 무너지고 있다. 물론 SKY 신화는 여전히 맹위를 떨치고 있지만, 머지않아 SKY 졸업장이 성공 티켓이 되는 세상이 사라질 것이다.

학습하는 방식 역시 크게 변화하고 있다. 근대 이후의 교육은 주로 책을 읽고 공부를 하고 주로 교사로부터 지식을 전수받았다. 하지만 지금의 젊은 세대는 검색을 통해 학습한다. 즉 검색 독서와 검색학습이 주류가 되고 있다. 아울러 체험형 교육과 참여형 교육이 점점 중요해지고 있다. 스토리텔링과 함께 스토리두잉(story-doing)이 강조된다.

이런 흐름에 따라 자기주도학습, 거꾸로 학습, 액티브 러닝, 토론학습 등 온갖 실험들이 교육 영역에서 시도되고 있다. 특히 융합과 통섭의 방법이 보다 중요해지고 있다. 교육혁신을 위해 노력하는 현장의 교사들도 미디어 리터러시 수업, 그림책 토론수업, 연극 수업, 낭독극 수업 등 다양한 학습 방법을 시도하고 있다.

우리 사회에서 여전히 대학은 숭배의 대상으로 SKY는 절대 신(神)으로 받아들여지고 있다. 대학입시와 이를 위한 수능은 모든 공교육과 사교육의 최종 목표로 여겨진다. 나아가 취업난으로 대학 교육은 기업의 인재 양성소와 같은 위치로 전락해 버리고 자본의 지배하에 포획되어 버렸다. 진학과 취업을 위한 시험공부 능력이 생존을 위해 필수요소가 되어버린 현실이 실로 뼈아프다. 적자생존과 승자독식의 룰(rule)은 냉엄한 각자도생의 문화를 양산하고 있으니 더더욱 슬픈 일이다.

하지만 학습력 사회가 이미 도래했다. 올드 엘리트 시대는 종언을 앞두고 있으며

145) 황산(2021.11.), AI 시대에 학력?-직업생태계 바뀌고 있다, 뉴스트리(www.newstree.kr), 2021.11.08.

'엘리트'라는 말 자체가 낡은 언어가 되는 시대가 곧 들이닥칠 것이다. 즉 학교 성적이나 대학입시가 인생의 성패를 좌우하는 시대가 아닌 전혀 새로운 인간적 능력을 요구하는 시대로 변모하고 있다. 자신이 좋아하는 일에 전문성을 길러 그것을 직업화하는 능력은 더없이 중요하다. 자신의 모든 것이 스토리가 되고 콘텐츠가 되는 시대가 되었기 때문이다.

나아가 그 어떤 콘텐츠를 접하든지 그 어떤 공동체나 회사에 소속되든지 창조적인 학습 능력을 지니는 것이 필요하다. 따라서 평생 배움의 마인드를 지니고 자신의 학습력을 키우는 것이 지혜다. 이는 유아와 아동·청소년을 양육하는 부모의 자녀교육에게만 해당되는 일이 아니다. 성인들에게도 배움력이 필요하다. 누구든 새로운 변화에 기민하게 반응하며 창조적으로 학습하는 자가 자기 삶을 능동적으로 열어갈 것이다.

제2절 취준생을 위한 경력개발146)

취업을 준비하는 취준생들이 어려움을 호소하는 가운데 곤란해하는 것 중 하나가 바로 경력에 관한 사항이다. 경력자인 경우야 기존 직장과 직무에 대한 경력을 피력할 수 있으나 신입의 경우 막막하기만 하다. 도대체 기업은 신입에게 무슨 경력을 요구하는지 알 수가 없다. 그렇다고 경력 관련 사항을 비워두자니 불안하기도 하고 막상 채우려 하니 쓸 내용이 없다. 이러지도 저러지도 못하는 상황이다. 일반적으로 취준생들이 겪는 경력 관련 상황이다. 과연 기업은 신입에게 무슨 경력을 요구하는 것일까?

예전에 비해 많은 취준생과 예비취준생들이 미리부터 자신의 진로와 미래를 고민하고, 경력관리를 포함하여 계획을 수립한다. 그럼에도 불구하고 아직까지 일상화된 것은 아닌 듯하다. 막상 본인의 진로와 경력계획 수립 시 이를 도와주거나 검증해줄 만한 전문적 인력의 부재와 구체적인 정보, 창구, 지도 등이 부족하기 때문이다.

요즘은 과거에 비해 많이 줄어든 것 같으나 아직까지 진학 시(직업계高, 대학, 대학교 등) 자신의 적성, 관심 등을 고려하지 않고 성적, 지역 등의 환경에 맞추어 진학하는 경우가 있다. 사실 선택한 진로가 극복할 수 있는 수준이라면, 그나마 다행이지만 그렇지 않다면 매우 불행한 일이다. 그렇다면 예비취준생, 취준생들을 위한 효과적인 경력개발 · 관리는 어떻게 해야 할까? 이에 대한 몇 가지 팁은 아래와 같다.

첫째, 자신의 명확한 진로를 설정해야 한다. 전공 관련 진로든 아니든 간에 진짜

146) 슈퍼루키(www.superookie.com > contents), 취준생을 위한 경력개발 계획수립, 아이스맨.

자신이 생각하는 진로를 선정해야 한다. 이때 막연히 회사원, 공무원, 프리랜서 등과 같은 직업과 더불어 어떤 분야에서 어떤 일(직무)을 할 것인지가 포함되면 좋다. 이때 주의할 점은 적어도 3개 정도의 진로를 계획하는 것이 좋으며 우선순위를 부여해야 한다. 이러한 고민은 단시간 내에 하는 것이 아니라 충분한 시간과 자료조사, 주변 의견 등을 고려하여야 한다. 학교에서 제공하는 자료도 도움이 되나 보다 구체적인 정보가 필요할 시 노동부 워크넷과 NCS 사이트 등이 있다.

둘째, 계획한 진로 분야에 대한 꾸준한 학습이 요구된다. 전공의 경우 별도 학습이 필요치 않다고 생각할 수도 있으나, 학교에서의 학습 이외의 것이 필요하며 비전공 분야의 경우에는 더욱 그렇다. 이는 학교 동아리, 인터넷 카페, 오프라인 관련 모임, 각종 학술회, 발표회 등 일일이 열거하기 힘들 정도로 활동의 폭이 다양하다. 일반적이지는 않으나 공공기관이나 기업 등에서 직무 관련 활동도 이에 포함된다.

셋째, 직무 관련 경험이 필요하다. 제일 어려워하는 부분이며 대개 인턴 및 아르바이트를 떠올린다. 맞는 말이다. 하지만 여기에도 원칙이 있다. 기업에서 채용을 진행하다 보면 사회 경험은 많으나 직무 관련 경험이 없는 경우를 흔히 본다. 이때 당사자의 변은 직무 관련 경험 기회가 없다. 직무 관련 인턴 지원했으나 안 되었다 등이 주류를 이룬다. 하지만 꼭 반드시 인턴이나 아르바이트만을 요구하는 것이 아니다. 봉사활동이라든지 단기간 근무, 공모제, 학술회의 참가 등 여러 길이 있다.

본인의 진로와 관련하여 직무 경험 계획과 실천 사례를 하나 들자면, 과거 기업에서 해외사업 관련 직무 지원자 중 직무 관련 경험이 없는 이가 있었다. 왜 없냐고 묻자, 자신은 많은 노력을 했지만, '기회가 없어서'라고 대답했다. 당연히 탈락이다. 과연 기회가 없어서 만일까? 직무 관련 해외 경험만 봐도 그렇다. 직무 관련 해외 경험은 쉽지는 않다. 그래도 찾아보면 길이 있다. 설사 경험이 없다 하더라도 해당 방법에 대해 알고 있는 것과 모르는 것은 천지 차이다.

대부분 해외 경험의 경우 어학연수, 교환학생이 주류를 이룬다. 대상 국가도 흔히 말하는 선진국 위주다. 과거 KOICA에서 동남아 지역 국가 인터넷·통신 관련 봉사활동을 모집한 적이 있었다. 한 지원자가 해당 경험이 있었다. 해외 관련 해당 직무에 지원했는데 당연히 합격했다. 흔히 남들이 가지 않는 길이지만 매우 소중한 경험인 것만은 틀림없다. 그 지원자의 출신학교 등 흔히 말하는 스펙은 더 이상 문제가 되질 않는다.

다시 한번 말하지만, 본인의 진로와 경력에 대한 계획은 최대한 세밀하고 현실 가능성 있게 수립해야 한다. 막연한 계획은 실패를 낳고, 잦은 실패는 절망감을 부른다. 재학 시 진로 및 직무와 관련하여 보수나 처우, 환경이 부족할지라도 한 번쯤 경험해 보기를 권한다. 기업이 예비 취업자에게 바라는 직무 관련 경험이나 지식은 현직자 수준의 높은 수준을 요구하지 않는다. 적어도 해당 지원자가 지원직무에 대해 올바르게 이해하고 관심이 있는지, 적합한지를 요구할 뿐이다. 아직까지 진로 계획이 명확하지 않다면 지금부터라도 차분히 자신을 돌아보며 관련 계획을 수립해 보기 바란다.

제3절 경력개발계획서와 학습 포트폴리오

1. 경력개발계획서 작성 요령147)

(1) SMART 기법

- Specific : 구체적으로
- Measurable : 측정 가능하게
- Aggressive yet Achievable : 진취적이지만 달성 가능하게
- Result Oriented : 결과 지향적으로
- Time Bound : 시간의 제약에 따라

(2) 스마트 계획서 수립하기

과 제	내 용	예시 : 영어공부
S (구체적)	목표는 자신뿐만 아니라 타인도 명확히 알 수 있도록 상세하고 초점이 정확할 것.	-영어 공부를 한다. -영어 학원에 다닌다. 영어학원에서 영어 공부를 위해 토익 과정을 수강한다.
M (측정가능)	목표가 측정 가능하지 않으면, 목표 달성 여부, 진척 정도, 노력 정도 등이 평가되지 않음. 목표는 관찰 가능하며 계량화할 수 있어야 함.	영어 토익 점수를 작년 점수보다 올해 20% 향상시킨다.
A (달성가능)	나의 능력과 열정을 가지고 달성할 수 있는 현실적이고 실제적인 목표를 말함.	영어 토익 점수를 지금 점수인 500점에서 600점으로 올린다.
R (결과지향)	목표에 따라 수립되는 활동과 행동들은 달성할 결과에 초점을 두어야 함.	토익 점수 100점 향상을 위해서 매일 새벽 1시간씩 영어학원에서 토익 과정 수강, 취침 전 영어단어 10개 이상 외우기(예상되는 걸림돌 : 나태함, 비합리적 사고)
T (시간설정)	시간제한이 없는 목표는 성취하지 못할 가능성이 큼. 목표 달성 시한을 설정하여 평가해 보아야 함.	영어 토익 점수 20% 향상을 위한 노력의 기간은 2021.6.1.~2023.12.31.까지로 함.

147) 중부대학교 창업 · 취업지원센터(2014), 중부대학교-2학년용 대학생활지도 및 진로설계 I / II, op. cit.

(3) 경력개발계획서에 들어갈 만한 항목

- 목표학점 · 학습계획
- 어학
- 자격증
- 수상 · 봉사
- 실무

(4) 경력개발계획서 작성하기

1) 기본정보

이름	
학과/학번	

2) 학 점

1학년	목표학점	
	학습계획	
2학년	목표학점	
	학습계획	
3학년	목표학점	
	학습계획	
4학년	목표학점	
	학습계획	

3) 어학(토익)

1학년	목표점수	
	학습계획	
2학년	목표점수	
	학습계획	
3학년	목표점수	
	학습계획	
4학년	목표점수	
	학습계획	

4) 자격증(자격증명 기입)

1학년			
2학년			
3학년			
4학년			
최종목표	□2회 이상	□1개	□계획없음

5) 수상(수상명 기입)

1학년			
2학년			
3학년			
4학년			
최종목표	□2회 이상	□1개	□계획없음

6) 실무(이력명 기입)

1학년			
2학년			
3학년			
4학년			
최종목표	□2회 이상	□1개	□계획없음

7) 봉사(활동명 기입)

1학년			
2학년			
3학년			
4학년			
최종목표	□2회 이상	□1개	□계획없음

2. 학습 포트폴리오 작성 매뉴얼148)

학습 포트폴리오(Learning Portfolio)는 학습 과정 및 결과에 대한 기록 및 결과물 등을 일정기간 동안 시간의 흐름에 따라 의도적으로 모아 놓은 자료이며 또한 반성적 성찰 자료집이다.

(1) 학습 포트폴리오는 왜 필요한가?

- 학습 포트폴리오는 최종적으로는 결과물로 나타나지만, 학습 과정을 이끌어주기 때문에 주도적이고 효과적인 학습 방법이 될 수 있다.
- 학습 포트폴리오는 학생으로서 학습 능력, 노력의 과정, 태도 등이 나타나기 때문에 취업 과정에 자신을 표현할 수 있는 도구가 될 수 있다.
- 학습 포트폴리오 작업은 학습에 관한 목표를 세우고 달성하는 과정이며, 그 결과를 반성적으로 성찰하는 과정에서 자신에 대한 이해를 높일 수 있다. 즉, 자신의 강점과 약점을 확인함으로써 직업적 진로를 결정하는 정보를 얻을 수 있다.
- 목표를 설정하고 실천적 노력과 반성적 성찰을 통해 높은 수준에서 목표를 달성하기 위한 과정을 반복하면서 지속적으로 성장하는 자기관리 역량을 개발할 수 있다.
- 완성된 학습 포트폴리오는 자신의 에너지를 집중하여 만든 작품이기 때문에 높은 성취감을 얻을 수 있고 자기 자신에 대한 신뢰를 바탕으로 다음 목표에 도전하게 해준다.

(2) 학습 포트폴리오에는 무엇이 들어가나?

- 학습 포트폴리오는 자신의 학습 활동에 도움이 되어야 하고 한편으로는 좋은 평가를 받아야 한다. 이를 위해서는 포트폴리오의 내용을 종합적이고 체계적으로 구성할 필요가 있다. 또한 다른 사람들의 것과 구별될 수 있는 자신의 개성이 드러낼 수 있는 아이디어가 필요하다.
- 학습 포트폴리오의 구성 요소는 자기소개, 장단기 목표, 교과 및 비교과의 학습계획, 학습 활동 개요, 학습 활동, 성찰 활동, 기타 자료 등이다.
- 학습 포트폴리오에는 대학의 교과 및 비교과 학습 활동 자료뿐만 아니라 개별적인 학습 활동과 성취를 입증할 수 있는 자료를 포함할 수 있다.
- 학습 포트폴리오에는 정리된 자료에 대한 자기 이해와 자기평가를 해야 한다. 따라서 목표를 위해 무엇을 어떻게 했는지에 대한 자기 분석과 성찰하는 내용을 포함해야 한다.
- 학습 포트폴리오를 구성하는 절차는 계획하기, 자료 수집 또는 작성하기, 자료 보완하기, 바인더에 파일링 하기다.

148) 동서울대학교 교수학습지원센터, 학습 포트폴리오 작성 매뉴얼, 2018.10.

(3) 학습 포트폴리오 구성

	구 성	내용 요소	비 고
표지	앞면 / 옆면	제목 / 학번 / 이름 / 이미지 / 학과	
자기소개	자기 이해	학력, 경력, 자격 등 공식적인 내용 자기소개, 탐색 등	
나의 목표	인생목표149)	- 자신의 가치관 - 인생을 통해 이루고 싶은 꿈 등	
	진로목표150)	- 하고 싶은 일 - 가고 싶은 직장	
	대학생활목표151)	- 대학 생활 중에 이루고 싶은 목표 - 대학 생활 원칙	
교과목 학습활동	교과 이수 실적	- 교과 이수 실적 및 계획	교과목별로 작성 (1~3 교과)
	교과목 개요	- 수업목표 / 수업내용 / 교수님 소개	
	학습활동 자료	- 수업 활동 자료 / 수행 과제 / 발표 자료 / 학습 결과(성적 등)	
	성찰활동152)	- 잘한 점 / 잘못한 점 - 개선해야 할 점 / 집중해야 할 점	
비교과 학습활동	활동개요	- 비교과 프로그램 목표 / 내용 - 일시 / 장소 등	비교과 활동별로 작성
	학습활동 자료	- 특강 / 세미나 / 현장실습 / 어학연수 등	
	성찰활동	- 잘한 점 / 잘못한 점 - 개선해야 할 점 / 집중해야 할 점	
기 타	기타 활동 및 자료	- 개인 연구 및 학습 활동153) - 동아리 활동 / 봉사활동 - 인턴 활동 / 공모 활동 및 수상 내역 - 자격증 / 장학금수혜 내역 - 기타 활동 및 자료154)	

149) 인생 목표는 자신이 어떠한 삶을 살고자 하는지에 대해서 기술. 자신의 인생에서 중요하게 생각하는 가치, 또는 이루고 싶은 꿈의 목록 등을 작성해도 좋다.

150) 진로 목표는 인생 목표를 실현하기 위해 어떤 일을 하면서 살 것인지에 대해서 기술. 하고 싶은 일. 가고 싶은 직장 등 앞으로 어떤 직업을 갖고 어떻게 발전해 갈 것인지에 대한 내용을 작성하면 된다.

151) 대학 생활 목표는 사회생활을 준비하는 기간인 대학 시절에 어떤 목표를 세우고 달성할 것인지에 대해

(4) 학습 포트폴리오 활용

학습 포트폴리오는 학습 과정을 도울 뿐 아니라 다음 학습에서 성과를 높이는 역할을 한다. 뿐만 아니라 취업 준비 및 진학 등 자신의 경력관리 도구로 활용 가능하다. 지도교수 입장에서는 학생들을 관찰, 지도, 상담, 평가할 수 있는 기본 자료로 활용할 수 있다. 기업에서는 신입사원 채용 시 학생 능력을 평가할 수 있는 자료로 활용할 수 있다.

제4절 자기관리의 시대

대학생활 기간 동안 자신이 활동하고 경험한 모든 결과물인 경력개발이나 학습 포트폴리오가 결과적으로 진로 및 취업에 결정적 영향을 미친다고 볼 때 작성된 계획서의 항목별 목표와 의도대로 실행되어 성과로 이어지기 위해서는 철저한 지기관리가 수반되어야 할 것이다.

1. 무엇부터 관리해야 할까?155)

요즘은 자기관리의 시대다. 얼마만큼 자신을 관리했느냐에 따라 직장인의 몸값도 달라지는 시대가 되었다.

'당신은 지금 어떤 분야에서 자기관리가 필요하다고 생각하는가?' 아마 사람마다 다 다를 것이다. 젊을 때라면 외모나 몸매 관리에 신경 쓰는 학생들도 많을 것이다. 그러나 평범한 학생뿐 아니라 나이가 든 중년들도 더 젊게 보이려고 몸매 관리에 애쓴다. 이런 외적 관리에 치중하다 보니 성형수술까지 붐을 이루고 있다. 상대가 혐오감을 느낄 정도

9장

기술. 학습에 관련한 목표뿐만 아니라 다양한 경험을 쌓는 것에 관한 목표를 포함시키면 된다.

152) 교과목 학습을 통해 배운 점, 느낀 점 등을 반성적으로 성찰하고 기술. 학습 과정에서 잘한 점, 잘못한 점, 다음 학습을 위해 개선해야 할 점 등의 항목으로 작성하면 좋다.

153) 기타 학습 활동 : 학교에서 실행하는 교과 및 비교과 학습 활동 외에 기타 학습 활동이 있으면 그 개요와 학습 활동 자료, 성찰 자료 등을 포함. 기타 학습 활동에 포함될 수 있는 자료는 다음과 같다. ▷개인 학습 활동 관련 자료 ▷개인 연구 활동 및 발표 자료, ▷학습 결과물로서의 상장, 인증서. 자격증 등

154) 기타 활동 : 직접적인 학습 활동은 아니지만, 대학 생활을 하면서 경험한 의미 있고 다양한 활동 자료 및 성찰 자료 등을 포함. 기타 활동 자료에 포함될 수 있는 자료는 다음과 같다. ▷각종 시험 성적 ▷공모전 내역 ▷수상 내역 ▷자격증 ▷인턴 활동 ▷사회봉사 활동 ▷장학금 수혜 ▷기타 해당 자료

155) 정철상(2013.08.), 자기관리의 시대, 나는 무엇부터 관리해야 할까?, 정철상의 커리어노트 (https://careernote.co.kr/1962?category=491768), 2013.08.19.

라면 불가피하겠지만, 대다수의 경우에는 성형만으로는 문제 해결법이 될 수 없다.

외적인 관리도 중요하겠지만 보다 근본적으로는 내적 관리가 더 중요하기 때문이다. 몸매도 몸매지만 마음도 다스려야 하기 때문이다. 눈에 보이는 단순한 몸매 그 자체보다는 건강 그 자체에 신경을 써야 한다. 체력이 약해서는 일을 소화해낼 수가 없다. '기질적으로 약하다'라고 말하는 사람들이 있지만, 본인 체력을 끌어올리기 위한 노력을 기울여야 한다. 체력은 한 번 만에 나아지는 것이 아니라 꾸준한 노력을 통해 갖춰지는 것이기 때문에 평소 건강관리가 중요하다.

더불어 학생이라면 학점 관리도 중요하고 취업을 위한 스펙 관리도 중요할 것이다. 향후 부모로부터 독립하기 위해 경제적인 관념을 세우고 돈에 대한 경제적 관리도 필요할 것이다. 친구뿐 아니라 다양한 분야의 사람들을 만나며 인맥도 쌓아야 할 것이고, 트위터나 페이스북, 카카오톡 등의 SNS를 통한 디지털 인맥도 관리해야 대접받을 수 있는 시대가 되었다. 이것저것 관리해야 될 것들이 많다 보니 현대인들은 바쁘다. 그러다 보니 휴식도 관리해야 하는 시대가 되었다. 삶의 쉼표를 적절히 배분해야 하는 지경에 이르렀다.

무엇보다 중요한 것은 비전이다. 자신이 꿈꾸는 인생을 살아가기 위해서는 삶의 목적을 세우고 세부 목표를 어떻게 이뤄나가고 있는지 관리하는 것도 중요하다. 그래서 눈에 보이는 단기 목표와 더불어 장기 목표를 달성하기 위해 체계적으로 목표와 시간을 관리할 필요가 있다.

이외에도 여러 가지 관리가 필요하겠지만 나쁜 습관을 바로 잡고 어떤 좋은 습관을 들여야 할지에 대한 습관 관리와 심리적인 문제를 처리할 수 있는 감정관리, 향후 경력을 어떻게 관리해나갈지를 고민해볼 수 있는 경력관리, 사람들과의 유대관계를 개선할 수 있는 인맥 관리, 어떤 일에 굴하지 않는 내면의 자신감을 관리하는 방법 등도 중요하다.

2. 목표 달성을 위해 필요한 시간 관리[156)]

자기관리의 여러 항목 가운데 비전과 목표를 달성하기 위한 핵심 요소로 중요시되고 있는 시간 관리의 중요성에 대해 살펴보기로 하자.

(1) 시간 관리란

• 시간 관리란 낭비되는 시간이나, 제대로 사용하지 않는 시간을 찾아내고 활용하여

156) 김남형(2017), 〈시간 관리의 기술 3편〉 시간 관리를 해야 되는 6가지 이유(시간 관리의 중요성), 게으름타파블록(https://goaltime.tistory.com), 2017.02.23.

시간을 자신의 목표나 자신의 활동에 맞게 제대로 사용할 수 있게 만드는 것을 말한다.

- 시간 관리를 통해서 개인적으로 중요한 업무나 목표, 활동에 맞춰 시간을 재분배할 수 있다.
- 시간은 누구에게나 24시간이란 한정된 시간으로 주어지기 때문에, 최대한 효율적으로 사용하고 자신이 원하는 삶에 맞춰서 사용할 수 있도록 시간을 관리해 주어야 한다.

(2) 시간 관리를 해야 하는 6가지 이유

1) 나의 남는 시간을 찾을 수 있고, 그 시간을 이용할 수 있다

많은 사람들은 자신이 움직이지 않는 이유를 시간 부족이라고 생각한다. 적절한 시간 관리를 통해서 잉여 시간을 발견하고 잉여 시간을 생산시간으로 바꾸어서 원하는 목표들을 실천할 수 있다.

2) 같은 시긴도 더 크게 쓸 수 있다

우리는 모두 24시간을 갖고 있다. 스티브 잡스나 저나 여러분이나 모두 같은 하루 24시간을 쓰고 있다. 뇌도 하나다. 그런데 누구는 시간당 수천만 원을 버는 대기업의 리더이고, 누구는 알바를 하고 있고, 누구는 회사에 다니고 있다. 각자 다른 가치를 갖게 된다. 시간을 어떻게 사용하느냐에 따라 자신의 가치가 변화할 수 있다. 시간을 자신의 목표에 맞게 초점을 맞춰 사용해야만, 각자 원하는 목표를 이루는 데 적절히 사용될 수 있다. 한정된 시간을 목표를 이루는 데 사용하기 위해서 시간 관리가 필요하다.

3) 시간 관리를 이용해서 성공, 성과를 올릴 수 있다

낭비하던 시간, 집중하지 못하는 시간 등을 파악하고, 잉여 시간이나 불필요한 시간을 줄이거나 없애 노력과 시간을 절약하면 본인이 원하는 목표를 더 많이 성취하는 데 도움을 준다.

4) 우선순위를 정할 수 있다

자신이 지금 당장 해야 할 일들, 그리고 그다음 일들, 그리고 다음다음 일들 등등을 정확히 파악할 수 있다. 꿈이나 해야 할 것들을 알지만 하지 못하는 분들 가운데 이것도 하고 싶고, 저것도 하고 싶은 분들에게 무엇부터 해야 할지 알게 하고, 하고 싶은 게 많은 사람들에게 자신에게 가장 중요한 일을 선택할 수 있게 도와준다.

5) 시간 관리를 하다 보면 자신에게 중요한 인생의 목표를 발견할 수 있다

많은 시간에 내가 하는 것들은 무엇이고, 많은 시간 내가 생각하고 있는 것들에 대해서 되돌아볼 수도 있다. 시간 관리를 하면, 많은 시간 동안 어떤 활동을 즐거워했는지, 그리고 어떤 삶을 살 때 미루지 않고 시간을 잘 활용했는지, 어떤 활동을 할 땐 최선을 다하지 않고 집중하지 못하는지 한눈에 볼 수 있다.

6) 시간 관리를 통해서 현명한 의사결정을 할 수 있다

시간 관리를 통해서 우선순위를 정하고 또는 목표설정을 통해 뚜렷한 목표를 보면서 지금 우리가 내려야 할 결정을 큰 시야에서 보고, 목표를 이루기 위해서 해야 할 것들을 결정할 수 있다. 만약 목표나 시간 관리를 하지 않는다면, 목표와 소중한 시간을 아끼기 위해서 지금 어떤 선택을 해야 할지 갈피를 잡을 수 없다. 하지만 뚜렷한 목표와 우선순위들이 있다면 지금 해야 할 것들을 바로 선택할 수 있을 것이다.

시간 관리를 하려고 할 때 가장 중요한 점은 심각하게 시간을 소중히 여기는 마음을 진정으로 느끼고, 스스로 시간 관리에 대한 필요성과 중요성을 인지하는 것이다. 아무쪼록 스스로 목표관리와 시간 관리를 배우고 그것을 자신의 목표에 대입해서 게으름에서 벗어나 자신의 꿈과 목표를 이루는 분들이 되길 바라마지 않는다.

3. 명사의 '시간 관리법'[157)]

(1) 고승덕 변호사

똑같은 24시간을 살면서도 많은 일을 모두 해내는[158)] 그의 시간 관리 비결은 무엇일까.

1) 중요한 일이 우선순위는 아니다

다음 문제를 풀어보자. '오늘은 화요일. 다음 주 월요일부터 학교 시험이 시작되고, 금주 토요일에는 자격증 시험이 있다. 이번 주 목요일에는 경제동아리 회의가 예정돼 있다. 어떤 일을 먼저 해야 할까.'

'당장 코앞에 닥친 학교 시험 및 자격증 시험공부를 위해 이번 주 동아리 회의는

---

157) 동아사이언스(2013), 시간을 경영하라…명사와 위인들의 '시간 관리법', 2013.08.20.
158) 고승덕 변호사의 공부는 2013년 당시에도 진행형으로 중앙대 대학원 아동청소년학과 청소년 전공 박사과정을 다니면서 각종 진로 및 상담 자격증 시험을 준비하고 있었으며 저술, 강연, 방송 일정도 함께 소화해내고 있었다.

참석하지 않는다'는 결정을 내리기 쉽다. 하지만 고 변호사는 '동아리 회의에 참석한다'는 결정을 내린다. 시험공부는 잠자는 시간이나 휴식 시간을 줄여서라도 할 수 있지만, 동아리 회의는 이번 주 목요일에 참석하지 않으면 다시는 할 수 없기 때문이다. 우선순위를 일의 중요도가 아니라 시간 배열로 판단하는 것이다.

고 변호사는 "요즘도 일정 관리를 할 때 다른 사람들과 함께해야 하는 활동을 우선 배정한 다음 빈 시간이나 자투리 시간을 활용해 일한다. 오늘도 점심 식사를 마치고 들어와 오후 2시 반에 인터뷰하기 전까지 요즘 준비하는 논문의 자료를 찾고 이미 써놓은 내용을 수정했다."고 말했다.

2) 숨어있는 시간을 찾아내라

"하루에 4~5시간만 자도 시간이 부족하다"는 학생이 많다. 하지만 정작 하루의 일과를 객관적으로 살펴보면 무의미하게 버려지는 시간이 많다. 의미 없이 버려지는 시간을 찾아내고 이렇게 낭비하는 시간만 줄여도 다른 사람보다 긴 하루를 살 수 있다.

고 변호사는 의미 없이 보내는 시간을 줄이기 위해 '시간관리부' 쓰기를 활용했다. 시간관리부는 시간 가계부로 일종의 '자기관찰일지'다. 하루 동안 자신이 하는 모든 일을 수첩이나 스마트폰의 메모 기능 등을 활용해 사소한 일 하나까지도 기록하는 것이다. △06시 7분 기상 △06시 15분 세수 △06시 40분 교복 입기 △06시 56분 아침 식사 △07시 20분 지하철역 도착 △08시 자율학습 △08시 25분 화장실 이용 △08시 30분 1교시 수업 시작 같은 식이다. 이렇게 지속적으로 시간관리부를 써서 어느 정도 자료가 모이면 자신이 하루 24시간을 어떻게 보내는지를 객관적으로 파악해 더 활용할 수 있는 시간을 찾아낼 수 있다.

실제로 고 변호사는 고시 공부를 할 때 시간관리부를 쓰며 하루 일정을 최적화했다. 자고 밥 먹는 시간 외에는 더 줄일 시간이 없어지자 밥 먹는 시간을 줄이기 위해 비빔밥을 먹으며 책을 읽었다. 이렇게 하루에 2시간씩 1년에 700여 시간을 더 공부했다.

그는 "버려지는 시간이 모이면 아무리 머리가 좋은 사람이라도 이 차이를 절대로 따라잡을 수 없다."면서 "시간관리부를 쓰면 의미 없이 보내는 시간을 찾아낼 수 있지만 바로 그 시간을 모두 활용하기는 쉽지 않다. 시간을 아끼려고 노력하는 습관이 몸에 밸 때까지 지속적으로 쓰는 것이 좋다."고 조언했다.

3) 계획대로만 생활할 수 없다

하루를 꽉 짜인 시간표에 맞춰 생활하는 학생이 적잖다. 실제로 많은 학생이 새 학기가 되면 아침에 일어나 밤에 잠들 때까지의 하루 일정을 순차적으로 계획한다. 하지만 실제로 분 단위로 촘촘히 짜인 계획을 그대로 실천하는 것은 자신의 의지와 관계없이 현실적으로 쉽지 않다. 한창 공부를 하는데 친구가 찾아오거나, 체육 시간에 갑자기 소나기가 내려 자습을 해야 하는 상황이 생길 수 있다. 결국 시간을 잘 활용하려면 시간 계획을 세우기보다는 해야 하는 일들의 목록을 만들어서 상황에 따라 탄력 있게 조절하는 것이 더욱 효과적인 셈이다.

고 변호사는 "예상치 못한 일로 계획이 어긋났을 때를 대비한 '웨이팅 리스트'를 준비해 놓아야 한다. 미리 대체할 일들을 준비해 놓은 사람과 아닌 사람은 차이가 크다."면서 "요즘도 친구가 점심 약속 시간에 늦으면 스마트폰을 활용해 인터넷에서 정보를 얻거나 글을 쓰는 식으로 활용한다."고 말했다.

4) 고승덕 변호사의 ABCD 시간 경영

- A급 : 주어진 일정을 소화하면서 더 활용할 수 있는 시간을 만들기 위해 노력한다. 다른 사람보다 더 긴 하루를 산다. 계획이 갑작스럽게 바뀔 때를 대비한 시간활용 계획이 있다.
- B급 : 주어진 일정 안에서 열심히 하려고 노력한다. 어떻게 하면 정해진 시간 안에서 더 효율적으로 생활할 수 있을지 고민한다. 시간 관리를 잘하는 그룹은 성적이나 비교과 활동 성과도 좋다.
- C급 : 정해진 일정만 따라다닌다. 짜인 일정에 맞춰 학교, 학원, 각종 모임 등을 오간다. 규칙적인 생활 자체에 만족하며 '난 공부(또는 비교과 활동)를 하고 있다'는 분위기에 취해 있다.
- D급 : 주어진 일정을 '마지 못해' 따른다. 수업이나 각종 활동을 덜 하고 쉴 수 있는 방법을 찾기 위해 머리를 굴린다. 계획을 실천할 수 없는 핑계(자기합리화)를 끊임없이 찾는다.

(2) 윤은기 중앙공무원교육원장

수능과 내신 대비 공부와 수시모집을 대비한 비교과 활동을 빈틈없이 챙기려면 낭비하는 시간을 최소화하는 시간 관리 능력을 갖춰야 한다. 특히 여러 종류의 비교과 활동을 동시에 진행하다 보면 일의 우선순위를 간과하거나 진행 절차가 엉켜 활동 진행에 빈틈이 생기기 마련이다. 또 단체활동 형태로 이뤄지는 탐구, 봉사, 체험활동은 개별 구성원의 시간 계획에 맞춰 진행되기가 현실적으로 어렵다.

방송, 강의, 저서 집필, 경영 컨설팅 등 몸이 열 개라도 모자랄 만큼의 일정을 빈틈없이 수행하는 윤은기 중앙공무원교육원장은 수험생이 각종 비교과 활동을 성공적으로 수행하려면 모든 활동을 미리 정해놓은 시간에 반드시 완료하는 '시간중심'의 일정 관리가 핵심이라고 강조한다.

1) 복합적 일정 관리 … '플랜2'는 필수

봉사활동, 연구 활동 등 비교과 활동은 최소 서너 시간에서 많게는 며칠의 시간을 필요로 할 때가 많기 때문에 반드시 일·주 단위로 미리 계획을 세워 진행하는 것이 기본이다. 계획을 세울 때는 기본계획에 돌발 변수가 생겼을 때 곧바로 원래 계획을 대체할 수 있는 또 다른 일정을 정해놓는 것이 중요하다.

예를 들어 토요일 오후 동아리 멤버와 함께 복지시설에서 봉사활동을 할 것을 계획표에 기입했다면, 계획이 취소됐을 때 집에서 읽을 도서명이나 공부할 교재를 함께 표시해 두면 좋다.

윤 원장은 "일정계획이 복잡할수록 변수도 많이 생기는데, 갑자기 일정이 취소돼 여유 시간이 생겼을 때는 지체 없이 가족과 영화관을 가는 것으로 대안을 마련해놓으니 따로 여가 시간을 배정하지 않아도 주요 최신영화를 챙겨볼 정도로 시간을 알차게 활용할 수 있었다."고 말했다.

2) 회의 · 자료검색? 한정된 시간에 맞춰라

여럿이 참여하는 비교과 활동에서 종종 필요한 사전 정보검색이나 단체회의는 시간을 허비하게 만드는 주요인인 경우가 많다. 회의할 때 필요한 것은 회의 안건을 선별하고 이에 집중하는 것이다.

대학이나 정부 기관의 리더로서 회의를 주관할 일이 많은 윤 원장은 회의를 시작하기 전 논의에 필요한 안건 세 가지를 우선 추려내는 방법으로 회의 시간의 효율을 높였다.

자료를 검색할 때도 원하는 내용을 충분히 찾을 때까지 시간을 보내기보다는 한정된 시간 동안 분주하게 자료를 찾는 습관이 필요하다.

매일 아침 출근 뒤 30~40분의 시간을 정해놓고 10여 개 주요 언론사의 신문을 모두 본다는 윤 원장은 "여러 신문을 동시에 펼쳐 놓고 비교하면서 읽으면 최소한의 시간에 넓은 안목으로 뉴스를 체크할 수 있어 시간 대비 효율이 높다."고 말했다.

3) 쓰지 말고 이미지화하라

보통 비교과 활동의 가장 마지막 단계는 결과물을 문서 형태로 정리하는 것이지만, 이 과정은 대표적인 시간 낭비의 요인으로 작용하기도 한다. 활동 과정을 포트폴리오로 작성할 때 필요한 것이 바로 '이미지'를 사용하는 능력이다.

현장 체험활동을 했거나 독서를 한 뒤 키워드만을 뽑아내 종이 한 장에 그림이나 표, 그래픽 등으로 그려 넣으면 짧은 시간에 핵심 내용을 기록할 수 있다.

방송과 강의 일정을 차질 없이 소화하기 위해서는 이동시간 말고는 방송대본을 암기하거나 강의안을 구성할 시간이 달리 없었다는 윤 원장은 나무 형태의 그림 한 장에 강의 내용을 기록하는 방법을 사용했다.

윤 원장은 "강의의 핵심 주제를 나무 기둥에, 세부 주제를 나뭇가지에 표시하고 흥미를 돋울 소재를 열매와 꽃으로 그리면 2시간 분량의 강의 내용을 하나의 나무 그림으로 금방 그려낼 수 있다."라면서 "그래픽이나 이미지를 적극적으로 활용하면, 짧은 시간에 많은 정보를 동시에 담을 수 있어 메모나 정리에 드는 시간을 크게 줄일 수 있다."고 조언했다.

4) 윤은기 원장의 3S 시간 경영

- S1 : 일정 관리(Scheduling) – 계획표는 분기(4개월) 단위로 작성하라. 활동 계획을 추가할 때는 특정 시기에 계획이 몰리지 않도록 분산시켜라. 모든 활동에 디데이(D-Day)와 마감 시간을 표시하라.
- S2 : 속도 내기(Speed) – 한 가지 일이 끝나면 다음 일에 곧바로 돌입하는 능력을 길러라. 음료 마시기, 잡담하기 등으로 '예열'을 해야만 공부나 일을 시작하던 습관을 버리라.
- S3 : 차단하기(Screen) – 타인의 갑작스러운 방문이나 전화, 제안에도 자신의 계획을 지켜라. 친구 관계도 중요하지만, 사안에 따라 과감히 거절해야 한다.

제 4 장	행복한 삶과 진로 설계
제 5 장	자신에 대한 이해
제 6 장	직업 및 직무정보 탐색
제 7 장	기업과 직무 이해
제 8 장	직업인의 세계 탐색
제 9 장	직업과 학습
제10장	**의사결정 연습**
제 11 장	구직서류
제 12 장	면 접

제1절 의사결정을 위한 활동159)

1. 진로, 학습, 여가활동의 비율 결정

우리는 진로, 학습, 여가활동을 수행하며 살아간다. 청소년 시기에는 학습에 초점을 맞추고 살았다면, 이제 대학생의 시기에는 진로 준비에 좀 더 신경을 써야 할 것이다. 여러분에게 주어진 자유시간을 100%라고 했을 때 진로, 학습, 여가활동 각각이 차지하는 비율을 결정하는 활동이 필요하다. 다음의 활동지를 작성한 후 경력 활동을 기록해보자.

- 현재 자신의 진로, 학습, 여가활동 비율에 대해서 작성해보자.

영 역	비 율	내 용
진로	%	전공 진로 탐색 활동, 직무체험 등

10장

159) 전북대학교(https://eei.chonbuk.ac.kr > bbs > eei > download), op. cit.

영 역	비 율	내 용
학습	%	학과 공부, 자격증, 영어
여가 활동	%	게임, 운동, 모임 등

현재 각 영역의 비율에 만족한다면 그 이유는 무엇인지 작성해보세요.

현재의 각 영역의 비율에 불만족한다면 그 이유를 작성해보세요.

• 혹시 변화가 필요하다고 생각한다면 앞으로 내가 바라는 이상적인 비율을 작성해 보자.

영 역	비 율	내 용
진로	%	
학습	%	
여가 활동	%	

왜 이 비율이 이상적이라고 생각하는지 그 이유를 작성해보세요.

2. 진로와 관련된 교과목 결정

자신의 관심 진로와 관련된 교과목을 선택하여 수강하는 것은 관심 진로에 대한 정보 및 지식을 습득하는 데 도움이 된다. 다음의 예시를 참조하여 활동지를 작성한 후, 경력 활동을 기록해보자.

현재까지 나의 관심 진로(직업)	상담사 (예시)
나의 관심 진로(직업)에 진출하기 위해 필수적인 자격요건, 가산점이 부여되는 요소, 도움이 될 만한 능력	학부에서 교육학, 심리학, 아동학 등을 전공하고 상담 관련 석사 취득 및 상담 관련 자격증 취득
나의 관심 진로(직업)의 필수 자격 요건 등을 갖추는 데 도움이 될 만한 교과목을 ○○대학교 포털의 개설 강좌명에서 검색해 보세요.	생활지도와 상담, 상담이론, 집단치료, 성격 심리학, 놀이치료, 가족 상담 등

• 위에 제시된 예시를 참고하여 진로와 관련된 과목 결정에 대해 작성해보자.

현재까지 나의 관심 진로(직업)	
나의 관심 진로(직업)에 진출하기 위해 필수적인 자격요건, 가산점이 부여되는 요소, 도움이 될 만한 능력	
나의 관심 진로(직업)의 필수 자격 요건 등을 갖추는 데 도움이 될 만한 교과목을 ○○대학교 포털의 개설 강좌명에서 검색해 보세요.	

3. 실행 경험 탐색 및 실행 여부 결정하기

(1) 교내외 진로 관련 특강 및 프로그램 참여 결정

교내외의 다양한 프로그램, 특강, 워크숍 등에 참여하는 경험은 자신의 진로를 명료화하거나 새로운 진로를 모색하는 데 도움이 될 수 있다. 이런 특강에 대한 정보는 학과나 학교 홈페이지 공지 사항을 통해 확인할 수도 있다.

(2) 동아리 활동 참여 결정

교내 중앙 동아리 및 단대(학과) 동아리 등에 가입하여 활동함으로써 다양한 경험을 할 수 있다. 이러한 동아리 활동이 현재 자신의 진로에 직접적인 영향을 미치지 않더라도 미래에 간접적인 영향을 미치기도 한다.

(3) 공모전 및 대외활동 참여 결정

교내외 각종 공모전 및 대외활동 참여는 자신의 적성을 강화하고, 관심 진로 분야 진입을 위한 스펙을 갖추는 데 도움이 될 수 있다.

선택활동	* 이외에도 공모전 및 대회 활동 관련 정보를 더 자세히 알고 싶다면 다음의 방법을 사용해 보세요. - 아웃캠퍼스(https://cafe.naver.com/outcampus) - 씽굿(https://www.thinkcontest.com) - 씽유(https://thinkyou.co.kr) - 대티즌(http://www.detizen.com)

(4) 직 · 간접적인 직업 세계 경험(아르바이트, 워킹홀리데이 등 포함) 결정

각종 아르바이트 및 워킹홀리데이 경험을 통해 직업 세계를 직 · 간접적으로 체험해 볼 수 있다. 또한 이러한 경험은 사회생활에 필요한 역량을 확인하고 갖추기 위해 노력하는 계기가 되기도 한다.

(5) 직무체험 참여 결정

직무체험에 참여하는 것은 현장에서 업무를 배우고 습득함으로써 직업 실무능력을 향상시킬 수 있으며, 취업역량이 강화될 수 있다. 이는 졸업 후 취업 가능성을 높일 수 있기 때문에 평소에 진행되고 있는 직무체험들의 정보를 알아보고, 관심이 있거나 필요한 프로그램에 참여할 계획을 세워보는 것이 중요하다.

(6) 취득할 자격증 결정

자신의 역량을 개발하거나 원하는 진로(직업)로 진입하기 위해 필요한 자격증이나 요구사항이 있다. 이런 것들을 미리 갖춘다면 향후 자신의 진로 결정에 도움이 될 수 있다.

(7) 실험실 학부 연구생 참여 선택

일부 학과에서는 직·간접적인 진로 체험 및 전공 공부 심화를 위한 실험실 학부 연구생 제도를 운영하고 있다. 이 제도는 이공계열 분야에서 주로 진행되고 있으며, 다양한 분야의 업무와 연구를 배울 수 있다는 장점이 있다.

4. 진로 변경 가능성 모색

원하는 전공에 입학했을지라도 자신이 선택한 학과와 자신의 특성이 맞지 않아 어려움을 겪을 수 있으며, 새롭게 알게 된 진로에 관심이 생겨 그쪽으로 진로를 변경하고 싶은 마음이 생길 수도 있다. 이럴 경우에는 먼저 자신의 전공과 변경하고자 하는 전공에 대한 정보를 충분히 검토하는 것이 필요하다. 만약에 진로 변경에 대한 마음이 확고하다면 전학, 전과, 복수전공, 부전공, 편입 등의 제도를 활용하는 것도 하나의 좋은 방법이 될 수 있다.

5. 고시 및 공시 준비 결정

자신의 관심 진로가 공무원이라면 국가에서 정기적으로 실시하는 시험에 대한 정보를 미리 파악하고 준비해야 한다. 아래의 표에 제시된 수험정보 사이트를 참조하여 자신이 원하는 시험이나 선발 직렬에 대한 세부적인 정보를 확인한 후 활동지를 작성한 후 경력 활동을 기록해보자.

구 분	수험정보	구 분	수험정보
5급 공채	사이버국가고시센터 (www.gosi.kr)	서울시 공무원	서울시인터넷접수센터 (https://gosi.seoul.go.kr)
7·9급 공채	사이버국가고시센터 (www.gosi.kr)	지방직 공무원	지방자치단체 인터넷원서접수센터 (https://local.gosi.go.kr)
5급 민간경력자	사이버국가고시센터 (www.gosi.kr)	해양경찰 공무원	해양경찰청 인터넷원서접수 (https://kcg.uwayapply.com)
국회 공무원	국회채용시스템 (https://gosi.assembly.go.kr)	군무원 (공군)	대한민국공군모집 (https://go.airforce.mil.kr)

구 분	수험정보	구 분	수험정보
중앙선관위	중앙선거관리위원회 (www.nec.go.kr)	군무원 (육군)	육군 군무원 채용관리 (www.goarmy.mil.kr)
국가정보원	국가정보원 (https://career.nis.go.kr)	군무원 (국방부)	국방부 군무원 채용관리 (https://recruit.mnd.go.kr)
법원 공무원	대한민국 법원 시험정보 (https://exam.scourt.go.kr)	군무원 (해군)	대한민국해군 (www.navy.mil.kr)
소방 공무원	소방청 (www.nfa.go.kr)	중등교사	한국교육과정평가원 (www.kice.re.kr)
경찰 공무원	경찰청 인터넷접수 (https://public.jinhakapply.com)	초등교사	한국교육과정평가원 (www.kice.re.kr)

현재 내가 준비하려고 하는 시험	
내가 준비하는 직렬의 업무 내용	
내가 준비하는 직렬의 시험 일정	
내가 준비하는 시험의 과목	
시험을 준비하게 된 이유 & 도전 가능성	

6. 졸업 후 진로 선택

대부분의 학생들은 졸업 후 자신의 진로에 대해 고민하고 있을 것이다. 졸업 후 취(창)업을 할지, 대학원에 진학할지 등에 대해 생각해 보는 것은 앞으로의 자신의 삶을 디자인하는 데 중요하다. 졸업 후 진로 선택에 대한 결정은 4학년때만 하는 것이 아니며, 대학 입학 후 지속적으로 고민해야 한다.

7. 합리적인 의사결정 방법 연습

의사결정은 하나를 선택하는 것이면서 동시에 다른 것을 포기하는 활동이다. 그렇기 때문에 의사결정은 결코 쉽지 않으며 그 과정에서 여러 가지 갈등이 생길 수 있다. 특히 변화의 시기에 빠른 선택이 요구되는 상황이 많아지면서 합리적으로 의사결정을 할 수 없는 경우도 있다. 그렇지만 합리적인 의사결정 방법에 대해 알고 있다면 미리 여러분들이 탐색한 관심 직업들을 비교해보면서 좀 더 자신에게 적합한 진로를 찾는 데 도움이 될 수 있다. 현재 여러 관심 진로 중에서 선택하는 것을 고민하고 있거나, 합리적인 진로 의사결정을 하고 싶다면 다음의 활동지를 작성하고 경력 활동을 기록해보자.

- 1단계 : 비교하고 싶은 직업(희망직업1, 희망직업2) 작성하기(㉮공무원, 공기업 등)
- 2단계 : 판단기준 정하기
- 3단계 : 판단기준별 내가 생각하는 중요도에 따라 가중치(배점) 매기기(총 100점 만점)
- 4단계 : 희망직업1, 희망직업2에 대한 판단기준별 점수 기재하기
- 5단계 : 희망직업1, 희망직업2에 대한 각각의 점수 합산하기
- 6단계 : 최종 의사결정안 도출하기

판단기준	가중치(배점) 100점 만점	비교하고 싶은 직업	
		희망직업1	희망직업2
내가 재미있게 할 수 있는 일인가?			
나의 성격에 맞는가?			
내 능력으로 가능할까?			
내가 희망하는 보수 수준과 맞는가?			
전공지식을 활용하는 직업인가?			
앞으로 유망할까?			
기타 기준 (㉮ 집에서 다닐 수 있는가) ( )			
총 합	100		

가장 총합이 높은 직업은?	
비교 후 후순위로 밀려난 대안에 대한 아쉬움은 남아 있는가? 만약에 아쉬움이 있다면 무엇 때문일까?	① 그렇다 ② 아니다
혹시 추가해서 비교해보고 싶은 직업이 있는가? 그 이유는 무엇인가?	
관심 직업의 판단기준에서 가장 높은 가중치를 둔 기준(비교항목)은 무엇인가? 왜 그것이 가장 중요한가?	

8. 진로 의사결정 방법에 대한 이해

현시대에서 진로 의사결정에 우연적 요소들이 많은 영향을 미치고 합리적으로만 결정하기 어려울 수 있지만, 합리적인 진로 의사결정에 대해 알고 평소에 생각했던 관심 직업들 중에서 결정하는 연습은 주도적으로 자신의 진로로 나아가기 위해 중요한 과정이다. 다음의 활동지를 작성한 후 경력 활동을 기록해보자.

- 1단계 : 문제 상황을 인식하는 단계
- 2단계 : 관심 직업을 탐색하는 단계
- 3단계 : 기준을 확인하는 단계
- 4단계 : 관심 직업을 평가하고 결정을 내리는 단계
- 5단계 : 계획을 수립하고 실행하는 단계

1. 현재 자신이 진로 의사결정이 필요한가?	① 전혀 아니다 ② 대체로 아니다 ③ 보통이다 ④ 대체로 그렇다 ⑤ 매우 그렇다
1-1) 지금 의사결정이 필요하다고 느끼는 가장 큰 이유는 무엇인지 기록해보세요.	
2. 자신과 직업에 대한 이해의 폭을 넓혀서 가능한 관심 직업들을 탐색해 보았는가?	① 전혀 아니다 ② 대체로 아니다 ③ 보통이다 ④ 대체로 그렇다 ⑤ 매우 그렇다

2-1) 자신의 특성과 직업 세계에 대한 이해를 위해 했던 활동을 기록해보세요. (만약 이러한 활동이 부족하다고 생각된다면, 결정을 내리기 전 충분히 자신과 직업에 대한 탐색을 할 필요가 있습니다.)	
3. 자신이 가지고 있는 상황과 기준에 따라 관심 직업들을 선택해보았는가?	① 전혀 아니다 ② 대체로 아니다 ③ 보통이다 ④ 대체로 그렇다 ⑤ 매우 그렇다
3-1) 자신과 직업 세계의 탐색을 통해 발견한 관심 직업 중에 현재 자신의 상황과 기준에 적합한 직업명을 있는 대로 기록해보세요.	
4. 선택한 관심 직업들의 장단점 등에 대해 가치를 매기면서 평가해보았는가?	① 전혀 아니다 ② 대체로 아니다 ③ 보통이다 ④ 대체로 그렇다 ⑤ 매우 그렇다
4-1) 위 관심 직업들 중 가장 관심이 가는 2~4개의 직업들을 특정 기준(직업가치 충족, 거리, 전망, 진입 가능성, 기회비용 등)에 따라 평가하여 최종적으로 남은 직업명을 기록해보세요.	앞쪽의 '7. 합리적인 의사결정 방법 연습' 활동을 참고해도 좋습니다.
5. 결정한 우선순위에 따라 계획하고 준비하고 있는가?	① 전혀 아니다 ② 대체로 아니다 ③ 보통이다 ④ 대체로 그렇다 ⑤ 매우 그렇다
5-1) 최종 관심 직업을 선택하고 취업 준비를 해야 하지만 혹시 실행을 방해하는 생각이나 환경이 있다면 기록해보세요.	
6. 1~5단계 중 당신은 어디에 머물러 있습니까? 합리적인 의사결정 및 실행을 위해 좀 더 필요한 것이 있다면 기록해보세요.	
7. 최종 관심 직업을 선택하였지만, 다른 직업들 중 아쉬움이 남는 것이 있나요? 그 직업들과 최종 직업 중 최종 직업을 선택한 이유를 명확히 작성해보세요.	

제2절 진로 장벽과 갈등[160)]

1. 진로 장벽과 진로 갈등

자신의 흥미와 적성을 알면서도 진로 목표를 결정하기가 어려울 수 있다. 이때 진로 의사결정을 가로막는 진로 장벽이 무엇인지 파악하는 것이 필요하다. '진로 장벽'은 진로를 찾아 나가는 데 어렵게 만드는 조건들로, 개인적 요인과 환경적 요인으로 구분할 수 있다.

개인적 요인으로는 자기 이해 부족, 정보 부족, 자신감 부족 등이 있다. 환경적 요인으로는 경제적 어려움, 중요한 타인과의 갈등, 사회의 부정적 편견과 고정 관념, 노동시장의 제약 등이 있다.

진로 장벽들 중 자신의 의견과 부모 또는 중요 타인의 의견이 달라 진로 결정과 준비에 어려움을 겪는 것이 '진로 갈등'이다. 진로 장벽과 진로 갈등은 가장 적합한 진로를 결정하고 계획을 세워 진로 목표를 달성하는 과정에서 경험하게 된다. 진로 장벽과 갈등은 진로 선택을 방해하고 구체적인 진로 준비를 늦추기도 하지만, 자신의 진로를 되돌아보고 합리적으로 진로를 선택하고 계획을 수정하도록 하는 계기를 제공한다. 이러한 상황에서 당황하지 않고 긍정적인 자세가 필요하다.[161)]

2. 인생의 장애물은 성공의 디딤돌이다

누구나 세상을 살다 보면 수많은 고난과 역경에 맞닥뜨리게 된다. 작은 고통을 감수하는 용기를 내면 큰 고난이 왔을 때 당당하게 맞설 수 있다.

학교에서 방학 동안 캠프를 갔다. 첫날, 목적지로 향하는데, 목적지에 도착하기 위해서는 작은 고개를 넘어야 했다. 아이들은 작은 고개를 넘어야 한다는 사실 때문에 불평을 늘어놓았다. "너무 힘들어요. 조금만 쉬었다가 가면 안 돼요?"

다음 날 아침에는 어제보다 더 높고 가파른 산으로 등산을 하게 되었고, 오후에는 첫날 넘었던 고개를 다시 넘게 되었다. 그런데 아이들은 이번에는 별다른 불만이 없었다. 오히려 작은 고개는 식은 죽 먹기처럼 쉽게 지나쳤다. "어제 이 고개를 넘을

---

160) http://textbook-miraen.cdn.x-cdn.com, [PDF] 합리적인 진로 의사결정, 고) 진로와 직업_교사용 지도서. 참조.

161) 진로 장벽이나 갈등은 누구나 겪게 되는 일이며, 진로 장벽이 부정적으로만 작용하는 것은 아니다. 자신이 극복하고자 하는 의지와 노력에 따라 더 큰 성취감과 만족감을 가져올 수 있으므로 진로 장벽을 해결하기 위해서는 항상 긍정적인 마음과 열린 자세가 중요하다.

때는 많이 힘들어하더니 지금은 괜찮니?"라고 물었을 때, "아침에 훨씬 힘든 산을 넘었잖아요. 이 고개는 아무것도 아닌데요."라고 말했다. 큰 어려움을 이겨 낸 사람에게 작은 어려움은 쉬워 보일 수 있다. 하지만 경험이 없는 사람에게는 작은 어려움도 큰 장애가 될 수도 있다. 장애를 두려워하지 않을 때 점점 더 큰 목표를 갖고 도전하는 힘이 생긴다.[162)]

3. 진로 장벽의 대처 방법

경제적으로 가정형편이 어려울 때, 개인이 원하는 진로나 직업을 포기하게 된다. 이때 가정의 경제적 현실을 이유로 진로를 결정하지 않는 것이 중요하다. 가족과 주변 사람, 단체 및 기관과의 협조와 도움을 통해 충분한 도움을 받고 원하는 진로를 선택할 수 있는 기회를 찾는 것이 현명하다.

중요한 타인과의 의견 갈등으로 인한 진로 갈등을 겪을 수 있다. 일례로 청소년들이 자신의 희망 진로를 부모님과 상의해야 하는 것은 당연한 일이다. 부모님은 많은 경험과 연륜에서 나오는 지혜, 그리고 자녀를 사랑하는 마음으로 자녀의 진로를 지원해 주는 조력자이다. 따라서 청소년들은 자신이 원하는 진로가 자신의 적성과 흥미, 그리고 신뢰할 수 있는 정확한 정보를 통하여 고려한 결정인지 충분히 숙고하고, 부모님의 기대와 자기 진로 방향과의 차이를 깊게 성찰하면서 갈등을 해결할 필요가 있다.

사회의 부정적 고정 관념과 편견을 들 수 있다. 여자는 체력적으로 남자보다 못하므로 공학, 기술 관련 직업을 가지는 것은 바람직하지 못하다. 또 남자라고 높은 사회적 지위를 누릴 수 있는 직업을 택해야 한다는 것도 잘못이다. 이러한 사회적 고정 관념과 편견은 복잡하고 다양한 개인의 진로를 획일적이고 편협한 시각에서 바라보는 것이므로 개인과 사회가 다 같이 극복해 나가야 할 진로 장벽이다.

4. 진로 탄력성[163)]

'진로 탄력성'이란 진로를 선택하는 과정에서 겪을 수 있는 고난과 시련을 빠르게 극복하여 도약의 발판으로 삼는 힘을 말한다.

진로 탄력성이 높은 사람은 역경에 부딪혔을 때도 긍정적인 힘으로 자신이 원래 있던 위치로 되돌아갈 수 있을 뿐 아니라 그 이상의 상태로 올라갈 수도 있다.

---

162) http://blog.naver.com/rs160/22076849536
163) https://hmseo91.tistory.com/1595?category=946805 [홈쟈의 티스토리], 진로 탄력성, 2021.09.28.

최근 과학 기술의 발전으로 새로운 직업이 등장하거나 기존의 일자리가 사라지는 등 미래에 다가올 급격한 변화에 대비하기 위한 역량으로 이 진로 탄력성이 떠오르고 있다.

앞으로의 직업 세계는 근무 시간과 장소가 유동적으로 변화할 수 있으며, 개인이 여러 개의 직업을 가질 것으로 예측되므로, 점점 더 빠르게 변화하는 사회에 맞추기 위해서는 삶의 목적에 따라 자신의 진로를 설계할 수 있는 힘인 진로 탄력성을 갖추는 것이 중요하다.

진로 탄력성을 구성하는 요소는 '적응성', '자기 이해', '자기 조절', '긍정적 태도', '대인 · 정보 관계', 이렇게 5가지가 있으며 각 구성요소는 여러 하위 요소를 갖는다.

(1) 적응성

급변하는 환경에 유연하게 대처하여 변화를 받아들이고 적극적으로 진로 목표를 달성하는 것을 말한다.

1) 도전 정신

실패에 대한 두려움에도 불구하고 불확실성을 받아들이며 현실에 안주하지 않고 새롭게 도전하는 것이다.

2) 변화 수용

목표 달성 과정에서 발생하는 뜻밖의 상황을 받아들이고, 기술과 사회의 변화에 따라 능동적으로 진로 목표를 점검하고 대처하는 것이다.

3) 진로 유연성

다양한 진로 관련 상황 · 환경에 따라 융통성 있게 대응하는 것이다.

(2) 자기 이해

자신을 긍정적으로 인식하고 자신의 내적 · 외적 특성을 바르게 이해하는 것을 말한다.

1) 자기 이해

자신의 능력, 적성, 목표, 경험 등을 이해하고 자신을 믿는 것이다.

2) 자기 효능감

자신의 가치를 바르게 지각하고 목표 성취에 대한 자신의 능력을 믿으며 해낼 수 있다는 신념으로 자기 긍정성을 발휘하는 것이다. 자기 효능감이 높은 사람은 주어진 과제에 실패할 경우 주변 환경의 방해 등의 외적 요인으로 자신이 실패했다고 여기는 반면, 자기 효능감이 낮은 사람은 대개 실패한 이유를 자신의 능력이 부족했기 때문이라고 생각한다.

(3) 자기 조절

자신의 감정과 행동을 인식하고 바람직한 방향으로 조절하는 것을 말한다.

1) 정서 조절

고난과 어려움에도 쉽게 단념하지 않고 부정적이고 충동적인 감정과 행동을 통제하며 긍정적이고 건강한 도전 의식으로 견뎌내는 것이다.

2) 진로 자립

타인에게 의존하지 않고 스스로 진로 목표를 설정하여 이를 달성하기 위한 계획 수립과 지식 습득으로 발전하는 것이다.

(4) 긍정적 태도

어려운 상황이 닥쳐도 극복할 수 있다는 긍정적 믿음으로 부정적 감정을 다스리는 것을 말한다.

1) 감사하기

현재 삶에 영향을 주는 조건들을 긍정적으로 받아들이고 자신이 경험하는 상황에 감사하는 마음을 갖는 것이다.

2) 미래 지향

역경이 닥쳤을 시에도 자신의 미래를 낙관적으로 생각하면서 목표 달성에 대한 의지로 끊임없이 노력하는 것이다.

(5) 대인 · 정보 관계

사회적 관계망을 형성하여 상호 관계를 맺고 이를 긍정적으로 유지하여 진로를 개척하는 것을 말한다.

1) 협 력

타인 및 조직의 공동 목표를 인지하여 자신의 책임을 다하고 서로 도우며 일을 수행하는 것이다.

2) 연결성

어려움에 부딪혔을 때 자신과 연결된 인적·물적·사회적 자원과 관계를 맺어 활용하는 것이다.

3) 공감 능력

언어 및 비언어를 통한 긍정적인 태도로 감정과 정보를 나누어 신뢰를 쌓아가는 것이다.

[생각해보기 10] 20대 진로 결정에 도움이 된 요인

20대 대학생 · 구직자 가운데 앞으로 무엇을 직업으로 삼아야 할지, '진로를 결정했다'는 응답자가 약 절반에 그쳤다.

잡코리아와 알바몬이 함께 20대 대학생 및 구직자 3,860명을 대상으로 '20대 진로 결정 현황'에 대한 설문조사를 진행한 결과, 전체 응답자 중 '현재 진로를 결정했다'는 응답자는 48.4%에 그쳤다. 51.6%는 '아직 진로를 결정하지 못했다'고 답했다.

20대 대학생 중에는 '진로를 결정했다'는 응답자가 54.0%로 절반 정도에 달했으나, 20대 구직자 중에선 '진로를 결정했다'는 응답자가 39.4%로 5명 중 2명 정도에 그쳤다. 20대 구직자의 과반수 이상인 60.6%가 아직 진로를 결정하지 못했다고 답했다.

진로 결정에 가장 도움이 된 요인은 전공수업과 아르바이트 경험이었다. 전공수업이 가장 도움이 됐다는 응답자가 35.2% (복수 응답)이 가장 많았고, 아르바이트 경험(32.5%), 부모님의 조언(24.5%), 관련 서적 독서(24.0%) 등이 뒤를 이었다.

변지성 잡코리아 팀장은 "관련 지식을 함양해 전문성을 강화하고, 대외활동에도 활발히 하면 진로 탐색과 결정에 도움이 될 것"이라 조언했다.

〈출처 : 한국일보(2018.12.), 20대 진로 결정에 도움이 된 요인 2위는 알바 경험, 1위는?, 2018.12.28.〉

[생각해보기 11] 평생 진로 교육의 필요성과 현명한 진로 준비

20년 넘게 직업과 진로 정보를 연구해오고 있는 한상근 박사(한국직업능력연구원)로부터 평생 진로 교육의 필요성과 함께 불확실한 미래에 대비한 현명한 진로 준비 방안에 대하여 그의 견해를 들어보았다.

Q. 인간의 평균 수명이 늘어나고 있어 이제는 한 사람이 여러 직업을 가지며 살아가야 하고, 그만큼 평생 진로 교육이 필요하겠지요?

A. 앞으로 우리가 맞이하는 새로운 시대는 불확실성이 큽니다. 누구도 미래의 사회 질서를 정확하게 예측할 수 없기에 불확실성 시대를 대비하는 것이 무엇보다 중요합니다. 환경 변화에 융통성 있게 대처하려면 '진로 탄력성'을 키워야 하는데요. 주변 여건과 환경에 위기나 어려움이 닥치면 자신이 세운 진로 목표를 상황에 맞게 다시 수정해 추구하는 능력이 진로 탄력성입니다. 변화가 끊임없이 이뤄지는 미래 사회에서는 급변하는 환경에 능동적으로 대응해 자신의 진로를 스스로 관리할 수 있는 능력이 큰 경쟁력이 될 거예요. 이러한 진로 탄력성을 키우는 교육이 필요한 시점입니다. 그리고 현재의 진로교육법을 개정하여 진로 교육 대상을 확장해야 합니다. 지금은 초중고 학생과 대학생까지만 진로교육법을 적용하고 있어요. 평생 교육이 필요해지는 앞으로는 중년, 노년층에게도 생애주기별 진로 교육의 기회가 주어질 수 있도록 진로교육법의 대상이 확대되어야 합니다.

Q. 다양한 스마트 기기와 가상현실, 메타버스, 홀로그램 등 혁신적인 기술이 등장하고 복합적인 환경 변화로 직업의 미래를 예상하기가 점점 더 어려워지고 있어요. 불확실한 미래에 대비해 어떤 준비를 하는 것이 좋을까요?

A. 정보화 시대로 전환되면서 지금까지는 디지털기기를 잘 사용하는 사람이 유리했어요. 그런데 앞으로는 대부분의 산업이 인공지능(AI) 중심으로 바뀔 거예요. 지금 흔히 쓰고 있는 스마트폰이나 디지털 기기들이 이미 인공지능 시스템으로 이뤄지고 있듯이 앞으로는 인공지능 기술을 이해하고 활용하는 능력에 따라 경쟁력이 좌우될 거예요. 따라서 현재 디지털 격차가 생기는 것처럼 머지않은 미래에는 AI 격차가 생길 것이고, 이를 줄여나가는 게 중요한 과제가 될 겁니다. 또한 4차 산업의 핵심 학문인 과학, 기술, 공학, 수학의 STEM(Science, Technology, Engineering, Math) 분야를 공부해야 합니다. 우리가 흔히 사용하는 컴퓨터나 휴대전화도 모두 시스템 기술을 전문적으로 아는 것은 아니지만, 기기를 다룰 줄은 알지요. 이렇듯 미래 중심 산업과 핵심 기술을 다루는 데 있어 이공계 분야가 좀 더 유리할 수밖에 없지만 철

학, 인문학, 사회과학 등의 문과 전공자도 STEM 분야의 기본 지식을 이해하고 이를 다양한 산업에 접목하는 역량을 키워야 미래 경쟁력을 갖출 수 있습니다.

〈출처 : 한겨레(2022.06.), [진로 전문가 인터뷰] "진로 교육은 미래 사회에 대한 투자", 2022.06.27.〉

▶ 진로 고민? 여기서 해결해봐!

● 진로 정보 탐색

교육부 진로정보망 '커리어넷' www.career.go.kr
고용노동부 '워크넷' www.work.go.kr
진로 체험 안내 '꿈길' www.ggoomgil.go.kr
온라인 창업체험교육 플랫폼 'YEEP' yeep.go.kr
온라인 진로 멘토링 프로그램 '원격영상 진로멘토링' mentoring.career.go.kr

● 진로 고민 상담

교육부 진로정보망 '커리어넷' www.career.go.kr
고용노동부 '워크넷' www.work.go.kr
청소년사이버상담센터 www.cyber1388.kr

● 참고 자료

〈미래직업 가이드북〉 : 커리어넷 → 직업 정보 → 미래 직업 → '미래직업 가이드북' PDF 무료 다운로드

제 4 장	행복한 삶과 진로 설계
제 5 장	자신에 대한 이해
제 6 장	직업 및 직무정보 탐색
제 7 장	기업과 직무 이해
제 8 장	직업인의 세계 탐색
제 9 장	직업과 학습
제 10 장	의사결정 연습
제11장	구직서류
제 12 장	면 접

제1절 이력서

1. 효과적인 이력서가 되려면164)

이력서는 자기 스스로 가꾸는 것이다. 이력서를 자기 스스로 가꾸는 일은 특별히 구직이나 이직을 염두에 두지 않은 분들에게는 불필요한 행위의 하나로 간주될 뿐이다. 그러나 평생직장의 개념이 사라지고 자신의 고용가능성(Employability)을 계속 업그레이드해 나가지 않으면 안 되는 세상에 살고 있다는 점을 생각한다면 그저 묵혀둘 수만도 없다.

11장

(1) 역량부터 시작하고 'So What?'에 대답하기

잘 아는 바와 같이 모든 직무에는 직무수행에 필요한 요구 역량이 정의되어 있다. 그게 지식, 경험, 자격 또는 시험성적과 같이 발현되는 형태가 다를지언정 결국 그 속살을 들여다보면 어떤 역량(Competency)에 대한 요구가 그 가운데 자리하고 있는 것을 발견할 수 있다.

이력서에는 이런 요구 역량이 어떻게 발현 · 축적되어왔으며 그 수준이 어느 정도

164) 조현수(2021.05.), 이력서 리뷰 좀 해 주실래요?, 인살롱(hr.wanted.co.kr > INSIGHTS), 2021.05.24.

인지, 짐작이 가능하도록 작성하는 게 중요하다. 짧은 문장으로 함축하기 대단히 어려울 수 있지만, 가능하다면 면접에서 누군가 그 경험이나 역량에 대해 질문한다면 자연스럽게 STAR 기법[165]으로 답변할 것을 염두하고 요약해야 한다.

많은 이력서에서 So What?(그래서 뭐 어쩌라고?)이 빠져있는 경우가 허다하다. 요약하면 "이런 역량을 바탕으로 저런 업무를 해서 고런 결과를 낳았어."가 완성된다면 더 높은 어필 포인트가 생기는 것이다.

(2) 특이점(USP)[166]을 채굴하여 가치 극대화하기

우리는 여전히 자기 자신에 대해 잘 알지 못한다. 더구나 자신을 어필하는 일은 여전히 어색하고 낯설게 느껴진다. 구직과 이직 활동이란 고만고만한 구직자들 사이에서 내가 선택되어야 할 이유를 어필하는 것과 같은 일이다. 따라서 이력서 하나를 작성하더라도 자기 자신의 강점과 어필 포인트는 무엇이고, 그것이 어떻게 가치 극대화 상태로 보이도록 하는지를 고민하는 일이 필요하다. 가격, 리뷰 평점, 이미지, 빠른/무료배송 등 여러 어필 포인트로 고만고만한 대체재들 사이에서 선택을 기다리는 상품들과 우리가 다른 점이 있다면, 각자의 재능과 강점이 무궁무진의 다양성을 가졌다는 점과 더불어 그것이 더 개발될 여지가 있다는 것이 아닐까 싶다.

이력서를 가꾸는 일이란 어쩌면 그 내용에 있어서는 현재 업무 · 포스트에서 어떤 의미 있는 유산을 남겼는지에 대한 자기기록이 아닐까 생각한다. 이는 누구도 대신해 주지 않으니까. 결국 그 자기기록이 얼마나 성실히 축적되었는가로 우리는 언젠가 평가받을 것이다.

(3) 벤치마킹[167]과 리뷰 요청하기

요즘은 링크드인[168]에서 자기와 같은 분야에 있는 다른 분들의 이력을 쉽게 열람

165) STAR 기법의 STAR는 각각 Situation, Task, Action, Result의 약자이다. 각 키워드의 의미를 풀어보면 어떠한 '상황'에서 무슨 '과제 또는 문제'를 갖고 있었으며 그에 대한 나의 '행동'을 통해 얻은 '결과'는 무엇인가를 논리적으로 설명하는 것이다. 특히 STAR 기법을 활용해 자기소개서, 면접 등을 준비할 경우, 자신이 한 활동과 쌓아온 스펙을 객관적이되 진실성 있게 표현할 수 있다는 장점이 있다. STAR 기법을 적용한 예시는 다음과 같다. "학교 재정위기로 학회에 대한 지원이 끊기며 존폐 위기(S, Situation)에 처하게 됐습니다. 저는 학회장으로서 학회를 살려야겠다는 목표(T, Task)로 인터넷 홍보, 학회 알리미, 학회 강연 등을 설정(A, Action)하여 많은 회원 수를 모집하였고 이를 통해 성공적으로 학술제를 개최하여 이전보다 많은 지원(R, Result)을 받게 되었다." 이와 관련하여 업그레이드유(2016.10.), 취업준비엔 S.T.A.R? STAR 기법으로 취업성공 별★따자!, 직업능력개발블로그, 2016.10.20.

166) USP : Unique Selling Point

167) 벤치마킹(benchmarking)이란 측정의 기준이 되는 대상을 설정하고 그 대상과 비교 분석을 통해 장점을 따라 배우는 행위를 말한다.

168) 링크드인(LinkedIn) : 2002년에 리드 호프먼이 주도하여 창업한 세계 최대의 비즈니스 전문 소셜미디어이다. 페이스북 등의 일반적인 소셜 네트워크와는 다르게 특정 업계 사람들이 서로 구인·구직, 동종업계 사람의 정보 등을 파악할 수 있는 서비스다.

할 수 있다. 채용공고에 올라온 직무기술서(Job Description)만 보더라도 이력서를 업그레이드할 수 있는 재료를 충분히 얻을 수 있다. 벤치마킹을 하다 보면 물론 가끔 초라한 기분에 사로잡히기도 하지만, 그것이 또 새로운 하나의 목표이자 이정표가 되기도 한다.

그다음으로 중요한 것은 '자기 객관화'이다. 구직과 이직 시장은 정보 불균형의 끝판왕이다. 다른 사람 눈에 보기에도 좋은지, 타인에게 쉽게 읽히고 이해되는지, 궁금한 점은 없는지 등만 이야기해 봐도 이직과 구직의 확률을 상당히 높일 수 있을 것이다.

2. 이력서 작성169)

(1) 이력서 작성의 중요성

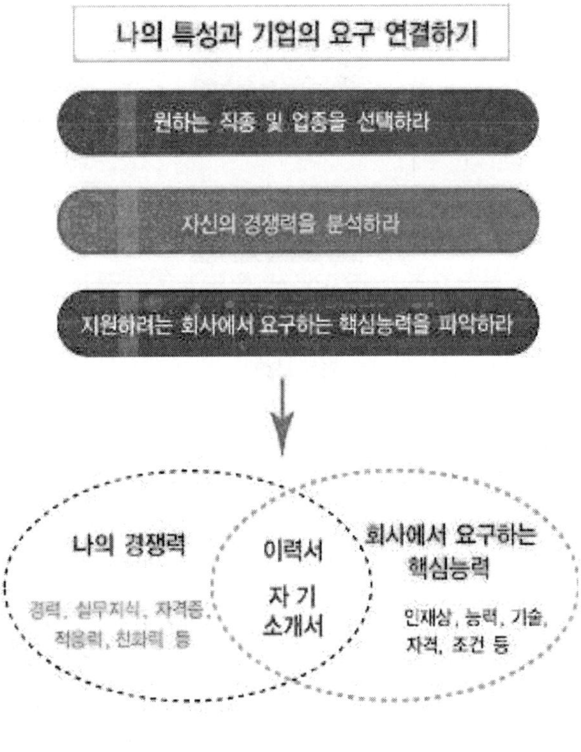

- 성공적인 취업을 위한 첫 관문이다.
- 자신을 회사에 홍보할 수 있는 유일한 공식적인 방법이다. 즉, 당신의 경력과 당신이 보유한 능력을 어필할 수 있는 유일한 수단이다.
- 당신의 이력서는 무수히 쌓이는 수많은 이력서 중 하나에 불과하며, 면접으로 가기

169) 중부대학교(2014), 2학년용 대학생활지도 및 진로설계 Ⅰ/Ⅱ, 중부대학교 창업·취업지원센터, op. cit.

위해서는 반드시 서류전형을 통과하여야 한다.

- 같은 경력과 능력이라도 어떻게 적느냐에 따라 다르게 평가받을 수 있다.
- 채용 담당자들은 이력서 한 장으로 당신의 성격과 능력, 이미지, 해당 직무와의 적합성여부 등 대부분의 것들을 판단하려는 경향이 있다.
- 잘 작성된 이력서를 제출한 구직자의 70% 이상은 자신이 원하는 자리에 성공적으로 취업하고 있다.
- 이력서에서 받은 첫인상이 면접 결과와 최종 채용 결정에 많은 영향을 미친다.

(2) 이력서 작성을 위한 기본 구성 항목

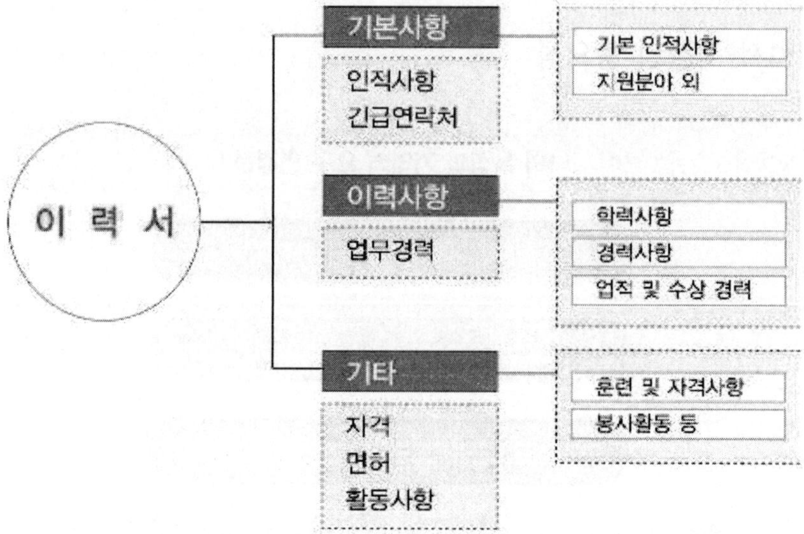

(3) 이력서란?

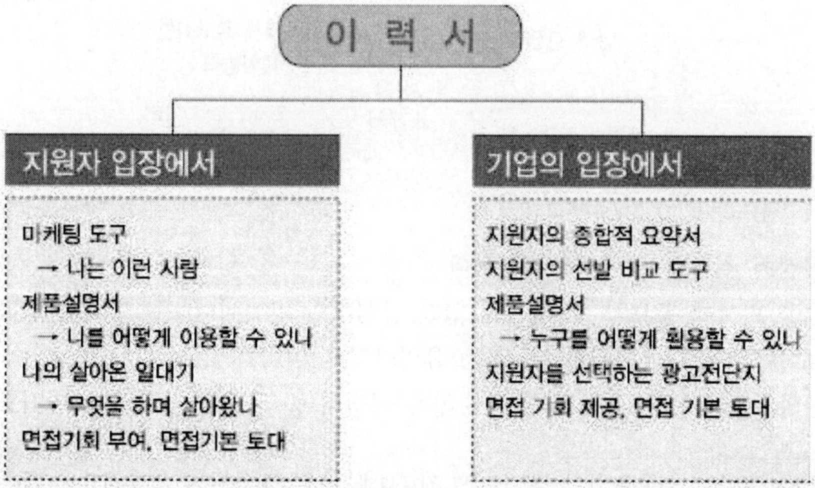

(4) 이력서 작성 개요

이력서를 작성하기 위해서는 먼저, 준비과정이 필요하다. 인터넷에 떠도는 좋은 이력서 양식을 구해서 항목에 맞게 내용만 작성하면 쉽겠지만, 이력서는 자신을 홍보하는 중요한 자료이고 자신의 모습을 대변하는 것이므로 자신에게 맞는 이력서 항목을 구성하는 것이 제일 좋다.

능력 점검하기 → 항목 구성하기 → 내용 작성하기 → 최종 마무리하기

1) 1단계 능력 점검하기

본인을 상품이라 생각하고, 인사담당자에게 나를 어떻게 홍보할 건지 생각해 보자. 내가 지닌 다양한 능력, 자격취득사항, 수상 사항, 경력 사항을 모두 나열해보자. 나의 능력, 경력, 역량, 장점 등을 생각나는 대로 최대한 적어보는 것이 좋다. 그런 후, 지원 분야에 걸맞은 능력이나 경력 등을 취합해보면 된다.

2) 2단계 항목 구성하기

지원 분야와 연관된 장점 등을 모두 취합했다면, 이제 그 능력들을 담을 이력서 항목을 구성해보자. 새로 작성하기 어렵다면, 기존의 이력서 양식에서 본인과 맞지 않는 항목을 삭제하고, 새로운 항목을 추가로 구성하면 쉽게 나만의 이력서 양식을 만들 수 있을 것이다.

3) 3단계 내용 작성하기

이제 이력서 양식이 완성되었다면, 나의 능력을 그 안에 담아보자. 하루에도 수백 통의 이력서를 검토해야 하는 인사담당자의 입장이 되어서 작성해보자. 한눈에 알아볼 수 있고 깔끔하게 작성하는 것이 중요하다. 또한 이력서에 기재하는 자격 사항, 경력 사항 등은 증빙서류나 부가 설명을 작성하여 신뢰감을 높여야 한다.

4) 4단계 최종 마무리하기

이력서를 한 번에 작성해서 끝내는 것이 아니라 여러 번의 퇴고를 거쳐야 한다. 오탈자나 띄어쓰기 오류 등 작은 실수가 문서 전체의 신뢰감을 떨어트릴 수 있다.

(5) 이력서 작성 시 주의 사항

이력서 작성 시 주의 사항은 다음과 같다.

- 간단명료하되 구체적으로, 과장됨 없이 솔직하게
- 응시 기업과 관련된 실무능력 위주로 작성하기
- 바로 연락받을 수 있는 연락처를 반드시 명기
- 사진은 단정한 것을 규격에 맞게 사용
- 시간 여유 두고 작성하기, 마무리는 빈틈없이

(6) 인사담당자가 싫어하는 이력서는?

기업 인사담당자가 말하는 탈락 1순위 입사지원서는 다음과 같다.

- 형식에 맞지 않는 지원서 (25.7%)
- 짜깁기하거나 베낀 지원서 (15.5%)
- 사진이 없는 지원서 (14.6%)
- 회사명, 경력 등이 틀리게 적힌 지원서 (11.5%)
- 인터넷 은어, 외계어[170]를 사용한 지원서 (10.3%)

(7) 파워 이력서 작성 4대 강령

1) 정직한 경력작성은 기본

이력서를 작성할 때 가장 중요한 사항이 바로 정직해야 한다는 것이다. 1차 서류를 통과하기 위해서 자신의 경력을 부풀리거나 없는 사항을 작성하면 적발 시 입사가 취소될 수도 있다. 스펙이 다소 부족하더라도 정직한 이력서를 제출하도록 하자.

2) 전략적인 이력서 작성

이력은 일반적인 경력의 나열이 아니다. 지원하는 포지션에 불필요한 항목은 미련없이 빼고 자신의 업무영역과 분야가 명확하고 구체적으로 나타날 수 있도록 작성해야 한다. 개인의 능력을, 희망하는 기업의 채용직무에 부합하는 직무 중심의 이력서가 되도록 정리해보자. 전략적인 이력서 작성을 위해 평소 희망하는 기업의 인재상과 직무에 대해 조사, 분석하는 노력을 아끼지 말 것을 조언한다.

3) 형식에 충실히 하라

외국계 기업인 경우, 국문과 영문이력서를 모두 요구하는 경우가 많다. 설사 외국계 기업으로의 이직을 희망하지 않는다고 하더라도 미리 영문이력서를 작성하고 그 요령을 파악해둘 것을 제안한다. 영문이력서의 경우, 최근의 경력부터 작성해야 하며 최근

---

170) 외계어(外界語)는 통신언어의 일종으로 컴퓨터 문서상에서 쓰이는 한국어의 변칙적인 표기를 통칭하는 용어이다.

경력일수록 인사담당자가 인지하기 쉽게 구체적으로 기술하여야 한다. 특히, 국문이력서와 달리 영문이력서는 학력보다 경력 사항을 먼저 기술한다는 것에 유의하자.

4) 성과 중심의 수치화

경력 사항 작성 시, 성과를 구체적으로 강조해야 한다. 그러기 위해서는 경력 사항의 내용을 계량화, 수치화하려는 노력이 필요하다. 예를 들면 최근 근무했던 회사의 매출과 관계된 프로젝트 수행 결과, 자기 계발로 인한 성과 등을 평소 수치화하는 습관을 들여 보자. 인사담당자에게 자신을 긍정적으로 어필할 수 있는 포트폴리오가 될 것이다.

(8) 이력서 작성 십계명

① 지원 분야는 반드시 우측 상단에 기재한다.
② 연락 가능한 전화번호를 기재하는 것을 잊지 말라.
③ 시간적인 여유를 두고 작성하여 실수가 없도록 한다.
④ 지원 분야에 관련한 학력, 경력, 자격증 등의 이력을 부각시켜라.
⑤ 경력을 쓸 때는 자신의 담당업무, 실적에 대해 상세히 기술하라.
⑥ 동아리 활동, 아르바이트, 봉사활동도 경력이 될 수 있음을 기억하라.
⑦ 깔끔한 디자인과 편집으로 한눈에 들어오는 이력서를 만들어라.
⑧ 이력서는 한 장이 되도록 작성하자. 인사담당자는 시간이 많지 않다.
⑨ 사진은 정장을 입고 촬영한 최근 사진으로 반드시 부착한다.
⑩ 작성 후 다시 내용을 검토하여 오탈자가 없게 한다.

제2절 자기소개서

1. 자기소개서의 올바른 이해[171)]

자기소개서의 사전적 의미는 "자기의 이름이나 경력, 직업, 역량 등을 상대방에게 알리기 위한 서식"이라고 정의하고 있다. 사전적 정의가 다소 어색할 수는 있으나,

171) 슈퍼루키(dev.superookie.com > contents), 채용 프로세스 이해Ⅱ (자기소개서 1/2) - 자기소개서의 올바른 이해.

쉽게 표현하자면 “다른 사람에게 자신을 알리기 위해 작성한 글이다.” 그렇다면 무엇을 다른 사람에게 알리려는 것일까?

일반적으로 기업에서 요구하는 자기소개서는 각 서식과 항목에 따라 다르지만, 대개 성격, 장단점, 과거 경험이나 사례, 대인관계, 지원동기, 향후 계획 등이 일반적인 내용이다. 그럼 자기소개서는 채용 과정에 있어 어떤 역할을 하는 것일까? 그리고 왜 그토록 중요하다고 할까? 그 이유는 바로 지원자의 역량을 검증함에 있어 시간이라는 자원을 많이 필요로 하나, 가장 보편화되고 편리하며, 흔히 말하는 가성비가 좋은 정성적 평가의 한 방법이기 때문이다.

그동안 취업 지원에 있어 당연하다고 생각한 자기소개서(이하 “자소서”)에 대해 알아보기로 하자.

아직도 문구점이나 인터넷 검색을 통해 이력서를 찾아보면 16절지 1장으로 된 이력서 서식을 손쉽게 찾아볼 수 있다. 해당 서식에는 기본적인 인적 사항과 이력란으로 구성되어 있다. 입사 지원 서식의 변천이란 관점에서 보면 기업 규모가 커지고 업무가 복잡, 다양한 요즘, 과거 서식의 항목만으로 지원자를 평가하기는 불가능에 가깝다. 결국 기업은 지원자의 평가 항목을 세분화하고 다양한 정보를 원하게 된다. 하지만 이러한 입사지원서 서식만으로는 뭔가 부족하다. 사실 입사지원서 서식은 개인의 팩트에 기반한 이력과 자격을 나열하는 것에 불과할 수도 있기 때문이다. 흔히 말하는 역량을 평가하기에는 부족함이 있다는 것이다. 그럼 기업은 이러한 팩트 이외의 역량은 무엇으로 평가하고 검증할까? 바로 자기소개서, 직무역량평가(필기시험), 면접 등을 통해서 평가 검증한다.

그중에 자기소개서와 면접은 지원자의 내면에 숨겨진 역량을 평가하는 데 매우 효과적이고, 흔히 말하는 가성비가 좋다. 그렇다면 기업은 자소서를 통해 지원자 내면에 숨겨진 역량의 무엇을 확인하고, 평가하고, 검증하려는 것일까? 왜 우리는 자소서를 중요시하고 고민하는가?

기업이 자소서를 통해 알고자 하고, 알 수 있는 것은 다음과 같다.

(1) 정성적 영역의 역량 파악

입사지원서를 통해 정량적인 것을 알 수 있다면 자소서와 면접을 통해 정성적인 역량을 가늠할 수 있다. 예를 들면 어떤 일을, 처리 과정을 기술한 내용을 바탕으로 얼마나 효율적으로 처리했는지, 일을 대함에 있어 태도는 어떠했는지 등이다. 요즘 자소서를 보면 대부분 해당 질문 항목에 대한 사례를 들어 기술할 것을 제시한다. 그 이유가 무엇인가? 바로 수치화하기 힘든, 즉 정성적 영역의 역량 파악을 위해서이다. 이를 통해 지원자의 가치관, 성격, 대인관계 등을 파악한다.

(2) 지원동기와 발전 가능성

모든 기업의 자소서 항목 중 공통적인 하나가 "지원동기와 향후 계획"이다. 기업은 자소서를 통해 지원자의 지원동기와 의지, 입사 후 근무 지속성, 향후 발전 가능성 등을 가늠할 수 있다. 어느 기업이든 간에 입사자의 조기 이탈(이직, 전직, 진학 등)을 원하거나 가벼이 여기는 곳은 없다. 기업은 인재를 채용하고, 교육하고, 유지하는데 많은 비용을 투자한다. 조기 이탈은 그동안 투자한 투자금을 회수할 수 없는 것을 의미하며 기업의 역량 제고에 큰 걸림돌이 되기 때문이다. 따라서 자기소개서를 통해 지원자가 해당 기업의 외형적인 모습만을 보고 묻지마 지원을 한 것인지, 조기 이탈 가능성은 얼마나 되는지, 지원 직무에 대한 동기가 개연성이 있는지, 의지는 어떠한지, 향후 발전 가능성 등을 검증한다.

(3) 직무기초역량 파악

NCS를 보더라도 직업기초역량이라 하여 10개의 역량을 제시한다. 흔히 기업에서 말하는 직무기초역량을 보면 어떠한 것은 입사지원서, 필기시험 등을 통해 검증할 수 있는 항목도 있으나 어떠한 것은 일상생활 속에서 직접 대하기 전에는 검증하기 어려운 것도 있다. 가령 의사표현 역량의 경우 글이나 문서로써도 나타낼 수 있는데, 이 경우 자소서는 이를 검증하는데 훌륭한 도구가 된다. 또한 자소서에 기재된 단어, 어휘, 용어, 표현내용, 표현법 등을 통해 지원자의 상식이나 기초 자질 등을 검증한다. 물론 지금까지 말한 3가지뿐만 아니라 지원자에 대한 경험, 신뢰성 등 다양한 측면에서 활용된다.

자소서 작성에 대한 취업 교육이나 컨설팅과 관련하여 "문장을 간결히 할 것, 소제목을 달 것, 오탈자 확인할 것, 문법에 주의할 것, 구태의연한 표현을 삼갈 것" 등과 같은 내용을 많이 접해봤을 것이다. 중요하지만 본말이 전도되었다. 약간의 경험 있는 컨설턴트라면 누구나 말할 수 있고, 관심 있는 취준생이라면 인터넷 검색을 통해 얼마든지 찾을 수 있는 내용이다. 우선순위는 '어떻게 작성하는가'보다 '무엇을 작성하는가'이다. 자소서는 아무리 문법, 어휘, 작문이 잘 되었더라도 기업이 원하는 질문에 대한 대답이 아니라면 유효하지 못하다. 우리가 지금까지 이해하고 있는 자소서 그 실체와 목적을 명확히 알아야 한다.

2. 자기소개서 작성172)

취준생들이 어떻게 해야 기업이 요구하는 일정 수준 이상의 자소서를 작성할 수 있을까? 생각 외로 훌륭한 콘텐츠를 보유한 취준생이 많다. 그런데 이들의 최초 자

172) 슈퍼루키(dev.superookie.com > contents), 채용 프로세스 이해Ⅱ (자기소개서 2/2) - 자기소개서 작성.

소서에서는 그러한 내용을 찾아보기 힘들다. 몇 번의 상담을 통해 확인하면 자소서에 기록되지 않은 좋은 콘텐츠가 많다는 것이다. 왜? 해당 내용이 빠졌냐고 물으니, 써도 될지 몰라 고민하다가 빼버렸다고 한다. 안타까운 일이다. 왜 그랬을까? 그것은 취준생들이 이해하고 작성하려는 자소서와 기업이 요구하는 자소서에 대한 관점이 서로 다르기 때문이다.

그러면 어떻게 하면 기업이 원하는 자소서를 작성할 수 있을까? 기업이 원하는 자소서 작성 4단계에 대해 알아보자.

(1) 1단계 : 지원 기업과 직무 파악

취준생들이 자소서 작성 시 가장 주의할 점은 지원하는 기업과 직무에 대한 정확한 파악과 더불어 지원자 자신의 역량에 대해 객관적이고 냉정하게 파악하는 것이다. 상당한 수의 지원자들은 실제 본인이 보유한 역량 수준보다 자신의 수준을 높고, 과장되게 말하고 표현한다. 다시 말하면 기업에서 행해지는 업무 수준을 낮추어 보고 있거나 자신의 역량 수준을 제대로 파악하지 못하는 것이다. 이러한 상황에서 아무리 형식을 잘 갖추고 좋은 내용(흔히 말하는 스토리텔링, 스토리맵, 스토리마이닝 등 요즘 별의별 기법을 사용하여 마치 전문성이 있고 대단한 것처럼 표현하곤 함.)으로 자소서를 작성하였다 하더라도 그다지 효과적이지 못하다.

(2) 2단계 : 보유역량 도출

취준생들이 가장 약한 부분이다. 아니, 자신의 역량을 자신이 도출하지 못한다. 그 이유는 두 가지로 요약할 수 있다. 첫째, 역량에 대한 이해 부족이다. 요즘 고등학교에서조차 역량이란 단어를 흔히 사용하지만 의외로 정확히 알고 있는 이는 드물다. 역량(Competency)=능력(Ability) 정도로만 이해한다. 100% 틀린 말은 아니지만 정확한 의미도 아니다. 기업에서 말하는 역량은 그 이상의 의미를 갖는다. 둘째, 방법론이다. 취준생 스스로가 본인이 보유한 역량이 어떤 것인지, 이를 인지하고 발굴 도출하는 방법을 모른다는 것이다. 그 결과가 정작 기업이 관심 가지는 역량을 보유하고 있음에도 정작 자소서에는 이를 기재하지 못하고 있다.

(3) 3단계 : 자소서 초안 작성

일반적으로 취준생들이 자소서 작성 시 첫걸음에 해당되는 단계이다. 의외로 많은 이들이 앞의 두 단계를 소홀히 한 채 바로 3단계부터 시작한다. 아마 대부분이 막상 자소서를 쓰려고 하면서 막막해 할 것이다. 당연하다. 마치 재료도 준비하지 않은 채 요리를 하려는 것과 다름없다. 자소서 초안 작성은 〈키워드 도출 – 단문 작성 – 장문 작성〉 이상 3단계 순으로 시작하는 것이 보다 효율적이다. 처음부터 완성된 글을 작성하기보다 본인이 말하고자 하는 콘텐츠의 핵심 키워드를 도출하고 이를 간단한 단문의 형태로 표현하고, 보다 자세한 내용이 포함된 장문으로 작성해야 한다. 이때 주의할 점은 최초 도출된 키워드를 중심으로 모두 다 장문의 형태로 작성해야 한다는 점이다. 절대 장문 작성 이전에 미리 도출된 키워드를 제거하거나 정리해서는 안 된다. 이후 중복된 콘텐츠는 통합하고, 콘텐츠 분리가 필요할 경우 분리하여 기술해야 한다.

(4) 4단계 : 컨텍스트(Context) 완성 및 검토

컨텍스트(Context)의 사전적 의미는 "문맥", "전후 사정", "맥락" 등으로 정의한다. 아무리 좋은 콘텐츠라도 다른 이가 볼 때 이해하기 힘들다면 효과적이지 못하다. 따라서 취준생들이 보유한 좋은 콘텐츠를 극대화시키는 방법이 컨텍스트의 완성도를 높이는 것이다. 이후 작성된 자소서를 몇 번에 걸쳐 검토하고 수정하고 다듬는 것이다. 아마 검토할 때마다 미흡한 부분과 수정할 부분이 눈에 보일 것이다. 적어도 10회 이상을 권고한다. 다만 불안한 마음에 주변 친구들이나 비전문가 등 검증되지 않은 이의 검토는 오히려 해가 될 수도 있으므로 자제하기 바란다.

자소서를 잘 작성하는 방법과 습득은 의외로 간단하다. 간단히 요약하면, 취업과 관련된 대상과 현실에 대한 정확한 파악과 사전 준비, 그리고 자소서 작성의 반복된 연습이다. 각 단계별로 해당되는 세부 내용과 Action Plan, 방법론은 당연히 있다. 다만 아쉽게도 취준생들이 이를 모르고 있거나 접해보지 못했을 뿐이다. 취준생들이여! 더 이상 인터넷 검색 등을 통해 알 수 내용을 현란한 광고와 언변에 현혹되지 말자. 자소서 작성의 목적과 기업의 자소서 활용 목적만 정확히 인지하고 이해한다면 자소서 작성이 그리 어려운 것만은 아닐 것이다.

[생각해보기 12] 자기소개서 작성 요령

1. 회사에서 요구하는 양식을 살펴라.
2. 각 항목마다 자신을 PR할 수 있는 핵심 주제를 설정하라.
3. 분량에 상관없이 구체적인 내용을 기록하라.
4. 주제어를 맨 앞 구절에 제시해 주어라.
5. 신선한 표현을 사용해라.
6. 쉽고 읽기 편한 단문 중심으로 써라.
7. 희망하는 기업에 입사하고자 하는 의지를 확고히 밝혀라.
8. 희망하는 직무에 대한 사전경험과 관심을 보여라.

〈출처 : 중부대학교, 2학년용 대학생활지도 및 진로설계 Ⅰ/Ⅱ, 중부대학교 창업·취업지원센터, 2014.01.14.〉

11장

3. 왜 자소서를 써야 할까?173)

많은 이들이 취업에 있어 자소서의 중요성을 인식하지만, 막상 실제로는 이를 매우 어려워하고 귀찮게 여긴다. 이에 자소서 작성과 관련하여 동기부여에 조금이나마 도움을 주고자 왜 자소서를 써야 하는지, 자소서 작성의 목적에 대해 알아보기로 하자.174)

먼저 자소서 작성의 목적을 지원자(취준생) 관점에서 살펴보면 다음과 같다.

(1) 지원자(취준생) 관점

1) 지원자 자신에 대한 홍보

기업이 인재를 선발할 때 지원자의 역량을 중요시한다는 것은 잘 알 것이다. 하지만 입사지원서만으로 역량을 전부 판단할 수는 없다. 역량은 겉으로 드러난 지식, 스킬, 태도뿐만 아니라 해당자의 성품, 성격, 대인관계 가치관 등 수많은 요소를 내포하고 있다. 따라서 기업은 입사지원서에 나타난 객관적인 팩트뿐만 아니라 지원자의 숨겨진 내면을 보고 싶어 한다. 결과적으로 자소서는 지원자의 드러나지 않은 내면을 어필할 수 있는 훌륭한 홍보 수단이다.

2) 보유역량에 대한 입증

입사지원서의 항목은 지원자의 보유 스킬과 과거에 대한 결과를 나타내기에 적당하다. 하지만 이 역시 역량을 검증하기엔 부족하다. 따라서 자소서는 결과뿐만 아니라 해당과정의 구체적 내용을 통해 본인의 보유역량을 입증할 수 있는 기회가 된다.

3) 기업이 궁금해하는 질문에 대한 답변

자유형식의 자소서도 간혹 있지만, 대부분의 일반적인 자소서는 몇 개의 질문 항목에 대한 답변 형식이다. 즉, 기업이 궁금해하고 채용에 있어 중요한 판단기준이 되는 질문에 대한 답변인 것이다. 다시 말해 면접의 전초전 성격이다. 기업이 궁금해하는 질문에 부합되고, 명확한 답변은 지원자의 신뢰감을 높여준다.

---

173) 슈퍼루키(dev.superookie.com > contents), 나만의 자소서 작성 I _왜 자소서를 써야 할까?

174) 자기소개서는 왜 쓰는가? 이에 대한 또 다른 답변은 다음과 같다. 첫째, 개인에 대한 구체적인 정보와 성장 과정이 드러난다. 둘째, 지원자의 지원동기와 장래성을 본다. 셋째, 성장배경을 통해 대체적인 성격과 인생관 등을 파악한다. 넷째, 면접의 자료가 된다. 즉 면접관은 입사지원서와 자기소개서, 성적증명서 등을 자료로 하여 그 사람의 자질과 경력을 평가할 수 있는 질문을 채택하게 되는데, 이때 자기소개서는 입사지원자에 대한 구체적인 정보와 또한 그것이 얼마나 적절하고 정확하게 표현되었는지 평가할 수 있는 근거를 면접관에게 제공한다.

(2) 기업의 관점

1) 지원자 개인에 대한 이해

취준생이 기업에 대해 궁금하듯 기업도 지원자에 대해 궁금해한다. 단순히 입사지원서상에 나타난 팩트와 객관적 사실이 아닌 지원자 개인 내면의 모습을 알고 싶어 한다.

2) 지원자가 주장한 보유역량에 대한 검증

입사지원서상의 항목은 결과 위주이다. 하지만 역량은 단순히 결과만으로 설명되지는 않는다. 그 과정 또한 매우 중요하다. 지원자가 주장한 역량에 대해 구체적 내용과 과정을 통해 과연 그들이 주장한 바가 사실에 부합되는지, 해당 직무와 연관성이 있는지 등에 대한 검증 도구인 셈이다.

3) 적합한 인재(Right Person)[175)]에 대한 검증

기업이 요구하는 인재의 첫째 원칙은 Right Person이다. 아무리 우수한 역량을 보유하였더라도 해당 기업이 필요로 하는 역량과 가치관에 적합하지 않다면 채용하기 어렵다. 이를 통해 기업은 면접에 앞서 서면으로 여러 질문을 통해 적합성을 체크한다. 그 수단 중 하나가 바로 자소서이다.

자소서, 말처럼 쉬운 것만은 아니다. 하지만 현실에서 취업 단계 중 반드시 거쳐야 하는 단계이다. 비록 경우에 따라 이를 이해하지 못할 수도 있으나 기업의 입장에서 보면, 반드시 필요한 단계일 수도 있다. 왜 자소서를 써야 하나? 또는 자소서 작성이 어렵다는 생각보다는 내가 희망하는 기업에 자신이 Right Person임을 홍보하고 어필하는 적극적인 의사 표현이라는 생각의 전환이 필요하다.

4 나만의 자소서 작성 : 자소서 작성 3일 완성[176)]

부제에서 "자소서 작성 3일 완성"이라 하였다. 왜 하필 3일인가? 그 이유는 사전 준비, 물리적 요구시간, 완성도 제고를 위해 필요한 최소한의 시간이 최소 3일 정도 필요하다는 의미와 3단계에 걸쳐 자소서를 완성한다는 의미가 포함되어 3일이라 하였다.

11장

175) 기업 환경이 지속적으로 변화함에 따라 기업에서 원하는 인재는 달라지고 있으며, 무조건 똑똑한 인재(Best Person)가 아닌 기업에 적합한 인재를 찾고자 노력하고 있다. 한마디로 우수한 자질, 역량과 함께 그 기업의 가치나 문화에 부합하는 태도, 가치관 등 소프트한 역량을 겸비한 인재를 '적합한 인재(Right Person)'라고 할 수 있다. 이와 관련하여 에이피알 스토리(blog.naver.com>aprcorporation), Best Person보다 Right Person이 적합한 이유, 2018.03.06. 참조.

176) 슈퍼루키(dev.superookie.com > contents), 나만의 자소서 작성 Ⅱ_자소서 작성 3일 완성.

[생각해보기 13] 자기소개서 작성 시 상황분석

1. 지원회사에서는 어떠한 사람을 원할까?
2. 지원회사의 주요 동향과 사업 방향은 어떠한가?
3. 지원회사에서 과거에 크게 히트한 상품이나 실패한 상품의 사례가 있는가?
4. 최근 몇 년간의 기업별 매출액과 점유율의 추이는 어떠한가?
5. 지원회사의 독특한 면접 방법이 있는가?
6. 지원회사의 희망 근무 부서의 특징?
7. 면접의 순서는 어떻게 되는가? 단계별로 최고 결정권자는 누구인가?

〈출처 : 중부대학교, 2학년용 대학생활지도 및 진로설계 Ⅰ/Ⅱ, 중부대학교 창업·취업지원센터, 2014.01.14.〉

그럼 이제부터 나만의 자소서 작성법에 대해 알아보기로 하자.

(1) 1일차, 준비일

1) 자아분석 및 보유역량 도출 / 희망 기업 및 직무 이해

본인이 오랜 기간 동안 고민하고 준비하지 않았다면, 자아분석과 보유역량을 도출하기란 말처럼 쉽지만은 않다. 그동안의 경험을 토대로 조언하고자 한다.

가. 자아분석 및 보유역량 도출

본인의 책상 서랍 속을 다 뒤집어라! 예전 다이어리, 보유 자격증, 물품, 기념품, 기록 등 관련된 것이라면 무엇이든 리스트를 작성하자. 리스트를 작성할 때 단어 또는 어휘로 작성하고 카테고리별로 구분하자. 이후 도출된 단어나 어휘를 단문의 형태로 만들고 이를 구체적인 장문의 형태로 작성하자. 요약하면 단어/어휘-단문-장문. 여기서 장문 작성 시 팩트를 기반으로 구체적이면서도 간략히 작성할 것. 마지막으로 장문을 통해 본인의 자아와 역량을 구분하여 리스트를 정리할 것.

나. 희망 기업 및 직무 이해

원하는 기업과 직무 리스트를 작성할 것. 이 단계에서 주의할 점은 기업 선정 시 본인의 역량을 고려하고, 너무 많은 수의 선정은 곤란하다. 특히 직무의 경우 많아도 3개 이내에서 선정할 것. 선정 작성이 끝나면 해당 기업과 직무에 대해 조사할 것. 기업의 경우 해당 홈페이지뿐만 아니라 최근의 SNS, 신문 기사 등도 꼼꼼히 조사할 것. 그리고 직무의 경우는 해당 기업 홈페이지에 소개하는 경우도 있으나 그렇지 않은 경우가 많다. 따라서 채용공고 내용을 다시 한번 꼼꼼히 검토하고 NCS 홈페이지를 통해 해당 직무에 대한 이해도를 높이자. 동일한 직무라도 기업마다 다소 차이는 있으나 본질적인 면에서는 차이가 없다.

(2) 2일차, 매칭일

1) 자소서 분석 / 자소서 스토리 구성

1일차에서 선정한 희망 기업과 직무 리스트를 기반으로 해당 자소서를 분석하자. 주의할 점은 아무리 간단한 질문이라도 꼼꼼한 검토를 거쳐 기업이 요구하는 질문의 내용을 정확히 파악할 것. 이후 기존에 도출한 자아분석 자료와 보유역량을 기반으로 해당 자소서 항목과 매칭할 것. 이때 관련 항목은 중복되어도 좋으니 모두 다 매칭하기 바란다. 다음으로 매칭된 결과를 토대로 글을 전개하기 위한 전체적인 스토리를 구성하자. 마지막으로 자소서 항목에 해당되는 1일차 결과를 배치하고 해당 내용을 보다 구체적으로 기술하자

(3) 3일차, 작성일

1) 자소서 작성 및 검토

2일차에 작성된 초안을 바탕으로 본격적인 자소서 작성이다. 글자 수를 고려하지 말고 최대한 구체적이고 결과 중심으로 작성할 것. 이후 작성된 자소서를 검토하고 내용 중복이나 글 전개, 문맥 등을 고려하여야 하며, 자소서의 질문항목에 적합한 대답인지를 검토한다. 이 경우 미리 해당 내용을 삭제하여서는 안 된다. 처음 검토 시 필요치 않다고 생각했으나 나중에 해당 내용이 필요할 경우 처음의 의도와는 달리 변질될 수 있으므로 사전에 별도의 저장을 해야 한다. 끝으로 정리된 자소서를 수차례에 걸쳐 검토해야 한다. 검토 시 사실관계 확인, 잘못된 팩트 수정, 오탈자 검토, 특히 지원 기업 및 직무 확인은 필수이다.

지금까지 자소서 3일에 걸친 자소서 작성 절차와 내용에 대해 살펴보았다. 자소서 작성의 본질은 기업이 지원자에게 궁금해하고, 검증하기 위한 질문에 대한 지원자의 답변과 보유역량 및 가치관에 대한 답변서이다. 따라서 핵심은 자소서 각 항목에 대해 얼마나 적합한 답변과 본인의 역량을 입증하였는가 하는 점이다.

[생각해보기 14] 인사담당자가 꼽은 최고/최악의 자기소개서

▮ 호감이 가는 자소서

- 간결하고 명확하게 작성한 유형 (24.1%)
- 직무 및 기업에 애정이 드러난 유형 (18.6%)
- 경력 중심의 성과를 잘 나타낸 유형 (16.6%)
- 회사의 가치와 인재상을 잘 반영한 유형 (12.4%)
- 뚜렷한 목표 의식을 보여 주는 유형 (8.3%)
- 자신의 강점을 명확히 강조한 유형 (8.3%)
- 자기만의 이야기가 담겨 있는 유형 (6.2%)
- 근거(수치 등)를 제시한 논리적인 유형 (4.1%) 등의 순으로 답했다.

사람인의 임민욱 팀장은 "나를 매력 있게 보이도록 하려면 상대가 원하는 것을 가지고 있어야 하고, 이를 한눈에 알아볼 수 있도록 표현해야 한다."라며 "자기소개서를 작성하기 전 해당 기업과 포지션에서 원하는 역량을 꼼꼼히 파악해 작성하고, 일관성 없는 내용이나 표현을 간결하게 수정하는 첨삭 단계를 여러 차례 거쳐 완성하는 것이 좋다."라고 덧붙였다.

▮ 최악의 자소서177)

인사담당자들은 핵심이 없고 이야기를 늘어놓는 '속 빈 강정형' 자기소개서를 가장 선호하지 않는 것으로 나타났다. 구인 · 구직 매칭 플랫폼 사람인(http://www.saramin.co.kr/)이 기업 145개 사를 대상으로 '채용 시 서류검토'에 대해 조사한 결과, 비호감 자기소개서 1위로 '핵심 없이 이야기를 늘어놓은 유형'(26.9%)이 꼽혔다. 직무와 관련 없는 경험까지 구구절절 나열하다 보면 정작 핵심을 흐리게 만드는 경우가 많다. 해당 직무에서 필요로 하는 역량을 중심으로 간결하게 기재하되 두괄식 구성으로 첫 문장에 핵심을 담는 것이 필요하다.

- 핵심 없이 이야기를 늘어놓은 유형 (26.9%)
- 근거 없는 주장, 추상적 표현이 많은 유형 (20.7%)
- 회사정보를 잘못 기재한 유형 (16.6%)
- 표현이나 사례가 상투적이고 지루한 유형 (10.3%)
- 다른 회사에 지원해도 무방한 내용의 유형 (8.3%)
- 질문과 상관없는 답변을 한 유형 (5.5%)
- 열정 및 비전이 느껴지지 않는 유형 (4.8%)
- 분량이 지나치게 많거나 부족한 유형 (4.1%)
- 일관성 없는 경력을 늘어놓은 유형 (2.8%) 등

〈출처 : 이슈와뉴스, "사람인 조사, 인사담당자가 꼽은 비호감 자소서 1위는?", 2017.08.29.〉

---

177) 한편, 취업포털 잡코리아가 국내·외 기업에 재직 중인 인사담당자 211명을 대상으로 '자기소개서 만족도'를 조사한 결과에서는 인사담당자 10명 중 3명이 '너도나도 비슷한, 뻔한 내용의 자기소개서(30.8%)'를 1위로 꼽았다. 이어 '맞춤법, 띄어쓰기 엉망인 성의 없는 자기소개서(21.8%)' '다른 회사 입사 지원 시 작

제 4 장	행복한 삶과 진로 설계
제 5 장	자신에 대한 이해
제 6 장	직업 및 직무정보 탐색
제 7 장	기업과 직무 이해
제 8 장	직업인의 세계 탐색
제 9 장	직업과 학습
제 10 장	의사결정 연습
제 11 장	구직서류

제12장 면 접

제1절 면접에 대한 이해[178)]

면접은 채용 프로세스에서 실질적으로 가장 마지막 단계이자, 그동안 노력을 완성하는 단계이다. 마지막 단계라는 부담과 실수하면 안 된다는 중압감으로 인해 많은 이들이 면접에 대해 필요 이상으로 긴장하고 부담스러워한다. 그러나 비슷한 환경과 역량 수준이라 하더라도 어떤 이는 면접을 잘 보고, 또 어떤 이는 면접을 망치곤 한다. 사람마다 성품과 특성의 차이로 인해 서로 다른 결과를 낳는다. 그렇다면 성품과 특성의 차이로만 면접 결과가 달라지는 것일까?

각종 취업사이트나 카페를 둘러보면 합격자 면접 후기, 면접 비결 등을 쉽게 볼 수 있다. 또한 많은 취준생들이 합격자의 후기를 참고하고 그들의 면접방식을 따르려고 한다. 이러한 행동들이 실제 면접에서 도움이 될까? 결론부터 말하자면 그다지 도움이 되지 않는다. 사실 합격자들 중 자신이 면접에서 어떻게 대응하여 합격했는

성한 것을 그대로 제출한 복사형(17.5%)' '태어난 날짜부터 시작해 성장배경 구구절절이 적은 지루한 자기소개서(12.8%)' 등의 순으로 응답했다. 또 '입사 후 포부 및 열정 등의 내용이 없는 형식적인 자기소개서(11.8%)' '자기 자랑 일색인 과장형 자기소개서(2.8%)' '개성이 강하다 못해 너무 튀는 파격적인 자기소개서(0.9%)' 등의 의견도 있었다. 이와 관련하여 대경녹색기술직업전문학교(2018.06.), 인사담당자가 뽑은 최악의 자기소개서, 2018.06.29. 참조.

178) 슈퍼루키(www.superookie.com > contents), 면접은 어떻게 준비해야 할까?.

지를 아는 이는 거의 없다. 대부분의 합격자들은 적어도 면접에서만큼은 왜 자신이 합격했는지 모른다. 그 이유는 면접관의 시각과 지원자의 시각이 다르기 때문이다. 단적인 예로 면접 시 대답도 잘하고, 면접관으로부터 호의적인 시각과 응대를 받아 합격을 기대했던 이가 탈락한 이야기가 그 증거이다. 지원자 개개인의 환경과 상황, 역량이 모두 다르므로 면접관 또한 그에 대응한다. 합격자의 면접 후기는 말 그대로 참고사항이지 결코 좋은 면접을 위한 가이드는 아니다.

면접은 채용 프로세스에서 지원자가 가장 답답해하는 관문이다. 서류전형, 인·적성검사와는 달리 무엇 하나 명확한 것이 없으며, 준비할 범위도 너무나 방대하다. 또한 전년도 기출 질문 또한 그다지 도움이 되지 않는다. 설사 같은 질문이 나올지라도 평가 기준이 변경될 수 있고, 면접관 또한 다르다.

먼저 채용 프로세스에서 면접이 가지는 의의에 대해 이해하여야 한다. 기업은 면접을 왜 보는지 생각해 본 적이 있는가? 아마 거의 대다수가 생각해 보지 않았을 것이다.

기업은 면접을 왜 볼까? 바로 면접 이전 단계까지의 최종 검증 때문이다. 쉽게 말하자면 면접 이전 단계까지는 모두 서류를 기반으로 한다. 즉, 지원자가 작성한 입사지원서가 사실이라는 가정하에 서류전형을 하고 인·적성검사를 실시한다. 이러한 절차를 거쳐 걸러진 지원자들을 대상으로 하는 최종 검증단계가 바로 면접인 것이다.

또한 서류만으로는 알기 어려운 역량 등에 대한 검증이다. 가령 커뮤니케이션 역량의 경우 입사지원서와 인 · 적성검사를 통해 검증 가능할까? 아니다. 비단 커뮤니케이션뿐만이 아니다. 인성, 태도, 구체적 직무 지식 등 입사지원서와 인 · 적성검사를 통해 검증할 수 없는 것들은 의외로 많다.

기업이 왜 면접을 실시하는지에 대한 이해가 되었다면 두 번째로 이해해야 할 것은 면접관은 어디에서 지원자에 대한 정보를 획득하는가에 대한 것이다. 지원자에 대해 아무런 정보도 없는데 과연 제대로 된 면접이 이루어질까? 그렇다면 면접관은 어디에서 지원자에 대한 정보를 획득하는 것일까? 바로 입사지원서와 자기소개서이다. 면접은 입사지원서와 자기소개서를 기반으로 시작한다. 기업에 따라 서류전형 및 인 · 적성검사 결과 등을 참고하는 경우도 있다.

결국 면접관들은 면접을 통해 지원자의 실체를 검증하려 하고, 그 가능성을 파악하려고 한다.

제2절 면접이 왜 어려운가?179)

면접이 왜 어려울까? 왜 그리 면접을 걱정할까? 면접이 어렵기만 한 걸까? 그 어려운 면접을 해내면 되지 않을까?

취준생들에게 "서류전형, 자소서, 면접 중에서 무엇이 가장 중요할까?"라는 질문을 하였을 때 가장 많은 대답은 면접 – 자소서 – 서류전형 순이었다(여기서 직무역량평가 / 필기시험 등은 논외).

그렇다면 정답은 무엇일까? 3가지 다 중요하다. 엄밀히 말하자면 "서류전형 – 자소서 – 면접" 순이다. 의외인가? 아마 동의하는 이도 그렇지 않은 이도 있을 것이다. 불행히도 동의하지 않는 이는 아직도 기업의 채용 프로세스에 대해 제대로 알지 못하거나 잘못 알고 있는 것이다.

기업의 채용 프로세스를 스포츠 경기방식인 토너먼트와 리그전에 비유하면, 승리자(팀)가 다음 단계의 시합에 나간다는 점에서 토너먼트 방식에 가깝다. 다만 짝을 이루어 경쟁하지 않고 전체를 대상으로 경쟁하여, 그 순위에 따라 다음 단계로 넘어가는 점이 다르다.

아무리 면접이 중요하다고는 하나 서류전형에서 탈락하면, 면접은 고사하고 필기시험도 못 본다. 즉, 서류전형(자소서 포함)을 통과해야만 필기시험 볼 자격이 주어지고 필기시험을 통과해야만 면접 볼 자격이 주어진다. 왜 이러한 방식일까? 당연히 자원의 제한성 때문이다. 시간과 비용, 장소, 인력 등 기업 채용은 수많은 자원이 투입되고 특히 시간 자원의 제약성이 크다. 그렇지 않다면 기업은 1년 내내 채용업무만 해야 할지도 모른다.

그런데 왜? 상당한 수의 취준생들이 "면접 – 자소서 – 서류전형" 순으로 생각할까? 그 이유는 취준생들의 채용업무에 대한 이해 부족과 부담감 때문이다.

취준생들에게 질문 하나 한다. 입사지원서 작성, 자소서 작성, 면접 중 본인 기준으로 쉬운 순으로 나열하면? 아마 입사지원서 – 자소서 – 면접 순일 것이다. 이미 답은 나왔다. 입사지원서야 해당 서식에 따라 팩트를 기입하면 되는 것이고, 자소서 작성이 어렵지만 그래도 자소서는 질문항목이 나와 있고 비교적 시간적 여유 있으나, 면접의 경우 질문내용이나 면접방식, 그리고 처음 마주하는 면접관에 대한 막연한 두려움(왜냐하면 합격, 불합격 당락을 좌우한다고 생각하니…)을 감안하면, 3가지 중에서 가장 어렵다고 느낄 수 있다. 결론적으로 취준생의 기준에서 가장 어렵다고 느

179) 슈퍼루키(www.superookie.com > contents), 채용 프로세스 이해 Ⅲ (면접의 이해 1/2) – 면접이 왜 어려운가?.

끼는 채용 절차 순으로 중요도를 생각한다는 것이다.

그렇다면 면접은 중요하지 않을까? 아니다. 매우 중요하다. 앞에서도 말했듯이 채용 절차에 있어 중요하지 않은 것은 없다. 화룡점정이란 말이 있다. '용을 그리고 눈동자를 찍다'라는 말로 일을 함에 있어 가장 중요한 부분을 완성 시키는 것을 비유적으로 이르는 말이다. 면접이 바로 그렇다. 아무리 서류전형과 필기시험을 우수한 성적으로 통과하더라도 최종 관문인 면접을 통과하지 못한다면 취업에 성공하지 못한다. 안타깝지만 그동안의 노력은 모두 물거품이 되는 것이다. 바로 면접이 어렵다고 느끼는 이유이다.

서류전형과 필기시험을 통과한 취준생들이 면접을 앞두고 불안한 마음에 모의 면접이나 면접 컨설팅을 받는 경우가 흔하다. 과연 효과가 있을까? 면접방식을 접해보는 경험과 면접 질문 유형을 경험한다는 측면에서는 분명 효과가 있다. 단, 전제 조건이 있다. 모의 면접을 진행하는 컨설턴트의 자질과 경험이다. 컨설턴트가 모의 면접을 진행할 수 있는 역량을 보유하고 있는지의 여부는 매우 중요하다. 실제 현장에서 면접관으로서 활동한 경험과 자질은 모의 면접의 질을 결정짓는다.

실제 면접에서는 해당 기업의 업종, 역사, 문화, 직무 등과 관련된 질문도 많다. 하지만 컨설턴트들이 모든 기업의 면접에 대해 잘 알고 있을까? 모든 기업의 면접을 다 알고 있는 컨설턴트는 없다. 또한 해당 기업 출신이라 하더라도 과연 지속적으로 면접관 활동 경력을 보유했는지? 그리고 예전의 면접이 올해의 면접과 같지 않기 때문에 이를 다 알고 있다는 식의 광고는 경계하자. 다만 모의 면접이라 하더라도 과연 면접관으로서의 자격과 자질을 보유했느냐에 따라 모의 면접 효과를 거둘 수 있기 때문에 한 번쯤은 제대로 된 모의 면접이 필요하다.

결론적으로 모의 면접은 실제 면접에 대한 부담감을 낮추어 주고, 여러 질문에 대해 답하는 과정에서 실제 면접에서의 적응력을 높이는 데 목적이 있다. 따라서 취준생 또한 막연히 ○○ 기업 모의 면접이라 하여 해당 기업의 면접을 전부 다 경험한다는 막연한 기대감보다는 면접이라는 채용 절차에 대한 적응력을 높이고 경험한다는 데에 중점을 두어야 할 것이다.

제3절 면접 잘 보는 준비[180]

면접 잘 보는 방법이 과연 존재할까? 100%는 아니지만, 어느 정도 존재한다. 의외로 많은 이들이 면접에 대한 허상으로 인해, 필요 이상으로 두려움을 갖고 있는 것도 현실이다. 특히 사회 초년생인 경우 그 정도가 더 심하다. 과연 면접은 어렵고, 두렵기만 한 걸까?

이제부터 채용 프로세스의 최종 관문인 면접 준비 이야기를 해보자.

취준생들은 면접을 앞두고 가장 긴장하고 어려워한다고 한다. 아마 채용 프로세스의 마지막 단계라는 중압감과 낯선 사람들과의 만남, 그리고 면접의 불예측성 때문이다. 인터넷이나 각종 정보를 통해 해당 기업의 기출 질문 등을 조사하지만, 면접이라는 것이 매년 같을 수도 없고 이를 예상한다는 것도 범위가 너무 넓기에 그 중압감이 더욱 가중되는 것 같다. 많은 이들이 면접을 앞두고 몇몇이 모여 면접 스터디(Study)를 하지만 불안하기는 매한가지이다. 어쩌면 당연한 일인지 모른다.

취준생들이 면접 준비를 하는 일반적인 형태를 요약하면, 개인적으로 자소서, 지원기업 및 직무 숙지 등을 하고, 소규모 모임을 통해 면접 Study를 한다. 면접 Study 활동 시에는 각자 조사한 지원기업 및 직무에 대한 토의와 상호 모의 면접을 통해 각자의 고쳐야 할 점들을 지적하고 이를 반복하는 형태이다. 결론부터 말하자면 위에서 열거한 면접 준비는 그다지 효과적이지 못하다. 가장 큰 문제점은 구성원 모두가 채용업무(면접)에 대해서는 비전문가이기 때문이다. 단지 그들의 눈에는 발표 시 실수나, 스피치, 자세 등 아주 단편적인 모습만 보이고 이를 지적하기에 바쁘기 때문이다. 당연하다! 면접관 활동은커녕 현업 경험이 없는 상태에서 어떻게 제대로 된 면접을 볼 수 있을까?

기업에서 면접관에 선발되면 우선 면접의 본질에 대한 교육부터 받는다. 왜 면접을 보는지?, 면접이란 무엇인지, 어떤 목적과 자세로 면접에 임해야 하는지 등에 대해 교육을 받고 난 후에야 면접 평가 기준에 대해 교육을 받는다. 하지만 면접 Study에 참여하는 취준생들은 이런 부분에 대해 전혀 정보나 경험이 없다. 그러다 보니 결국 눈에 보이는 부분만을 기준으로 면접 준비를 한다.

그렇다면 효과적인 면접 준비를 위한 방법은 어떻게 해야 할까? 다음 5가지를 소개한다.

180) 슈퍼루키(www.superookie.com > contents), 23. 채용 프로세스 이해 Ⅲ (면접의 이해 2/2) - 면접 잘 보는 준비.

1. 자신에 대한 이해

자신에 대한 이해 및 설명을 소홀히 생각해서는 안 된다.[181] 면접 시 면접관이 지원자에 대해 제대로 알고자 하는 것은 당연하다. 하지만 의외로 지원자 자신에 대해 효과적으로 설명하지 못한다. 자소서상의 내용만 외울 것이 아니라 자소서 작성 시 도출한 자신에 대해 일관되고 간략한 설명이 필요하다. 또한 본인의 역량을 입증할 수 있는 각종 경험이나 수상실적 등 아무리 소소한 것이라도 미리 확인하고 인지하는 것이 좋다.

2. 지원기업과 직무 이해

지원기업과 직무에 대한 이해는 필수이다. 당연하다고 여기지만 많은 이들이 잘 설명하지 못한다. 적어도 지원기업이 무슨 일을 하는지, 업계에서의 위상, 주력 제품(서비스), 경영 환경에 대해 인지하고 있어야 함은 필수이다. 또한 지원 직무에 대해서는 보다 구체적으로 이해하고 있어야 한다. 같은 직무라 하더라도 해당 기업의 업무 분장 및 역할에 따라 세부적인 직무내용에 차이가 있을 수 있다. 하지만 해당 직무 고유의 역할과 임무에 대해 설명하지 못한다면 자격 미달이다.[182]

3. 사실과 구체적 입증

사실에 근거하여 구체적으로 입증 가능해야 한다. 아무리 자소서에 본인의 역량에 대해 잘 기술하였더라도 이를 곧이곧대로 100% 믿는 면접관은 드물다. 말이나 글로 써야 무엇인들 주장하지 못할까? 적어도 자소서에 기재된 본인의 역량에 대해서만큼은 사실에 입각하여 구체적인 입증이 필요하다. 자칫 거짓으로 답변하다가는 거듭된 질문에 얼마 가지 않아 금세 들통나기 마련이다. 본인이 해당 직무에 적합하다고 주

181) 자신의 가치관, 성격, 대인관계, 역량 등에 대해 모두 파악해야 한다. 단, 자신의 주관적 시각이 아닌 타인의 입장에서 객관적 시각으로 파악해야 한다. 자신을 객관적인 시각으로 파악하기 위해서는 자신의 생각보다 자신에 대한 타인의 평가를 주의해야 한다. 특히 부정적인 평가는 더욱 주의할 필요가 있다. 또한 특정 개인이 아닌 여러 사람의 평가일 경우 더욱 그러하다. 자신에 대한 긍정적 평가는 자신의 강점이며, 부정적 평가는 약점이다. 물론 자신의 생각도 중요하지만, 면접에서는 면접관이라는 타인이 자신을 어떻게 바라보는지가 더욱 중요하다. A4 용지에 자신의 생각과 타인의 평가를 항목별로 구분하여 모두 적어보자. 그러면 자신의 강·약점이 고스란히 드러날 것이다. 더 나아가 자신과 관련된 것이라면 아무리 사소한 것이라도 파악해야 한다. 가장 좋은 방법은 자신의 방을 전부 뒤집어 펼쳐 놓고 소지품 하나하나에 대한 의미와 에피소드, 경험 등을 정리하는 것이다. 생각보다 많은 사례와 경험을 찾아낼 수 있으며, 숨겨진 역량을 발굴할 수 있다.

182) 지원하는 지원 직무 및 전공 지식에 대해 전체적이고 개략적인 요약정리가 필수이다. 적어도 자신이 지원하는 직무에 대한 이해와 기초지식은 선택이 아닌 필수임을 잊지 말아야 한다.

장할 수 있지만 이를 입증하는 것 또한 본인의 몫이다.[183)]

4. 말하기 연습

말하기 연습이 필요하다. 지나친 긴장은 특히 1분 자기소개와 같은 부분에서 실수를 많이 한다. 사람인 이상 긴장하다 보면 의도와 달리 말이 잘못 나올 수도 있고, 실수도 한다. 하지만 첫 대답부터 "다시 하겠습니다."라는 말보다 한 번에 끝내는 것이 좋다. 처음에 실수하고 이를 의식하다 보면 실수를 연발하는 경우가 허다하다. 자소서 항목만이 아니 면접 준비를 위한 각종 질문항목에 대해 무한히 연습하자.

5. 최근 이슈 파악

최근 이슈에 관심을 가져야 한다. 대개 면접 질문 중에는 최근 이슈에 대한 질문도 꽤 빈번히 나온다. 얼핏 생각하기에는 그다지 어려울 것이 없어 보이나 실상은 그렇지 않다. 예를 들어 논란이 되는 각종 법률 관련 사항이라던지, 기술동향, 사회적 현상이 해당 기업에 미치는 영향 등 면접관 입장에서 마음만 먹으면 질문할 거리는 무궁무진하다. 평소에 이러한 사항에 대해 관심과 올바른 이해가 없다면 자칫 면접에서 낭패하기 십상이다. 가령 노동법 관련 질문이 던져졌을 때 지원자가 예전의 노동법에 대해 설명한다면 과연 좋은 평가를 받을 수 있을까? 어렵지는 않지만, 평소에 늘 관심을 가져야 할 부분이다. 한 가지 팁을 드리자면 기업 면접에서는 정치 관련 사항보다는 경제와 기업 경영에 관련된 사항이 주를 이루니 늘 꾸준히 관심을 가져두는 것이 좋다.

기업이 인재를 선발하는 방식은 갈수록 고도화되고 정교해지는 추세다. 하지만 취준생들이 준비하지 못할 정도의 수준은 아니다. 흔히 한국 사회는 벼락치기의 달인이 많다고 한다. 그러나 취업에서만큼은 벼락치기가 잘 통용되지 않는다. 그 이유는 인재 선발의 중요한 기준이 되는 역량이란 과거의 축적된 결과로써 나타나기 때문이다. 아무리 잠재력이 높다 하더라도 지원자의 과거에서 해당 역량을 입증하지 못한다면, 미래에 대한 기대만을 가지고 인재를 선발하기에는 기업의 리스크가 너무 크다.

면접 준비라 하여 거창하게만 생각할 필요는 없다. 하지만 그렇다고 자기소개와 자소서 내용만을 외우는 것은 더더욱 아니다. 면접은 입사지원서와 자소서 그리고

183) 입사지원서와 자기소개서를 정밀 분석해야 한다. 입사지원서와 자기소개서는 면접의 기초 자료이다. 해당 문서와 달리 면접에서의 상반된 발언은 신뢰성에 큰 타격이 된다. 특히 사례에 대한 부분은 각별한 주의가 필요하다. 지원자는 입사지원서 항목과 자소서 질문에 대한 정확한 의미 해석뿐만 아니라 자신이 답변한 내용에 대해서도 명확히 이해하고 파악해야만 한다. 입사지원서와 자소서에 대한 명확한 이해와 파악은 면접관의 질문을 대비하는 첫 준비단계이기 때문이다.

직무적성검사 등을 통해 걸러진 지원자를 대상으로 최종적으로 대면 검증을 하는 단계이다. 당연히 지원자의 이미지, 커뮤니케이션 능력, 가치관, 직무 지식 등 모든 것을 본다. 그렇다고 별도의 학습을 한다고 하더라도 단시간 내에 크게 향상시키기도 어렵다. 다만 자신이 보유한 각종 역량을 체계적으로 정리하고, 면접이라는 형식과 절차에 익숙해지는 것이 답이다.

따라서 일부에서 말하는 면접 예상 질문에 맞춘 기계적 답변을 외우기보다는 자신의 가치관, 역량, 직무 지식 등에 대한 이해와 이를 말로 체계적이고 조리 있게 표현하는 훈련이 더 유효하다. 면접은 말 잘하는 사람을 뽑는 것이 아니라, 해당 기업과 직무에 적합한 인재인지를 대면 검증하는 자리임을 기억해야 한다.[184]

제4절 면접관의 짧은 조언[185]

면접을 진행하면서 취준생이자 인생의 후배들에게 전하고 싶었던 말들을 얘기해보고자 한다.

면접은 스펙이 좋은 사람이나 말을 잘하는 사람이 아니라 우리 회사와 맞는 적합한 사람(Right Person)을 찾는 과정이다.

지원자가 착석해서 면접을 진행하기에 앞서 아이스 브레이킹[186]을 하고 라포[187]를 형성하는 것도 면접관의 중요한 임무이다. 그때마다 나는 항상 이렇게 얘기한다. "면접관들이 XXX 씨의 자기소개서를 읽어보았고, 이를 토대로 XXX 씨가 어떤 사람인지, 우리 회사에 맞는(Right) 사람인지 조금 더 알아보고자 질문을 하는 것이니 긴장하지 말고 사실대로 편하게 대답해주시면 됩니다."라고.

그날 나와 함께 면접관으로 참석한 분께서 중간에 내게 이런 질문을 했다. 요즘 지원자들은 원래 이렇게 다들 말을 잘하느냐고. 그래서 내가 대답했다. 다양한 방법

184) 슈퍼루키(www.superookie.com > contents), 면접 준비의 실제.
185) 유꽃비(2021.08.), 면접관으로서 하고 싶은 짧은 조언, 인살롱(hr.wanted.co.kr), 2021.08.30.
186) 아이스 브레이킹(Ice-breaking)이란 새로운 사람을 만났을 때, 어색하고 서먹서먹한 분위기를 깨뜨리는 일을 말한다. 예를 들어 대학교 신입생 환영회 때 서로 아이스 브레이킹 시간을 갖자는 의미는 첫 만남이니 서로에 대해 소개나 간단한 게임을 하여 서먹한 분위기를 깨뜨리자는 의미이다.
187) 라포(Rapport)는 공감대 형성, 친밀한 관계 혹은 상호신뢰 관계 등으로 정의 내릴 수 있다. 사람이 사람을 만날 때 그들 사이에 나름 긍정적인 의미가 있고, 긴밀하고 조화로운 관계가 형성될 때 우리는 '라포를 구축했다'고 표현할 수 있다. 그런데, 이것은 절대 혼자만의 느낌이나 생각이어서는 안 된다. 당신이 만난 상대방의 관점에서 당신과 연결되어 있다는 느낌을 주고받아야 라포라는 것이 구축될 수 있는 것이다. 그런 의미에서 서로의 가치관과 우선순위가 공유되었다는 사실을 발견했을 때 형성될 수 있는 일종의 유대감이 라포인 것이다.

으로 많은 준비를 하기 때문에 요즘 지원자들은 기본적으로 면접에 임하는 태도나 대답하는 능력이 수준급이라고. 하지만, 우리가 말 잘하는 사람이 아니라 '우리 회사에서 맡은 직무에서 역량을 발휘할 수 있는 사람'을 찾아야 한다고.

말을 잘하는 것은 실제로 면접에서 굉장히 유리하게 작용한다. 자신의 생각을 간결하고 임팩트 있게 전달하는 것은 좋은 인상을 심어줄 수 있기 때문이다. 하지만 설사 말을 잘못했다고 해서 그 사실 하나만으로 감점을 줄 면접관은 많지 않다. 바로 대답할 말이 생각나지 않을 때는 실제로 "잠시 생각한 뒤에 대답해도 되겠습니까?"라고 면접관들에게 양해를 구한 뒤 생각을 정리해서 대답해도 전혀 상관없다. 우리는 질문을 넣으면 답변이 바로 나오는 대답 자판기를 찾는 것이 결코 아니기에. 이 면접이 얼마나 여러분들에게 절실하고 중요한 자리인지 면접관들은 잘 알고 있고 그래서 떨리는 것도 당연히 알고 있다. 우리도 그만큼 내용에 집중해서 귀 기울여 듣고 평가한다.

1. 자소서 숙지는 기본 중의 기본!

사실 30분 남짓한 시간 동안 몇 가지 질문을 통해서만 우리 회사에 적합한 인재인지 아닌지를 구분하는 것은 녹록하지 않은 일이며 지원자들의 역량이 대동소이한 경우도 꽤 많다. 지원자와 초면이다 보니, 면접관은 자기소개서를 통해 지원자를 1차로 판단하고 그에 맞는 질문들을 준비한다. 한번은 어떤 지원자에게 지원동기를 물었는데 자소서에 기재된 것과 전혀 다른 대답을 하는 게 아닌가? 실제 대답과 자소서 중 어떤 답변이 더 진심에 가깝냐고 묻자 자기소개서를 잘못 적었고, 고쳤어야 했는데 그러지 못했다는 대답이 돌아왔다.

면접관들도 지금 내 앞에 있는 지원자가 우리 회사에 오고 싶은 마음이 강하다는 것은 당연히 알고 있지만, 그렇다고 지원자가 우리 회사만 지원했을 거라고는 전혀 생각하지 않는다. 다양한 회사에 지원해서 다양한 기회를 얻는 것 또한 당연한 일이다. 다만 지금 이루어지는 이 면접에 집중하는 모습, 최선을 다하는 모습을 보여주는 것이 맞다고 생각한다. 비슷한 시기에 여러 회사를 지원하다 보면 헷갈릴 수도 있는 게 인지상정이다. 하지만 최소한 면접 전날이나, 아침에라도 본인이 제출한 자소서를 살펴보고 예상 가능한 질문을 고민하는 모습을 바란다면 너무 큰 바람일까?

2. 면접관들은 지원자가 당사에 가진 애정도가 궁금

사회로 나올 준비를 하기 위해 취준생들이 얼마나 다양하게 많은 노력을 하고 있는지 자소서만 보더라도 충분히 가늠할 수 있다. 젊고 아름다운 시기에 미래를 위해 너무 현재를 희생한 것 같아 안쓰러운 마음이 들 때도 많다. 내 까짓 게 뭐라고 저 푸르른 청년들을 평가하고, 나래비를 세우고, 저들에게 어쩌면 가장 중요할지도 모를 결과를 내리는가 하는 생각에 마음이 무겁기도 하다. 그럼에도 불구하고 나는 우리 회사에 입사하여 본인과 회사의 발전을 위해 노력할 인재를 가늠해야 한다. 솔직히 지원자들이 엄청나게 차별화되는 경험을 하기는 어렵고, 특출난 능력을 보여주기도 쉽지 않다.

면접관별로 중점을 두고 파악하는 부분이 각기 다르겠지만 나는 회사에 대한 관심과 애정을 중시하는 편이다. 취준생을 위한 라이브 방송이나, 인터뷰에서 밝힌 적이 있듯이 나는 매번 당사의 제품 중에 아는 것을 나열해보라 하고 당사 제품 관련 판촉 경험이나 기억에 남는 마케팅이 있는지 물어본다. 내 입장에서는 당연히 예상되는 질문이라 다들 제대로 대답할 수 있을 거라 기대했는데 의외로 제품에 대해 모르는 지원자가 적지 않고 심지어 경쟁사 제품을 말하는 경우도 있었다.

자기소개서를 작성하기에 앞서 지원하는 회사의 홈페이지를 방문하여 인재상을 살펴보는 것이 당연하지 않을까? 홈페이지에 방문하면 주력제품들의 소개와 회사 현황 등이 자세히 나와 있는데 한 번쯤은 관심 있게 보았기를 기대한다면 너무 꼰대력[188)] 만렙[189)]인걸까?

3. 매뉴얼대로 하기보다는 본인의 이야기 전달이 더 매력적

면접 말미에는 항상 지원자에게 잠깐의 시간을 내어준다. 준비했는데 못 했던 말이나 회사에 대해 궁금한 점, 하고 싶은 얘기 등을 자유롭게 할 수 있는 시간. 몇몇 지원자들이 공통으로 다음과 같이 물었다. “만약 입사하게 된다면 입사하기 전까지 제가 무엇을 준비하는 것이 업무에 도움이 될까요?”라는 질문이다. 나의 대답은 한결같다. 입사한 뒤에 배워도 충분하니 즐거운 마음으로 건강에만 신경 쓰라고. 내가 알고 있는 매뉴얼은 다른 사람도 알고 있을 가능성이 굉장히 높다. 13명을 면접 본 날 4명이 똑같은 질문을 했고 매뉴얼대로 했다는 인상을 지울 수 없었다. 경험해보

188) 꼰대 : ‘자기의 구태의연한 사고방식을 타인에게 강요하는 행위’를 뜻하는 말이다. ‘꼰대’들의 가장 큰 특징은 ‘본인의 생각이 맞고, 상대방의 생각은 틀리다’는 ‘신념’을 갖고 있다는 것이다. 세상에서 가장 쓸데없는 이론이라는 ‘내가 알기론’을 비롯해 ‘우리 때는 말이야’, ‘젊은 것들이 말이야’ 등으로 시작하는 ‘꼰대’들의 말에는 상대방의 생각을 무시하고, 짓밟으려는 태도가 기본적으로 전제돼 있다. 특히 상대방과 공감하지 않으려는 ‘의지’가 강하다. 공감을 거부하고 있는 만큼 상대방과의 공감대가 형성되지 못하고 점점 더 고립되고, ‘꼰대력(力)’은 강화되곤 한다.
이와 관련하여 시사저널e(2019.04.), ‘꼰대’님들, 공감 못 할 바엔 ‘함구’하세요, 2019.04.17. 참조.

189) 만렙 : 한자 滿과 영어 Level의 합성어로 최대 레벨을 일컫는 말

지 못한 상황을 대비하기 위해 다방면으로 준비하는 것은 물론 훌륭한 일이지만, '주어진 시간 동안 본인만의 개성이나 이야기를 전달하는 것이 조금 더 매력적이지 않았을까'라는 생각을 해보았다.

제5절 면접 합격 전략[190)]

면접은 함께 업무를 하는 데 적합한 사람인지를 전반적으로 판단하기 위한 대화이다. 그러므로 면접 전부터 후까지 자신과 지원한 회사에 대해 철저하게 알아보고 준비하는 전략이 필요하다. 취준생을 위한 면접 합격 전략을 간단히 살펴보기로 하자.[191)]

1. 면접 합격을 부르는 첫인상

면접에 있어 단정함과 신뢰감을 주는 이미지를 준비한다면 합격에 한 걸음 다가갈 수 있다. 면접장 장소에 가기 전과 도착한 후 아래 사항들을 한 번씩 숙지하도록 하자.

(1) 면접 복장

단정하고 깨끗한 정장으로 프로페셔널한 이미지를 연출하는 것이 필요하다. 남녀 불문하고 면접 정장은 네이비 컬러[192)] 슈트에 화이트 셔츠가 가장 편안한 인상을 준다.

(2) 면접 헤어

남녀 모두 이마를 가리지 않는 스타일링이 면접관들에게 신뢰감을 준다. 남자는 앞머리를 옆으로 자연스럽게 넘기고, 여자는 하나로 단정하게 묶는 포니테일[193)]이나 올림머리를 하는 것이 좋다. 머리를 묶을 때는 잔머리 정리까지 신경 써서 깔끔한

12장

190) 잡코리아(2020.10.), 취준생을 위한 면접 합격 전략 총정리!, 2020.10.28.
191) Ibid. 취준생들의 부담과 시간을 덜어주는 단골 면접 질문 50선의 내용도 참고하기 바람.
192) 우리말로는 감색(紺色) 정도로 표현이 된다.
193) 포니테일(Ponytail)은 길이가 어깨 이상인 머리칼을 뒤통수 위쪽 부근에서 한번 끈으로 묶고 나머지는 자연스럽게 두는 헤어스타일을 가리킨다. 묶은 머리가 흡사 말의 꼬리와 같다고 해서 붙은 명칭으로 한국에선 말총머리라고도 부른다. 〈나무위키〉 참조.

느낌으로 마무리하는 것이 중요하다.

(3) 긍정적인 면접 분위기 조성

면접장에는 면접 시간보다 5~10분 정도 먼저 도착하는 것이 좋다. 면접장에서 만나는 사람에게는 밝고 정중하게 인사하며, 인터뷰가 늦어지거나 연기되더라도 불안해하거나 초조한 모습 대신 프로다운 면모를 보이는 것이 좋다.

2. 기본 면접 질문과 Best 답변

면접 시에는 예상 질문을 고려하여 자신의 능력을 가장 잘 나타낼 수 있는 답변을 준비하고 연습하는 것이 중요하다. 이력서에 작성한 능력 등을 바탕으로 자신의 장점을 부각할 수 있는 이야기를 정리하는 것이 좋다. 아래의 예상 질문 및 Best 답변을 확인해보자.

(1) 자기소개를 해보세요

단도직입적이면서도 기본적인 질문임에 틀림없지만 쉽게 오해하기 쉬운 질문이다. 면접관은 면접자가 얼마나 이 직업에 어울리는지를 묻는 것이지 취미에 대해 장황하게 설명해 달라는 뜻은 아니다. 자기소개는 지원하는 직무와 자신의 경험을 연관지어 대답하되 2~3분 이내로 짧게 끝내는 것이 좋다.

(2) 왜 우리가 당신을 뽑아야 하나요?

면접에서 매번 등장하는 질문이다. 질문의 핵심은 지원자가 업무수행에 필요한 역량을 갖추고 있는지, 경영이념에 부합하는 인재인지를 파악하기 위해서로 자신이 지원한 업무 분야에 대한 이해와 기업이 추구하는 경영이념을 제대로 알고 있어야만 의미 있는 답변을 할 수 있다. 회사를 위해 어떻게 기여할 수 있는지 입증할 수 있는 경력이나 경험을 생각해 보고, 주장을 뒷받침할 때는 구체적인 예시를 제시하는 것이 좋다.

(3) 친구들은 당신을 어떤 사람이라고 이야기하나요?

지원자의 평판을 체크하는 질문으로 논리적으로 똑 떨어지는 답을 해야 한다. 시사상식, 기본 소양에 관한 질문이라면 진지하고 성실한 답변이 설득력이 있겠지만,

이와 같이 정답이 정해져 있지 않은 질문에는 재미있고 재치 있는 답변으로 긴장감을 푸는 것도 면접관의 마음을 사로잡는 방법이다.

(4) 스트레스를 어떻게 해소하나요?

면접관은 이미 오랜 회사생활을 통해서 회사와 업무가 주는 스트레스에 대해서 잘 알고 있다. 이런 질문의 의도는 지원자가 회사가 주는 스트레스를 긍정적으로 견딜 수 있는 사람인지, 또 스트레스의 해소 방법에서 그 사람의 성향을 판단하고 조직과 잘 어울릴 수 있는 사람인지를 살펴본다. 답변 시에는 단답형이나 단순 사실 나열에 그치지 말고, 스트레스를 해소하는 방법과 더불어 스트레스의 원인을 찾고 근본적으로 해결하려는 자세를 보여주는 것이 좋다.

(5) 우리 회사에 대해 어떻게 알고 있나요?

이 질문은 그동안 지원하는 회사에 대해 연구해 온 것을 보여줄 기회다. 여기서 자신의 능력을 거침없이 보여줘야 한다. 예를 들면 "저는 아랍어를 잘합니다. 당신 회사가 최근 중동으로 거래선을 넓히고 있다는 것을 알게 되었습니다."라는 식이다. 입사를 희망하는 회사는 물론이고 일반적인 산업 부문에 대해 의견을 개진한다면 면접관은 감동할 것이다.

(6) 다른 회사에도 지원했나요?

열 군데를 지원했든, 한 군데도 지원하지 않았든 가장 상식적이고 설득력 있는 답은 "두세 군데 지원했다"라는 답변이다. 요즘 같은 취업난에 다른 회사에도 지원했다고 해서 기회주의자로 보거나 부정적으로 생각하는 면접관은 없다. 이 면접 질문과 관련된 후속 질문으로 ① 다른 회사에도 합격하면 어느 회사에 입사할 건가요?, ② 다른 회사는 전형이 어디까지 진행됐나요? 가 있다.

(7) 질문 없습니까?

질병 수당이나 휴가에 대해 질문하는 것은 좋지 않으며, 회사에 대해 자신이 해온 연구를 보여 줄 수 있는 질문이 좋다. 하지만 인터뷰하는 이도 사람이라는 것을 기억하라. 그러므로 "작년에 경영실적이 저조하던데 무엇 때문이죠?" 같은 질문은 피해야 한다. 지원하는 회사에 관련된 적절한 질문 몇 개를 미리 준비해 가되, 만약 인터뷰 도중 그 문제가 모두 해결되었다면 면접 과정에서 의문이 다 풀렸다고만 말해도 전혀 문제가 되지 않는다.

[생각해보기 15] 취업(혹은 면접) 관련 인기 채널

최근 유튜브 속에서 '취업' 콘텐츠의 인기가 뜨겁다. 코로나19 사태의 여파로 수년째 이어지던 취업난이 더욱 가속화된 가운데, '취뽀'(취업+뽀개기 → 취업에 성공함을 일컫는 은어)를 위해 관련 콘텐츠를 찾는 취업준비생이 늘고 있는 탓이다.

대표적 채널로는 '면접왕 이형'이 있다. K-Culture 플랫폼 보이스오브유가 제공하는 인플루언서 랭킹(IMR) 자료에 따르면, 2018년 말 첫 영상 '면접 마인드셋 : 성공하는 면접은 시작이 다르다'를 게재하며 활동을 시작한 해당 채널은 매년 10만 명이 넘는 구독자를 새롭게 확보하며 꾸준히 성장 중이다. 현재 구독자 수 40만 명, 450여 개 동영상에 대한 누적 조회 수 5,000만 회를 보유하고 있다.

채널 운영자 '이형'(본명 이준희)은 10년 이상 경력을 지닌 전 대기업 인사 책임자로서 자신의 경험을 십분 활용한 면접 노하우 콘텐츠를 주력으로 선보인다. '면접관이 밝히는, 1분 자기소개는 이렇게 해야 들린다', '준비 안 하면 면접 광탈하는 질문 5개' 등 면접 '꿀팁'을 전하는 영상들이 채널 내에서 가장 큰 호응을 얻으며 150만 회가 넘는 조회 수를 올리고 있다. 이외 자기소개서 작성법, 취업 준비 시 가져야 할 마음가짐 등 취업 과정 전반을 아우르는 다양한 콘텐츠도 제공해 눈길을 끈다.

구독자 27만 명을 거느린 '인싸담당자'도 대표 채널 중 하나다. 현재까지 750개의 동영상을 선보이며 3000만 회에 가까운 누적 조회 수를 올리고 있다. 채널 운영자 '제이콥'(본명 복성현) 역시 대기업 인사 책임자로 재직한 바 있는 이 분야 전문가로, 평가자의 시각에서 효과적인 취업 준비법을 전한다. 특히 다양한 산업군의 전문가와의 인터뷰를 진행하며 기업별, 직무별 상세 취업 정보를 알려줘 인기가 높다. 채널 내 가장 화제가 된 영상은 '면접에서 합격하는 1분 자기소개, 이 영상 하나로 종결'로 186만 회의 조회 수를 기록 중이다. '전 삼성 인사팀 임원이 말하는 면접에서 가장 많이 광탈하는 유형'. 'AI 면접 전 꼭 봐야 하는 영상' 등도 구독자 수를 뛰어넘는 높은 조회 수를 올리고 있다.

이외 '강민혁', '영끌 취업', '컨설팅은 나래'와 같은 채널도 취업준비생들 사이에서 뜨거운 반응을 얻고 있다.

개인 유튜버가 운영하는 채널 외에 관련 기업이나 방송사가 운영하는 채널들도 좋은 반응을 얻고 있다. '한국직업방송', '캐치 TV', '잡코리아 TV', '취업사이다_자소서 인적성 면접', '에듀윌 취업' 등이 여기 속한다.

'캐치 TV'는 진학사 캐치가 운영하는 채널로 "신개념 취업컨설팅 채널"을 표방하며 구독자 14만 명을 확보하고 있다. 취업 준비 노하우, 최신 취업 이슈 및 채용 정보, 각 직업 및 기업 소개 등 다양한 콘텐츠를 제공한다. 이 중 현직자와의 취중 진담 토크쇼인 '회식합시다' 콘텐츠가 큰 인기다. 전 KBS 아나운서 한석준 편, 외항사 승무원 편 등의 영상이 70만 회 이상 조회 수를 기록하며 채널 내 최고 인기 영상에 등극해 있다.

구독자 4만 명을 보유한 채널 '취업사이다_자소서 인적성 면접'은 이공계 취업 준비에 특화된 콘텐츠를 제공해 눈길을 끈다. 인터넷 강의 전문기업 에듀윌의 채널 '에듀윌 취업'은 공기업 취업에 관련된 콘텐츠를 주력으로 내세우며 인기를 끌고 있다.

〈출처 : 디지털타임스(2022.05.), [파워 인플루언서] 면접 때 이것만은 알고 가자… 대기업 면접관이 귀띔해주는 꿀팁 대공개, 2022.05.23.〉

제6절 AI 면접194)

수시 채용 트렌드와 더불어 불과 몇 년 사이 새롭게 떠오르는 채용 트렌드가 있는데, 바로 AI 면접이다. 채용 과정에서 필수인 면접 전형을 AI가 평가하는 시스템이다. 'AI 채용 솔루션'을 제공하는 업체들에 따르면, 2021년 AI 면접 활용 기업이 무려 450곳에 달한다. 과연 인공지능 AI가 사람을 평가할 수 있을까?

1. AI 면접관 소개

'AI(Artificial Intelligence) 면접'이란 뇌 신경 과학 기반의 인공지능이 면접관이 되어 응시자를 평가하는 면접이다. 수만 개의 빅데이터, 자료, 패턴을 학습한 인공지능이 응시자의 얼굴, 감정 표정, 안면 색상 변화 등을 분석하여 평가를 진행한다. 또한 음성인식 기반 STT(Speech - To - Text) 기술을 적용하여 사람마다 다른 목소리 높낮이, 음색, 동일한 어휘 사용 횟수 등을 검토하기도 한다.

기업마다 AI 면접을 적용하는 정도는 상이하다. AI 면접으로 기존 인·적성 검사를 대체하는 기업도 있으며 혹은 1차 면접 시 참고로 활용하는 경우, 면접 총점 중 40%를 반영하는 경우도 존재한다. 적용 수준은 상이하더라도, 특정 AI 채용 솔루션 제공업체가 AI 역량 검사 시장을 거의 독점하다시피 하고 있기에 면접 진행 방식은 동일하다. 면접은 일반적으로 기본 질문(자기소개, 지원 동기, 성격의 장단점) → 인성검사 → 전략 게임 → 심층 질문으로 진행된다.

2. AI 면접, 면접의 새로운 길을 열다

AI 면접 도입 이전, 모든 채용 단계에서 사람 대 사람으로 평가가 이뤄졌는데, 이와 같은 기존 채용 방식에서 한계점은 명확했다. 응시자의 역량을 짧은 면접 시간 내에 간파하기 힘들고 면접관의 주관적 의견과 편견이 평가에 영향을 끼친다는 점이었다. 따라서 AI 면접을 활용하는 이점은 다음과 같다.

첫 번째로, 객관성과 공정성을 확보할 수 있게 된다. 인공지능이 면접을 진행하기에 응시자 전원에게 동일한 답변 시간이 주어지며, 인간 면접관의 선입견이 배제되

194) 삼양그룹 공식 블로그(www.saysamyang.com), 로봇이 사람을 평가하다? AI 면접관의 정체는? AI 면접 알아보기, 2022.03.04.

기 때문이다. 두 번째로, 채용 과정 시 발생하는 시간과 비용을 절감할 수 있다. 구직자 입장에서는 면접 장소까지 찾아가지 않고 간편하게 응시할 수 있으며, 기업 입장에서는 단기간에 더 많은 지원자를 검증하며 업무 효율을 개선하게 된다.

추가적인 이점으로는 외모에 대한 불합리한 차별을 방지한다는 점이 있다. 취업 플랫폼 잡코리아에 따르면 구직자 1,052명 중 95.6%가 호감형 외모가 면접 결과에 영향을 준다고 답변했다. 기존 면접관은 사람이기에 주관적인 편견이 개입되었을 가능성이 존재한다. 그러나 AI 면접관은 지원자의 외모가 뛰어난지 아닌지를 평가하지 않으며, 단지 신뢰도와 호감도를 측정하기에 어두운 표정보다는 자신감 있는 표정이 권유될 뿐이다.

3. AI 면접, 이런 건 우려된다

AI 면접은 많은 이점을 지니고 있지만, 동시에 인공지능이 사람을 평가하는 만큼 우려되는 부분도 있다.

첫 번째로, 개인 정보에 대한 문제가 화두에 오르고 있다. 1시간 30분에서 2시간 가량 소요되는 AI 면접, 이 시간 동안 답변하는 지원자의 바이오 데이터는 녹화되고 저장되어 활용된다. 이에 동의하지 않을 시 AI 면접에 응시할 수 없다. 인공지능 기술 특성상 불가피한 절차이지만, 개인 정보 침해에 대한 논쟁도 피할 수 없을 것으로 보인다.

두 번째로, 채용 시 AI 면접의 결과를 전적으로 활용하기는 어렵다는 한계점이 있다. 취업 포털 인크루트에 따르면, 기업 297곳 인사담당자 중 72.2%은 AI 채용에 반대하는 것으로 조사되었다. AI 활용을 반대하는 가장 큰 이유로는 '다양한 개성을 갖춘 지원자들을 하나의 기준으로만 평가하게 될 우려가 있어서(33.6%)'라고 한다. 대면으로만 파악할 수 있는 지원자의 면접 태도나 면접 분위기가 있지 않은가. 아직 채용 단계에서 AI 면접 결과를 전적으로 반영하기에는 무리가 있어 보인다.

이에 더해 실수를 용납하지 않는 냉정함도 우려 요소다. 면접이 끝날 때쯤 더 하고 싶은 말이 있으면 발언해볼 수 있는 시간을 갖거나, 자신의 포부를 밝힐 수 있는 등의 기회가 없기 때문이다.

마지막으로 지원 회사의 사풍(社風)[195]을 파악할 수 있는 기회를 마련할 수 없다는 것이다. 많은 구직자를 자사에 초대해 회사의 분위기를 파악해 주면 내정 사퇴 등의 상황은 미연에 막을 수 있을 것이다. 그러나 지방 기업 등이라면 AI 면접 후에

195) 기업에도 가문의 문화인 가풍(家風)과 유사한 사풍(社風)이 있다. 사풍은 여러 해를 거치면서 기업 구성원들의 사고방식과 행동양식에 의해 자연스럽게 형성되는 풍토다. 가풍이 한 집안의 문화라면 사풍은 한 기업의 문화다.

는 온라인으로 면접을 하고 완전히 인터넷상에서 채용 활동이 완료되는 경우도 상정해야 한다. 그 결과, 내정 → 채용으로 이어지더라도, 최종적으로 회사의 분위기에 맞지 않아 퇴직으로 이어질 가능성이 있다.

4. AI 면접자를 위한 면접 가이드

AI 면접을 우수하게 치르기 위해선 어떤 전략이 필요할까? 우선, 응시자들이 대비하기 어렵다는 '전략 게임'에 대해 말해 보고자 한다. AI 채용 솔루션 제공업체에 따르면, 전략 게임의 점수나 순위가 합격 당락에 큰 영향을 끼치지 않는다고 한다. 언뜻 보면 추리력이나 순발력을 평가하는 것 같지만, 사실 각 개인이 지니고 있는 성향이나 기질을 측정하는 과정일 뿐이라고 한다. 따라서 전략 게임 도중, 화면 속 점수가 떨어진다고 해도 위축될 필요는 없다.

또한 AI 면접의 평가 요소는 정말 다양하고 명확한 기준이 알려지지 않았기 때문에, 사전에 준비하기에는 어려운 면이 있다. 이에 안정적인 온라인 면접 환경을 조성하는 것이 우선이며, 네트워크 연결과 마이크 정상 작동 여부 등을 다시 한번 점검해 보는 것이 필요하다. 화면으로 진행되는 AI 면접 특성상, 얼굴이 잘 인식되는 카메라 구도를 사전 세팅해두고 시선 처리를 연습해 보는 것도 도움이 될 것으로 보인다.

5. 정 리

AI가 채용의 현장에 도입되고 나서 작업 효율이 향상했다는 소리가 늘어나고 있지만, 역시 도입에 회의적인 기업도 적지 않다.

AI가 최종 판단할 힘이 없고, AI의 판단에 명확한 이유가 없기 때문이다. 이 점은 기술 진화에 수반하는 기능 향상에 기대할 수밖에 없지만, 사용을 잘못하면 쓸데없는 데이터의 축적 · 원하지 않는 채용으로 끝나 버리는 리스크도 있다. 한편 AI의 판단을 과신해 버리면, 최종적으로 '어떤 인재를 갖고 싶은 것인가'라고 하는 페르소나 구축에 대해서, 사원의 머리로 생각 · 판단하는 것이 없어져 버릴지도 모른다. 경영자 입장에서 생각하면, 만일 비용 삭감이 잘 되었다고 해도 채용의 모든 것을 AI에 맡기게 하는 것은 리스크라고 생각할 것이다.

그럼에도 불구하고 어떤 도구도 계속 사용하지 않으면 활용법은 보이지 않는다. 많은 데이터를 모아 채용 후의 결과를 체크하는 가운데, AI도 학습량을 늘려 정밀도를 높여줄 것이다.[196]

196) IT 세상(https://twotwoclub.com), AI 면접이란? 도입하는 기업들이 점점 많아진다구요?, 2022.04.12.

제Ⅲ편

나오며 : 취업은 또 다른 시작

제13장 경력개발

제14장 자기개발을 원하는 모든 사람들에게

제13장 경력개발

제 14 장	자기개발을 원하는 모든 사람들에게

제1절 경력개발과 관리[197)]

1. 경력이란 무엇인가

과거에는 좋은 대학을 나와서 안정적인 회사를 가는 것이 유일한 전략이었다면, 지금은 수많은 경력 경로(대기업, 스타트업, 프리랜서, 유튜버 등)가 존재하며 전략도 다양하기 때문이다. 특히 지금처럼 빠르고 복잡한 시대일수록 경력을 잘 관리하고 개발한다는 것은 생존을 위한 필수 기술이다. 다윈의 말처럼, 살아남는 종은 가장 강하거나 가장 영리한 종이 아니라, 변화에 가장 잘 적응하는 종이니까.

경력이란 일생에 걸쳐 지속되는 개인의 일과 관련한 경험을 의미한다. 과거 평생직장의 시대에는 장기근속이 널리 권장되었다. 이직이 잦은 사람은 문제가 있는 것으로 여겨지기도 했다. 경력 성공 역시 직장 내 승진과 연봉으로 평가받았다. 하지만, 지금은 객관적 성공보다 주관적 성공에 대한 관심이 더 커지고 있다. 특히 밀레니얼 세대는 외부에서 인정받는 것보다 스스로 가치를 느끼고 싶어 하는 욕구가 더 강하다고 한다. 이처럼 경력을 바라보는 관점은 끊임없이 변화하고 있기 때문에, 경력에 대한 고민은 개인뿐만 아니라 조직에서도 함께 고민해야 할 중요한 주제다.

2. 자신과 환경에 대한 탐색

경력 관리의 첫 번째 단계는 자신과 환경에 대한 '탐색'이다. 이때 중요한 것은 양이 아니라 질이며 '자기 자신에 대한 솔직한 인식'을 갖는 것이 중요하다. 자신을 이해하기 위한 자기 탐색 기법은 많다. 특히 최근에는 MBTI, Big 5를 비롯한 다양한

197) 강정욱(2020.10.), 삶을 위한 기술, 경력 개발과 관리 - 삶은 문제 해결의 연속이다, 브런치 (https://brunch.co.kr), 2020.10.29.

성격 유형 검사가 있는데, 이를 활용하면 좀 더 빠르게 접근할 수 있다. 하지만 그것이 궁극적인 해답이 될 수는 없다. 어느 시점에 어떤 상태에서 측정하느냐에 따라서 검사 결과가 달라지는 경우도 있기 때문이다.

결국 다양한 렌즈로 자신을 비춰보고 종합적으로 판단하는 것이 중요하다. 개인적으로는 글쓰기를 추천하지만, 그렇다고 자신의 내면으로 지나치게 침잠하는 것을 권하지는 않는다. 그보다 '내가 좋아하는 사람들은 누구인지, 어떤 사람들과 함께 일하고 싶은지' 등 나를 둘러싼 관계망을 들여다보는 것을 추천한다. 우리는 관계 속에서 자아를 발견하고, 형성하기 때문이다. 자신을 알아가는데 유용한, 실질적인 정보가 하나 더 있다. 바로 매니저와 동료들이 주는, 평가에서의 피드백이다. 조직 내에서 나의 모습에 대한 정보는 가족 혹은 친구들이 알 수 없는 정보이기 때문에 주의 깊게 확보하고 활용하는 것이 중요하다. 이러한 피드백을 자신의 성장을 위해서 어떻게 활용하는지가 궁극적으로 그 사람의 미래를 좌우하는 경우가 많다.

한 가지만 더 덧붙이자면, 각자의 경력에 생각보다 큰 영향을 미치는 것이 '가정'이다. 배우자의 경력이나 육아 이슈는 경력 관리에 중요한 변수가 된다. 육아를 경험해 본 적 있는 분들이라면 다들 공감할 것이다. 참고할 필요가 있다. 또한, 내적 만족과 외적 성과 모두 놓칠 수 없기 때문에 경력 관리가 어려워진다. 예를 들어 자신에 대한 이해가 부족하다면, 아무리 외적으로 성공하거나 훌륭한 성과를 낸다고 하더라도 그것은 반쪽짜리가 될 수밖에 없다. 반대도 마찬가지다. 스스로 자족하며 살고 있다고 하더라도, 사회적인 인정을 받지 못하거나 금전적으로 힘든 상황이 되풀이된다면 그 또한 성공적 경력이라고 보기는 어렵다. 결국 두 마리 토끼를 모두 잡아야 하는 상황에서, 균형을 놓치지 않으려는 노력이 요구된다. 이때 필요한 것이 경력 관리에 대한 전략적 접근이다.

3. 전략적 계획의 필요성

《경력개발 및 관리》[198]의 저자인 JEFFREY H. GREENHAUS의 말이 가슴을 찌른다. "전략적 계획 없이 목표를 달성할 수도 있지만, 그와 같은 운이 항상 일어날 가능성은 높지 않다."

전략적 접근이 어렵게 들리지만 사실 단순하다. 장기 목표와 단기 목표를 적절하게 연결 짓고, 이를 얻는 데 도움이 되는 가장 적절한 행동을 하면 된다. 그 과정에서 중요한 것은 지속적으로 자신의 경력을 검토하고 피드백 받으려는 자세다. 또한 개인적으로 경력에 있어서 미션과 비전을 구분하는 것이 의미 있다고 생각하는데,

198) JEFFREY H.GREENHAUS(2002), 경력개발 및 관리 [제3판], 탁진국 역, 시그마프레스, 2002.09.30.

미션은 원대한 방향을 가리키고 비전은 그에 도달하기 위한 마일스톤(장단기 목표)을 의미한다. 바꿀 수 없는 것과 바꿔야 하는 것을 정확히 분별하는 것은 요즘과 같은 100세 시대에 중요하다. 특히 단기 목표를 몇 번 달성하지 못한다고 해서 좌절할 이유는 전혀 없다. 방향을 잃지 않는 한.

정리하자면, 성공적인 경력 관리를 위해서 우선 자신과 환경을 파악해야 한다. 그리고 자신의 욕구와 환경적 요구를 모두 만족시키는 현실적 목표를 세우고, 이를 달성하기 위한 다양한 전략을 개발해야 한다. 마지막으로, 다양한 실천과 경험을 통해 유용한 피드백을 수집하는 과정이 반복되고, 이는 다시 의미 있는 정보가 된다. 요약하면 경력 관리 사이클은 지속적인 문제 해결이자 의사결정 과정이다. 이는 마치 칼 포퍼[199]가 말한 "삶은 문제 해결의 연속이다."를 연상시킨다. 그러한 과정을 통해 우리는 어떠한 목적지에 도달하게 될 것이다. 그것도 물론 중요하다. 하지만, 그보다 더 중요한 것은 성장하고 발전하는 과정 그 자체가 아닐까 싶다.

제2절 직장인 초기 경력개발[200]

빠른 것과 급한 것은 어떤 차이가 있을까? 언뜻 생각해보면 알 것 같은데 대놓고 생각해 본 적은 없을 것이다. 우선 사전적으로 살펴보면 '빠르다'는 것은 '어떤 동작을 하는 데 있어 걸리는 시간이나 과정이 짧다'는 뜻을 가지고 있고, '급하다'는 것은 '시간의 여유가 없이 서두르거나 다그쳐서 마음이 참고 기다릴 수 없는 상태'를 말한다. 여기서 주목해볼 부분은 '상태'이다. 즉, 어떤 상황에 끌려가며 행위자가 그 상황을 주도하지 못하는 상태를 급하다고 하고, 같은 상황이라도 행위자가 상황을 주도하며 정확한 단계와 절차를 거치면서 수행하는 상태를 빠르다고 할 수 있다. 결과적인 측면에서도 '빠름'은 과정에서 빠진 것이 없이 치밀하고 완결성을 갖춘 모습인 반면, '급함'은 뭔가 빠진 것 같고 엉성한 인상을 주게 된다.

처음부터 빠르고 고수인 사람은 없다. 손흥민 선수도 유소년 시절부터 수많은 시

199) 칼 포퍼(Karl Popper, 1902년 7월 28일~1994년 9월 17일)는 오스트리아 태생의 과학철학자이다. 과학철학자로서 과학과 사이비과학의 구획 문제에 대하여 고찰하였고 사회철학에도 높은 관심을 가졌다. 20세기 가장 영향력 있었던 과학철학자로 꼽히고 있으며, 그는 과학자가 개별적으로 제시한 가설을 경험적인 증거가 결정적으로 반증하는 방법을 통해 과학이 발전한다고 주장하였다.

200) Good Influence(2019.12.), 고수는 빠르고 하수는 급하다 - 직장인 초기 경력개발, 브런치 (https://brunch.co.kr), 2019.12.06.

간 동안 무수히 많은 반복과 연습을 통해 동작과 자세, 절차를 연습했을 것이다. 이를 통해 일련의 단계가 정확하게 진행되고 상황에 따라 조절할 수 있는 스킬을 갖게 된다. 이처럼 직장에서 일을 배울 때도 절차와 단계, 그리고 그것들을 구성하고 있는 더 작은 단위의 스킬을 익히고 빨라질 때까지 반복하다 보면 그 일에 있어 고수가 될 수 있다.

나이 들어 배우는 것보다 어릴 때 배우기가 수월하고, 대충 엉성하게 배운 상태에서 새로 고쳐가며 배우는 것보다 처음부터 백지상태에서 배우는 게 빠르다는 것을 우리는 다양한 삶의 경험을 통해 알고 있다. 영어 발음을 생각해보라. 처음 배울 때 잘못된 습관을 들이면 고치기가 힘들다. 직장에서 초기 경력을 쌓을 때도 마찬가지다. 정확히 잘 배워야 빠르고 폼나게 일할 수 있다. 결국 이런 초기 습관이 자신의 워라밸에 영향을 주게 된다.

지금도 자신 없고 어려운 일들을 떠올려 보세요. 우리가 처음 그 일을 대하고 배울 때 어떻게 했는지 복기해보면 왜 그렇게 됐는지 이유를 알 수 있다. 앞으로 배워야 할 일이 있다면 자신 없고 어려워하는 일처럼 대할지 기초를 잘 닦아 고수가 될 것인지는 생각해봐야 할 일이다.

제3절 경력개발 스스로 하기

대부분 회사에 다니는 직장인들이라면 경력개발계획(Career Development Plan)에 대해 한 번쯤은 들어보았을 것이다. 대기업이라면, 인사부 연간 일정 중의 하나로, 직원들의 경력개발에 관련한 프로세스를 갖추고 있는 곳도 있다. 회사에서 직원의 경력개발에 신경을 써주면 땡큐이지만, 그렇지 않다고 하더라도 문제없다. 어차피, 나 자신의 경력을 누군가가 대신해서 생각해 줄 수 없는 거고, 우리가 성장하고 더 나은 연 수입을 원한다면 그저 회사가 어떻게 해주기를 기다린다고 되는 일이 아니기 때문이다. 결국 스스로 본인이 정말 무엇을 잘하는지, 무엇을 할 때 기쁘고 보람을 느끼는지, 그리고 어떤 능력이 부족한지 등등을 주인의식(Ownership)을 갖고 들여다보는 가운데, 자신의 경력을 운영해 가야 한다.

커리어 플래닝이란 최종적으로 또는 앞으로 5~10년 후의 미래에 도달하고자 하는 목표에 가기 위한 여정(Journey)을 플래닝하는 과정이다. 경력개발(Career Development)은 한마디로 방향성의 문제이다. 가끔 면접에서, 도무지 알 수 없는 "경력의 나열"을 가진 분들을 만날 때가 있다. 한마디로 이것저것 정말 의미 없는 방향성이 보인다는 말이다. 이것들을 의미 있는 스킬셋[201]의 배움과 경험으로 교통정리 하기 위해서는 방향성이 필요하다. 요즘에는 이러한 생각을 정리해줄 다양한 툴과 조언(Advice)들이 존재한다.

1. Step 1 : 자기 평가(Self Assessment)

먼저, 지금 자기 자신이 어느 위치에 있는가를 냉정하게 평가한다. 자신의 경험, 강점과 개선해나가야 할 점, 현재 맡고 있는 일의 범위(Scope), 어떤 책임과 역할을 맡고 있는지, 어떠한 성과를 내왔는지 등등… 이때 당신이 현재 속한 조직, 회사가 도움을 줄 수 있다. 당신의 보스나 팀원, 또는 동료(Peer)들의 객관적인 평가에 귀를 기울인다. 회사의 인사부 시스템에 존재하는 평가 툴(Tool)이 있다면 활용해보는 것도 좋다고 생각한다.

객관적으로 자신을 보았다면, 이제 내가 하고 싶은 일/위치 등등을 생각해본다. 5~10년 후의 장기적인 관점에서 먼저 생각해본다. 그리고 거기에 도달하기 위해서 중간적인 디딤돌로 어떠한 다음 직무/포지션들이 가능할지를 생각해보는 것이다. 현재의 나와 미래의 나의 모습을 비교해봄으로써, 현재 나에게 부족한 능력/자질이 무엇인지를 발견하고, 그것을 적극적으로 개발해가는 계획(Plan)을 짜고 실천하는 것이 경력개발의 핵심이라고 할 수 있다.

2. Step 2 : 기록(Documentation)

Step 1에서 생각한 모든 것들을, 자신만의 템플릿(Template)[202]에 옮겨 적는 것이 중요하다. 자기 평가를 하고 기록을 하는 그 과정 가운데, 대부분 우리는 어떠한 경향성이나 통찰력(Insight)을 얻게 된다. 내가 가진 너무나도 치명적인 단점을 발견하거나[203] 현재 수행하는 직무가 내가 가고자 하는 목표와 전혀 연관이 없어 보인다거나 등등.

주변에 멘토가 될 만한 사람이나 조언을 줄 수 있는 선배나 직장 동료 등과의 대화를 통해 이러한 문제들에 대한 답을 찾아가고, 자신의 경력 계획(Career Plan)을 수정해가면서 실제적인 변화를 추구해 갈 수 있는 것이다.

201) 스킬셋(Skill Set)이란 우리말로 하면 역량이다.
202) 특정한 서식 구조를 만들어 놓은 양식이란 의미
203) 예를 들면, 회사의 CEO가 되고 싶은데, 다른 사람들 앞에서 스피치(speech)를 하거나 프레젠테이션(presentation)하는 것이 너무 싫다 등.

3. Step 3 : 실행 및 관리(Execution)

이렇게 계획이 세워졌다면, 이제 실행할 차례다. 이미 현재 자신의 경력(Career)이 자신이 가고자 하는 그 길과 계획에 맞게 잘 가고 있다면(On Track), 현재의 포지션에서 극대화시킬 수 있는 배움(Learning)이나 경험(Experience)이 무엇인지 생각하며 하루하루 직무에 임하면 된다. 나의 경력에 도움이 될만한 프로젝트나 태스크 포스(Task Force, TF) 리더의 기회가 생긴다면, 먼저 손을 들어 어필할 수도 있다. 상사에게도 내가 가고자 하는 방향이 이러하다는 것을 미리 말하고 조언을 구할 수 있다. 좋은 상사라면, 적당한 기회가 왔을 때 그 자리로 움직일 수 있도록 이끌어줄 것이다.

만약 현재 커리어가 하고자 하는 일과 거리가 멀다면, 먼저 자신의 CV 이력서[204)]를 업데이트하고, 가고자 하는 방향의 빈자리(Vacancy)를 찾는 등 구체적인 다음 단계(Next Step)에 대한 접근(Approach)이 이루어질 수도 있다. 또한 현재 하고 있는 직무에서 미래의 목표에 도움이 될만한 프로젝트라던가 고객사와의 네트워킹(Networking) 등에 더욱 초첨을 맞춰 일해 갈 수도 있다. 또한 사내의 관련 훈련 프로그램(Training Program)이라던가, 외부의 기회들을 적극적으로 찾아 나선다.

이러한 과정들을 통해 3~6개월에 한 번씩 내가 세운 개발 계획(Development Plan)이 잘 실천되고 있는지 등을 점검하고 조정해나가는 과정들을 거치면서 원하는 방향으로 경력을 개발시켜 나가는 것이다.

마지막으로, 자신을 객관적으로 바라보고 현실적으로 어떻게 이루어나갈 것인가 등을 여러 인생의 선배 멘토들을 통해 조언을 구하는 것이 정말 중요하다. 아무리 혼자 생각해보아도 답이 안 나오고 그냥 정형화된 답이 나올 때가 많다. 적극적으로 피드백(Feedback)을 구하고 의견을 구하는 과정이 중요하다.

[생각해보기 16] 경력 계획(Career Plan)은 필요 없다

경력 계획이란 일에 대한 장기적인 목표를 세우고 그에 따라 일의 선택, 인생 설계를 해나가려는 것을 말한다. 여러분은 자신의 경력 계획에 대해 생각해본 적이 있습니까? 아래의 내용을 읽고, 각자 생각을 정리해보자.

204) CV는 Curriculum Vitae의 약자이다. Vitae는 '인생'이라는 뜻을 가진 라틴어인데, 이를 통해 해석해보면 CV는 대략 '인생의 과정'이라는 뜻을 내포하고 있다. 따라서 CV는 Resume(1~2페이지 정도의 짧은 문서 양식의 이력서를 의미)보다 구체적인 정보들을 담고 있는 이력서 양식이다! 문서의 길이 또한 일반적으로 Resume보다 길다. 특히 CV를 쓸 때는 자신의 학술적, 전문적 경력들을 구체적으로 나열하는 게 중요하다.

1. 경력, 결국 자신의 뜻대로 되는 것은 아니다.

회사에 속해 있으면 조직의 형편이나 비즈니스 상황에 따라 배정 및 업무 내용이 변해 간다. 때문에, 그것들을 모두 스스로 컨트롤하여 뜻대로 하는 것은 현실적이지 않다. 어차피 뜻대로 되지 않는다면 치밀하게 계획해서 경력을 생각하는 것보다는 어쩌다 하게 된 일에 전력으로 임해, 주위로부터의 신뢰를 얻기 위해 노력하는 것이 생산적이다.

2. 자신의 가치관이나 주위 환경도 시간이 지나면 변화해 간다.

지금 하고 싶다고 생각했던 일을 5년 후에도 여전히 하고 싶다고 생각하고 있다고는 할 수 없고, 10년 후에 어떤 일이 필요할지 알 수 없지 않은가.

3. 사람은 경험을 쌓아 시야가 넓어지면서 생각도 바뀌게 된다.

학창 시절 생각했던 인생 설계와 취업 이후의 삶은 다르다. 이것이 현실이다. 지금 주위 환경이 어떻게 변화되어 자신이 무엇을 느끼고 있는지가 가장 중요한 지침이 될 것으로 생각한다.

4. 원래 하고 싶은 일이 반드시 자신이 생각하고 표현한 것이라고는 할 수 없다.

한 예로 내부 마케팅 부서를 갈망하여 경력을 쌓아 왔지만, 실상은 엑셀의 편집 작업만 해서 마음에 그리고 있던 일이 아니었다든가. 동경하는 광고 대행사에 들어갔는데, 생각보다 창의적인 요소가 없었다든가. 일의 이상향을 마음대로 만들어 현실과의 갭에 시달리는 사람도 적지 않다. 다양한 희생을 통해 겨우 다다른 일에서 희망을 찾지 못하면 불행한 것이다. 믿음이 바탕으로 되어 있고, 땅에 나리가 붙어 있지 않은 계획이라면 자라리 없는 것이 정신적으로도 편하지 않을까. 이와 같은 이유로 경력 계획을 제대로 만들 필요는 없다고 생각한다. 여러분의 생각은?

5. 게다가 의외로 비즈니스계에서 활약하고 있는 분들도 경력 계획을 세밀하게 생각하고 있는 분은 적은 것 같다.

원래 BCG에서 라이프 넷 생명 보험 부사장 이와세 다이스케 씨는 "경력 계획은 생각하지 않는다. 직관적으로 느낌이 오는 것으로 진행되면 됩니다" 등의 코멘트를 한다. 많은 외국계 기업의 최고뿐만 아니라, 예를 들면 일본 코카콜라 전 회장인 우오타니 마사히코 씨는 "10년 후 어떻게 하고 싶다고 생각한 적이 없다. 단지 눈앞에 있는 일에 철저하게 임했다"라고 이야기하고 있다. 물론 명확히 하고 싶은 일이 있고 그것을 향해 행동을 일으킬 수 있는 분은 훌륭하다고 생각한다. 그러나 현실은 꿈과 신념을 가지고 일에 임할 사람 자체가 많지 않다는 것이다. 이러한 현실에 비추어 볼 때 분명한 목표가 없는 경우에도 그것이 잘못은 아니다. 오히려 먼저 눈앞의 일에 필사적으로 현명하게 대응하는 것이 궁극적인 성공과 만족을 담보할 수 있는 길이 아닐까.

〈출처 : https://m.blog.naver.com > oyh3235, Career plan(경력 계획)은 필요 없다, 라이프커리어 전략연구소, 2019.12.26.〉

제4절 경력개발 어떻게 해야 할까?[205)]

프로테우스는 어떤 모습으로든 자유로운 변신이 가능한 신으로 알려져 있다. 변신에 능숙한 프로테우스와 같이 환경 변화에 따라 다양한 변화가 가능한 능력을 갖춘 경력을 프로티안 경력(프로테우스식 경력)이라고 한다.

급변하는 사회에서는 변화에 유연하게 대처할 수 있는 능력 있는 사람이 필요하다. 사회의 필요에 맞추어 다양한 능력을 보여줄 수 있어야 한다. 21세기에 필요한 경력 추구의 형태는 '다중 경력'이다. 다중 경력이란 한 사람이 여러 가지 역할을 수행하는 것으로 프로티안 경력(Protean Career)과 무경계 경력(Boundaryless Career)이 여기에 해당한다.

과거에는 한 직장 또는 한 분야에 오래 근무하면서, 그 분야의 전문성을 쌓는 방식의 경력개발이 일반적이었다. 보다 빨리, 보다 높은 자리에 올라가기 위해서 개인들은 자신의 삶을 희생시키고, 모든 에너지를 회사를 위해 쏟았다. 그 결과 승진과 높은 보수, 고용 안정 등과 같은 외적 보상을 받을 수 있었다.

지금은 더 이상 한 직장에서의 평생 고용을 기대하지 않으며, 승진과 보수를 위해 개인의 삶을 희생시키고 싶어 하지 않는다. 따라서 한 직장에서의 수직 상승만을 생각하던 기존 경력개발과 다르게, 여러 직장이나 여러 직무 경험을 통해 다양한 경력을 개발하려 노력한다는 면에서 프로티안 경력개발은 전통적 방식의 경력개발과는 차이가 있다. 개인의 자아실현이나 가정의 행복 등의 심리적 성공과 같은 내적 보상이 중요시되는 것도 프로티안 경력개발의 특징이다.

무경계 경력은 말 그대로 부서나 조직 간 경계 없이, 다양한 경력을 쌓는 것을 의미한다. 한 회사 내에서 여러 부서를 이동하면 다양한 직무를 경험하거나 동시에 여러 가지 직무를 수행하는 것, 또는 한 기업에 소속되지 않고 여러 기업을 넘나들면서 경력을 쌓는 것이 모두 무경계 경력에 해당한다.

평생직업의 핵심은 '변화'라고 할 수 있다. 흔들림 없는 유망 직업을 찾는 것이 아니라 시장의 변화에 맞추어 변신할 수 있는 직업을 가지려는 노력이 평생직업을 갖게 하는 핵심이다. 다중 경력은 이러한 변화를 가능하게 하는 힘이다.

다중 경력이 추구하는 것은 '여러 우물을 파라'는 것이다. 어떤 우물을, 어떤 방법으로, 어느 장소에서, 어떤 목적으로 파야 하는지 정하는 것은 스스로의 선택이다. 이 과정을 통해 어떤 장소에서 물이 잘 나오는지, 어떤 방법으로 우물을 파는 것이

205) 김은숙(2017.02.), 경력개발, 어떻게 해야 할까? - 여러 우물을 파라, 브런치(https://brunch.co.kr), 2017.02.23.

효율적인지 배우면서 역량을 키우는 것이 필요하다. 여러 개의 우물을 파다 보면 물이 잘 나오는 우물이 있고, 그렇지 않은 우물이 있을 수 있다. 처음에는 물이 잘 나오지 않아 애를 먹다가, 뒤늦게 깊은 곳에서 시원하게 물줄기가 뻗어 나올 수도 있고, 물이 잘 나오다가 어느 시점부터 서서히 말라가는 우물도 있을 수 있다. 끝까지 물이 나오지 않지만 물을 얻으려는 애초의 목적과는 전혀 다른 용도로 사용되는, 뜻밖의 상황도 생길 수 있다. 한 우물만 파다가 그 우물에서 내가 원하는 것을 얻지 못할 때가 올 수도 있다는 것에 대비해야 한다.

또한 우물을 파는 과정 자체도 내 삶이 일부이므로, 내게 행복감을 줄 수 있어야 한다. 그래서 자신의 흥미와 적성, 가치 등을 기반으로 하는 주도적인 경력개발이 필요한 것이다.

[사례] 직장인의 44.2%, '하던 직무 바꿨다'

과거에는 처음 시작한 일을 정년까지 롱런하는 사례가 많았다. 하지만 요즘은 다르다. 하고 싶은 일 또는 더 좋은 경력개발의 기회가 있다면 이직은 물론 직무를 바꾸는 사례도 적지 않다. 기존에 쌓은 경력을 포기하고 중고신입도 괜찮다는 분위기이다. 이처럼 과거 대비 현재 직무 변경이 활발해진 이유는 무엇일까?

취업포털 인크루트(대표 서미영)는 '전직(轉職)에 대한 직장인의 생각'이라는 주제로 직장인 934명에게 설문 조사를 진행했다.

먼저, 응답자에게 전직 경험이 있는지 물었다. 그 결과, '전직 경험 있다'는 44.2%, '전직 준비 중'이라는 응답이 35.7%였다. 응답자 10명 중 8명꼴(79.9%)은 전직을 긍정적으로 생각했다.

전직 경험자에게 전직 결정 이유(중복응답)를 물어봤다. △과거 했던 직무로는 오래 일하기 힘들 것이라 느꼈음(21.9%)이 가장 많았고, △더 높은 연봉과 처우를 희망해서(13.5%) △직무가 적성에 너무 안 맞아서(10.5%) △더 많은 이직 기회 창출을 위해(9.2%) 순으로 이유를 들었다. 또, 전직을 고려하거나 할 계획이 있는 사람에게도 같은 이유(중복응답)를 물었다. 이 또한 △현재 직무는 오래 일하기 힘들 것이라 느낌(27.1%)이 1순위였고 △더 높은 연봉과 처우를 희망해서 (22.8%)가 2순위였다. 이어, △더 많은 이직 기회 창출을 위해(17.5%) △현재 직무가 적성에 너무 안 맞아서(14.8%) 등의 이유가 꼽혔다.

종합하면, 전직 희망자 또는 경험자가 밝힌 전직 결정의 주된 이유는 본인 직무의 고용 안정과 롱런 기대 때문으로 분석된다.

반대로, 전직에 관심 없음을 밝힌 사람의 이유(중복응답)도 알아봤다. 응답자의 과반은 △현재 직무에 만족(52.8%)한다고 답했다. 다음은 △실패가 두려워서(13.9%)였다. 해당 응답을 한 사람에게 상세 이유를 들어본 결과, 새로운 환경 적응과 함께 전직 도전하는 동안의 경력단절을 우려했다.

그렇다면 전직한 이들이 가장 많이 이동한 직무는 무엇일까?

그 결과 전직으로 유입이 가장 많았던 직무는 △AI · 데이터 · 개발직(11.9%)이었다. 최근 해당 직군의 인기와 진출 러시가 늘고 있는 가운데 본 조사에서도 그 인기를 증명했다. 이어 △재무/회계/경리(9.3%)가 차지했고 인사/총무와 고객관리 및 상담이 나란히 7.7%를 기록했다.

또 전직한 이들에게 직무 변경 이후 만족도를 물었다. '매우 만족한다'라는 응답은 11.3%, '만족한다'는 39.8%로 절반 정도가 전직을 만족해했다. '보통이다'는 40.7%였다. 어떤 부분에서 만족감을 느끼는지 물어본 결과(중복응답), 응답자의 절반 이상은 △연봉(52.3%)을 꼽았다. 이어, △심리적 고용 안정(41.5%) △직무 적성(39.2%) △기업 문화(30.1%)를 꼽았다.

마지막으로, 전직 경험자에게 몇 년 차에 전직을 실행했는지 조사했다. 그 결과, △1년~3년 차(42.0%)가 가장 많았다. 이어, △4년~6년 차(25.1%), △7년~9년 차(11.2%)로 나타나 저년차일수록 전직 도전이 활발했던 것으로 나타났다.

〈출처 : 편도욱(2021.10.), 직장인의 44.2%, '하던 직무 바꿨다' 가장 큰 이유는?, 로이슈(m.lawissue.co.kr), 2021.10.22.〉

제 13 장	경력개발

제14장 자기개발을 원하는 모든 사람들에게

지금까지의 논의를 마무리하는 차원에서 자기개발을 원하는 모든 분들이 성찰의 시간을 거쳐 보다 성숙되고 성장하는 자아로 거듭나길 소망한다. 이에 저자가 선정한 다음의 5가지 주제들을 읽고 그 속에 담긴 함의를 음미해 봤으면 한다.

제1절 실패를 두려워하지 말자

"실패를 두려워하지 말고 과감히 시도하라"는 말이 있다. 실제로 성공한 사람들을 보면 무수히 많은 실패를 겪었다. 실패한다는 것은 성공에 가까워지기 위한 발판에 불과하다는 이야기다.

실패가 두려워 도전하지 못한다면 더 이상 발전을 기대할 수 없을 것이다. 반대로 실패가 더 나은 결과로 돌아올 것을 믿을 때 담대히 도전할 수 있다. 그래서 우리는 매일 이런 두려움과 싸워야 한다. '만약 안 되면 어떡하지?' 하는 두려움 앞에서 '안 되니까 반복해 봐야지' 하며 도전한다면 금세 두려움은 물러갈 것이다. '망하면 어떡하지?' 하는 두려움 앞에서 '망하면 다음부터는 성공뿐이야' 하는 마음을 가질 때 우리는 두려움과의 싸움에서 진정한 승리자가 될 수 있다. 따라서 실패의 두려움이 더 큰 소망을 위한 디딤돌임을 믿는다면 우리는 어떤 두려움도 이길 수 있을 것이다.[206]

진로와 취업 문제로 고민하고 두려워하는 모든 취준생이여! 각자 자신의 부족한 부분과 강점을 파악하고, 특히 실패를 두려워하지 않는 자세로 취업시장의 문을 담대하게 두드려 보기 바란다. 설사 조기에 취업 성공의 길로 들어서지 못하더라도 이런 자세를 견지한다면 결국 어떤 어려움이 있더라도 마인드 컨트롤에 따라[207] 스스로 취업의 벽을 넘을 수 있을 것이다.

---

206) 임민철(2021.06.), 실패를 두려워하지 말자, 주간기쁜소식(http://www.igoodnews.or.kr), 2021.06.18.
207) 자신의 좌절감이나 실망감과 같은 감정을 컨트롤할 수 있느냐 없느냐가 아니라 컨트롤하려는 의지가 있느냐 없느냐 하는 것이다. 여기서 중요한 것은 자신이 취업하려는 의지, 취업하고자 하는 것을 할 수 있다는 의지이고 마음가짐이다.

제2절 자신감 있는 사람이 되자[208)]

조직 내의 고업적자를 모델로 선정해서 자신의 장단점을 꾸준히 조율하는 직장인과 되는대로 시간만 때우는 직장인 사이에는 시장가치에서 큰 격차가 있게 되고, 이러한 격차는 고성과자를 특징짓는 결정적 요인인 자신감에 따라 더욱 벌어지기도 한다.

우수사원이어서 자신감을 갖게 되는지, 자신감이 있기 때문에 우수사원이 된 것인지는 알 수 없지만, 고성과자의 공통적 자질에는 자신감이 있다. 물론 자신감은 허무맹랑한 야망도 아니고 거만한 태도도 아닌 새로운 아이디어와 변화를 받아들이는 개방적 태도를 지칭한다.

시장가치가 높은 직장인이 되기 위해서는 자신감이 필수적이다.

자신감이 있는 사람은 타인이나 동료에게 일방적으로 의지하지 않고 스스로 주체적으로 일을 꾸려 나가려 하고, 또한 서로가 공감할 수 있는 적당한 역할을 분담하여 일을 처리함으로써 서로 독려하면서도 경쟁적 파트너 관계를 만드는 이점이 있다. 그리고 자신감이 있는 사람은 타인으로부터 인정받지 못하는 부서 배치나 일을 맡겨도 보다 한 단계 높은 업무를 위한 경력개발 차원의 배치 또는 훈련으로 받아들임으로써 좋은 체험이든 나쁜 체험이든 가리지 않고 조직의 노하우로 축적 시킨다는 장점이 있다.

결국 당신이 이런저런 일에서 성공했기 때문이 아니라 실패를 했다 하더라도 자신감이 있는 사람이라면 이를 체험으로 받아들일 수 있는 여유가 생기고, 조직에서는 이러한 소중한 체험을 조직의 노하우로 축적할 수 있다는 장점이 있기 때문이다. 조직에서 성공하기 위한 기본조건을 자신감을 들고 있는 이유가 바로 여기에 있다.

제3절 패배주의에 묻힌 청년들에게 고함[209)]

지금 우리나라 많은 청년들은 빈부격차, 취업대란, 세대 갈등 등 극심한 사회 양극화로 좌절하는 가운데 급기야 우리 사회에 '금수저·흙수저'란 현대판 봉건제론까지 등장했다. '헬조선'을 외치며 희망을 잃어가는 그들은 N포 세대로 패배주의에 묻혀

---

208) 공선표(2003), 몸값 TOP으로 올리기 - 삼성경제연구소 공선표 박사의 현장 체험 전략, 세계사, 2003.06.05.
209) 전운(2022.03.), [시론] 패배주의에 묻힌 청년들에게 고함, 아주경제, 2022.03.01.

살고 있다.

하지만 좌절해서는 안 된다.[210] 20~30대 소위 밀레니얼 세대는 앞으로 우리나라 4차 산업혁명을 이끌어 나갈 세대다. 니체는 "왜 살아야 하는지 아는 사람은 그 어떤 상황도 견딜 수 있다."고 말했다.

실제 지금의 60대 이상 세대들도 1970년대 이후 '땀 흘려' 산업화를 일궈 냈고 지금의 40~50대는 1990년대에 '밤새워' 우리나라를 인터넷 강국으로 만들었다. 이런 세대 모두 나름대로 아픔의 시간을 가지고 살아왔다.

좌절하는 20 · 30세대를 위해 정의선 현대차그룹 회장은 최근 ○○대학교 졸업식에 참석해 도전의 중요성을 강조했다.

정의선 회장은 "정주영 회장께서 하신 말씀 중 '어떤 실수보다 치명적인 실수는 도전을 포기하는 것'이라는 내용을 항상 간직하고 있다."고 말했다. 또 "중요한 일을 찾아내어 끈기와 인내로 반복하는 것이 중요하다."고 후배들에게 강조했다.

행정고시 교육직 수석 합격자인 강민영씨가 최근 ○○대 졸업식 축사에서 강조한 키워드도 도전이었다. 그는 졸업생들에게 "졸업 이후 우리가 마주할 세상에는 수많은 난관이 기다리고 있을 것입니다. 누군가는 나이, 성별, 장애 등의 이유로 불가능하다고 말할지 모릅니다. 하지만 꼭 해 보고 싶은 일이 있다면 새로운 길에 대한 두려움은 내려놓고 과감하게 도전하십시오."라고 전했다.

우리나라가 국민소득 3만 달러 시대를 맞이했지만, 미래가 아직 불확실한 이때, 막무가내식의 '도전'이라는 주문은 어불성설일 수 있다. 천정부지로 치솟는 아파트값에 취업도 힘든 청년들은 두려움을 느낄 수밖에 없다. "과거에는 회사 잘 다니며, 저축만 잘해도 집을 살 수 있지 않았느냐? 한국 경제를 이리 만들어놓은 주범들이 무슨 쓸데없는 소리냐?"라는 기성세대를 향한 청년들의 볼멘 목소리가 당연할 수도 있다.

그렇다고 포기와 좌절만 안고 살 수는 없지 않은가. 욕망이 없는, 그리고 그 욕망을 실현하고자 하는 꿈이 없는 인간은 미래를 개척할 수 없다. 한류를 주도하거나 스포츠계에서 크게 성공한 청년들도 많지 않은가. 스타트업에 계속 도전해 어엿한 빅테크 기업의 CEO들로 성장해 우리나라 경제의 주역으로 자리 잡은 청년들도 상당히 있다.

정의선 회장은 ○○대 졸업식에서 "도쿄올림픽 남자 양궁 2관왕 김제덕 선수는 하루에 1,000발을 쏘고 14시간씩 연습하곤 한다."며 "저 역시 오늘도 성공의 루틴을 만들어 나가고, 그것을 발전시켜 좀 더 좋은 루틴을 만들기 위해 끊임없이 반복해

210) "사람은 죽는 순간까지 존재의 완성 단계에 이를 수 없지만, 대부분의 사람은 이미 존재의 완성 단계에 이른 양 살아간다. 늙은 것이다. 그렇지 않고 아직 젊다면 한 번밖에 오지 않으며 되돌릴 수 없는 삶이 소중하다면, 그 삶을 어떻게 만들 것인지 부단히 질문을 던져야 할 것이다." 19세기 러시아 혁명가 피터 크로포트킨의 '청년에게 고함'은 '헬조선'을 살아가는 청년들에게도 유효한 메시지일 것이다. 이와 관련하여 서울경제(2016.04.), [시각] '헬조선' 청년에게 고함, 2016.04.20.

나가고 있다."고 언급했다. 이어 "우리가 원하는 루틴이 하루아침에 우리 것이 되지는 않을 것"이라며 "나태에 굴하지 않을 수 있는 '끈기'와 '반복' 속에 새로움을 더할 수 있는 '용기'가 없다면 불가능하다."고 말했다.

2005년 스티브 잡스도 새로운 시작을 앞둔 청년들을 위해 스탠포드 대학교에서 "Stay hungry, Stay foolish(배고픔과 함께, 미련함과 함께)"를 외쳤다. 미련할 정도로 꾸준한 도전을 해야 한다는 청년들에 대한 주문이다.

산업화를 일구고, 우리나라를 IT 강국으로 만든 기성세대들의 도전 정신을 청년들도 이어가야 한다. 청년은 우리의 미래이기 때문이다. 우리 민족에게는 수없이 역경을 극복한 DNA가 흐르고 있다.

제4절 다시, 장인이다[211)]

4차 산업혁명이 시대적 화두로 떠오르면서 미래에 대한 불안감도 커지고 있다. 특히 4차 산업혁명이 미래 일자리의 지형도를 바꿀 것이라는 전망들이 나오면서 미래 인재상에 대한 관심이 높아지고 있다. 기업들도 4차 산업혁명 시대에 걸맞은 인재 육성 방향 설정에 고심하고 있다.

그렇다면 4차 산업혁명 시대 기업은 어떤 인재를 양성해야 할까. 장원섭 연세대 교수는 4차 산업혁명 시대야말로 '장인(匠人)'이 필요한 시대라고 생각한다. 4차 산업혁명 시대에 안 어울리게 뜬금없이 웬 장인이냐고 반문할 수도 있다. 창의성, 유연성, 협력 등이 4차 산업혁명에 어울리는 인재상으로 꼽히는 시기에 장인이라니 시대착오적이라거나 고리타분하다고 여길지도 모른다. 그럼에도 불구하고 그는 현대적 의미의 장인(匠人)이 육성돼야 한다는 새로운 화두를 던지고 있다. 장인으로부터 일다운 일, 배움다운 배움을 배워야 한다는 것이다.[212)]

1. 장인(匠人)은 누구인가?

장인이라고 하면 과거 1, 2, 3차 산업혁명의 기초를 이루고 있던 대표적 인재상이다. 세계에서 가장 가볍고 단단한 강판을 만드는 사람, 소음이 적은 자동차 엔진을

211) 동아비즈니스리뷰(2017). 4차 산업혁명, 현대적 匠人이 주도, 조직 내에서 '성취의 절정' 느끼게 하라. DBR 237호. 2017.11. Issue 2.
212) 이하 내용은 장원섭(2015.10.), 장인의 탄생, 학지사, 2015.10.30. 참조.

만들어서 잡음을 인공적으로 만들어 넣은 도요타자동차의 엔지니어들처럼 한 분야를 집요하게 연구해 최고의 위치에 오른 사람들을 보통 장인이라고 부른다. 그런 의미에서 장인이라고 하면 대부분의 사람들이 '수공업자' '전통의 계승자' '외골수' '도제제도' '달인' '장인정신' 같은 단어들을 떠올린다. 장인에 대한 이런 선입견은 부분적으로만 맞을 뿐이다. 더군다나 장인을 창조적으로 일하는 사람이라거나 배움을 확장하는 사람이라고 말한다면 어떤가? 이 말을 쉽게 납득하는 사람은 별로 없을지도 모른다. 그러나 사실 장인에 대한 이런 새로운 시각이 고집불통이라는 과거의 이미지보다 장인을 더 잘 설명하는 말이다.

그렇다면 현대 시대 장인은 어떤 사람일까. 수년 전부터 장 교수는 일다운 일을 실천하는 장인의 모습을 떠올리면서 장인에 대해 연구했다. 그리고 장인을 현대적 의미로 재해석했다. 전통적인 장인 개념만으로는 지금 우리에게 주는 시사점이 극히 제한적일 수밖에 없기 때문이다. 연구 결과 그는 장인을 '일하는 사람의 전범(典範)'으로 재개념화했다. 새로운 관점으로 다양한 분야에서 일하는 장인들을 연구 대상으로 삼았다. 전통 수공업 분야에서 일하거나 대한민국 명장(名匠)으로 선정된 분들뿐만 아니라 의사와 변호사, 소프트웨어 개발자, 조각가, 뮤지컬 배우 같은 문화예술인까지 포함했다. 어떤 분야에서든 자신의 일에서 최고의 경지에 올랐으며, 일하는 사람의 모범이 될 수 있는 국내외의 장인들을 연구했다.

장인의 개념은 달인, 프로, 1인자, 예술가와 다르다. 달인은 기능적 숙련도에서, 프로는 일에 대한 성실성에서, 1인자는 성과의 탁월함에서, 예술가는 작품의 창조라는 점에서 장인과 유사한 측면이 있다. 그러나 장인의 의미는 세부 기능의 숙달만도, 돈의 대가만도, 성과 경쟁에서 일등만도 아니다. 직업적 의미와 멀리 떨어진 개념도 아니다. 장인은 일을 통해서 자신의 존재 의의를 실현한다.

결국 현대적 의미의 장인은 더 이상 전통 기술을 고수하고 전수하는 역할만을 하는 것이 아니다. 그보다는 높은 숙련도를 가지고 있는데도 끊임없이 배우고, 지식과 기술을 지속적으로 혁신해서 창조적으로 일한다. 이런 점에서 장인은 현대 직업인의 모범 또는 롤모델이 된다. 이는 창의성과 유연한 사고로 대표되는 4차 산업혁명 시대 인재상과도 부합한다.

2. 장인정신이라기보다는 장인성(匠人性)

일하는 사람의 전범으로서 장인이라는 개념은 우리가 흔히 말하는 장인정신만으로는 설명하기 어렵다. 장인은 성실하면서도 창조적으로 일하는 행동 습성을 보여준다. 게다가 최고의 결과물을 만들어낸다. 정신만으로는 충분하게 다룰 수 없는 실천력이야말로 장인의 주요한 특성이다. 그것을 장 교수는 '장인성(匠人性)'이라고 부른다. 장인성은 장인이 보여준 일과 배움의 특성을 설명하기 위해 새롭게 만든 용어다. 장인성은 장인정신과 같이 정신만을 똑 떼어낸, 현실과 유리시킨 추상적 개념이 아니다. 그보다는 장인의 일하는 삶이 가진 구체성과 실제성을 바탕으로 한 개념이다. 장인은 정신세계가 아닌 현실 세계를 살아가는 존재이기 때문이다.

모든 사람이 장인이 될 수는 없으나 장인정신을 가질 수는 있다는 주장도 있다.[213] 장인정신을 본받아야 그 수준에 가까워질 수 있겠지만 창조적으로 일하고 확장적으로 배우는 삶의 과정은 정신 개념만으로는 드러내기 어렵다. 장인정신은 장인성을 구현하기 위한 하위 요소이거나 다른 차원의 개념일 뿐이다. 장인은 단지 정신이나 마음만이 아니라 실제 행위를 통해 최고의 결과물을 만들어낸다. '정신을 갖거나 머리로 안다'는 말은 '몸에 밴다'거나 '손에 익다'는 말과 대척점에 있다. 장인정신은 정신이지만, 그것은 몸에 배어 행동으로 드러나야 한다. 장인의 행위와 기술은 머리로만 아는 것이 아니라 손에 익은 것을 말한다. 결국, 장인이 된다는 것은 단지 장인정신을 갖는 것의 문제가 아니다. 장인성이라는 행동 습성을 형성해야 가능하다. 한마디로 장인은 오랜 시간의 축적과 넓은 공간의 확장이라는 지난한 형성 과정을 거쳐 비로소 만들어진다.

3. 장인성의 8요소

장인은 한마디로 장인성을 가진 사람이다. 장인이 된다는 것은 단지 장인정신을 갖는 것을 넘어서 장인성이 몸에 배어 행동 습성으로 드러내는 것이다. 장인성은 다음과 같은 여덟 가지 요소로 이뤄져 있다.

① 장인은 성장에 대한 의지를 가진 자다. 본인이 원하는 길일 수도 있고 우연한 계기로 자신의 일에 입문하게 됐을 수도 있다. 하지만 우연히 입문했다고 해도 장인은 그 기회를 살려서 최고의 위치까지 이른다. 처음부터 그 일에 소명 의식을 가졌다고 보기는 어렵다. 그럼에도 불구하고 장인은 고된 과정일지라도 우연을 필연의 길로 만들어낼 수 있는 열의와 힘을 가지고 있다.[214]

② 장인은 지독한 학습자다. 아무것도 모르는 상태에서 일을 시작했을지라도 장인은 그 일에서 성장하기 위해 하나하나 배워나간다. 이는 혹독한 숙련의 과정이다. 장 교수가 책을 쓰기 위해 만난 장인 중 대충 배워서 장인이 된 경우는 없다.[215]

---

213) 유홍준 외(2010), 우리 시대의 장인정신을 말하다, 서울: 북노마드.
214) 대표적인 예가 '안스베이커리'로 유명한 제빵 명장 안창현 씨다.
215) 제빵왕 안창현 씨는 지금도 일본에서 제빵 기술과 트렌드 관련 컨설팅을 받고 있다.

③ 장인은 일의 해방자다. 일을 회피하거나 도망가려 하지 않고 오히려 일 자체에서 재미와 보람을 느끼고 일 그 자체에서 성장한다. 일의 참된 본질을 발견하고 그 일의 리듬을 자신의 리듬으로 만들어 행함으로써 일 그 자체를 해방시킨다.

④ 장인은 창조적으로 일하는 자다. 전통을 고수하고 전승하기보다는 오히려 새로운 전통을 창조하고 확장한다. 새로운 일을 찾기보다는 자신의 일에서 새로움을 만들어낸다. 그럼으로써 일의 지평을 넓히고 새롭게 창조하는 힘을 발휘한다.216)

⑤ 장인은 배움을 넓히는 자다. 최고의 숙련과 전문성을 가지고 있음에도 불구하고 장인은 끊임없이 배운다. 장인에게 있어서는 일 자체가 성장의 주요한 발판이 되고 느슨하지만 열린 관계 맺음을 하면서 배운다. 일의 확장과 창조는 이런 배움의 넓힘을 통해 가능하다.217)

⑥ 장인은 배움을 베푸는 자다. 장인은 평생에 걸쳐 힘겹게 얻은 배움을 공동체와 후속 세대를 위해 기꺼이 내놓는다. 자신의 기술과 노하우를 나누고 남김으로써 일의 세계를 배려한다.

⑦ 장인은 정상에 오른 자다. 자신의 분야에서 가장 높은 수준의 숙련도와 전문성을 가진다. 그 결과는 일에 있어서 큰 성과와 높은 지위로 나타난다. 장인은 정상의 기쁨과 희열을 경험한다.

⑧ 장인은 고원에 사는 자다. 정상의 맛을 잊지 못하고 계속 그 맛을 보기 위해서 정상 주변의 높은 지대에 머무른다. 거기서 언제든 정상에 오를 준비를 하고 있어야 한다. 그런 고원에서의 고통이 있을지라도 그 고통을 기꺼이 감내하고 즐긴다.

4. 왜 다시, 장인인가?

그렇다면 왜 4차 산업혁명 시대에 다시 장인을 주목해야 할까. 4차 산업혁명 시대는 이전의 후기 산업사회와 다르기 때문이다. 산업사회가 돈, 노동, 최적화, 안전성, 확정성, 결과 책임 등을 특징으로 한다면 4차 산업혁명 사회는 열정, 자유, 창조성, 사회적 가치, 공개성, 활동성 등이 특징이다. 산업사회가 소품종 대량 생산을 바탕으로 한 최적화에 초점을 맞춘다면 4차 산업혁명 시대는 다품종 소량 생산 혹은 맞춤형 생산(Customization)에 초점을 맞춘다. 소품종 대량 생산 시대에 인간은 정형화된 일에 집중했다. 그러나 이제 정형화된 업무는 인공지능들이 대신하게 된다. 이에 따

216) 한복 장인으로 유명한 백애현 장인은 전통 분야인 한복 제작 분야에서 일하면서도 과감하고 혁신적인 시도를 하는 것으로 유명하다.

217) 자동차 명장으로 유명한 박병일 장인은 '못 고치는 차 고쳐드립니다'라는 간판을 내걸고 자동차 정비를 한다. 특히 오래전부터 하이브리드 자동차가 인기를 끌 거라 예상해 하이브리드 자동차가 출시되자마자 직접 하이브리드 차를 구입해 이를 분해하고 실험해봤다. 장인이라는 타이틀에 자만하며 자기계발을 하지 않았다면 그는 지속적으로 장인의 위치를 지키기 어려웠을지도 모른다.

라 변화에 대응할 수 있는 다기능 기술자와 고숙련 인력의 수요가 증가하게 된다. 또한 지식정보산업화에 따라 통섭형 지식과 창조적인 인재가 요구되고 있다. 이렇게 변화한 새로운 산업사회에서의 개인과 기업, 사회는 생존과 성장을 위해서 장인을 다시 주목할 수밖에 없다.

장인은 기능적으로 볼 때도 4차 산업혁명 시대에 필요한 존재다. '4차 산업혁명'이 초연결, 초지능을 기반으로 해서 많은 산업 분야를 대체하고, 또 새롭게 창출할 것이라고 한다. 초연결은 사물과 사람이 연결되는 것이고, 초지능은 인공지능과 빅데이터를 통해 실현된다. 이 과정에서 인간의 노동력은 지금과는 다른 가치를 갖게 된다. 그래서 이제까지와는 전혀 다른 능력을 갖춘 인재들이 필요하고 기업 교육의 내용과 방법도 전면적인 혁신이 요구된다.

중요한 것은 소위 4차 산업혁명의 시대가 요구하는 교육 혁신은 전통적 교육이 추구했던 목표 및 내용과 완전히 단절되는 것은 아니라는 점이다. 오히려 그 연속선 위에서 새로운 능력의 훈련이 추가돼야 한다. 4차 산업으로의 전환은 2차 산업의 토대 위에서 가능하기 때문에 여전히 더 많은 장인을 필요로 한다. 인공지능을 탑재한 로봇이 의사나 변호사 등을 대체한다고 걱정하지만, 여전히 4차 산업혁명 시대에 필요한 생체 · 기계적 로봇을 만들기 위해 정밀기계와 복합 재료에 대한 고도의 기술과 장인적 경험을 축적해야 한다는 점은 간과되고 있다. 이렇게 보면 여전히 장인을 키우기 위해 요구되는 각고의 노력과 훈련이 기업 교육에 필수일 수밖에 없다. 새로운 시대가 요구하는 인재상은 완전 새로운 것이 아닌, 2차 산업을 떠받들던 장인의 확장된 버전이다.

제5절 '스펙'만큼 중요한, 아니 더 중요한 인문학218)

1. 기업이 인문학적 소양을 강조하게 된 이유

스티브 잡스는 결국 첨단 기술이라는 것이 혁신을 이루어내는 것이 아니라 인간이 원하는 것을 탐구할 때 비로소 사람이 원하는 것을 만들어 낼 수 있다는 철학을 가지고 있다. 그래서 인문학의 중요성을 강조했다. 그는 자신이 만들어냈던 혁신적 제품들이 기술에 의존한 것이 아니고 사람에 의존했다고 말했다. 기술의 변화가 세상을 바꾸는 것이 아니라 소비자가 원하는 것을 파악하는 것이 더 중요하다고 말이다.

218) 네이버 블로그(m.blog.naver.com > munite), 기업이 인문학적 소양을 강조하는 이유, 누수 119, 2014.10.14.

이에 그는 사람들이 진정 원하는 것에 대한 탐구를 하고, 그것을 추구할 때 세상을 놀라게 하는 제품이 나온다는 평범한 진리를 우리에게 일깨워 주었다.[219] 즉 인문학을 통해 인간에 대한 본질, 습성, 생각을 이해함으로써 좀 더 인간이 원하는 것에 접근을 할 수 있다는 것이다.[220]

2. 인문학을 강조하는 이유

(1) 다른 시각으로의 접근

그것은 아마도 사고의 한계점에서 찾을 수 있을 것 같다. 확실히 전공에 따라 사고하는 방식의 차이점을 발견할 수 있기 때문이다. 인문 같은 경우에는 생각이 자유롭기 때문에 문제가 발생할 때나 아이디어를 도출할 때 다른 시각에서 접근하는 것이 필요하다. 그런데 공대 같은 경우에는 1 + 1 = 2 라는 식의 사고를 많이 하게 된다. 그렇다고 공대생의 사고가 잘못되었다고 말하는 것은 아니다. 이에 반해 인문 전공은 좀 더 다른 시각으로 볼 수 있는 시각을 가졌다.

1 + 1 = 2 가 아니라고 말하면, 즉각 왜? 라는 질문과 함께 다른 방향을 찾을 수 있는 것이다. 그래서 소프트웨어 같은 것을 개발할 때도 새로운 것을 만들어낼 수 있는 것이다. 공대의 시각도 있고, 좀 더 다른 관점에서 볼 수 있는 시각도 필요한 것이다.[221]

(2) 인간의, 인간에 의한, 인간을 위한

결국 인간에게 있어 혁신적인 제품이란 기술만이 발달된 제품이 아니라 인간을 위한 제품이어야 한다는 것이다. 그 시대의 사람들이 진정으로 원하는 것이 무엇인지를 찾아내고, 이를 만들어 낼 때 사람들에게 사랑을 받을 수 있는 것이다. 너무 앞서가도 안되고, 너무 늦어서도 안 된다. 이를 잘 파악하기 위해서는 과거에 대한 이해

---

219) 스티브 잡스는 한마디로 "인문학과 기술의 교차점에 있는 제품을 만드는 것"이라고 말했다.

220) 인문학은 인간의 모든 가치 탐구와 표현활동을 대상으로 한다. 광범위한 학문 영역이 인문학에 포함되는데, 언어 · 문학 · 역사 · 철학 · 고고학 · 예술 · 지역학 등 인간의 삶 전체에 대한 학문이 인문학이다. 인문학은 우리가 어떤 존재이며, 우리가 지향해야 할 목표가 무엇이고, 다른 사람들과 어떻게 더불어 살아야 하는가, 다른 사람들과 어떻게 소통해야 하는가 등의 문제에 대한 답을 제시한다. 기업의 모든 활동이 인간의 욕망을 대상으로 하고 있기 때문에 인문학적 소양이 매우 중요하게 부각되는 것이다. 이와 관련하여 원대신문(2014), '인문학적 소양'을 강화해야 한다, 2014.03.07.

221) 지금은 세상이 너무나 급변하고 있다. 주어진 상황에 대한 정답이 하나만 존재하는 것이 아니게 돼버렸다. 지금은 새로운 답을 만들어가야 하는 시대다. 미래를 만들려면 세상을 다르게 봐야 하기 때문이다. 코앞의 실적 못지않게 더 중요한 게 있기 때문이다. 그래서 더 깊게 봐야 한다는 것이다. 이와 관련하여 정용진(2014), "인문학 눈을 가져야 또 다른 세상 볼 수 있습니다", 주간동아, 2014.04.14. 참조.

와 현재 함께 살고 있는 사람들을 잘 이해해야만 한다. 그 모든 것이 인문학 속에 고스란히 스며들어 있다. 그래서 인간의 본질에 대한 것을 이해하는 인문이 강조되는 것이다.[222] 즉 기업이 존속하는 이유가 이윤추구라는 명제가 있지만, 결국 인간의 삶을 더 풍요롭게 하고자 하는 대명제가 깔려 있기 때문이다.

또한 한 가지 더 중요한 것은 개인주의화 되고 물질만능주의가 팽배한 이 시대를 한 번 다시 돌아보고, 잃어버리고 있는 인간성에 대해서 한번 생각해보라는 취지도 담겨있는 것 같다. 그리고 그런 기본이 잘되어 있는 사람을 뽑겠다는 말도 된다. 그래서 면접을 볼 때 직무 검사뿐만 아니라 인·적성시험, 그리고 인성 면접을 보는 이유도 바로 인간 됨됨이가 중요하기 때문이다.

결론적으로 여러분 모두 인문 소양의 중요성을 깨닫고, 이를 함양하기 위해 노력하는 것이 좀 더 바람직할 것이다.

3. 인문학적 소양 키우기

인문학적 소양을 기르기 위해서는 우선 책을 많이 읽고, 경험을 많이 쌓고, 평소 생각하는 훈련을 많이 하는 것이 좋다. 관심 있는 영역이 있다면 동 분야를 집중해서 공부하고, 경험하는 좋다. 나는 누구이며, 무엇에 관심이 있으며, 무엇을 잘할 수 있으며, 앞으로 무엇을 할 것인지 사색하고 준비하는 것이다.

한편, 정용진 신세계그룹 부회장은 다음의 3가지를 실천해 볼 것을 제안했다.[223]

첫째, 고전을 많이 읽을 것을 권한다. 고전을 읽는 것은 빠르고 자극적인 것에 익숙한 우리로 하여금 인내하게 하며, 이것만으로도 우리는 성숙해진다. 고전을 요약해 놓은 것을 자꾸 뒤져보는 건 아무 소용없는 일이다. 줄거리가 아닌 캐릭터를 보면서 자신을 자주 반추해보길 바란다.[224]

둘째, 살피는 것이다. 고은의 시 '그 꽃'이 있다. '내려갈 때 보았네 / 올라갈 때 보지 못한 그 꽃'. 앞만 보고 달려갈 때 우리가 놓치는 것 가운데 정말 꽃처럼 귀하고 아름다운 것이 우리 인생에 많다고 생각한다. 그런 것들을 챙기면서 가는 것이 인문학의 실천이라고 본다.

셋째, 들여다보는 것이다. 참 좋은 시를 하나 더 소개하면, 장석주의 '대추 한 알'

222) 일이든 개인 생활이든, 행복하게 살려면 나 자신을 제대로 알아야 하고, 또 인간을 이해하는 사람만이 통찰력을 키우면서 상상력을 발휘할 수 있다.

223) Ibid.

224) 예를 들어 뮤지컬과 영화로 유명해진 명작 '레미제라블'을 생각해보자. 사람은 대부분 장발장의 기구한 스토리에만 주목한다. 하지만 만약 여러분이 장발장과 자신을 비교하는 것은 물론, 자베르 경감에게 자신을 대입해보면서 그 사람의 철학과 나의 철학, 그 사람의 삶의 태도와 나의 태도를 비교하고 성찰한다면 훨씬 넓고 깊은 생각을 할 수 있다.

이 있다. '저게 저절로 붉어질 리는 없다 / 저 안에 태풍 몇 개 / 저 안에 천둥 몇 개 / 저 안에 벼락 몇 개 // 저게 저 혼자서 둥글어질 리는 없다 / 저 안에 무서리 내리는 몇 밤 / 저 안에 땡볕 두어 달 / 저 안에 초승달 몇 날.' 우리는 누구나 대추를 알아본다. 그리고 어떻게 생겼고, 몇 개가 달렸는지에 집중한다. 하지만 이제는 그 안을 볼 줄 알아야 한다. 그 안의 고뇌와 외로움, 즉 결과가 아닌 과정을 읽는 것이다. 우리가 자신도, 타인도 이렇게 들여다볼 줄 안다면 좀 더 깊이 있는 인문학적 소양을 갖추게 될 것이다.

[생각해보기 17] 무엇을 해도 잘되는 사람들의 11가지 생활 습관

1. 일찍 일어나야 한다.

하루를 미리미리 준비하는 사람은 마음에 여유가 생긴다. 그런 사람들은 미리 계획을 준비하면서 하루에 큰 그림을 먼저 그리고 일이 더 잘 풀릴 수밖에 없다.

2. 책 읽기를 좋아해야 한다.

매일매일 적은 시간이라도 독서를 하는 사람들은 폭넓은 사고와 이해력을 갖추게 되고, 상황에 대한 유연한 사고와 대응력을 가지게 된다.

3. 자신이 하는 일을 좋아하고 흥미를 느껴야 한다.

본인이 하는 일에 흥미를 느끼고 재미를 느낀다면, 그것을 의무적으로 하는 사람들과 비교했을 때 엄청난 성장을 할 수 있다.

4. 긍정적인 생각을 해야 한다.

사람은 어떻게 생각하느냐에 따라서 인생이 달라지기 마련이다. 부정적인 생각은 세상 모든 것을 나쁘게 생각하게 하고 사람의 인생을 망치는 반면, 긍정적인 생각은 세상을 앞으로 나아가게 하고 안 되는 것을 되게 하는 힘이 있다.

5. 인사성이 밝아야 한다.

어디서나 인사성 밝은 사람은 모든 사람들에게 인상이 각인되기 마련이고, 그것이 사람과의 관계에서 가장 기본예절이다.

6. 겸손해야 한다.

여전히 겸손은 미덕이다. 겸손은 나아가는 사람에게 자신의 뒤를 돌아보게 해 주는 마음가짐이다.

7. 메모하는 습관을 가지고 있다.

기막힌 발상과 세상을 바꿀만한 아이디어는 책상 앞에 앉아 있을 때도, 열심히 업무를 보고 있을 때도 생기지 않는다. 우연히 길을 가다가, 산책하다가, 목욕하다가 생기게 마련이다. 그러한 순간에 발상을 캐치해서 실행에 옮기는 것이 성공하는 사람의 습관 중 하나다.

8. 좋은 인상을 유지한다.

첫인상이 아무리 좋았더라도 부정적인 정보를 접하면 쉽게 나쁜 쪽으로 바뀔 수 있다는 점을 명심해야 한다.

9. 칭찬은 구체적으로 한다.

면전에서 칭찬하는 것보다 제3자에게 칭찬하는 것이 더 효과적인 경우가 많다. 다른 사람을 통해 듣는 칭찬은 인정받고 싶은 욕구와 자랑하고 싶은 욕구 두 가지를 모두 충족시킬 수 있다.

10. 다름을 인정한다.

다름을 인정하면 공감이 쉬워진다. 인간관계의 갈등을 줄이고 원만한 관계를 유지하기 위해서는 머릿속에서 '다른 것=나쁜 것'이라는 공식을 삭제해야 한다.

11. 작은 빈틈을 보여줘 마음을 연다.

너무 완벽한 사람은 다른 사람들에게 열등감을 느끼게 만든다. 또 사람들은 결점을 드러내지 않는 사람에 대해 위선적이고 인간미가 없다는 고정관념을 갖고 있다. 스펀지가 공간을 갖고 있기에 물을 빨아들이듯이 누군가 다가오게 하려면 그가 들어올 수 있는 빈틈을 마련해둬야 한다.

〈출처 : 하마사(hamasa.tistory.com), '자기계발/좋은 글', Daum 블로그, 2017.02.04.〉

참고문헌

강정욱(2020.10.), 삶을 위한 기술, 경력개발과 관리 - 삶은 문제 해결의 연속이다, 브런치(https://brunch.co.kr), 2020.10.29.

고빽(gobback.tistory.com), 자기계발 도대체 왜 하는 건데?, 2020.03.08.

고용노동부 공식블로그, 채용 시장에 부는 바람을 읽다!, 2022.03.14.

고정민(2011), 직업 가치관, 직업 선택에 영향 커, 한겨레, 2011.08.15.

공선표(2003), 몸값 TOP으로 올리기 - 삼성경제연구소 공선표 박사의 현장 체험 전략, 세계사, 2003.06.05.

공학저널(2019), 4차 산업혁명-본질적 이해 필요, 2019.03.12.

곽노필(2021.09.), 행복과 의미도 좋지만…제3의 '좋은 삶', '심리적 풍요'서 온다, 한겨레, 2021.09.08.

곽노필(2021.11.), 삶의 의미 어디서 찾냐 묻자…한국인만 이걸 1위로 꼽았다, 한겨레, 2021.11.23.

교육부 공식블로그, 우리 교육계는 왜 '역량'에 주목하는가?, 대한민국 교육부, 2017.12.19.

구름빵야(2019), 평생학습 이력과 직업경력 파악, 네이버 블로그(http://m.blog.naver.com > sotiere), 2019.06.14.

권민정(2020), 진로 설정 : '나는 누구인가'부터 파악하라, Special report-대학 새내기 취업 준비-진로 설정, 월간 리크루트, 2020.07.09.

김남형(2017), 〈시간 관리의 기술 3편〉 시간 관리를 해야 되는 6가지 이유(시간 관리의 중요성), 게으름타파블록(https://goaltime.tistory.com), 2017.02.23.

김동규 외(2019), 4차 산업혁명 시대 내 직업 찾기, 한국고용정보원, 2019.04.03.

김보람(2021), 코로나19 시대 청년 취업, '마인드 세팅'이 중요, IT동아(it.donga.com), 2021.07.31.

김신영(2011), 진로, 직업의 의미와 진로 교육의 중요성, 한국교육신문, 2011.12.01.

김은숙(2017.02.), 경력개발, 어떻게 해야 할까? - 여러 우물을 파라, 브런치, 2017.02.23.

김현기(2002), 감성지능을 높여라, LG 주간경제, 2002.10.30.

남상석(2021), 행복의 조건, 브런치(brunch.co.kr), 2021.12.20.

남성현(2009), 꿈은 이루어진다(청소년 진로 탐색 워크북), 신진리탐구, 2009.

네이버 블로그(http://m.blog.naver.com), 학력과 직업과의 관계는?, by 강섬미, 학력과 직업과의 관계는?, 2013.07.19.

네이버 블로그(m.blog.naver.com > munite), 기업이 인문학적 소양을 강조하는 이유, 누수119, 2014.10.14.

뉴스앤잡(2021.06.), With 코로나 시대, 5가지 Hot 채용 동향! 뉴노멀의 형태로 자리잡다!, 2021.06.09.

뉴스앤잡(2022.01.), 2022 채용 트렌드 10대 키워드, 리버스 인터뷰가 뜬다!, 2022.01.25.

다음 블로그(blog.daum.net > kvoca), 내 인생 스승을 찾아가는 9가지 유형 진로 모델, 한국직업상담협회, 2011.10.27.
다음 블로그(blog.daum.net > fkschgid), 학력(學力)과 학력(學歷), 2012.02.26.
대경녹색기술직업전문학교(2018.06.), 인사담당자가 뽑은 최악의 자기소개서, 2018.06.29.
대학저널(http://www.dhnews.co.kr), 2020.05.26.
동서울대학교 교수학습지원센터, 학습 포트폴리오 작성 매뉴얼, 2018.10.
동아비즈니스리뷰(2017). 4차 산업혁명, 현대적 匠人이 주도, 조직 내에서 '성취의 절정' 느끼게 하라. DBR 237호. 2017.11. Issue 2.
동아사이언스(2013), 시간을 경영하라…명사와 위인들의 '시간 관리법', 2013.08.20.
디지털타임스(2018.07.), 2018.07.29.
디지털타임스(2022.05.), [파워 인플루언서] 면접 때 이것만은 알고 가자… 대기업 면접관이 귀띔해주는 꿀팁 대공개, 2022.05.23.
리처드 N. 볼스(2002), 당신의 파라슈트는 어떤 색깔입니까?, 조병주 역, 동도원, 2002.12.31.
리크루트 타임스(2021.12.), [2021년 채용 시장 분석] 최근 2년 새 '경력 채용' 신입보다 두배나 높아!-수시 공채 비중도 59%, 2021.12.07.
매일경제(2003.04.), 2003.04.19.
매일경제(2011.02.), 새 출발 앞둔 너에게 들려주고 싶은 유명 인사들 명언 30, 2011.02.15.
매일경제(2019.10.), "흙수저의 성공비결요? 늘 기본에 충실했죠", 2019.10.14.
매일경제(2022.05.), 일자리, '일'과 '자리'를 구분하자, 2022.05.17.
문권모(2009.04.), DBR 30호, 2009년 4월 Issue 1.
미라클어헤드(mirakle.mk.co.kr > view), 구독경제란 무엇인가?, 2019.02.27.
배상기(2022.04.), 미래의 유망직업, 한국대학신문(news.unn.net), 2022.04.19.
배우는 남자(2020.08.), 강점 찾는 4가지 방법, 진로를 배우는 사람들, 2020.08.20.
배우는 남자(2020.11.), 2가지 직업적성 테스트-정확하게 나의 적성 찾는 3가지 방법, 진로를 배우는 사람들, 2020.11.12.
백승민(2021.09.), 직업 선택의 기준, 잡코리아(www.jobkorea.co.kr), 2021.09.16.
베리타스알파(2019), 직장인 10명 중 4명은 '샐러던트'-자기계발비로 월 17만1,000원 지출, 2019.03.11.
봉잡스(gbworld.tistory.com), 삶에 대한 인생 명언 및 좋은 글 13+2선, 2014.11.14.
삼양그룹 공식 블로그(www.saysamyang.com), 로봇이 사람을 평가하다? AI 면접관의 정체는? AI 면접 알아보기, 2022.03.04.
서울경제(2016.04.), [시각] '헬조선' 청년에게 고함, 2016.04.20.
서지영(2022.02.), 요즘 시대, 왜 강점이 중요한가?, 인살롱(hr.wanted.co.kr > INSIGHTS), 요즘 시대, 왜 강점이 중요한가?, 2022.02.24.
소비자평가(http://www.iconsumer.or.kr), '퍼스널 브랜딩'이 뭐길래 다들 난리야?, 2022.03.29.
송한상(2021.05.), 요즘 핫한 ESG, 대체 뭐길래?, 인살롱(HR Insight), 2021.05.11.
슈퍼루키(www.superookie.com > contents), 취업도 전략이 필요하다, 아이스맨.

슈퍼루키(www.superookie.com > contents), 나는 기업에 대해 얼마나 알고 있을까?, 아이스맨.

슈퍼루키(www.superookie.com > contents), 기업은 어떤 사람을 채용하는가?, 아이스맨.

슈퍼루키(www.superookie.com > contents), 지원 기업과 직무에 대한 이해 Ⅱ, 아이스맨.

슈퍼루키(www.superookie.com > contents), 취준생을 위한 경력개발 계획수립, 아이스맨.

슈퍼루키(dev.superookie.com > contents), 채용 프로세스 이해Ⅱ (자기소개서 1/2) - 자기소개서의 올바른 이해.

슈퍼루키(dev.superookie.com > contents), 채용 프로세스 이해Ⅱ (자기소개서 2/2) - 자기소개서 작성.

슈퍼루키(dev.superookie.com > contents), 나만의 자소서 작성Ⅰ_왜 자소서를 써야 할까?

슈퍼루키(dev.superookie.com > contents), 나만의 자소서 작성 Ⅱ_자소서 작성 3일 완성.

슈퍼루키(www.superookie.com > contents), 면접은 어떻게 준비해야 할까?.

슈퍼루키(www.superookie.com > contents), 채용 프로세스 이해 Ⅲ (면접의 이해 1/2) - 면접이 왜 어려운가?.

슈퍼루키(www.superookie.com > contents), 23. 채용 프로세스 이해 Ⅲ (면접의 이해 2/2) - 면접 잘 보는 준비.

슈퍼루키(www.superookie.com > contents), 면접 준비의 실제.

시사저널e(2019.04.), '꼰대'님들, 공감 못 할 바엔 '함구'하세요, 2019.04.17.

신태균(2018), 한국뉴욕주립대학교 석좌교수, 사람인(www.saramin.co.kr), 제4차 산업혁명은 4.0 인재를 원한다, 2018.08.31.

씽크매스스쿨(m.blog.naver.com > thinkmath_school), 제4차 산업혁명 시대…미래 인재를 만드는 4C에 대해 알아보자, 2018.04.06.

아메리카노(2019.12.), 경력 개발 내가 스스로 한다 - Career development plan, 브런치(https://brunch.co.kr), 2019.12.02.

업그레이드유(2016.10.), 취업준비엔 S.T.A.R? STAR 기법으로 취업성공 별★따자!, 직업능력개발블로그, 2016.10.20.

에이피알 스토리(blog.naver.com > aprcorporation), Best Person보다 Right Person이 적합한 이유, 2018.03.06.

여성신문(2021), 4차 산업혁명 시대-남의 능력 활용하는 '연결 역량' 키워야, 2021.04.16.

오미경(2013), No. 23, 당신의 파라슈트는 어떤 색깔입니까?, 구본형 변화경영 연구소, 2013.10.07.

오연수(2016.10.), 학력(學歷)보다 학력(學力)이 우선되는 사회로, 강원도민일보, 2016.10.19.

원대신문(2014), '인문학적 소양'을 강화해야 한다, 2014.03.07.

월간 리크루트(www.hkrecruit.co.kr > news > articleView), 리버스 인터뷰-메타버스 채용박람회까지?, 2021.12.08.

유꽃비(2021.08.), 면접관으로서 하고 싶은 짧은 조언, 인살롱(hr.wanted.co.kr), 2021.08.30.

유홍준 외(2010), 우리 시대의 장인정신을 말하다, 서울: 북노마드.

윤선희(2016), 한국의 자수성가 부자들-대한민국 400대 부자들의 부를 만드는 비밀, 한스미디어, 2016.06.10.
윤영돈(2020.06.), [윤영돈의 채용 트렌드 2020] 워라밸이 무너지고 워라하 시대가 온다, 잡코리아, 2020.06.17.
윤영돈(2021.11.), 채용 트렌드 2022 - MZ세대가 바꾸는 채용문화의 변화, 비전코리아, 2021.11.19.
이상돈(2022.03.), 2022년 채용 동향, 월간 인재경영, 2022.03.02.
이슈와뉴스(2017), "사람인 조사, 인사담당자가 꼽은 비호감 자소서 1위는?", 2017.08.29.
이원복(2021.09.), [맛있는 시간] 나에게 투자하는 일, 자기개발-제천지원 직원들, 법원&사람들-테마법원(www.scourt.go.kr > portal > gongbo > PeoplePopupView), 2021.09.04.
이정훈(2021.02.), [매경춘추] 행복이란, 매일경제, 2021.02.27.
이찬(2022.04.), [이찬의 호모파덴스] 워라밸 원한다면 '워러밸' 갖춰라, 한국경제, 2022.04.04.
인더스트리뉴스(http://www.industrynews.co.kr), 4차 산업혁명-디지털 인재가 경쟁력 된다, 2018.11.01.
인살롱(hr.wanted.co.kr > INSIGHTS), 2022.06.09.
임민철(2021.06.), 실패를 두려워하지 말자, 주간기쁜소식(http://www.igoodnews.or.kr), 2021.06.18.
임춘성(2017) 연세대 산업공학과 교수, 4차 산업혁명과 일자리, 매일경제, 2017.10.11.
잡코리아(2015.11.), 직장인 48.7% '대한민국 기업문화 나쁘다', 2015.11.10.
잡코리아(2020.10.), 취준생을 위한 면접 합격 전략 총정리!, 2020.10.28.
잡코리아(2021.05.), [윤영돈의 채용 트렌드 2021] 대한민국 기업, 2021년 인재상 대폭 수정중!, 2021.05.27.
장석민, [PDF] 다양한 직업인의 역할 모델 탐색, http://viewpds.jihak.co.kr > tsoldb > 교과서별 > 중_진로와 직업. 장석민, [PPT] 직업인의 역할 모델을 선정하고 느낀 점을 이야기해 봅시다, http://viewpds.jihak.co.kr > tsoldb > 교과서별 > 중_진로와 직업.
장원섭(2015.10.), 장인의 탄생, 학지사, 2015.10.30.
전라북도 교육청, 직업적 성공 사례 성공한 직업인의 공통된 특성 인간적 자질, (https://school.jbedu.kr > _cmm > fileDownload > jb-it).
전북대학교(https://eei.chonbuk.ac.kr > bbs > eei > download), 2021년도 전공 진로 설계 학생용 가이드.pdf.
전운(2022.03.), [시론] 패배주의에 묻힌 청년들에게 고함, 아주경제, 2022.03.01.
정석용 · 이규은(2010.03.), 자기계발과 직업-미래 사회의 변화와 직업 가치관의 선택, 동문사, 2010.03.05.
정용진(2014), "인문학 눈을 가져야 또 다른 세상 볼 수 있습니다", 주간동아, 2014.04.14.
정책브리핑(www.korea.kr > news > policyNewsView), 4차 산업혁명이 가져올 미래사회 모습 4가지, 2021.04.19.
정철상(2013.08.), 자기관리의 시대, 나는 무엇부터 관리해야 할까?, 정철상의 커리어노트 (https://careernote.co.kr/1962?category=491768), 2013.08.19.

제니퍼 페트리글리에리(2020), 일과 사랑의 기술-일하는 커플이 성공하는 법, 곽성혜 역, 동녘라이프, 2020.04.10.
조선일보(2016.04.), “디지털 시대, 구글이 自紹書”… 美 베스트셀러의 취업 조언, 2016.04.08.
조세일보(2021.11.), 2022년 채용 트렌드는 메타버스, 리버스 인터뷰, 시니어 시프트,2021.11.15.
조현수(2021.05.), 이력서 리뷰 좀 해 주실래요?, 인살롱(hr.wanted.co.kr > INSIGHTS), 2021.05.24.
주간경향(2013.05.), 직업을 못 찾는 두 가지 이유, 1026호, 2013.05.21.
중부대학교, 2학년용 대학생활지도 및 진로설계 Ⅰ/Ⅱ, 중부대학교 창업 · 취업지원센터, 2014.01.14.
천사나비(2012), 진로결정 과정에서 나의 적성과 소질 찾기, 네이버 블로그, 2012.01.11.
최영미(2018.03.), choi's의 블로그(choiym24), 직업의 의미 및 선택, 2018.03.08.
최준형(2020), 내게 꼭 맞는 직무 탐색법, 잡코리아(https://www.jobkorea.co.kr), 2020.09.14.
최효진(2011.12.), 퍼스널 브랜드: 끝없이 관리해야 할 나의 경쟁력, DBR 94호, 2011년 12월 Issue 1.
커리어넷-직업인 인터뷰, 워크넷-직업·진로-직업정보-직업인 인터뷰.
편도욱(2021.10.), 직장인의 44.2%, ‘하던 직무 바꿨다’ 가장 큰 이유는?, 로이슈(m.lawissue.co.kr), 2021.10.22.
하나은행(https://blog.hanabank.com), 평범한 직장인에서 출발해 성공한 CEO가 된 6인, Hana 1Q 블로그-Hana 컬쳐, 2020.10.13.
하마사(hamasa.tistory.com), ‘자기계발/좋은 글’, Daum 블로그, 2017.02.04.
한겨레(2022.06.), [진로 전문가 인터뷰] “진로 교육은 미래 사회에 대한 투자”, 2022.06.27.
한국고용정보원(2006), CDP-H 진로 모의 주행, 2006.
한국대학신문(http://news.unn.net), [CHECK책] 10가지 키워드로 보는 채용 트렌드, 2021.11.23.
한국일보(2018.12.), 20대 진로 결정에 도움이 된 요인 2위는 알바 경험, 1위는?, 2018.12.28.
한상근, 직업정보의 탐색과 활용, 한국직업능력개발원.
한의신문(www.akomnews.com), 한국인이 1순위로 꼽은 행복의 조건은?, 2020.08.21.
한자 소리(hanjasori.blogspot.com), 반드시 필요한 두 가지 학력: 學歷과 學力, 2020.05.19.
황산(2021.11.), AI 시대에 학력?-직업생태계 바뀌고 있다, 뉴스트리(www.newstree.kr), 2021.11.08.
황상민(2014), 나란 인간-잘 안다고 착각하지만, 제대로 모르는 존재, 푸른숲, 2014.10.27.
효성 블로그(blog.hyosung.com), 나의 가치, 탐색 완료: 진짜 나를 완성하는 퍼스널 브랜딩, 2021.07.26.
flex 공식블로그(flex.team > blog > 2021/03/30 > employee-experience), 직원경험-기업 성장의 새로운 기준이 된 이유, 2021.03.30.
Good Influence(2019.12.), 고수는 빠르고 하수는 급하다 - 직장인 초기 경력개발, 브런치(https://brunch.co.kr), 2019.12.06.

http://blog.daum.net/ulsanedu/7428675

http://blog.naver.com/rs160/22076849536

http://image.chosun.com/cs/article/2011/title_author_arrow_up.gif, '이력서만 뿌리면 실패… 지원회사 정보 갖추면 구직확률 16배로', [Weekly BIZ] 조선일보, 2013.02.22.

http://teachingsaem.cmass21.co.kr > download > 21_진로 교육_4차 산업혁명 시대의 이해.

http://textbook-miraen.cdn.x-cdn.com, [PDF] 합리적인 진로 의사결정, 고) 진로와 직업_교사용 지도서.

https://hmseo91.tistory.com/1566?category=946805 [훔쟈의 티스토리], 자아의 유형, 2021.09.07.

https://hmseo91.tistory.com/1595?category=946805 [훔쟈의 티스토리], 진로 탄력성, 2021.09.28.

https://love-lovesalon.com > entry, 훈련을 통해 자아인식을 높여라, by lovesalon, 2022.06.28.

https://manpower.co.kr > _bbs > user_xml_guide > view, 행복한 삶을 위한 직업 선택, 맨파워코리아-취업정복하기.

https://m.blog.naver.com > oyh3235, Career plan(경력 계획)은 필요 없다, 라이프커리어 전략연구소, 2019.12.26.

https://piolos.tistory.com/3, [힘든 취업] 진로를 어떻게 선택해야 할까?, 2016.11.15.

IT 세상(https://twotwoclub.com), AI 면접이란? 도입하는 기업들이 점점 많아진다구요?, 2022.04.12.

JEFFREY H.GREENHAUS(2002), 경력개발 및 관리 [제3판], 탁진국 역, 시그마프레스, 2002.09.30.

PETER KIM(2013), 성공하는 사람들의 14가지 공통점, Project Research(https://projectresearch.co.kr), 2013.12.27.

찾아보기

(ㄱ)

가업의식(家業意識) 128
가치관 103
개념설계 능력 19
객체로서의 자아 86
경력 245
경력 계획 250
경력개발계획서 180
경력의 나열 248
고승덕 188
고용노동부 공식블로그 29
공유경제 15
공유사회 15
구독경제 12
구직 게임 46
글쓰기 89
금수저 · 흙수저 256
기계혁명 17
기록 249
기술혁명 17
기업가정신(企業家精神) 129
기업문화 149
기업이념 150
김영모 166
김창옥 100
김형숙 91

(ㄴ)

뉴노멀시대 43
니체 257

(ㄷ)

다중 경력 252
더그 맥밀런 170
디지털 문해력 23
디지털 인재 채용 64
딥택트 채용 55

(ㄹ)

라포 232
로스 21
로젠탈 92
리버스 인터뷰 58
리처드 N. 볼스 49
링크드인 210

(ㅁ)

마이클 코벳 170
마인드 세팅 50
마인드 컨트롤 255
말하기 연습 231
머튼 92
메리 베라 170
메이커 26
메타버스 플랫폼 56
면접관 232
모델링 161
모라벡의 역설 20
무경계 경력 252
문제해결 능력 24
밀레니얼 세대 257

(ㅂ)

바이오산업 28
박헌준 91

밥 아이거 169
밴두러 161
벤치마킹 210
비대면 문화 27
비대면 채용 64
비판적 사고력 13

(ㅅ)

사람의 양극화 17
삶(인생)의 의미 75
샐러던트 42
성격 탐색 108
세계경제포럼 11
소득의 격차 21
소명의식(召命意識) 128
소셜 리크루팅 방식 57
수시·상시 채용 65
수험정보 사이트 197
스마트 신인류 16
스킬셋 249
스토리두잉 177
스티브 잡스 258
스펙 262
시간관리 186
시니어 시프트 현상 61
신체적 조건 116
실행 및 관리 250
심리적 강점과 약점 111
씨티그룹 170

(ㅇ)

아이스 브레이킹 232
알렉스 고르스키 169
액션 러닝 90
언택트 27
연결 경제 16
온라인 채용박람회 31
온라인청년센터 31
우르술라 번스 170
워라밸 68, 133
워라하 68
워러밸 68
워러밸 전성시대 57
워크넷 29
월트디즈니 169
위드코로나 27
유망직업 131
윤은기 190
의사소통능력 13
인·적성검사 65
인간혁명 17
인문학 262
인재 1.0 18
인재 2.0 18
인재 3.0 18
인재상 4.0 18
인재혁명 17
임춘성 11

(ㅈ)

자기 객관화 211
자기 평가 249
자기 효능감 204
자기개발능력 32
자기고용 16
자기관리 185
자기소개서 215
자기주도학습 능력 25
자아(自我) 86
자아인식능력 85
자아존중감 87
자율주행차 11
잡아바 31
잡코리아 62

장원섭 258
장인(匠人) 258
장인성(匠人性) 259
장인정신(匠人精神) 129
적성 97
적합한 인재 221
정보통신기술 12
정용진 264
정의선 257
제이콥슨 92
제프 베조스 69
존 메이너드 케인스 15
존슨앤존슨 169
주관적 안녕감 73
주요능력효능감검사 118
주체로서의 자아 86
지능정보기술 12
직무 141
직무 파악 142
직무기술서 211
직무기초역량 217
직무체험 196
직분의식(職分意識) 128
직업 가치관 106
직업 선택 83, 132
직업 세계 탐색 138
직업 역할 모델 154
직업 흥미 96
직업가치관검사 118
직업관 126
직업능력의 격차 21
직업심리검사 119
직업윤리 135
직업의 의미 122
직업인 153
직업적 성공 162
직업적 특성 129
직업적성 99
직업정보 137
직업체험 26
직업충격 137
직원경험 60
진로 갈등 202
진로 교육 79
진로 변경 197
진로 설계 80
진로 유연성 204
진로 의사결정 199
진로 장벽 202, 203
진로 탄력성 203
진로(Career) 78
질문 능력 19

(ㅊ)

창업가 정신 24
창의력 13
채용 54
채용 트렌드 54
채용 프로세스 227
채용의 시대 18
천직의식(天職意識) 128
청년정책사용설명서 30
청소년 워크넷 139
체험형 · 채용전환형 인턴 65
초연결사회 14
초지능화 14
최병오 172
최악의 자소서 224
취업 정보 유튜브 채널 29

(ㅋ)

커리어 모자이크 59
커리어 빌드업 67

커리어 포트폴리오 67
커리어넷 139
컨텍스트(Context) 219
코로나19 27
콘택트 27
클라우스 슈밥 11

(ㅌ)

텔레워크 138
특이점(USP) 210

(ㅍ)

평생직업 23
평생직장 23
평생학습 23
폴리매스형 인재 선호 58
프로젝트로서의 자아 86
프로테우스 252
프로테우스식 경력 252
프로티안 경력 252
플라세보 효과 93
플랫폼 11
플랫폼 능력 19
피그말리온 효과 92
피드백 89

(ㅎ)

학력(學力) 174
학력(學歷) 174
학력관 176
학습 포트폴리오 183
한국직업정보시스템 139
한국직업표준분류(KSCO) 177
해리 덴트 137
행복의 조건 74
헬조선 256
협업 능력 13
협업능력 24
호감이 가는 자소서 224
홀랜드 94
홈코노미 28
환경적 강점과 약점 114
황상민 120
흥미 93

(기타)

4차 산업혁명 11
AI 면접 239
AI 면접관 239
CV 이력서 250
ESG 경영 59
GREENHAUS 246
JEFFREY H 246
MBTI 검사 105
MZ세대 54
SMART 기법 180
WPI 심리검사 120

저자약력

■ **이 종 호(李鍾昊)**

- 고려대학교 문과대 영문학과(학사)
- 고려대학교 대학원 경제학과(석사)
- 고려대학교 대학원 경제학과(박사)
- 현) 경민대학교 호텔외식서비스경영과 교수

[저서 및 논문]

- 《한국경제와 에너지》 (2017)
- 《기업가정신》 (2019)
- 《리더와 리더십》 (2019)
- 《대인관계능력》 (2021)
- 《의사소통능력》 (2022)
- 〈실리콘 밸리의 청년 지식기술창업 모형과 프로그램 분석〉 (2012)
- 〈한·중·일 국제분업과 그 동인에 관한 연구〉 (2013)
- 〈미얀마의 개혁개방과 글로벌 빅4의 진입전략 특성〉 (2014)
- 〈유가변동에 관한 소고〉 (2016) 등 다수

자기개발 기반의 취업과 진로

2022년 11월 30일 1판 1쇄 발행

저 자 이 종 호
발행인 남 승 우

발행처 도서출판 상尚 학學 당堂

서울특별시 동작구 사당로9가길 6
TEL : 02) 595-1692~4
FAX : 02) 595-1394
E-mail : shdbooks@naver.com

신고 : 2-155호 (1968. 11. 29)

정가 27,000원

ISBN 978-89-6587-231-3 03320

※ 이 책의 저작권은 저자에게 있으며, 저자의 동의 없이 복사·인용·복제·전재를 금합니다.